行政管理
高效工作手册

若工作无高效,则生活无自由

凤凰高新教育 ◎ 编著

北京大学出版社
PEKING UNIVERSITY PRESS

内 容 提 要

本书根据笔者多年的行政管理工作经验，以行政管理者的日常工作为主线，系统而全面地介绍了行政管理工作，为读者提供了制度、表格、流程和方案等极具参考价值的范例，具有很强的实用性和可操作性。

本书共15章，包括行政管理概述、企业行政部的组织结构与责权、行政部日常办公事务管理、行政文书管理、档案资料管理、印章与证照管理、资产管理、企业信息化管理、安全保障管理、会议会务管理、行政公关接待管理、车辆与司机管理、后勤管理、法律事务管理及企业文化管理。

本书在相关章节精心安排了"专家支招""高效工作之道"板块，可以帮助读者轻松地解决在行政管理过程中经常遇到的问题，提高行政工作效率。

本书既适用于企业行政部、后勤保障部、人力资源部等部门的从业人员，又可作为广大职业院校相关专业的教学参考用书。

图书在版编目(CIP)数据

行政管理高效工作手册 / 凤凰高新教育编著. —北京：北京大学出版社，2019.11
ISBN 978-7-301-30781-6

Ⅰ.①行… Ⅱ.①凤… Ⅲ.①行政管理-工作-手册 Ⅳ.①D035-62

中国版本图书馆CIP数据核字(2019)第202067号

书　　　名	行政管理高效工作手册 XINGZHENG GUANLI GAOXIAO GONGZUO SHOUCE
著作责任者	凤凰高新教育　编著
责任编辑	吴晓月　王蒙蒙
标准书号	ISBN 978-7-301-30781-6
出版发行	北京大学出版社
地　　　址	北京市海淀区成府路205号　100871
网　　　址	http://www.pup.cn　　新浪微博：@北京大学出版社
电子信箱	pup7@pup.cn
电　　　话	邮购部 010-62752015　发行部 010-62750672　编辑部 010-62570390
印刷者	北京鑫海金澳胶印有限公司
经销者	新华书店
	720毫米×1020毫米　16开本　30.25印张　525千字 2019年11月第1版　2023年2月第4次印刷
印　　　数	9001-11000册
定　　　价	78.00元

未经许可，不得以任何方式复制或抄袭本书之部分或全部内容。
版权所有，侵权必究
举报电话：010-62752024　电子信箱：fd@pup.pku.edu.cn
图书如有印装质量问题，请与出版部联系。电话：010-62756370

前 言

为什么写这本书？

在激烈的市场竞争中，一个企业要发展、壮大，就必须建立高效的行政办公管理体系。该体系能够提高企业的核心竞争力，保证企业平稳、有序、健康地发展，可见企业行政管理对企业来说有多么重要。

在实际工作中，很多行政管理人员对行政管理核心的理解有误，以为就是对各项事务进行管理。其实，行政管理在企业中不只有管理功能，还有协调和服务功能。管理是主干，协调是核心，服务是根本，行政管理的实质就是服务，但服务是建立在各种科学化、规范化的制度上的。所以，行政人员要想管理好行政工作，就必须依托于行政体制。

行政管理是一项十分繁杂的工作，从业者不但要知道相关工作内容，而且还要了解每项事务涉及的管理制度、操作流程和表格，才能有条不紊地对各项行政管理工作进行安排布置。

面对繁杂的工作，管理者该从何入手？面对不同岗位的员工，如何管理才有效？从事行政管理，如何高效地开展工作？

……

为了有效地解决上述问题，我们策划并编写了本书。通过学习本书内容，读者不但能了解如何做行政管理，还能学习如何高效地开展行政管理工作。

本书讲了哪些内容？

本书内容系统且全面，并不是只讲解行政管理中的主要管理工作，而是结合行政从业人员的工作实际和笔者多年的从业经验，将行政工作进行细化、规范化，从具体、细致、实用的角度出发，为读者提供全方位的行政办公管理工作指导与参考依据。

本书的基本框架与章节结构安排如下。

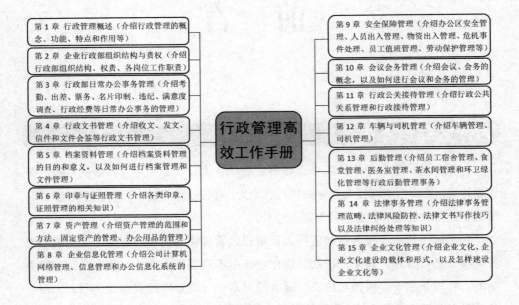

本书有哪些特点？

与以往同类型书籍相比，本书具有以下显著的特点。

★ 实操 + 范例

整个行政管理工作是企业管理中制度建设占比很高的板块，几乎每项工作都离不开制度、流程、标准的建设与支撑，并以相应的文本或表格作为工作操作的载体。因此，本书中每项工作板块都配备了相应的实操范例，而且对于如何用好范本文件，以及使用中容易出现困惑的地方，本书还专门进行了标注说明，供读者学习和借鉴。

★ 专家支招

本书在每章后精心设置了"专家支招"板块，全书共安排了43个"专家支招"，主要讲解行政管理过程中一些责任的落实、注意事项，以及实际工作中一些常见问题的处理方法和技巧，避免职场新手走弯路。

前 言

★ **高效工作之道**

本书在每章末尾设立了"高效工作之道"板块，全书共安排了 35 个"高效工作之道"，紧密结合每章的主题内容，通过详尽的文字描述和完整的步骤图解，讲解了如何运用 PC 端和手机端的一些辅助工具协助行政管理人员高效完成工作。

温馨提示：

本书中的"高效工作之道"教学视频，通过微信"扫一扫"功能扫描右侧的二维码，即可观看学习。

读者通过阅读本书，不仅可以学习到全面的行政管理知识，而且能够掌握行政管理工作中常用的办公软件 Word、Excel、PPT 的应用及微信、钉钉等互联网平台相关工具的具体运用方法和技巧。可以说，本书是将行政管理工作与高效工作方法完美地融合为一体的具有实践性、操作性、综合性的多功能图书，真正让你"早做完，不加班"。

如何阅读和使用本书

（1）本书对重要的知识说明、概念定义等内容进行了下划线重点标注，对书中所举案例通过不同的字体来展现，对实操范例中的注意事项、特例与操作技巧提供了特别备注和小提示。这些细节工作，可以使读者学习时视觉轻松、层次分明，提高阅读体验和学习效率。

（2）本书为读者提供了丰富的行政管理工作相关的范本文件，由于篇幅有限，部分制度、方案等范本文件未能一一展示。读者可以扫描下页二维码获取范本和模板，以便在工作中参考使用，提升工作效率。

除了书，您还能得到什么？

（1）赠送 8 小时的"Word/Excel/PPT 在文秘与行政工作中的应用"视频教程。

（2）赠送 226 个行政管理工作相关的工作范本与模板文件。

（3）赠送"5 分钟学会番茄工作法"视频教程。教会您在职场之中如何高效地工作、轻松应对职场那些事。

（4）赠送"10 招精通超级时间整理术"视频教程。"时间"是人类最宝贵的财富，无论是职场，还是生活，都要学会整理时间。专家传授10招时间整理术，教会您如何有效地整理时间、高效地利用时间。

（5）赠送《高效人士效率倍增手册》《微信高手技巧手册》《QQ高手技巧手册》《手机办公10招就够》4本电子书，教会您在工作中一些高效处理工作事务的方法、技巧及移动办公诀窍。

（6）赠送《HR小白职场修炼手册》电子书，帮助从事行政与人力资源工作的小白，快速了解和认识自己的职业规划、晋级路线及职场技能，避免在职场中走弯路。

温馨提示：

以上资源，请扫描下方二维码关注微信公众号，输入代码H48xY92，获取下载地址及密码。

资源下载

官方微信公众账号

看到不明白的地方怎么办？

1. 发送E-mail到读者信箱：2751801073@qq.com。
2. 加入读者交流QQ群：566454698（职场精英）。

本书由凤凰高新教育策划，由江孝忠、向萍、王新华等老师参与编写和校对工作。最后，感谢出版社编辑在本书的创作过程中给予的极大鼓舞和创作指导，我们将竭尽所能地为读者呈现最好、最全、最新的内容，但仍难免有疏漏和不妥之处，敬请广大读者指正。

目 录

第1章 行政管理概述 ………… 001

1.1 认识行政管理 ……………001
- 1.1.1 行政的定义 …………001
- 1.1.2 广义的行政管理 …………001
- 1.1.3 狭义的行政管理 …………002

1.2 行政管理的功能、特点与目的 …003
- 1.2.1 行政管理的功能 …………003
- 1.2.2 行政管理的特点 …………004
- 1.2.3 行政管理的目的 …………005

★ 专家支招
1. 企业行政管理中存在的问题和解决办法 …………007
2. 行政管理人员如何实现自我价值 …………009
3. 行政人员如何提升自己的职业能力 …………009

第2章 企业行政部组织结构与责权 …………011

2.1 行政部的组织结构 …………011
- 2.1.1 行政部的组织架构规划 …011
- 2.1.2 行政部的组织职能 …………013
- 2.1.3 行政部的组织结构 …………013

2.2 行政部的职责与权利 …………014
- 2.2.1 行政部职责 …………014
- 2.2.2 行政部权利 …………017

2.3 行政部各岗位工作职责 …………019
- 2.3.1 行政总监岗位职责 …………019
- 2.3.2 行政部经理岗位职责 …………020
- 2.3.3 行政主管岗位职责 …………022
- 2.3.4 车辆主管岗位职责 …………022
- 2.3.5 后勤主管岗位职责 …………023
- 2.3.6 信息主管岗位职责 …………024

★ 专家支招
1. 某些公司同时设置了行政副总与行政部经理两个职位，其岗位职责有哪些侧重点 …026
2. 中小公司行政部如何设置人员编制 …………026
3. 行政管理中部分岗位实行劳务外包有哪些好处 …………027

★ 高效工作之道
1. 用Word编制组织结构图 …027
2. 用Word制作岗位说明书 …030

第3章 行政部日常办公事务管理 …………032

3.1 认识日常办公事务管理 …………032
- 3.1.1 日常办公事务管理内容 …032
- 3.1.2 日常办公事务管理注意事项 …………033

3.2 行政督查督办管理 …………033
 3.2.1 行政督查督办管理的目的 …………034
 3.2.2 行政督查督办管理的范围 …………034
 3.2.3 行政督查督办管理的原则 …………035
 3.2.4 范本：行政督查督办相关制度/流程/表格 …………035
3.3 考勤管理 …………044
 3.3.1 如何做好考勤管理工作 045
 3.3.2 范本：考勤管理相关制度/流程/表格 …………045
3.4 出差管理 …………052
 3.4.1 出差管理的原则 …………052
 3.4.2 做好出差管理的建议 …………053
 3.4.3 范本：出差管理相关制度/流程/表格 …………054
3.5 票务管理 …………059
 3.5.1 票务管理工作要点 …………059
 3.5.2 范本：票务管理相关制度/流程/表格 …………059
3.6 名片管理 …………062
 3.6.1 企业名片的分类 …………062
 3.6.2 名片印制的管理要点 …………063
 3.6.3 范本：名片管理相关制度/流程/表格 …………063
3.7 员工违纪管理 …………066
 3.7.1 员工违纪管理的分类 …………067
 3.7.2 员工违纪管理的原则 …………067
 3.7.3 范本：员工违纪管理相关制度/流程/表格 …………068
3.8 员工着装管理 …………072
 3.8.1 员工着装管理的意义 …………073
 3.8.2 员工着装管理的注意事项 …………073
 3.8.3 范本：员工着装管理相关制度/流程/表格 …………074
3.9 员工满意度调查管理 …………078
 3.9.1 影响员工满意度的相关因素 …………078
 3.9.2 员工满意度调查的方法 …………079
 3.9.3 范本：员工满意度调查管理制度/流程/表格 …………079
3.10 行政经费管理 …………084
 3.10.1 行政经费的分类 …………084
 3.10.2 行政经费管理的原则 …………085
 3.10.3 行政经费管理的注意事项 …………085
 3.10.4 范本：行政经费管理制度/流程/表格 …………086

★ 专家支招
1. 如何引导年轻员工着工装 …………091
2. 巧用备用金解决燃眉之急 …………091
3. 如何控制行政费用 …………092

★ 高效工作之道
1. 用 Visio 绘制各类流程图 …………093
2. 用 Word 制作名片 …………097
3. 制作并打印员工行为规范文件 …………099
4. 用 Excel 统计汇总每月考勤数据 …………105

第 4 章 行政文书管理

4.1 认识行政文书管理 …………111
 4.1.1 行政文书管理的内容 …………111
 4.1.2 行政文书管理的原则 …………112
4.2 收文管理 …………112

目 录

  4.2.1 收文管理的流程 ……… 113
  4.2.2 收文管理的注意事项 … 113
  4.2.3 范本：收文管理相关
     制度/流程/表格 …… 114
 4.3 发文管理 ………………………… 119
  4.3.1 发文管理的流程 ……… 119
  4.3.2 发文管理的注意事项 … 120
  4.3.3 范本：发文管理相关
     制度/流程/表格 …… 121
 4.4 文书撰写 ………………………… 127
  4.4.1 认识企业公文 ………… 127
  4.4.2 企业公文的种类和格式 … 127
  4.4.3 企业事务性文书书写
     范围 …………………… 129
 4.5 信件管理 ………………………… 130
  4.5.1 信件管理的分类 ……… 131
  4.5.2 信件管理的注意事项 … 131
  4.5.3 范本：信件管理相关

第 5 章 档案资料管理

 5.1 档案管理 ………………………… 152
  5.1.1 档案管理的分类 ……… 152
  5.1.2 档案管理的注意事项 … 153
  5.1.3 范本：档案管理相关
     制度/流程/表格 …… 154
 5.2 文件资料管理 …………………… 164
  5.2.1 文件资料管理的分类 … 165
  5.2.2 文件资料管理的原则 … 165
  5.2.3 范本：文件资料管理相关

第 6 章 印章与证照管理

 6.1 印章管理方法 …………………… 177
  6.1.1 印章的分类 …………… 177
  6.1.2 印章使用管理的注意
     事项 …………………… 178

     制度/流程/表格 …… 132
 4.6 文件会签管理 …………………… 136
  4.6.1 文件会签审核的内容 … 136
  4.6.2 文件会签管理的范畴 … 137
  4.6.3 范本：文件会签管理相关
     制度/流程/表格 …… 137
 ★ 专家支招
  1. 在发文中如何确定主题词、
    主送、抄送 ………………… 141
  2. 如何确定公司文件资料的
    秘密等级 …………………… 143
 ★ 高效工作之道
  1. 用 Excel 制作公司收文登
    记表 ………………………… 144
  2. 使用 Excel 和 Word 批量
    制作信封 …………………… 146
  3. 使用 Word 制作公司内部
    发文文件 …………………… 149

…………………………………… 152

     制度/流程/表格 …… 166
 ★ 专家支招
  1. 用好各部门的兼职档员 … 170
  2. 档案整理的方法与技巧 …… 170
 ★ 高效工作之道
  1. 使用 Word 制作档案盒侧
    面标签 ……………………… 171
  2. 使用 Excel 制作员工档案
    登记表 ……………………… 174

………………………………… 177

  6.1.3 印章管理风险防控措施 … 179
  6.1.4 范本：印章管理相关
     制度/流程/表格 …… 179
 6.2 证照管理 ………………………… 185

6.2.1 证照管理的范围 …………185
6.2.2 证照管理的注意事项 …186
6.2.3 证照的管理与维护 ……186
6.2.4 范本：证照管理相关
制度/流程/表格 ………187

★ 专家支招
1. 电子印章的使用流程 ………191
2. 利用互联网进行企业营业
执照年报 ………………192

★ 高效工作之道
1. 利用 Word 制作电子印
章图 ……………………194
2. 用打印机扫描证件照片 ……197

第7章 资产管理 …………199

7.1 资产管理的范围与方法 ……199
 7.1.1 资产的分类 ……………199
 7.1.2 资产管理的方法 ………200
7.2 固定资产管理 ………………200
 7.2.1 固定资产管理的目的 …200
 7.2.2 固定资产管理的范围 …201
 7.2.3 固定资产管理的意义 …201
 7.2.4 范本：固定资产管理相关
制度/流程/表格 ………201
7.3 办公用品管理 ………………212
 7.3.1 办公用品管理的目的 …212
 7.3.2 办公用品管理的原则 …212
 7.3.3 范本：办公用品管理相关
制度/流程/表格 ………213

★ 专家支招
1. 公用类固定资产如何管理 ··219
2. 固定资产盘点操作方法 ……219
3. 固定资产管理和盘点的
小技巧 …………………220
4. 办公用品的电商采购渠道
及注意事项 ……………221

★ 高效工作之道
1. 用 Word 制作固定资产
标识卡 …………………221
2. 用 Excel 制作办公用品
采购清单 ………………223
3. 用 Excel 制作固定资产
卡片 ……………………226

第8章 企业信息化管理 ………229

8.1 计算机网络管理 ……………229
 8.1.1 计算机网络的风险及
防范 ……………………229
 8.1.2 范本：计算机网络管理
相关制度/流程/表格 …230
8.2 企业信息管理 ………………234
 8.2.1 企业信息管理的注意
事项 ……………………234
 8.2.2 范本：信息管理相关
制度/流程/表格 ………234

8.3 办公自动化系统的管理 ……240
 8.3.1 办公自动化系统的作用 …240
 8.3.2 范本：办公信息化管理
相关制度/流程/表格 …240

★ 专家支招
1. 网站信息发布如何分级审核 …245
2. 行政部在公司 OA 系统选型
中应注意哪些方面 ……245

★ 高效工作之道
钉钉——智能移动办公平台 …246

第 9 章　安全保障管理 ·················· 249

9.1　安全保障管理的范畴 ············ 249
9.2　办公区安全管理 ·················· 249
- 9.2.1　办公区安全管理的内容 ··· 249
- 9.2.2　办公区安全管理的原则 ··· 250
- 9.2.3　范本：办公区安全管理相关制度/流程/表格 ······ 250

9.3　治安保卫管理 ······················ 255
- 9.3.1　治安保卫管理的要点 ······ 255
- 9.3.2　范本：治安保卫管理相关制度/流程/表格 ········ 256

9.4　人员出入管理 ······················ 260
- 9.4.1　人员出入管理的要点 ······ 260
- 9.4.2　范本：人员通行管理相关制度/流程/表格 ········ 261

9.5　物资出入管理 ······················ 265
- 9.5.1　物资出入管理的要点 ······ 266
- 9.5.2　范本：物资出入管理相关制度/流程/表格 ········ 266

9.6　危机事件处理 ······················ 271
- 9.6.1　危机事件的类型 ·············· 271
- 9.6.2　危机事件处理的方法 ······ 272
- 9.6.3　范本：危机事件处理相关制度/流程/表格 ········ 272

9.7　员工值班管理 ······················ 277
- 9.7.1　员工值班管理的要点 ······ 277
- 9.7.2　员工值班管理注意事项 278

- 9.7.3　范本：员工值班管理相关制度/流程/表格 ········ 278

9.8　劳动保护管理 ······················ 281
- 9.8.1　劳动保护管理的要点 ····· 282
- 9.8.2　劳动保护管理的原则 ····· 282
- 9.8.3　范本：劳动保护管理相关制度/流程/表格 ········ 282

9.9　安全事故管理 ······················ 286
- 9.9.1　安全事故管理的要点 ····· 286
- 9.9.2　范本：安全事故管理相关制度/流程/表格 ········ 287

9.10　消防安全管理 ···················· 290
- 9.10.1　消防安全管理的内容 ··· 290
- 9.10.2　消防安全管理的措施 ··· 291
- 9.10.3　范本：消防安全管理相关制度/流程/表格 ······· 292

★ 专家支招
1. 公司制订内部治安保卫制度应包括哪些内容 ············ 298
2. 危机事件处理步骤 ················ 298
3. 如何使用微信公众平台对外消除危机事件影响 ·········· 300

★ 高效工作之道
1. 使用 Word 制作车辆通行证 ································ 300
2. 使用 Word 制作来宾证 ······· 302

第 10 章　会议会务管理 ················ 306

10.1　会议的概述 ························ 306
- 10.1.1　会议的定义 ·················· 306
- 10.1.2　会议的分类 ·················· 306
- 10.1.3　会议筹备的注意事项 ··· 307

10.2　会议管理 ···························· 307
- 10.2.1　会议管理的目的与原则 ··· 308
- 10.2.2　范本：会议管理相关制度/流程/表格 ········ 308

10.3 会务概述 ··················· 315
　10.3.1 会务的含义 ········· 315
　10.3.2 会务的内容 ········· 315
10.4 会务管理 ··················· 316
　10.4.1 会务管理的原则 ········ 316
　10.4.2 范本：会务管理相关
　　　　 制度/流程/表格 ······· 316

★ 专家支招
1. 如何提高会议效率 ········· 322
2. 如何组织网络视频会议 ····· 323
3. 会议座次安排技巧 ········· 324
4. 如何做好商务会议费用
　 预算 ···················· 324
5. 会议主持人的主持之道 ····· 325

★ 高效工作之道
1. 使用 Word 制作会议
　 邀请函 ·················· 326
2. 使用 Word 制作接待
　 申请表 ·················· 329
3. 使用 Excel 制作会议
　 费用预算表 ·············· 331

第 11 章　行政公关接待管理

11.1 认识行政公关接待 ·········· 334
　11.1.1 行政公关接待的礼仪
　　　　 要求 ················ 334
　11.1.2 行政公关接待礼仪的
　　　　 注意事项 ············ 335
11.2 行政公共关系管理 ·········· 336
　11.2.1 行政公共关系管理的
　　　　 目标 ················ 337
　11.2.2 行政公共关系管理的
　　　　 原则 ················ 337
　11.2.3 范本：行政公共关系管理
　　　　 相关制度/流程/表格 ···· 337
11.3 行政接待管理 ··············· 342

······························· 334
　11.3.1 行政接待管理的目的 ··· 343
　11.3.2 行政接待管理的原则 ··· 343
　11.3.3 范本：行政接待管理相关
　　　　 制度/流程/表格 ······· 343

★ 专家支招
1. 公共关系部门如何在企业
　 管理中起"参谋"作用 ····· 348
2. 乘车座位安排技巧 ········· 348
3. 用餐座次安排技巧 ········· 349

★ 高效工作之道
使用 Word 制作来访人员
接待管理制度 ················ 351

第 12 章　车辆与司机管理

12.1 认识车辆与司机管理 ········ 353
　12.1.1 车辆与司机管理的
　　　　 内容 ················ 353
　12.1.2 车辆与司机管理的
　　　　 要点 ················ 354
　12.1.3 车辆与司机管理的

······························· 353
　　　　 安全防范 ············ 355
12.2 车辆管理 ··················· 355
　12.2.1 车辆管理的目的 ······ 356
　12.2.2 范本：车辆管理相关
　　　　 制度/流程/表格 ······ 356
12.3 司机管理 ··················· 364

12.3.1 司机管理的要点 ………365
12.3.2 范本：司机管理相关
制度/流程/表格 ……365
★ 专家支招
1. 如何管理和控制公司车辆
油耗 ………………………370
2. 行政人员如何管理好司机 …371
★ 高效工作之道
1. 使用互联网平台快速查处
违章信息 …………………372
2. 使用Excel制作车辆档案卡…373
3. 利用手机进行导航 ………375

第13章 后勤管理 …………………………………………………378

13.1 认识后勤管理 …………………378
13.1.1 后勤管理的内容 ………378
13.1.2 后勤管理的角色定位 ··379
13.1.3 后勤管理的要点 ………379
13.2 员工宿舍管理 …………………380
13.2.1 员工宿舍管理的要点 ··381
13.2.2 范本：员工宿舍管理
制度/流程/表格 ………382
13.3 员工食堂管理 …………………389
13.3.1 员工食堂管理的范围 …389
13.3.2 员工食堂管理的要点 …389
13.3.3 范本：员工食堂管理
制度/流程/表格 ………390
13.4 员工医务室管理 ………………396
13.4.1 员工医务室管理的要点…396
13.4.2 范本：员工医务室管理
制度/流程/表格 ………397
13.5 员工茶水间管理 ………………402
13.5.1 员工茶水间管理的要点…402
13.5.2 范本：员工茶水间管理
制度/流程/表格 ………403

13.6 环卫绿化管理 …………………408
13.6.1 环卫绿化管理的要点…408
13.6.2 环卫绿化管理的内容…408
13.6.3 范本：环卫绿化管理
制度/流程/表格 ………408
★ 专家支招
1. 如何科学地预测食堂的
用餐人数 …………………413
2. 员工食堂满意度调查表应
从哪些方面进行设计 ……414
3. 办公室绿化植物是租赁还
是自己养 …………………415
4. 办公室茶水间布置技巧 …415
★ 高效工作之道
1. 利用微信精准统计员工
就餐人数 …………………416
2. 用Excel建立宿舍住宿
动态表 ……………………417
3. 用Word制作图文并茂
的菜单 ……………………418

第14章 法律事务管理 ……………………………………………422

14.1 法律事务管理的范畴 …………422
14.1.1 企业合同管理 …………422
14.1.2 规章制度管理 …………425
14.1.3 企业经济纠纷处理 ……425
14.1.4 企业知识产权管理 ……425
14.1.5 员工违纪行为的处理…426

14.1.6 企业重大权益事项
论证 ·········· 427
14.2 企业的法律风险防范 ········ 427
　14.2.1 认识企业法律风险点 ···427
　14.2.2 企业法律风险防范的
理念 ·········· 430
　14.2.3 建立企业法律风险
防范体系 ·········· 430
14.3 法律文书的书写技巧 ········ 431
14.4 法律纠纷办理 ········ 432
　14.4.1 法律纠纷的办理程序 ···432
　14.4.2 相关证据材料 ·········· 432

第15章　企业文化管理

15.1 认识企业文化 ········ 444
　15.1.1 企业文化的重要性 ···444
　15.1.2 企业文化的作用 ···445
　15.1.3 企业文化的类型 ···446
15.2 企业文化建设的载体 ········ 448
　15.2.1 企业 LOGO ·········· 448
　15.2.2 企业网站 ·········· 449
　15.2.3 企业内刊 ·········· 450
　15.2.4 企业活动 ·········· 451
　15.2.5 企业员工手册 ·········· 452
15.3 企业文化的建设 ········ 454
　15.3.1 企业文化建设的关键点 ···454
　15.3.2 企业文化建设的思路 ···455
　15.3.3 企业文化的建设方向 ···456
　15.3.4 企业文化建设的实施
原则 ·········· 457

14.4.3 范本：企业相关法律
文书 ·········· 433

★ 专家支招

1. 法律文书完稿后的注意
事项 ·········· 435
2. 起诉状的格式和写法 ·········· 435
3. 企业经济合同的一般格式 ··436

★ 高效工作之道

1. 用 Word 制作劳动合同 ·········· 436
2. 用 Word 制作起诉状 ·········· 440
3. 通过法律检索网站查找
法律法规 ·········· 442

　15.3.5 企业文化建设的实施
方法 ·········· 457
　15.3.6 企业文化建设实施
范本 ·········· 458

★ 专家支招

1. 如何塑造符合企业自身
发展的企业文化 ·········· 459
2. 如何让企业文化落地 ·········· 459

★ 高效工作之道

1. 用 Word 制作企业文化
宣传海报 ·········· 460
2. 用 Excel 制作员工文化
活动安排表 ·········· 462
3. 用 PowerPoint 制作公司
年会 PPT ·········· 464

第1章
行政管理概述

企业行政管理是企业管理与行政管理有效结合的产物,是企业管理的重要环节,对企业的长远、稳健、高速发展有着重要的影响。进一步说,企业行政管理是企业为了满足自身的生存和发展需要,而借助一定的法律法规、制度、办法及原则对企业进行职责与效能的高效管理。同时,它在企业发展中还起着规划、指导、管理、监督、协调和服务等作用。

1.1 认识行政管理

行政管理贯穿于企业运行的整个过程。在现实工作中,企业的行政管理更多的是在推动和保障企业的生产(施工)、发展(开发)、技术(设计)、经营(销售、市场、运营)、资金(财务)、服务(售后)等部门的正常运行及相互协作与促进。它既是上级领导同各部门、众员工之间的桥梁和纽带,也是实现企业规范化管理的手段。

1.1.1 行政的定义

一直以来,大家对企业的行政并不陌生,但理解却比较模糊,一些人认为行政是"权力",一些人认为行政是"打杂"。现代企业行政是企业的重要组成部分,它涉及企业内部全方位的沟通和协调。同时,行政还有广义和狭义之分。

广义的企业"行政"指的是企业在生产经营活动过程中进行的各种计划安排、组织实施、信息沟通、协调控制、监督指导、检查总结等全部运作过程的总称。狭义的企业"行政"指的是企业中除业务、财务、人事以外的全部职能的总称。

1.1.2 广义的行政管理

广义的行政管理,简单地理解就是企业除了基本的"研发""生产""销售"

等直接创造企业效益的业务性工作之外的全部事务。

广义的企业行政管理包括以下7个方面。

（1）企业行政规划：行政组织设计、办公环境设计、办公自动化建设、企业规章管理制度等。

（2）行政事务管理：接待工作管理、值班工作管理、会务工作管理、企业印信管理、保密工作管理、表单管理、印刷品管理、行政经费管理、出国出境工作管理等。

（3）行政人事管理：人员聘用及变动管理、培训管理、薪酬福利管理、人事评定与考核管理等。

（4）行政办公事务管理：文书档案管理、文件收发管理、文书撰写与管理、文书归档管理。

（5）行政礼仪接待：办公室接待礼仪、电话接听礼仪、会议礼仪、外宾接待礼仪、宴会与舞会组织礼仪、庆典礼仪。

（6）行政后勤管理：财产管理、物资管理、员工食堂宿舍管理、安全卫生管理、环境绿化管理。

（7）财务会计管理：资金管理、财务预算管理、会计资料档案管理、财务收支管理等。

1.1.3 狭义的行政管理

狭义的行政管理指的是以行政部为主，负责行政规划、行政事务、办公事务和后勤事务，是将比较专业的"业务管理""财务管理""人事管理"剥离后的事务性工作。

狭义的企业行政管理除包括相关制度的制订和执行、企业文化管理、日常办公事务管理、办公物品管理、文书资料管理、档案管理、会议管理、涉外事务管理外，还涉及出差、财产设备、生活福利、车辆、安全卫生管理等。

> **Tips** 随着企业管理的不断进步，各部门的工作也在不断地细化，所以广义的行政管理对于当今社会的现代化企业已经不太实用。而狭义的行政管理，由于把财务和人事剥离了出去，变得更加专业化和精细化，因此，受到了很多现代化企业的认可，从而得以广泛应用。

1.2 行政管理的功能、特点与目的

行政管理工作虽说是千头万绪、纷繁复杂的，但又是细致入微的。企业行政人员可能每天都会面临大量的、琐碎的、不起眼的事务性工作，但这些仅是行政管理中的一些"小分支"而已，并非行政管理的主要功能和特点。那么，行政管理到底具有哪些功能和特点呢？本节将详细地为大家介绍。

1.2.1 行政管理的功能

行政管理在企业中的功能主要包括管理、协调和服务。我们可以把管理作为主干、协调作为核心、服务作为根本。简而言之，行政管理的实质就是服务。行政管理部门作为公司的核心部门，在日常工作中，既要做到"上得厅堂"，又要做到"下得厨房"。

1．从管理角度来说

行政管理者不仅要在日常工作中做好"管家婆""参谋与助手""打杂高手""总务""公司代表"等角色，还要处理好企业日常事务，确保企业顺利运行。同时，要"吃透"企业的经营理念、经营策略、管理方法、企业精神、企业文化等，把对企业的全面认知和理解，融合到工作中。管理过程中要及时发现企业运行中所存在的问题，积极地向公司领导层献计献策，为高层最终决策提供有价值的参考意见和建议。

2．从协调角度来说

行政管理者在工作中不能只做命令的传达者，也不能不清楚自己的岗位职责，更不能自恃清高、仗势欺人。在行政管理过程中，要想把工作做好，就要在执行制度或落实指令时，既要让行政管理不流于形式，又能做到"接地气"、不失人性化。因此，在做事前要考虑周全，做好横向和纵向沟通，实现企业不同层级、不同部门、不同岗位之间的良好沟通，以保证领导的命令或交办的任务得到有效的落实。

3．从服务角度来说

行政管理的目的和本质就是为企业服务，既要为企业高层和部门服务，又要为企业员工服务。行政部门是以服务为根本，为企业的业务部门做好支撑与保障服务的部门。作为行政部门内部的工作人员，更要把自己定位成服务类岗位，既要有甘

于奉献的精神，又要有极高的觉悟、境界和格局。虽然行政人员不是主角，但所做的工作是企业发展必不可少的一环。所以，行政人员要有放下小我，实现大我的工作精神，为企业各部门的运转提供后勤保障，为助力企业的高速发展保驾护航。

1.2.2 行政管理的特点

行政管理在企业里的工作重心可以概括为搞好服务、管好事务、参与业务。行政管理的显著特点可以归纳为从属性、敏捷性、权威性、实质性、纵向性、灵活性、亲民性。理解并掌握行政管理的特点，可以帮助行政人员有重点、有目的地开展行政工作。

1. 从属性

企业行政管理是不可能脱离一定的管理目标而独立存在的，它必须依附于某个管理目标。换句话说，企业行政管理如果脱离实际，就失去了存在的价值。如果行政管理只是一味地搞表面工作，那么对企业而言，做得再好，也都是白费力气，根本没有任何的实际价值。因此，企业行政管理具有一定的从属性，必须从实际出发，以一定的管理目标为导向，服务于企业的各个环节，这样它才能真正在企业的生存和发展中发挥积极的推动作用。

2. 敏捷性

在企业的经营管理过程中，企业行政管理大多采用直接的、针对性较强的指示、命令、奖罚等手段和方式，快速调整企业产、供、销和人、财、物等方面的生产经营活动，所以行政管理还有着非常明显的敏捷性。如果细心观察就会发现，在企业大量的日常性经营活动中，一旦企业出现突发事件或企业内外部环境存在不稳定因素时，企业行政管理就会及时、迅速地加以应对，充分发挥其积极正面的作用，这些都凸显了企业行政管理的敏捷性特点。

3. 权威性

在中国，企业行政管理的有效形式是建立在企业内部组织结构清晰明朗、企业领导者具有绝对的权力及权威的基础上的管理行为，是企业将其决策、行政命令、制度、规定、指示、条例、奖惩等全权交给行政管理者去发布和落实的管理职能。所以，行政管理具有权威性的特点。它的所有行为都代表了企业最高领导的最终决定，不容任何人质疑，唯有服从和支持。但是，在权威性的运用方面要讲究艺术，不能过于直接，要在保证上级权力运用得当、公平公正的基础上，再行使其权威性。

4．实质性

与政府行政管理相比，企业行政管理更侧重于管理实际，如制订、监督、执行规章制度等；采取各种方式激发员工的工作热情，使员工能够充分发挥主观能动性；控制企业的办公用品成本，对企业人、财、物进行有效配置等。企业行政管理要做看得见、摸得着的实事。例如，如何使企业资源实现效能最大化，如何降低企业的总体成本等这些才是企业行政管理存在的实质意义。因此，企业行政管理的实质性也是不能忽视的特点之一。

5．纵向性

企业行政管理主要是通过企业行政组织内部的行政隶属关系，进行自上而下的指挥和协调。例如，企业上级行政机构对下级下发的指令性要求、下级安排员工具体实施等，或者基层员工反映的一些工作上的意见或建议，行政管理人员呈报上级领导等，因此企业行政管理具有纵向性的特点，既要做到上情下达，又要做到下情上传。

6．灵活性

企业行政管理往往根据企业的实际需要，对行政管理的诸多制度、程序、环节、文件等进行适度的增减和调整，使其变得更加精练、实用和高效。因此，企业行政管理又显现出了灵活性的一面，既不拘泥于形式，又不生硬死板。

7．亲民性

要想使企业高层的决策、指示、规定落实到位，首先要考虑如何让员工接纳，再来谈服从，因此，企业行政管理应具有亲民性，重视人性化。当员工遇到困难时，应想方设法为员工解决困难，排除员工的后顾之忧，或者开展"合理化建议""员工宿舍和食堂管理"等活动，以此拉近与员工的距离。通过不断地关爱员工，增加员工的归属感，使企业政策得到更好的贯彻与实施。

> **Tips** 行政管理人员主要是做上情下达和下情上传、企业内外部及部门间沟通协调等工作，所以这个岗位的工作人员必须要有一定的大局意识和高于常人的格局，只有这样，才能把行政管理工作真正做到位，且做到得心应手，发挥其应有的作用。

1.2.3 行政管理的目的

企业行政管理工作的最终目标是通过各种规章制度和人为努力使企业与部门

之间、部门与部门之间、部门与员工之间、员工与员工之间，或者企业与关联企业之间形成紧密配合的关系，使整个企业在运作过程中成为一个高速、稳定运转的整体，用合理的成本激发员工最高的工作积极性，提高工作效率，完成企业既定的战略目标或发展任务。

1. 促进企业更好地适应环境变化

企业要想更好地适应当今社会风起云涌、变化多端的大环境，要想使自己的战略思想和战略任务得到有效的贯彻落实，并以此指导和促进企业更好地发展，就必须结合企业行政管理自身所具备的从属性、敏捷性、灵活性、实质性、纵向性、权威性等特点，灵活应对多变的环境。企业只有在行政管理的作用下不断创新、升级、转型，才能更好地适应瞬息万变的社会大环境，始终保持发展的势头，在众多企业中立于不败之地。

2. 助力企业提升核心竞争力

企业的核心竞争力除了指经济实力和企业规模、技术领先外，在一定程度上还体现为企业的决策能力、可持续发展能力、科技创新能力和资源优化配置能力等。从一定意义上来说，企业的决策能力体现为能否高瞻远瞩、科学合理、切实可行地辨别发展中的危机和市场中的机会，对环境变化做出及时、有效的反应，并制订出正确的企业发展目标；企业的可持续发展能力体现为能否推动企业进步，是否满足企业现在及未来的发展需要；企业的科技创新力体现为能否始终站在同行业的前沿，有自己独特的、个性化的、难以复制的产品；企业的资源优化配置能力体现为能否迅速地对企业内部的人、财、物、科技、信息等资源进行整合，优化升级。在现代企业中，行政管理要在企业发展中通过辅助企业决策、推动创新意识、促进持续发展、优化资源配置使企业不断提升核心竞争力。所以，企业行政管理在企业发展中发挥着举足轻重的作用。

3. 确保企业平稳、有序、健康、长远、快速地发展

企业在发展中会遇到各种各样的困难，如资金困难、技术困难、管理困难等；企业的员工也会存在理想和现实上的诸多问题，如个人职业定位、收入、成长空间等。以上问题都是不利于企业稳定、有序、健康、长远、快速发展的因素。同时，企业要想稳定、有序、健康、长远、快速地发展还需要获得项目和资金的支持。企业行政管理的重要任务就是通过各种途径解决企业职工面临的诸多困难和多重困境。企业行政管理一方面要为企业发展创造良好的内部环境，一方面又要积极同政府部门打交道，向其展示企业良好的形象，与之建立良好的公共关系，为企

业争取更多的外部机会和资金支持。只有这样，才能确保企业平稳、有序、健康、长远、快速地发展。

> Tips　企业行政管理的地位和作用是举足轻重的，所以行政管理人员一定要正确地认识自己的岗位职责，努力成为领导的"左右手"和同事的"大当家"。

专家支招

1. 企业行政管理中存在的问题和解决办法

（1）存在的问题。

①企业行政管理制度的制订不够规范。当下很多企业的行政管理还没有完全建立系统的、符合国家法律法规要求的制度，所以很多时候并没有得到员工的广泛认可和遵守，尤其是在组织架构、职责分工、逐级授权等方面，都存在着不明确或双重管理的现象。行政部门的人员更多的是人浮于事，管理无章法、无依据，企业行政管理决策层更是主观决策严重，缺乏令人信服的客观研究、考察及落实，使行政管理部门形同虚设，没有发挥其应有的作用，管理较为混乱，严重影响了员工的工作效率和行政管理效率，同时也导致了人、财、物的巨大浪费。

②企业行政管理工作不切实际。在企业中，经常会看到行政管理工作脱离实际的现象，这使行政管理人员不能准确、及时地了解企业各部门的情况，给企业带来不良后果；同时，行政管理人员在管理过程中，也经常会发生一些没有结合部门实际或严重偏离部门实际的情况，直接导致所发布的管理措施不能得到有效落实。企业行政管理人员与企业各部门之间如果不能保持良好的沟通与联系，就极易受到各部门的反感与排斥，长此以往，就会使行政管理人员开展工作更加艰难，形成一种恶性循环的态势。

③企业行政管理模式守旧，官僚化严重。在行政管理实际工作中，大多数企业的行政管理人员还存在思维固化、因循守旧的官僚习气和官僚作风。面对当今日益激烈的市场竞争环境，企业行政管理人员如果不脚踏实地地考虑企业实际需要，只做表面文章，大搞形式主义，不讲究实效性，那么，不仅会导致员工士气低落、

行政管理效率低下，而且不利于企业整体效益的提升。

④企业行政管理体系未能成形。现代企业行政管理关注点主要放在档案管理、办公室管理、总务管理、后勤管理等具体的行政事务中，并没有深入透彻地进行科学研究，将管理形成一套可行性的完整体系。这样长此以往，缺乏科学、必要的创新激励性措施，就会导致企业行政管理体系难以形成和建立。

（2）解决办法。

要想解决企业行政管理中存在的问题，就要从企业实际出发，从管理体系、管理模式、管理制度等各方面着手，制订相应解决办法，并积极开展实施，使行政管理工作能够有章可循。

①企业行政管理体系规范化。企业应结合国家相关法律和企业内部的实际情况，经过客观研究制订出能够被员工广泛认可和遵守的管理体系，尤其是在组织架构、责权利、分工、逐级授权等方面，都应做出明确的规定，并不断创新管理模式，推进企业行政管理的有效落实。企业行政管理体系的构建应由制度、流程和表格3个要素组成，不仅涉及制度的制订和执行推动、企业文化、日常办公事务、办公物品、文书资料、档案、会议、涉外事务等方面，还涉及出差、财产设备、生活福利、车辆、安全卫生等，只有把这些进行系统化管理与统筹，才能使各部门各司其职、通力合作。

②企业行政管理模式标准化。现代企业行政管理应将重心放在合理的、行之有效的组织架构体系和管理规章制度的设置上，使各部门处于一种良性的、标准化的运作状态下。在企业行政管理工作中，明确上下级关系、各部门及岗位的职责与权利，可以减少管理人员之间的相互推诿，提高企业的整体工作效率。

③企业行政管理应从实际出发。首先，应对企业行政管理机构的人员配置进行资源整合、合理优化，规范其管理行为，明确其机构职能。其次，应针对企业的需求合理调配、引进人才及先进管理技术，建立人才培训机制，培养高素质的行政管理人才。再次，针对行政工作脱离部门实际的现象，应明确自身岗位职责，强化权利义务，将自身管理职能与实际工作有机结合，加强各部门沟通与联系。最后，提升员工职业道德素养，增强其忠诚度和责任意识。

④企业行政管理理念人性化。随着社会的文明与进步，人性化管理已经成为企业发展的有效推动力。人性化管理是符合现代企业发展规律的一种管理模式，在管理中以人为主导，重视人的主观能动性，调动人的积极性，充分发挥人的智慧、创造力及主导作用是企业管理的首要任务；同时，还要增强企业行政管理手段的艺术适用性，从而形成合力，助力企业长远、健康地发展。

2. 行政管理人员如何实现自我价值

根据行政管理的对象和作用，一般行政管理人员要从成长的3个阶段来实现自我价值。

第一个阶段，负责处理一些日常性行政事务工作，包括文件的收发与传递、一般性的接待、日常的考核、卫生检查、会议的安排、食宿的安排、福利的发放、档案和劳动人事关系的管理、文件打印等工作，这既是最基本的工作，也是最烦琐的工作。只要行政管理人员仔细、认真、一丝不苟地对待工作，就是一种自我价值的体现。

第二个阶段，对一些稍微复杂的行政性事务的管理，如组织贯彻执行上级的决策、一些文件的起草工作、员工的培训与安置工作、车辆的调配和管理工作、部门间的协调工作、信息的收集和反馈工作、一些重要的接待工作、检查工作、工作中一些突发事件的处理及日常办公用品的采购工作等。在这个阶段，行政管理人员如果具备一定的管理知识和技巧、具备不错的人际关系协调能力和应变能力，就能够根据工作的轻重缓急合理安排其先后顺序。

第三个阶段（高级阶段），相当于企业中的总经理或行政总监，其主要职责包括但不限于：监督、督促中底层行政管理的实施；监督企业的整体运行情况，并及时处理工作中遇到的重大突发性事故、高层次人才的引进和管理工作、根据企业的发展情况制订企业的发展规划、收集信息协助董事会进行决策、重要文件、制度的审批工作、上级来访的接待工作；一些重要的谈判工作等。这个阶段的行政管理人员相当于企业的左膀右臂，承担着企业大部分重要的管理性工作。因此，行政管理人员不仅要具备扎实的管理学知识，而且要熟知企业的每个部门、每处环境，并能敏锐捕捉变化的信息，及时提出相应的方案和建议，供高层管理者进行参考和决策，减轻高层的压力。

归根结底，无论行政管理人员处于什么岗位，要体现核心价值，都要遵守一个原则：把领导和员工从繁重、琐碎的行政事务和生活琐事中解放出来，使他们能全身心地投入企业创收中去。

3. 行政人员如何提升自己的职业能力

（1）要在个人素养上提升自己，包括在道德素质（个人修养）、智力素质、身体素质、审美素质、劳动素质等方面提升自己，自觉树立和维护自身良好的形象，如待人接物要有礼貌、着装要得体、举止要优雅等。

（2）在管理能力上提升自己，包括物资财产的合理控制能力、信息资源的管理能力、会议的高效组织和控制能力、建立完善健全规章制度的能力、优雅的沟通与协调能力。

（3）在业务能力上提升自己，丰富自身知识结构体系。行政工作的性质要求行政管理人员必须具备丰富的专业知识，包括行政学、人事管理学、组织行为学、公共关系学、文书学、档案管理学、应用写作学、领导学等学科知识及所在行业的专业知识。同时，还要具备与行政工作密切联系的相关知识，如系统论、信息论、控制论等现代管理学知识，管理心理学、领导心理学、秘书心理学、人际关系心理学等心理学知识，行为科学、社交礼仪等公关知识，管理学、预测学、决策学等软科学知识，市场学、物价学、管理经济学、股票、证券等经济理论知识，以及法学、新闻学、情报学、计算机应用等相关科学知识。

（4）要在演讲与口才方面锻炼自己。作为行政工作人员，与内外部打交道的次数是比较多的，语言表达能力的好坏不仅直接关系到企业的形象，同时也关系到企业内部信息传播的有效性，所以演讲与口才对于行政岗位至关重要。那么，如何才能锻炼自己的演讲与口才能力呢？首先，要自我鼓励，正确看待说话的对象，保持头脑清醒，不要与他人相比较，不要害怕犯错误；其次，要多听、多练。

（5）要在公文写作方面提升自己。公文是企业实施领导、履行职责、处理公务的具有特定效力和规范模式的文书，是传达企业发展战略、公布规章制度、通报、批复、指示、命令、纪要、布置工作等的重要工具。那么，如何才能锻炼公文写作能力呢？首先，要掌握公文的功能和分类、文体与格式，了解行文规则；其次，内容要合法、规范、实事求是，语言准确、简明扼要、结构层次分明；最后，要想在短期之内提高公文写作能力，只有多分析范本、多写，才能有实质性的提高。

（6）在思想高度上提升自己。要想在企业行政管理工作中游刃有余，就要有坚强的意志力、顽强的自制力、宽宏豁达的气度、稳定乐观的情绪，并且要具备健全的心理素质。在处理各种各样的行政事务或协调各个层次的员工关系时，会面对巨大压力，此时行政人员必须调整好心态，同时还要以身作则、公私分明、严守信用。

> **Tips** 借鉴只是从中汲取他人的写作精华，经过消化后转化为自己的知识，而不是生搬硬套、模仿抄袭。

第 2 章
企业行政部组织结构与责权

在企业里，行政部是为了履行企业行政职能而建立的有岗位设计、人员配备的实体部门，它是依据企业发展不同时期的不同需要，围绕为企业员工营造舒适的办公环境，提供良好的办公设施，做好后勤保障服务，促进企业高效运作和提高执行力等方面来开展工作的。本章主要介绍行政部的组织结构和责权，通过本章的学习，读者可以认识和掌握行政部的组织结构设置、行政部部门职责与权力、行政部相关岗位人员设置及工作职责。

2.1 行政部的组织结构

行政部是企业中不可或缺的部门，其组织结构是对应企业发展实际情况，根据企业类别、规模、行业、发展的阶段不同而制订的，并且在企业发展中根据管理需要不断调整变化，逐步完善和健全。

2.1.1 行政部的组织架构规划

企业要想提高工作效率，保证企业生存和发展，就必须做到规范化、标准化，建立一套能够满足自身需要的严谨、科学的行政管理运作体系，包括但不限于企业人员、物资、信息等若干资源的调配中枢。但是，建立这样一个运作体系的前提条件是必须做组织架构规划。

（1）要确定企业目标、愿景及发展方向，这样行政部才能结合实际来设定自己在企业发展各个时期的目标和所处的位置，以更好地发挥其应有的作用。

（2）充分了解企业的组织架构，因为企业行政部是企业组织的一部分，必须清楚该部门在企业中的位置及其与其他部门的关系，才能切合实际地设置自身的组织架构。

（3）了解所处企业的企业类型，企业类型包括以下几种。

①有限责任公司制：简称有限公司，是指根据《中华人民共和国公司登记管理条例》规定登记注册，由 50 个以下的股东出资设立，每个股东以其所认缴的出资额对公司承担有限责任，公司以其全部资产对其债务承担责任的经济组织。

有限责任公司包括国有独资公司及其他有限责任公司。在工作中，有限公司是比较常见的企业类型，它所分布的行业涵盖制造业、建筑业、房地产业、金融业、IT 业、文化业、娱乐业等。

②子公司制：指一定比例的股份被另一公司持有或通过协议方式受到另一公司实际控制的公司。虽然子公司受母公司的控制，但在法律上，子公司仍是具有法人地位的独立企业，它有自己的名称和章程，并以自己的名义进行业务活动，其财产与母公司的财产彼此独立，对各自的债务也各自负责、互不连带。子公司在国际商务中又指由母公司投入全部或部分股份，依法在世界各地设立的东道国法人企业，它在法律上独立于母公司，并拥有独立且完整的公司管理组织体系，因此在经营方面具有较大的独立性和一定的灵活性。同时，子公司的经营活动也要受到母公司的控制，要服从母公司的总体战略和总体利益的需要。但这种控制是间接的，与母公司拥有股权的比例正相关。

③连锁经营制：指经营同类商品或服务的若干企业，以一定的形式组成一个联合体，在整体规划下进行专业化分工，并在分工基础上实施集中化管理，把独立的经营活动组合成整体的规模经营，从而实现规模效益，这是一种经营模式。连锁经营包括 3 种形式：直营连锁、特许经营和自由连锁。

④事业部制：指为满足企业规模扩大和多样化经营，以某个产品、地区或顾客为依据，将相关的研究开发、采购、生产、销售等部门结合成一个相对独立单位的组织结构形式。它表现为在总公司领导下设立多个事业部，各事业部有各自独立的产品或市场，在经营管理上有很强的自主性，实行独立核算，是一种分权式管理结构。事业部制又称 M 型组织结构，即多单位企业、分权组织或部门化结构。

（4）了解行政部组织所要履行的核心职能，包括管理职能、参谋职能、沟通协调职能、服务职能。

（5）根据行政部现阶段的职能，初步拟定人员岗位、编制及职责，只有这样，才能使管理运作程序更加规范化，使工作命令、工作汇报、跨部门联络更加明晰化。

> **Tips** 行政部要以因事设岗、因岗设人，或者一人多岗的思路去开展工作，合理配置人员，保证行政部人员工作的饱和度；但如果出现一人多岗造成工作效率下降的情况，就要对人员配置做出相应的调整。

2.1.2 行政部的组织职能

行政部是公司的综合办事部门，其核心职能包括以下 4 个方面。

1．参谋职能

行政部不仅要在日常事务方面做好上级领导的"参谋"和"助手"，还要做好信息搜集、决策参谋、督导监察服务，及时、准确地将捕捉的信息、收集的意见和建议反馈给高层领导，适时为高层提供有效的方法、制度、策略的支持；在经营理念、管理策略、企业精神、企业文化及用人政策等重大问题上提出有建设性意义的见解，从而真正成为上级领导不可或缺的"参谋"与"臂膀"。

2．沟通职能

行政部在企业经营过程中，往往起到统揽全局、承上启下、内外兼顾的作用，所以在工作中，既要从企业利益出发，又要从员工角度出发，通过沟通协调、流程梳理提高企业运作效率。行政部应清晰传达上级领导指令，与各部门进行有效的沟通和协调，保证高效地完成企业制订的各项工作任务。

3．管理职能

行政部担负着文件归档、办公自动化、会议组织、人员接待、设备维护与维修、车辆调度、后勤保障（卫生、食堂、员工宿舍）、安全保卫、物品采购与发放等方面的管理工作。

4．服务职能

行政部应保证企业的正常办公不受影响、保证企业的正常运转不出问题、保障员工的工作安全不出意外，积极为企业各部门及全体员工提供全方位的服务。

2.1.3 行政部的组织结构

行政部应根据公司所属行业和规模，设计不同的组织结构。图 2-1 所示为依据行政部职能分类设计的组织结构。

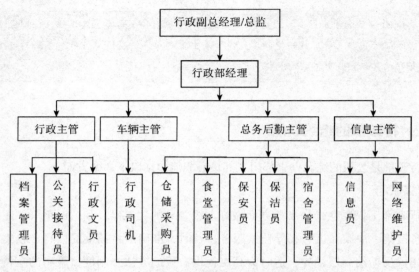

图 2-1　按职能分类设计的行政部组织结构

> **Tips** 工作命令呈报程序依据组织架构箭头图示从上逐级向下下达,各级人员非特殊情况不得隔级命令;工作汇报呈报程序与工作命令是呈反向的,从下逐级向上汇报,各级人员无特殊情况不可越级汇报,如果越级,上级主管有权不予受理。

2.2　行政部的职责与权利

企业行政管理部门属于企业的综合管理部门,它的主要工作是紧紧围绕后勤、总务、保卫、文秘、信息等工作行使指挥、指导、协调、监督、管理的权利。本节主要介绍行政的职责与权力,通过本节的学习,读者应掌握行政部在工作中主要的权利和应履行的责任,如行政协调、信息处理、决策参谋、综合事务管理等方面的职责。

2.2.1　行政部职责

行政部围绕参谋、沟通、管理和服务四大组织职能,需履行如下职责。

1. 行政事务管理

(1)负责建立公司各类公文处理、文件流转制度与流程,并指导监督下属项目(公司)实施。

（2）负责组织公司行政类文件的起草、修订、发文及归档管理。

（3）负责公司会议的会务组织，以及会议纪要的整理与发放工作。

（4）负责公司印章、介绍信的使用管理，并对下属项目（公司）印章和介绍信的使用管理实施监督。

（5）负责公司工商变更、证照年检等手续的办理，指导下属项目（公司）开展工作并监督实施。

（6）负责公司下属项目（公司）的设立、撤并、注销等工商手续的办理。

2．信息管理

（1）负责制订并实施公司信息化建设规划及信息系统改进方案。

（2）负责公司计算机信息管理系统的开发、维护、更新、使用管理及网络安全维护。

（3）指导并协助下属项目（公司）进行计算机及网络系统的使用管理及维护。

（4）负责公司计算机、网络及相关设备的购置、调配、维修、维护。

（5）负责建立并维护公司对外网站，指导协助下属项目（公司）建立并维护本公司对外网站。

（6）负责公司电子信息资料的收集、建档、更新和备份工作，并督导下属项目（公司）实施开展工作。

（7）负责公司通信与程控电话管理工作。

3．公共关系管理

（1）负责建立公司重大危机事件处理体系，配合危机领导小组开展工作。

（2）负责公司对外公共关系的日常维护（包括政府、同行、社区、新闻等），指导并协助下属项目（公司）进行公共关系的维护工作。

（3）负责公司来访的重要业务单位及重要宾客的接待。

（4）负责实施公司重大社会活动的策划、组织、实施，指导下属项目（公司）开展社会活动。

4．流程制度管理

（1）负责建立公司《制度流程管理手册》，指导并监督下属项目（公司）组织实施。

（2）负责对公司制度流程进行统一格式、编号、发文、建档。

（3）负责收集、整理各项管理制度、流程在执行过程中发生的问题，定期提出修订与完善建议。

（4）负责颁布实施公司新的管理制度、作业流程体系。

（5）建立、完善公司 OA 作业流程管理体系，指导、协助下属项目（公司）设立 OA 管控流程。

（6）负责公司行政督导类奖罚工作的牵头与执行，上报与下发各类奖罚通告。

5. 后勤管理

（1）负责公司前台接待、会议室管理。

（2）负责公司办公秩序、办公环境、办公设备的管理及维护。

（3）负责公司公务车辆的调配、维护、年审、保险费缴纳、车辆管理档案及驾驶员管理工作。

（4）负责公司书籍、报刊订购及图书室管理工作。

（5）负责公司工装、名片、工作牌、公司部门标识牌等的制作。

（6）负责公司订房、订票、商务酒店、票务公司的选定，签署有关合作协议。

（7）负责公司与办公场所物业管理公司的工作衔接，处理有关物业服务事宜。

（8）负责员工就餐的卫生管理工作，定期询问公司员工对就餐质量的要求，确保员工就餐的安全。

（9）负责公司内部治安管理工作。维护内部治安秩序，搞好治安综合治理，预防犯罪和治安灾害事故的发生，保护公司财产的安全，确保生产工作的顺利进行。

（10）负责建立和完善安全责任制。建立以防火、防盗、防灾害事故为主要内容的安全保卫责任制，做到组织落实、制度落实和责任落实。

（11）严格门卫登记制度。一切进出公司的物资，要严格门卫检查、验证，物证相符方能进出，凡无证或证物不符的，门卫有权扣留，由保卫科查处。

（12）建立和完善后勤岗位责任制，加大考核力度，提高服务质量。

6. 实物资产管理

（1）负责建立公司物资管理制度与流程，指导下属项目（公司）建立相应管理制度与流程，并监督实施。

（2）负责办理公司实物资产的采购审批、采购、转移、报废、登记建档及台账管理工作。

（3）指导、督导下属项目（公司）资产的使用管理及台账监管工作。

7. 档案管理

（1）负责公司档案管理体系的建立与完善，制订有关档案管理制度及流程。

（2）负责接收公司工程项目竣工后的档案资料。

（3）负责公司档案日常管理工作，监督公司其他下属项目（公司）档案管理工作的实施。

8. 福利管理

（1）员工福利制度的制订，并经批准后实施。

（2）福利制度的研究、修订、改进等事项。

（3）福利事项的办理。

（4）福利工作总结、分析和改进。

（5）退休、抚恤制度的制订及办理。

9. 保健管理

（1）员工保健规章的制订。

（2）定期保健体检的实施。

（3）特约或定点医院的选择。

（4）特约或定点医院的联络。

（5）办理工伤事故。

2.2.2 行政部权利

行政部要完成上述职责，可以行使以下权利。

1. 会议权

（1）行政部作为总经理办公室的战略合作部门，有权旁听公司各部门内部组织的任何会议，并予以记录。

（2）各部门应遵守公司会议管理制度，向行政部进行会议登记。行政部根据实际情况，选择出席旁听。行政部记录的会议内容及各部门与会者，都应在确认正确无误后，予以签字；行政部未出席的会议，由各部门指定人员进行记录，并由与会者签字确认，交行政部统一存档备案。

（3）行政部根据总经理办公室的指示，有权召集其他部门会议，其他部门应予以配合。

（4）行政部根据总经理办公室的指示，有权陪同各部门出席外部会议，并进行记录。

（5）行政部的权利受总经理办公室的监督，对旁听的行政部员工的工作表现予以考评，考评结果记入员工个人工作档案。

2．员工奖惩建议权

（1）行政部作为公司的监督部门，有权对员工在工作时间内的行为，向总经理办公室建议奖励或处罚。

（2）行政部根据公司的实际情况，对公司的各项规章制度有提议、公告、培训的义务，并对经总经理办公室批准的现行规章制度有解释权。

（3）行政部对公司各员工（包括总经理）违反规章制度的行为有建议惩处的权利。

（4）行政部对公司各员工（包括总经理）的先进事迹有建议奖励的权利。

（5）行政部对经总经理办公室批准的奖励或惩处行为有执行的权利。

（6）公司各员工对行政部的工作行为有奖励或惩处的建议权。

（7）行政部的权利受公司各员工监督，员工可以对行政部建议的奖励或惩处行为向行政部提出申诉，由行政部安排总经理办公室共同处理员工申诉。

3．要求工作汇报的权利

（1）行政部作为总经理办公室的指令执行部门，对总经理办公室要求各部门开展的各项工作有催办、督办和落实的权利。

（2）行政部授权于总经理办公室，总经理办公室指派各部门开展各项工作，在总经理办公室规定的时间内，各部门应向行政部汇报工作进展情况。由行政部加强该工作需要涉及的各部门之间的协作与联系，并监督该工作的进行，对参与其中的各员工工作表现予以考评。当该工作完成后，由行政部汇总该工作的一应材料及工作报告，交总经理办公室存档备查。

（3）行政部的权利，完全由总经理办公室授予。总经理办公室可随时根据实际工作情况，对该权利予以指导、修正并收回。该权利的行使，行政部负主要责任，总经理办公室负管理责任。

4．公司物料资源管理的建议权

（1）行政部作为专业的部门，对公司物料资源的使用运作有建议的权利。

（2）行政部有根据实际情况向公司申请采购办公用品的权利。

（3）行政部有根据实际情况向各部门分发公司办公用品的权利。

（4）行政部有统一安排公司车辆、办公固定资产、宿舍等一应后勤保障物资的权利。

（5）行政部对公司各部门提出的使用公司物资的要求，有给予否定的权利，或者将肯定的意见提交总经理办公室的权利。

（6）行政部对此权利负有独立的责任，总经理办公室可对此给予指导意见。

5．部门内部开展工作的自主权

（1）部门内部员工考核的权利。

（2）部门内部员工聘任、解聘的建议权。

（3）要求相关部门配合工作的权利。

> **Tips** 行政部的责权不仅要根据企业给予的定位和高层对该岗位的重视程度具体定义，还要根据各企业的实际情况，结合行业特点进行科学合理的设置。

2.3 行政部各岗位工作职责

行政部的职责只有划分到行政部的各个岗位上，明确各岗位的职责，才算真正落地。本节详细介绍了行政部各岗位的通用工作职责，读者可根据实际情况，结合行业特点进行组合分解与增减，从而规范行政部各岗位的工作职责。

2.3.1 行政总监岗位职责

行政总监在工作岗位上行使对公司行政人事日常工作监督、管理的权利，并承担执行各项规章、工作指令的管理责任，对所分管的工作全面负责。具体来说，行政总监的岗位职责如下。

（1）协助参与公司经营战略策划的制订，完成公司行政管理规划，协调各部门关系，积极配合各部门做好内部管理工作。

（2）制订公司综合管理工作目标、计划，并组织实施，做到计划明确、方法灵活。

（3）负责发挥总经理参谋、协调和综合管理职能，直接处理尚未分清职能的公司事务。

（4）负责协助总经理完善公司总体制度规划并监督实施，运用先进的管理模式进行现代管理，做到依章办事、有章可循，规划公司的各项行政运营管理。

（5）负责所辖各部门的机构设置和管理制度的制订、各项工作的开展和督导及绩效考核。

（6）根据公司经营管理工作情况，按公司领导的要求，负责组织起草综合性业务规划。

（7）筹备股东会、董事会、总经理办公会议的召开，组织编写会议纪要和决议，并检查各业务部门贯彻执行情况。

（8）在公司负责人领导下，协调、平衡各部门之间的关系。

（9）组织、安排重要客人来访的接待工作，协调内外关系，宣传企业文化和公司理念，树立公司的良好形象。

（10）负责公司公共关系、企业形象、品牌建设的规范和提升。

（11）处理行政方面的重要函件。

（12）组织公司有关法律事务的处理工作，指导、监督、检查公司保密工作的执行情况。

（13）掌握行政系统工作情况和公司行政管理工作的运作情况，适时向总经理汇报。

（14）代表公司与外界有关部门和机构联络，并保持良好的合作关系。

2.3.2 行政部经理岗位职责

行政部经理主要协助公司行政总监负责行政部的日常管理工作，同时还负责公司行政管理体系、制度与流程的建设与完善，以及公司行政管理、后勤事务管理、对外公共关系的协调与处理等工作。行政部经理岗位职责如下。

1. 负责本部门工作计划的制订和组织实施

（1）根据公司年度经营计划，组织拟订本部门年度工作计划及阶段性工作计划。

（2）分解部门年度工作计划和阶段性工作计划，并督促指导部门员工执行。

（3）定期完成部门工作总结。

2. 负责部门内日常管理

（1）负责部门内工作任务分工，合理安排人员。

（2）负责本部门员工建设、员工培养，以及选拔、调配和绩效考核。

（3）指导、监督和审核部门内各岗位工作的执行，对出现的问题及时处理，保证部门工作的顺利完成。

3. 负责公司行政管理体系的建设与内部行政工作的协调沟通

（1）参与并推动公司战略建设，配合各项计划目标的执行与监控。

（2）负责公司行政类制度体系的建立与完善，对各项行政制度、流程的执行情况进行监督管理。

（3）协调公司各级部门之间和下属机构之间的关系，上传下达公司各项制度要求，并配合执行监控工作。

（4）负责部门团队管理工作，根据岗位合理分配工作，指导培训、考核下属业务工作。

4．负责公司行政费用、物资管理的管控

（1）负责公司与部门行政办公费用预算的编制与执行，监管各项费用开支，合理地控制费用成本。

（2）负责公司各类资产、物品、物料的管理督导工作，监控各项资产的使用、维护、维修、添置等情况。

（3）负责公司行政办公费用的审核。

5．负责对外协调，公共关系维护

（1）负责公司对外公共关系的日常维护，指导并协助下属项目（公司）进行公共关系的维护工作。

（2）负责公司与政府机关之间的危机公关处理工作，协助下属项目（公司）处理危机事件，并督导处理结果。

（3）负责协调公司与各级政府部门、合作单位、社会团体的沟通联系，维护公司对外业务合作关系。

（4）负责公司来访的重要业务单位及重要宾客的接待。

（5）负责建立公司重大危机事件处理体系，配合危机领导小组开展工作。

6．负责公司设立、注销等工商事务工作

（1）负责公司下属项目（公司）的设立、撤并、注销等工商手续的办理。

（2）监督公司各项证照的办理和政府性审核工作手续的办理。

7．制度流程管理督导工作

（1）负责公司行政督导类奖罚工作的牵头与执行。

（2）负责建立公司《制度流程管理手册》，指导并监督下属项目（公司）组织实施。

8．其他行政事务工作

（1）负责公司印章的使用监管工作。

（2）负责公司级行政会议的组织、管理，做好相关会议的跟进工作。

（3）参与公司股东会、董事会日常事务工作。

（4）负责公司车辆、安保、环卫、食堂等工作。

2.3.3 行政主管岗位职责

行政主管在公司行政经理的领导下，全面负责公司的行政事务和档案管理工作，保障公司在任何情况下都能顺利地开展各项工作，确保公司的安全稳定与正常运作。具体来说，行政主管岗位职责如下。

（1）组织公司各项会议（主管会、季度会、年会等）、管理会议室。

（2）组织公司的各项活动（运动会、省内省外旅游等）。

（3）组织各种员工福利活动及公司庆典活动（节日礼品、新店开张等）。

（4）负责宣传文体工作，办好黑板报、宣传栏。

（5）协助制订、监督、执行公司行政规章制度。

（6）拟定公司办公费用的使用计划，以及组织办公用品的购买、管理和发放工作。

（7）负责公司办公室水电费、物业管理费的计量、核算、收缴。

（8）负责员工宿舍水电费的计量、核算、收缴。

（9）负责员工社会保险的办理。

（10）负责公司证照、资质办理及管理。

（11）负责全公司人员考勤、处理各种假期。

（12）负责各项文件的收发。

（13）完成直属上司交办的临时性工作。

（14）协助各部门办理行政所需事项。

2.3.4 车辆主管岗位职责

车辆主管主要负责公司车辆年检、保险购买、车辆维修保养、车辆调度及驾驶员日常管理等，其岗位职责具体如下。

（1）在行政部经理的领导下，全面负责公司车队的管理工作。认真贯彻公司车队管理条例，落实"安全第一"的宗旨，积极完成上级交付的各项工作，规范车队管理。

（2）负责制订车队的各项管理制度，做好驾驶员的日常管理和考核工作，为调动车队队员积极性提出建议。

（3）在保证公司员工用车需求、公司送货需求的前提下，努力降低运营成本。

（4）严格规范车队财物使用，为制作车队管理所需报表提出建议并认真填写各种报表。所有报表资料需存档，并做出月度、季度、年度分析报告给上级领导参考。

（5）积极了解车队的各种情况，公正合理地处理问题，随时掌握路况、天气状况，并及时做出相应调整，做到以身作则、坚持原则、赏罚分明、关心司机。

（6）掌握各车辆动态，做好车辆出车计划，合理安排出车任务，要确保重点、兼顾全面，真正做到安全、及时、无误。做好出车前、收车后的检查工作，认真填写各类报表及行车记录。

（7）认真执行车辆保养制度，督促、检查车辆的维护保养工作，并做好记录。

（8）负责处理车辆行驶过程中的突发事故，做好交管部门的协调工作，并定期办理车辆年审、运营手续等。

（9）当违章、交通肇事等事故发生时，及时向上级汇报，提出处理意见和改进措施，并积极处理问题。

（10）倡导司机遵守职业道德，改进工作作风，保持车容整洁、车况良好。

（11）负责车队车辆的节能降耗工作，努力降低营运成本，提高经济效益。

（12）抓好日常的安全教育工作，定期组织司机召开安全会议，分析影响安全行驶的各类问题和事故隐患，并提出防范措施和处理意见。

（13）积极完成公司交付的其他任务。

（14）虚心听取客户意见，及时向主管部门反馈。

（15）积极完成公司领导交办的其他工作。

2.3.5　后勤主管岗位职责

后勤主管在公司行政经理的领导下全面负责公司的后勤保障工作，其岗位职责主要如下。

（1）全面负责后勤部门全体人员的日常管理工作，合理分工和配置人员，做到人尽其才、各尽其能，负责督导和分配所属人员的各项工作。

（2）负责拟定公司后勤相关制度与经批准后制度的执行与监督。

（3）根据规定考核下属的工作业绩。

（4）全面负责员工食堂的管理，及时妥善处理员工对食堂服务质量问题的投诉，提高食堂伙食质量，强化伙食成本核算，重视食品安全。

（5）全面负责员工宿舍的管理，确保员工住宿安全，维持宿舍秩序。监督各项制度、计划的执行情况。

（6）根据公司发展及员工建议，负责适时对员工食堂、宿舍条件提出改进建议。

（7）负责对公司公共区域的卫生、清洁、环境维护及绿化工作进行指导，定期或不定期对此进行检查，发现问题及时纠正。

（8）负责严格执行后勤部门各项费用审批制度，确保后勤费用支出控制在预算范围内。

（9）完成上级领导临时交办的其他工作。

2.3.6　信息主管岗位职责

信息主管岗位职责主要如下。

1．拟定和执行企业信息化战略

（1）负责制订公司信息化中长期战略规划、当年滚动实施计划，以及公司信息化管理制度、信息化标准规范。

（2）负责公司信息化网络规划、建设组织，制订IT基础资源（硬、软件）运行流程，制订网络安全、信息安全措施并组织实施，实现IT资源集约化管理。

（3）负责公司集成信息系统总体构架，构建公司信息化实施组织，结合业务流程重组、项目管理实施公司集成信息系统。

（4）负责集团公司网站建设及总体规划。

2．办公自动化系统开发与运行

（1）根据公司发展战略和实际需要，组织实施公司办公自动化系统、网站的运行管理、维护与更新，协助信息管理工作。

（2）负责公司办公自动化设备（计算机及其软件、打印机）的维护、管理工作。

3. 企业信息资源开发

（1）根据企业发展战略和信息化战略要求，负责公司内外部信息资源开发利用。

（2）导入知识管理，组织建立公司产业政策信息资源、竞争对手信息资源、供应商信息资源、企业客户信息资源、公司基础数据资源五大信息资源库。

4. 建立信息化评价体系

根据公司信息化战略和实情，建立公司信息化评价体系和执行标准，制订全员信息化培训计划。

5. 信息处理

负责信息的收集、汇总、分析研究，定期编写信息分析报告并上报公司领导；参与公司专用管理标准和制度的制订与修改。

6. ERP 等信息平台的开发及实施

（1）负责公司计算机开发应用计划，有步骤地开发使用应用管理软件，逐步实现公司管理现代化、信息化。

（2）负责公司 ERP 系统项目的论证、引进（或开发）与实施，组织 ERP 系统与公司状况之间关系的分析，确保公司 ERP 系统顺利运行。

7. 控制信息设备预算

负责控制部门预算，降低费用成本，组织公司计算机相关设备的维护、添置、验收、发放、登记、归档，以及管理软件的咨询、设计、采购、测试、验收、日常维护，并提出可行性方案等。

8. 协助其他部门管理

协助其他部门实施 CAD、PDM、CAPP 等项目信息管理，协同其他管理部门实施设备、人事、客户关系等信息化管理。

Tips 行政部组织结构是按照完整的行政部职责进行设置的，在实际操作中，可以根据公司所处的发展阶段、公司的现有规模和公司所在行业的特点等灵活地进行行政部组织架构的调整。行政部各岗位的工作职责，可以根据公司实际情况，结合行业特点进行组合分解与增减，从而规范出符合公司特点的行政部岗位工作职责。

行政部岗位职责涉及内容较多，书中只列出了部分内容，详细内容读者可下载完整的岗位工作职责进行参考，下载方法见前言说明。

专家支招

1. 某些公司同时设置了行政副总与行政部经理两个职位,其岗位职责有哪些侧重点

一般来说,公司的行政副总会分管公司的行政部与人力资源部,在公司管理层级上,行政副总属公司高层管理者,担负着为组织设定远景和长期目标,决定着组织的存亡。对内要负责组织内部的运作,对外要关注竞争环境,提高对外竞争力。因此,行政副总在公司的职责是战略层面,负责跨部门沟通协调、对外公关协调等工作事宜。

行政部经理在公司管理层级上属中层管理者,是将同层管理者拟定的目标发展为具体可行的方案,下达给基层管理者和员工,同时监督和指导下属完成具体的工作。因此,行政部经理的职责是战术层面的,负责本部门具体的行政事务。

2. 中小公司行政部如何设置人员编制

本章介绍的行政部架构及人员编制,是按行政部工作内容及模块来划分的,但在很多中小型公司,并没有如此健全的架构和充足的人员配置。应根据公司的实际情况,结合行业特点及公司对行政部的定位需求,参照本章内容进行具体可行的人员编制。

中小型公司行政部人员编制一般可以设置为部门经理或主管 1 名、行政前台 1 名,不考虑行政后勤人员(包括保洁、司机、保安等)。按照这样的架构设置人员编制,既可以精减人员,同时职责分工也清晰明了。部门经理除了督促管理本部门人员、组织本部门工作外,还要担负起一些具体的行政事务,如会务的组织与接待等,行政主管要全面负责公司行政的具体事务,行政前台还要兼顾行政部的档案管理、办公用品管理、会议室管理等职责。

3. 行政管理中部分岗位实行劳务外包有哪些好处

现在很多公司为了减少劳动密集型人员招聘难、流动性强的难题,往往与一些劳务公司签订劳务外包合同。劳务外包在公司管理实践中,有以下好处。

(1) 从公司用人方面来看,可以规避劳动纠纷,维护公司信誉。

被派遣员工的劳动关系隶属于人才派遣中介机构,派遣员工与用人单位之间没有劳动合同关系。所以,用人单位避免了与派遣员工之间的人事纠纷,大大节省了用人单位的管理精力。由于第三方人才中介的加入,其专业性、员工的素质等都能得到有效的保障,同时也大大降低和分解了单位的用人风险。

(2) 从人力资源的角度来看,用人机动灵活,人事管理更简单。

从聘用、异地人才引进、档案接转、流动手续办理、户口落实、建立员工档案,到员工工资、奖金的统计、发放,再到各类社会保障的建立及缴纳、工伤申报、劳动纠纷处理等是一项烦琐的人力资源管理工作。如果用人单位从派遣中介机构实现人才派遣,那么人力资源部可以从琐事中解脱出来,集中精力提高企业核心竞争力的管理。另外,公司用人也会变得更加灵活,可以根据业务和公司发展需要增减人员,既不会引起劳务纠纷,也不会出现人员在安排之中流失和"跳槽"的顾虑。

(3) 从成本来看,管理和改革成本大幅度降低。

派遣员工由派遣中介统一管理,用人单位不仅节约了管理成本,还大幅度降低了招聘、培训等费用。另外,对需要裁减冗员和改制的公司而言,大大减少了下岗员工的安置成本。

高效工作之道

1. 用 Word 编制组织结构图

组织结构图用于表现企业各组成部分之间的关系,是企业整个管理系统的框架,能有效地实现企业的流程运转、部门设置及职能规划。组织结构图既可以表现企业整体的组成部分,也可以表现某一部门的组成部分。如果需要编制的组织结构图组成部分较少,那么可以通过 Word 中提供的 SmartArt 图形功能快速实现,具体操作步骤如下。

步骤①　启动 Word，新建一个【行政部组织结构图】文档，输入标题【组织结构图】，为标题应用【标题】样式，如图 2-2 所示。

步骤②　单击【插入】选项卡【插图】组中的【SmartArt】按钮，打开【选择 SmartArt 图形】对话框，选择需要的组织结构图，单击【确定】按钮，如图 2-3 所示。

图 2-2　应用样式

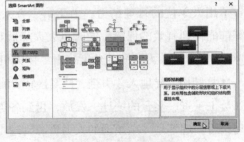
图 2-3　选择组织结构图

步骤③　选择助理形状，按【Delete】键删除，在形状中输入需要的文本，选择【行政部经理】形状，单击【SmartArt 工具/设计】选项卡【创建图形】组中的【添加形状】下拉按钮·，在弹出的下拉列表中选择【在上方添加形状】选项，如图 2-4 所示。

步骤④　在所选形状上一级创建一个形状，输入【行政总监】，选择【行政部经理】形状，单击【组织结构图布局】按钮，在弹出的下拉列表中选择【标准】选项，如图 2-5 所示。

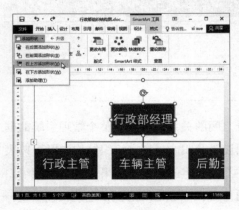
图 2-4　添加形状

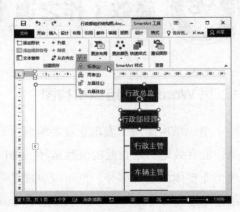
图 2-5　更改形状布局

步骤 5 在【后勤主管】后面添加一个同级别的形状，输入【信息主管】，在几个主管形状下方分别添加需要的形状，并输入需要的文本，将几个主管形状的布局更改为【标准】，选择需要改变大小的形状，在【SmartArt 工具/格式】选项卡【大小】组中的数值框中对形状高度和宽度进行设置，如图 2-6 所示。

步骤 6 选择 SmartArt 图形，在【SmartArt 样式】组中单击【更改颜色】按钮，在弹出的下拉列表中选择【彩色轮廓-个性色 3】选项，如图 2-7 所示。

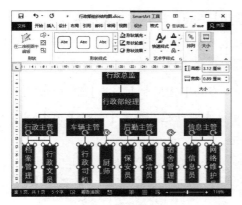

图 2-6 调整形状大小

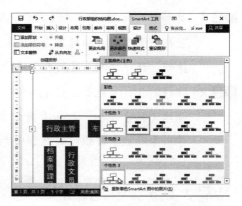

图 2-7 更改 SmartArt 颜色

步骤 7 至此，完成组织结构图的制作，最终效果如图 2-8 所示。

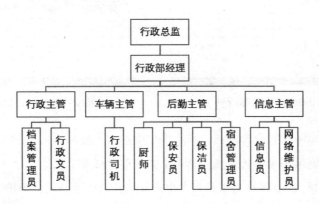

图 2-8 最终效果

2. 用 Word 制作岗位说明书

岗位说明书又称职务说明书或职位说明书，是行政人事管理中最基础的文档，无论是公司的招聘录用、工作分派，还是人员规划等，都离不开岗位说明书。岗位说明书需要根据公司的具体情况进行制订，其内容主要包括岗位的工作性质、任务、责任、权限、工作内容和方法、工作条件、岗位名称、职级及任职资格等。使用 Word 制作岗位说明书的具体操作步骤如下。

步骤 1 启动 Word，新建一个【岗位说明书】文档，输入标题【行政前台】，设置标题字体格式和对齐方式，单击【插入】选项卡【表格】组中的【表格】按钮，在弹出的下拉列表中拖动鼠标选择【1×7 表格】，如图 2-9 所示。

步骤 2 选择前 3 行单元格，在【表格工具/布局】选项卡【合并】组中单击【拆分单元格】按钮，打开【拆分单元格】对话框，设置【列数】为【6】，单击【确定】按钮，如图 2-10 所示。

图 2-9　选择表格行列

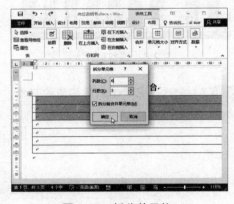
图 2-10　拆分单元格

步骤 3 将最后 4 行拆分为两列，在表格中输入相应的岗位说明书内容，选择表格中需要添加编号的段落，单击【开始】选项卡【段落】组中的【编号】下拉按钮·，在弹出的下拉列表中选择需要的编号样式，如图 2-11 所示。

步骤 4 使用相同的方法为其他段落添加编号，在表格下方输入需要的文本，选择文本后面的空格，单击【字体】组中的【下划线】按钮 U，如图 2-12 所示。

图 2-11 添加编号

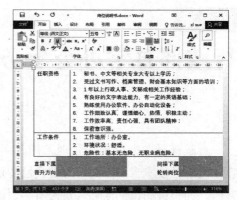
图 2-12 添加下划线

步骤 5 为空格添加下划线，完成岗位说明书的制作，最终效果如图 2-13 所示。

行政前台

职位名称	行政前台	职位代码		所属部门	行政部
职系		职等职级		直属上级	行政主管
薪金标准		填写日期		核准人	
职位概要	做好公司日常行政事务工作，保证公司信息通信顺畅，提高公司运作效率					
工作内容	1. 转接总机电话，收发传真、信件和报刊； 2. 接待来访客人，并通报相关部门； 3. 管理办公用品，管理维修打印机、传真机、复印机等办公器材； 4. 打印、复印文件和管理各种表格文件； 5. 承办员工考勤和外出登记； 6. 安排约会、会议室及差旅预定； 7. 保管各种手续、手册； 8. 更新和管理员工通信地址和电话号码等联系方式； 9. 协助组织公司活动。				
任职资格	1. 秘书、中文等相关专业大专以上学历； 2. 受过文书写作、档案管理、财会基本知识等方面的培训； 3. 1年以上行政人事、文秘或相关工作经验； 4. 有良好的文字表达能力，有一定的英语基础； 5. 熟练使用办公软件、办公自动化设备； 6. 工作细致认真，谨慎细心，热情，积极主动； 7. 工作效率高，责任心强，具有团队精神； 8. 保密意识强。				
工作条件	1. 工作场所：办公室。 2. 环境状况：舒适。 3. 危险性：基本无危险，无职业病危险。				

直接下属＿＿＿＿＿＿＿＿＿＿＿＿ 间接下属＿＿＿＿＿＿＿＿＿＿＿＿
晋升方向＿＿＿＿＿＿＿＿＿＿＿＿ 轮转岗位＿＿＿＿＿＿＿＿＿＿＿＿

图 2-13 最终效果

第3章
行政部日常办公事务管理

行政部日常办公事务管理工作占据了行政工作的大部分时间，虽然工作内容让人感觉技术含量不高，可替代性特别强，但对企业而言，这个岗位又是很重要的。如果该岗位的从业人员没有一定的责任心、耐心、细心和定力，就很难做好这项工作。本章主要介绍了行政部日常办公事务管理的注意事项及相关的工作内容，通过本章的学习，读者可以掌握行政部日常办公事务的范畴和开展工作中需要注意的事项。

3.1 认识日常办公事务管理

行政部日常办公事务通常涉及的内容比较多，相对来说也比较烦琐，需要行政人员进行梳理，并进行有效管理。因此，行政部日常办公事务管理中的"管理"就显得尤为重要。

3.1.1 日常办公事务管理内容

在企业中，日常办公事务管理的工作内容通常都是一些比较常规的工作，主要包括行政督查管理、员工考勤管理、员工出差管理、员工票务管理、员工名片印制管理、员工违纪管理、员工着装管理、员工满意度调查、行政经费管理、办公设备管理、办公用品管理、印章和介绍信管理、证照管理、图书资料管理、接待工作管理、值班工作管理、会务工作管理、保密工作管理、印刷品管理、文件收发管理、文书管理、档案管理等。

这些事情通常是做得好,可能没有人注意到,但是做得不好很快就会被察觉到。所以，行政人员在工作中不仅要抓重点，还要抓细节。而抓好细节的前提就是要梳理好日常办公事务管理的工作内容，只有在了解并掌握这些工作内容的基础上，才可能做得更好。

3.1.2 日常办公事务管理注意事项

有一句说的是：做得多，错得就多。日常办公事务管理工作内容非常烦琐，如果不细心、不认真，那么结果很可能就是做多少错多少。如何才能打破"做得多，错得多"的魔咒呢？相信通过以下几点日常办公事务管理注意事项，大家一定会找到属于自己的答案。

（1）做事要做到事无巨细。在日常办公事务管理工作中，一定要经常问自己是否所有的细节都注意到了，哪怕是小到一张纸、一分钱、一度电、一滴水，都要事无巨细地管理好。只有把这些细节都做到了，老板才会放心地把事情全权交托给你。

（2）处理问题时一定要面面俱到。只要有需要服务的地方，就一定要有行政人员的身影出现，要学会多方面考虑问题。

（3）工作方式要灵活多样。在日常办公事务管理中，行政人员将会面对各种各样的问题、对象、场合及突发事件等，当应对这些事件时，如果只靠一种定式去开展工作，是远远不能满足实际工作需要的。所以，行政人员要学会变通，在日常办公事务管理过程中采用更加灵活、多样的方式来应对工作，才可能真正满足实际工作的需要。

（4）轻重缓急的拿捏要适度。在日常办公事务管理工作中，行政人员要依据紧急重要、紧急不重要、重要不紧急、不紧急也不重要的先后顺序来处理工作，只有这样，才能确保高效率地完成工作。

（5）时时心态管理。作为行政人员，在日常办公事务管理中，要时刻坚定自己的信念，时刻保持积极向上的空杯心态，努力学习、周到服务，以敢于付出、宽容忍让，以及感恩、理智平和的态度去处理事务。

> **Tips** 日常办公事务管理涉及的事情多且杂，行政人员一定要保持良好的心态，有担当、不推诿、多包容，真正做到有所作为，才能胜任此岗位。

3.2 行政督查督办管理

行政督查督办管理既是保证公司经营目标实现、各项工作计划落实到位、经营管理指挥系统达到有效运转的一种高效的管理手段，同时也是弥补行政管理漏洞与缺陷的有效办法之一。

3.2.1　行政督查督办管理的目的

行政督查督办管理的目的是确保公司重大决策、重要工作部署、重大会议决议、公司的规章制度、公司领导的重要批示等相关事宜在规定的时间内得到及时、有效的落实；为了检验公司自上而下的执行力，提高公司的工作效率和整体的工作质量，促进行政管理体系的完善，维护领导决策的权威性，最终实现工作的制度化、规范化、程序化管理。

如果实际工作中没有督查督办管理，很可能会出现掷地"无"声的局面，造成管理层被架空，或者管理走样、政令不畅的现象。这就会导致公司发展停滞不前，很可能出现人浮于事的现象，甚至会造成公司萎靡不振、衰退、最终倒闭的可能。因此，行政督查督办管理人员一定要清楚自己管理的目的。

3.2.2　行政督查督办管理的范围

行政督查督办管理的范围是比较广泛的，可以把它理解为管理公司内部生产经营的全部过程。下面列举部分事项。

（1）督查督办上级部门的重要工作决策部署。

（2）督查督办公司中心工作、重要会议及重大决策、工作安排、任务部署、文件决定事项等的贯彻执行情况。

（3）督查督办上级单位重要舆论精神的贯彻落实情况。

（4）督查督办新闻媒体和重要客户对本单位批评、建议的答复与处理情况。

（5）督查督办上级或本单位领导指示进行督查督办的事项。

（6）督查督办公司领导做出的重要指示及交办的重要事项，包括但不限于公司生产、研发、招投标、物资采购等涉及公司内部生产经营过程的所有完成情况。

（7）督查督办公司相关规章制度等的具体落实情况。

（8）督查督办领导和员工关注的热点和焦点问题等有关事宜。

（9）督查督办人大代表、政协委员、职工代表大会、股东会的议案、提案、建议的办理情况。

（10）督查督办经上司批准的员工在日常工作中发现、反映或提议的需要督查督办的事项。

（11）督查督办经上司批准被列入专项督查的事项。

（12）督查督办下级单位请示事项的答复和办理情况。

（13）督查督办基层请求上级机关帮助解决问题的办理情况。

3.2.3　行政督查督办管理的原则

行政督查督办工作本身就是监督、检查的工作，如果工作人员自身没有原则或原则性不强，就会造成这个岗位形同虚设的情况。所以，在开展这项工作时，行政人员一定要严肃、认真地对待工作，要有一定的原则性。以下是行政督查督办管理需要遵循的几点原则。

（1）要务实求真，落实到位。行政督查督办工作的具体人员对所负责的督查督办事项要做到实事求是，以事实为依据，件件不落地逐一进行督查督办，确保督查督办的事项件件有回音、有落实。

（2）要讲求实效性。督查督办事项要做到及时交办、及时立项、及时登记、及时通知、及时转办、及时承办、及时催办、及时检查、及时反馈、及时报告、及时办结、及时回告、及时审核、及时立卷、及时归档。同时，督查督办事项还要注重效率，对重大事项、公司领导指示等，要实行限时结办制。

（3）要客观真实。承办责任人要做到客观真实地反馈督查督办事项的实际完成情况，督查督办部门要做到向公司领导客观真实地反馈督查督办结果。

（4）不能超越权限。督查督办部门及督查督办人必须在制度规定范围内或上级领导安排下实施督查督办行为，不得有任何越权行为的情况发生。凡未经授权，督查督办部门及督查督办人不得直接处理任何事项或问题。

3.2.4　范本：行政督查督办相关制度/流程/表格

在督查督办管理工作中，如果有制度、流程、表格的支撑，就可以使督查督办工作更加得心应手。以下是与督查督办相关的制度、流程、表格，供读者参考。

1. 行政督查督办管理制度

制订行政督查督办管理制度，使行政督查督办人员和被督查督办的单位或部门对行政督查督办有了更进一步的认识。

下面是某公司行政督查督办管理制度，供读者参考。

行政督查督办管理制度

一、目的

为狠抓工作落实，全面提高公司的各项重大决策、重要工作部署、重大会议决议、规章制度和领导重要批（交）办事项等相关事宜的办理质量及效率，建立有效的公司督查督办工作体系、规范公司督查督办工作开展，进一步加强公司管控能力、提升管理水平、强化组织协调，实现科学决策，确保公司安全、平稳、高效运行，结合公司实际，特制订本管理制度。

二、原则

（一）围绕中心，突出重点

紧密围绕公司中心任务和重点工作展开，集中力量抓好事关全局的重大决策、重要部署和重要事项的督办落实。

（二）明确责任，分级负责

督查督办工作实行主要领导负责制，分级管理、分类指导，做到各司其职、各负其责、机制完善、程序规范。

（三）改进创新，注重实效

转变工作作风、改进工作方式、创新督办手段、深入工作一线，确保督办实效，做到任务明、问题清、督到位，件件有落实、事事有交代。

（四）加强协调，强化服务

整合力量，及时协调处理督查督办工作中出现的矛盾和问题，努力为领导、本部和基层做好服务工作。

三、适用范围

本制度适用于公司本部及各部门（单位）。

四、组织体系和职责分工

（一）公司督查督办工作实行主要领导负责制

公司主要领导为公司督查督办工作总责任人，全面负责公司党委、行政各项事务督办工作。其他副职按照分工对总责任人负责，领导组织公司督办工作的开展。

（二）行政部是公司督查督办工作的归口管理部门，各部门（单位）具体负责督查督办事项的承办落实

各部门（单位）要高度重视督查督办工作，建立、健全各自的督查督办工作体系，安排专门人员负责跟踪做好本部门（单位）承办事项的开展落实，切实将督查督办工作列入本部门（单位）的重要工作职能，确保督查督办工作有效地开展。

（三）公司督查督办工作由专人负责，建立完善督查督办专员机制

行政部指定专人具体负责开展公司督查督办工作，各部门、各单位指定专人作为本部门（单位）的督办工作联络人。

（四）行政部主要职责

1. 负责建立健全督查督办工作管理规定及相关工作制度体系。
2. 负责督查督办工作的日常管理。
3. 组织开展督查督办调研、检查和考核活动。
4. 对督查督办工作情况定期总结汇报，加强成果应用和交流。
5. 完成公司领导交办的其他督办任务。

（五）本部各部门负责人

1. 本部门承办事项的第一责任人，对承办事项负全责。
2. 提出督查督办立项建议，明确承办事项完成时限。
3. 确定本部门督查督办事项承办人。
4. 确保本部门承办事项正常开展，检查承办事项办理效果。

（六）各二级单位主要负责人

1. 本单位承办事项的第一责任人，对承办事项负全责。
2. 负责组织制订本单位的督查督办管理办法。
3. 负责制订本单位督查督办事项落实计划，并认真组织实施和检查。
4. 提出督查督办立项建议，明确承办事项完成时限。
5. 确定本单位督查督办事项承办人。
6. 确保本单位承办事项正常开展，检查承办事项办理效果。

（七）督办工作联络人

1. 负责本部门（单位）督查督办日常管理工作。
2. 拟定本部门（单位）需要进行督查督办的事项。
3. 协调并督促本部门（单位）承办项目负责人按照督办要求按时反馈报送工作进展情况和办理结果。
4. 针对督查督办事项推进过程中存在的问题及时进行协调处理，并提出意见和解决方案。
5. 负责本部门（单位）督办工作台账管理，做好日常各类督办相关档案、资料的归档与管理工作。

……

> **Tips** 由于内容较多，书中只列出了本管理制度的部分内容，其详细内容将在模板中提供，读者可下载完整的管理制度进行参考、使用，下载方法见前言说明。

2. 行政督查督办管理流程

行政督查管理需要依据一定的程序进行,所以制订一套符合企业实际需要的行政督查督办管理流程尤为重要。表3-1所示为某公司行政督查管理流程,供读者参考。

表 3-1　行政督查督办管理流程表

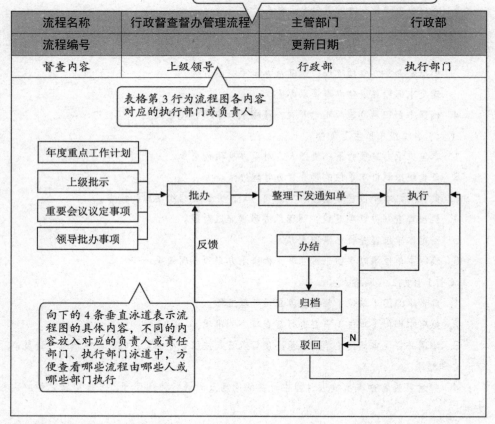

3. 行政督查督办管理表格

行政督查督办管理中出现的问题或进行的阶段进展等,都要以表格的形式表现出来。下面是某公司的几个行政督查督办管理表格,供读者参考。

（1）公司年度重点工作任务督查表。

通常在一年即将结束时,企业会对重点工作任务对照完成标准进行督查,表3-2所示为某公司年度重点工作任务督查表。

表 3-2　公司年度重点工作任务督查表

序号	工作任务	完成标准	完成时间	完成部门	督查情况	备注

（2）季度督办工作通知书。

在日常管理工作中，企业也会分阶段对工作任务完成的进度进行督查督办，再将督查情况递交给公司领导审阅。表 3-3 所示为某公司季度督办工作通知书。

表 3-3　季度督办工作通知书

编号：　　　　　　　　　　　　　　　　　　　　　　　季度：

责任部门（单位）	被督查单位或部门			
季度督办工作内容	序号	工作内容	完成标准	完成时间	督查情况
责任部门（单位）签字	被督查单位或部门				
公司领导审阅情况					
备注事项	责任单位收到此督办通知书后，要认真地按照工作任务要求主动及时办理相关事项，并将办理情况反馈给督办人员				

（3）督查督办通知书。

在具体单位或部门进行督查督办工作时，应下发相应的通知书，让责任单位或部门知晓督查督办的内容。表 3-4 所示为某公司的督查督办通知书。

表 3-4　督查督办通知书

责任部门（单位）	被督查单位或部门				
督查督办工作内容	序号	工作内容	完成标准	完成时间	督查情况
备注事项	责任单位收到此督办通知书后，要认真按照工作任务要求主动及时办理相关事项，并将办理情况反馈给督办人员				

（4）催办通知书。

若在督查督办过程中，发现未按规定要求完成任务的，则责令其限期完成，下发正式催办函。表 3-5 所示为某公司的催办通知书。

表 3-5　催办通知书

催办通知书					
××部门（单位）： 　　我部于20××年×月×日下发的督查督办通知书中的×项督查督办工作内容，您部（单位）未在规定时间内完成，现将未完成工作内容整理如下，请按规定完成时间完成并上报完成情况，逾期未按规定时间整改完成，将按公司相关考核制度进行处罚					
催办督查督办工作内容	序号	工作内容	完成标准	上次通知完成时间	催办完成时间
			标准因公司而定，可以是具体内容，也可以用百分数表示，还可以用评价来说明较好、一般、较差等		
备注事项	责任单位收到此催办通知书后，要认真按照工作任务要求主动及时办理相关事项，并将办理情况反馈给督办人员				

（5）督查督办工作延期申请表。

如果责任单位因某种特殊原因不能按时完成督查督办的工作任务，可以提前申请延期督查督办。表 3-6 为某公司督查督办工作延期申请表。

表 3-6　督查督办工作延期申请表

申请部门（单位）	被督查单位或部门				
申请延期督查督办工作内容	序号	工作内容	督办完成时间	申请延期时间	延期情况说明
^					
^					
^					
^					
^					
^					
责任部门（单位）签字	被督查单位或部门				
督查办意见					
公司领导意见					

（6）督查督办事项办理情况反馈报告表。

督查督办项目办理具体情况应及时做好反馈，以便公司领导快速掌握情况。表 3-7 所示为某公司督查督办事项办理情况反馈报告表。

表 3-7　督查督办事项办理情况反馈报告表

序号	督查督办事项	完成时间	备注

（7）督查督办台账记录表。

任何工作的进度和完成情况都应该有汇总记录，表3-8为某公司督查督办台账记录表。

表3-8　督查督办台账记录表

序号	督查督办事项	部门	完成情况			备注
			完成时间	完成标准	督查情况	

部门列批注：被督查单位或部门

完成标准列批注：标准因公司而定，可以是具体内容，也可以用百分数表示，还可以用评价来说明较好、一般、较差等

（8）督查督办事项记录。

针对某一具体事项，就其督查督办情况做好相关记录，以备查阅。表3-9所示为某公司督查督办事项记录表。

表3-9　督查督办事项记录表

时间	地点	督查方式	督查人	承办责任部门	主（协）办责任人
督查摘要					
说明					

督查方式列批注：书面督查、电话督查、专项督查、会议督查、调研督查

承办责任部门列批注：被督查单位或部门

主（协）办责任人列批注：被督查单位或部门的相关负责人

记录人：

（9）督查专报。

一些大公司会将重要工作任务的督查督办情况，以专报的形式分发给内部各相关部门。表3-10所示为某公司督查督办专报。

表3-10　某公司督查督办专报

```
附件3

            ××有限公司督查专报

    20××年第 期 总第 期        20××年 月 日
    ─────────────────★─────────────────
    总经理批示：



    ──────────────────────────────────
            关于××××事项督查督办情况的报告
```

（10）督查督办事项登记。

一些大公司督查督办的事项较多，如果想查阅，就要对所督查督办的事项先进行编号登记。表3-11为某公司督查督办事项登记表。

表3-11　督查督办事项登记表

序号	时间	督查单文号	承办主责部门	主办负责人	督查事由摘要	督查人	备注

（11）督查单。

督查工作必须有书面形式的指示，才有权威性。表3-12所示为某公司督查单。

表3-12　公司督查单

** 有限公司督查单			
[20xx]督字第　号			
总经理批示：			
承办主责部门		承办协责部门	
主办责任人		协办责任人	
督查事项			
要求完成时间		实际完成时间	
主办责任人签字			
督查人		联系电话	
说明：	1.主办责任人在督查事项办结后，形成书面报告连同本督查单一并报送督查部门；2.书面报告要求规范、意见明确、事实清楚、结论确定，否则退回重办重报；3.如有特殊情况不能按时办结的，应主动及时书面说明原因。		
（此单一式两份，发、受双方各执一份）			
督查法务部			
部长（签字）：　　　　年　月　日			

> **Tips**　督查督办涉及的部门为承办责任部门，依责任主次可分为承办主责部门和承办协责部门，承办主责部门主要负责人为主办责任人，即第一责任人，负责按照督查单要求组织完成承办的事项，承办协责部门主要负责人是协办责任人，主办责任人负有主动接洽、协调的职责，协办责任人负有协助、配合的职责，主、协双方共同完成督查督办的工作事项。

3.3　考勤管理

考勤管理涉及员工出勤和请假、加班等，这是保证公司正常运行最基础的管理内容之一。在公司里，考勤因涉及员工的工资和福利等切身利益，所以一直是员工关注的重点，同时，也是行政管理者比较注重的基础性工作。

3.3.1 如何做好考勤管理工作

作为考勤管理人员,要寻找提高考勤管理效果、保证出勤率、提高员工效率的良方。现就如何做好考勤管理工作,提出以下几点建议。

(1)尽可能地选择一套性能稳定的考勤系统,对考勤记录进行妥善管理。例如,企业考勤可采用门禁卡或 OA 系统考勤与员工签字确认相结合的方式,或者实行指纹考勤、刷脸考勤、钉钉打卡、企业微信等形式。

(2)制订符合企业实际的相对完善的考勤制度,使员工"有法可依"。

(3)要让员工明白罚款、扣钱不是目的,它只是一种手段,真正的目的是提高企业和员工的工作效率,实现双赢。

(4)通过发展企业文化慢慢使员工认同企业、继而认同考勤管理,使企业文化成为员工遵守企业规章制度的润滑剂。

(5)要以身作则,用自己的实际行动带动员工,同时要经常与员工谈心,了解其迟到或早退的具体原因。

3.3.2 范本:考勤管理相关制度/流程/表格

在企业里,为了确保工作效率,让员工按要求出勤,就要对员工进行考勤管理,以下是员工考勤的制度、流程、表格,供读者参考。

1. 考勤管理制度

考勤管理制度是在企业里应用最广泛的制度之一。在制订制度之前,必须把企业文化考虑进去,企业作风是严明的,还是相对人性化的,这对于制订考勤制度尤为重要。

下面是某公司的考勤管理制度。

考勤管理制度

一、目的

为维护良好的工作秩序,使员工请假有所依循,保证公司经营工作的顺利进行,提高工作效率,特制订本管理制度。

二、适用范围

本制度适用于集团总部及下属分(子)公司员工。

三、考勤责任

1. 部门负责人负责本部门员工考勤的监督管理。

2. 公司行政部负责月度、年度考勤统计，审核员工出勤、请假、加班、补休等情况，编制员工《月度考勤统计表》和《年度考勤统计表》。

四、工作时间

1. 公司高管，核心工作时间与一般员工相同，上下班不需要打卡。

2. 其余员工实行一周5天，每天8小时的标准工作制，上下班时间为：

当年5月1日至当年9月30日上班时间为：上午8:30～12:00，下午13:30～18:00；

当年10月1日至次年4月30日上班时间为：上午8:30～12:00，下午13:00～17:30。

五、考勤管理

（一）打卡规定

1. 采用指纹考勤机打卡。

2. 员工每天上班、下班均需打卡（共计每日2次，如员工请假不足1天的，上下班也需正常打卡）。

3. 迟到亦需打卡，未打卡者以旷工论处。

4. 由于个人原因忘记打卡的员工，可在当月底考勤统计时向直接上级说明情况并填写《考勤补签申请单》，由部门负责人签名确认。每月补签不能超过两次，超过两次每增加一次罚款30元，考勤补签第5次按旷工半天论处，并依次递增（如第5次补签视为旷工半天，第6次补签则视为旷工一天，以此类推）。

5. 因不可抗拒原因（如停电、卡钟故障等）无法打卡者，由行政部证明原因后，视为已打卡。

6. 员工加班应按规定打卡，如加班外出则需填写《外勤申请单》，加班未打卡或未按时提交《外勤申请单》者，将不计加班。

7. 行政部每月3号前公布员工上月的考勤明细，查询个人考勤、考勤补签须在5号前完成（如遇节假日则顺延至节假日结束后的3个工作日内完成）。员工未在规定时间内完成的缺勤记录将视为旷工处理。

（二）考勤种类

1. 迟到。比预定上班时间晚到者视为迟到（30分钟以内，含30分钟）。

2. 早退。比预定下班时间早走者视为早退（30分钟以内，含30分钟）。

3. 旷工。（1）无故缺勤；（2）上班迟到或下班早退31分钟以上（包含31分钟）3小时以内（包含3小时）视为旷工半天；超过3小时的视为旷工一天；（3）工作时间内未经领导批准擅自离开工作岗位者，或者未经准假而不到班者。

4. 请假。员工请假须事先按规定填写《请假申请单》，并附上相关证明。员工请假遇特殊原因（如急病、突发事故等），须在请假当日以电话或委托他人向直接上级或分管领导提出申请，事后两天内员工本人须补办请假手续，超时补办则取消当月考勤奖，不予补办者视为旷工。无请假或未按规定请假而未出勤或擅自离开工作场所，请假期届满未续或虽续假尚未核准而不到职者（除确因病或临时发生意外等不可抗力事件外），视为旷工。

5. 出差。员工出差前应先按规定填写《出差申请单》，审批后送行政部备案，以便每月统计。当不能预计是否能及时返回公司或特殊紧急情况难以提前申请时，可于事后两日内补办申请手续，超时补办则取消当月考勤奖，不补办视为旷工。

6. 外勤。因公外出办事不能及时打卡者，需提前填写《外勤申请单》，经直接上级或部门负责人批准后视为正常出勤。当不能预计是否能及时返回公司或特殊紧急情况难以提前申请时，可于事后两日内补办外勤申请手续，超时补办则取消当月考勤奖，不补办视为旷工。

7. 补休。员工补休前须至少提前一天填写《请假申请单》，经相关程序批准后方能执行，具体审批流程请参照《请假管理办法》。《请假申请单》必须在补休前送至行政部备案。未获批准自行补休者视为旷工。如遇特殊情况不能提前申请时，事后两日内须补办申请手续，超时补办则取消当月考勤奖，不补办视为旷工。

8. 加班。确因工作需要加班，加班前应填写《加班申请单》，经批准后送行政部备案，以便每月统计。如遇特殊情况不能提前申请时，次日内须补办申请手续，否则视为无效加班。加班期间须打卡确认加班时间，如遇特殊情况不能到公司加班，则必须提前填写《外勤申请单》，经相关负责人批准后视为正常加班。当不能预计是否能及时返回公司或特殊紧急情况难以提前申请时，可于事后两日内补办外勤申请手续，否则视为无效加班。

（三）考勤奖励

1. 公司设考勤奖，月标准为50元/人，与当月工资一并发放。

2. 考勤奖定义：当月无旷工、迟到、早退、事假、产假、病假等现象，遵守考勤纪律，所有涉及考勤的单据均按流程审批后在规定时间送至行政部备案。

3. 新入职员工或离职员工，正常工作时间不满一个月者，不享受考勤奖。

（四）考勤处罚

1. 迟到3次以内（含3次）按以下标准处以罚款：1~2次每次罚款20元；第3次罚款40元。

2. 员工当月迟到、早退达4次，以旷工半日论处，每增加一次按旷工半天递增（如第4次迟到视为旷工半天，第5次迟到则视为旷工一天，以此类推。被视为旷工者，处罚等同于实际旷工处罚）。

3. 员工旷工半天处以一天全额工资的罚款，旷工一天处以两倍日全额工资的罚款，旷工1天以上4天以内（含4天）者，扣发半月全额工资并做出书面检查；对连续旷工5天（含5天）以上或全年累计旷工10天（含10天）以上者，属严重违反公司规章制度，扣除足月全额工资并由部门报公司批准后解除劳动关系，不予以任何经济补偿，公司保留追究其因旷工造成公司利益损失相关责任的权利。

4. 考勤涉及金额的处罚将由行政部开具《行政处罚单》，交部门负责人及受罚本人签字确认后，交至行政部备案并在当月工资中扣除，拒签者处以双倍罚款。

……

> **Tips** 由于内容较多，书中只列出了本管理制度的部分内容，其详细内容将在模板中提供，读者可下载完整的管理制度进行参考、使用，下载方法见前言说明。

2．考勤管理流程

员工考勤管理的流程至关重要，因为只有审批人最了解员工的出勤是否影响公司的横向和纵向工作进度。表3-13所示为某公司员工考勤管理（请假流程）流程。

表3-13　员工请假管理流程表

流程名称	员工请假管理流程	主管部门	行政部
流程编号		更新日期	
员工	部门	公司领导	行政部

开始 → 审核/审批 →(N回流)(Y)→ 审核/审批 →(N回流)(Y)→ 备案 → 休假 → 归假 → 销假

3．考勤管理表格

考勤管理制度和流程需要用表格来体现，它也是<u>企业出勤统计和备案的依据</u>。下面是某公司考勤管理的相关表格，供读者参考。

（1）请假申请单。

员工请假的理由各不相同，为了对员工请假的类别进行区分，并做出更加科学的批假天数，员工要填写员工请假申请单。表3-14所示为某公司的员工请假申请单。

表3-14 员工请假申请单

姓名		部门		岗位	
请假类别	☐事假 ☐病假 ☐婚假 ☐产假 ☐哺乳 ☐护理 ☐丧假 ☐年假 ☐工伤 ☐补休 ☐探亲 ☐学习		请假事由		
请假期限：自_____年____月____日____时至_____年____月____日____时，共____日____时					
请假人签字		工作代理人		交接人签字	
直接上级意见		部门负责人意见			
分管领导审批		人力行政建议			
总经理/副总经理审批		董事长审批			
备注	1. 一般员工请假三天（含）以上：总经理/副总经理审批。 2. 一般员工请假三天以下：分管领导审核，人力行政总监审批。 3. 部门经理（副经理）及以上员工请假：董事长批准。				

（2）外勤申请单。

员工外出公干是常有的事，但是如果没有规范化的审批流程，会使员工对外勤工作缺少重视，松懈下来，所以员工外出必须填写外勤申请单。表3-15所示为某公司的员工外勤申请单。

表3-15 员工外勤申请单

姓名		部门	
外勤地址		预计起止时间	自 年 月 日 时 至 年 月 日 时
外勤事由			
部门主管（负责人）		部门分管领导	

（3）加班申请单。

员工加班时，遵照国家劳动法的规定，公司要支付相应的劳动报酬，所以加班申请单直接关系到公司的人力成本支出,必须填写加班申请表。表3-16所示为某公司的员工加班申请单。

表3-16　员工加班申请单

姓名		部门		岗位	
加班时段	□工作日加班　　□周末假日加班　　□法定节日加班					
预定加班时间	月　日　时　分至　月　日　时　分,合计　　小时				
加班事由					
实际加班时间	月　日　时　分至　月　日　时　分,合计　　小时				
部门意见					
分管领导意见					
行政部意见					

(4)考勤补签申请单。

有时,员工会因为种种原因未能打卡,但实际上是有出勤事实存在的这种情况,所以需要制订一个员工考勤补签申请单,以减少考勤核对错误。表3-17所示为某公司的员工考勤补签申请单。

表3-17　员工考勤补签申请单

姓名		部门	
岗位		补签日期	
签补时间	□早上上班　　□下午下班		
未打卡原因				
部门主管		部门负责人	
备注:每月补签不能超过两次			

(5)行政处罚单。

对考勤当中发现的问题,需要根据制度照章办事,及时地给予处理,处罚也不例外。表3-18所示为某公司的员工行政处罚单。

表 3-18　行政处罚单

部门	姓名	被处罚原因	处罚金额	被处罚人签字
行政部经理：		部门经理审核：		总经理签字：

（6）月度考勤统计表。

员工的考勤，因为涉及每月发放工资，所以必须按月制作月度考勤统计表。表 3-19 所示为某公司的员工月度考勤统计表。

表 3-19　月度考勤统计表

月份：　　　　　　　　　统计人：　　　　　　　　　统计日期：

考勤项	姓名		
本月应出勤天数			
本月实际出勤天数			
加班			
迟到次数			
早退次数			
旷工天数			
忘记打卡次数			
事假			
病假			
年假			
补休			
特殊假期			
探亲假			
出差			
上月加班累计余假			

续表

考勤项	姓名		
本月剩余加班余假			
上月累计年假			
本月剩余年假			
上月累计探亲假			
本月剩余探亲假			

> **Tips** 考勤管理过程中，一定要一视同仁，要让员工始终感觉到公司在用同一个标准考量每个人，而不是区别对待。

3.4 出差管理

说到出差管理，很多公司的员工都把出差当作一项"意外收入"，而且不少企业业务部门领导还把差旅费用当作一项员工的"福利政策"，这些想法和做法都是错误的。作为行政管理人员，应该非常清楚差旅费用作为企业人力资源成本之外第二大可控成本，若能有效地控制，将直接为企业节省一笔很大的成本支出，大大提高企业的盈利能力，同时也能反映出企业良好的管理水平。本节通过对出差管理的深入认识，为读者解开出差管理过程中的困惑。

3.4.1 出差管理的原则

在出差管理过程中，行政人员不能走两个极端：要么一味地节约、省钱，要么一味地追求排场、安逸，这些都是不可取的。作为管理人员，要从实践出发、考虑周全，如考虑出差人的个人感受、出差人代表公司的身份等，所以要制订一定的原则以鞭策管理者。

（1）合情合理原则。根据出差的时间、地点、时限等制作出差管理计划书，让计划与实际支出的数额尽可能吻合。现在很多企业制订的差旅标准完全不切合实际，并且缺乏有效的依据，费用过高会造成资源浪费；费用过低又难以刺激员工出差热情。所以，这就要求行政人员在出差管理上具体情况具体分析，本着符合当下行情的原则进行灵活的管理。

（2）坚持规范原则。坚持按照制度、流程、标准执行，让员工有章可循、按章办事，这样员工在出差时，就知道怎样合理利用预支借款。

（3）厉行节约原则。必须严格控制差旅成本，企业应积极提倡让员工本着高效、经济、安全、便捷的差旅方式出行，并以此标准进行监督、管理和执行。

（4）特例特办原则。针对一些非常规的出差，企业应根据员工出差的重要和紧急程度等灵活地进行出差管理。

> **Tips** 出差管理其实是一门很深的学问，行政管理人员一味地省钱并不是一种完全适当的做法，有时甚至会引起更多的矛盾。所以，需要行政管理人员进一步地明确出差管理的目的。
>
> （1）搞好出差的总体成本控制，对差旅活动进行整体规划，提前做出具体的预算，并全面进行执行与控制。
>
> （2）通过优化差旅管理政策与流程，明确出差任务及出差的交通、住宿、餐费、补贴等支出标准，规范相关费用预支与报销程序。
>
> （3）不断地强化出差人员的成本管理意识，让出差人员合理控制差旅费开支和个人预支借款，在不影响企业业务开展和出行的前提下，降低差旅成本并提高出行效率，实现提高企业经济效益的最终目标。

3.4.2 做好出差管理的建议

如今，许多公司已经意识到，要想对出差进行有效管理，就必须对出差管理进行更精细化、更深入全面的分析。下面提出几点出差管理的建议。

（1）出差前要先制订行之有效的出差管理计划，包括最佳时间、最佳线路、最佳交通工具等。

（2）由专人负责出差管理工作，把公司所有将要出差的信息收集到一起，可更好地进行出行优化，合理节约开支（这一职位可以不是专职岗位，可能兼管其他工作）。

（3）平时要多收集和分析差旅资料，因为精确的数据对制订出差管理计划的成功至关重要，同时也会为企业节省不必要的支出。

（4）制订完善的出差管理制度，这样出差人员可以依此执行，但前提必须要争取到高层管理人员的支持,这样才能保证制度的真正落实。

(5)通过对公司以往详细的出差数据进行综合评估,最终选定3~5个定点合作酒店,并确定首选计划,设法与合作酒店建立紧密的关系,以便得到更加互惠互利的价格。

(6)加强对出差管理制度执行情况的监督和跟踪,用于分析问题并制订适合企业实际情况的管理规定。

(7)指定1~3家旅行社帮助整理出差的相关信息,并及时提供有关行业动态的咨询服务,有助于公司制订出差管理规定,理顺相关出差流程。

(8)可以汇总企业内的出差需求,尽可能地利用批量的形式,促进合作酒店的紧密关系,并从中以量的优势获得更多的优惠政策。

(9)提供出差专用银行卡以作为全面而精确的差旅数据来源:一是可以作为评估出差管理计划的科学有效性的参考资料;二是可以作为一种支付工具,为员工提供更多的便利和安全;三是公司专用出差银行卡还可以提供刷卡交易的综合电子数据信息,从而便于查找员工记忆模糊的开支,使报销更加便利。

3.4.3 范本:出差管理相关制度/流程/表格

企业为了节约出差成本可谓煞费苦心,制订规范的出差制度、流程、表格是企业势在必行的管理手段。以下是某公司员工的出差管理制度、流程、表格,供读者参考。

1. 出差管理办法

员工出差管理制度为出差人员指明了方向,阐明了出差人员应参照怎样的标准合理、适度开支。

下面是某公司的出差管理办法。

出差管理办法

一、目的

为保障出差人员工作与生活的需要,规范出差及差旅费的管理,特制订本办法。

二、适用范围

本办法适用于集团总部及下属分(子)公司员工。

三、职责

（一）部门负责人

负责本部门出差人员的监督管理。

（二）行政部

负责本办法的起草与修订，经批准后公布和组织实施。

四、方法与过程控制

（一）出差定义

1. 指因工作需要而离开工作单位所在市区。
2. 公司安排的外出培训、学习、参观、参加会议等。

（二）出差审批权限

1. 除董事会成员外，其他人员出差前均应填写《出差申请单》，出差申请单上须写明出差期限、出差目的地、出差事由、要求乘坐的交通工具等。
2. 出差时限由派遣领导予以核定。因公务紧急未能履行出差审批手续的，出差前可以口头方式请示，出差结束需补办手续后方可报销出差费用。

（三）差旅费标准

1. 差旅费管理原则。勤俭节约，严格按照差旅费标准执行，凭有效发票报销，超标自负。董事会成员的差旅标准按实报实销执行。
2. 交通工具标准。

（1）除董事会成员以外的其他员工，交通工具标准如下表所示。

出差交通工具标准表

职务	交通工具				
	飞机	动车	火车	轮船	其他交通工具
公司高管	经济舱	一等座	软卧	一等舱	按实际报销
其他员工	经济舱	二等座	硬卧	二等舱	按实际报销

（2）出差员工乘坐火车、轮船、飞机及其他交通工具，按以下实际票额报销交通费。

①乘坐汽车及火车，原则上应出具公路局、铁路局或汽车公司的购票凭证。

②乘坐轮船应出具轮船公司的购票凭证或船票存根。

③因公务必须搭乘飞机者，应事先报请出差最终审批人批准，原则上统一由行政部订票，凭机票存根报销交通费。

④凡由公司安排出行交通工具者，不再报销其他交通费。

（3）省内出差期间，在公司不能派公务车的情况下，须搭乘大巴/火车等交通工具；省外出差期间，出差的目的地机场/车站与出差目的地不在同一城市，亦须乘坐大巴/火车等交通工具。以上的交通工具均不能使用（或有紧急情况时使用）出租车，并报上级领导批准。

3. 住宿费报销标准。住宿中，同性人员两人一间（每间按照以下标准）。在标准以内按实际金额凭票实报；超过标准，按标准报销。出差住宿报销标准如下表所示。

出差住宿费报销标准表

职务	地区		
	省会城市	一般城市	经济特区
公司高管	400元/间/天	300元/间/天	500元/间/天
其他员工	300元/间/天	200元/间/天	400元/间/天

4. 餐费补贴标准。

（1）员工出差餐费补贴标准如下表所示。

出差餐费补贴标准表

职务	地区		
	省会城市	一般城市	经济特区
公司高管	120元/天	100元/天	150元/天
其他员工	80元/天	60元/天	100元/天

（2）餐费补贴以津贴形式发放，无须出具报销凭证，出差人员凭《出差申请表》到财务部领取。

（3）如遇特殊情况或不可抗拒的原因，导致费用超出报销标准，分（子）公司员工需报分（子）公司总经理、集团总部员工需报总裁审批后方可办理报销。

（4）出差地点公司/接待方已安排宿舍、就餐、交通工具的，不得再报销出差期间的差旅费用。

5. 其他。

出差期间，非工作需要所产生的费用，均由个人承担。

（四）差旅费预借

1. 出差需借款的，按公司财务制度办理。

2. 出差期间有借款的，在出差返回公司后一周内必须结清借款。

（五）出差费用的报销

1. 出差费用在规定标准范围内，凭有效票据实报实销。

2. 出差返回后，应于一周内凭《出差申请单》到公司财务部办理报销手续。否则，财务部门可不予办理报销。

3. 集团总部或分（子）公司主动提出需集团下属公司员工出差至本公司进行工作协助，在1~6个月以内的出差，其间所有费用（住宿费、餐费、交通费、社保、工资等）均由提出公司承担。其中住宿由提出公司安排，其他生活补贴按出差标准的80%给付（员工社保、工资由原公司代付，出差结束后提出公司需将该费用支付给原公司；其他所产生的费用由提出公司当月支付给出差员工）。

4. 陪同公司客户外出或其他特殊情况产生的差旅费用超支或超规格乘坐交通工具，领事先征得分（子）公司总经理/总裁的同意。否则，超额费用由个人承担。

5. 出差过程中发生的招待费用，按照公司接待管理办法实施。

（六）出差的管理

1. 严禁以出差为借口游玩，浪费差旅资源500元（含）以下的集团通报批评并追回所报差旅费；500~2000元（含）的记大过并追回所报差旅费；2000元以上的属于严重违反公司规章制度，公司可予以解除劳动关系，并追回所报差旅费且不支付辞退经济补偿金。

2. 工作确实需要安排出差的，必须填写《出差申请单》，经批准后实行。

3. 出差期间必须注意差旅安全，不可从事违法乱纪的活动。

4. 结伴同行的，需事先选定召集人或负责人，确保通信畅通，由负责人负责差旅活动安排。

五．附则

1. 本办法自发布之日起在全体员工范围内公示，公示期为7个日历天。公示期内，员工有任何异议可向行政部书面提出；如无异议，自公示结束之日起执行。由行政部负责解释和修订。

2. 此前公司的相关管理规定，凡与本管理办法有抵触的，均依照本管理办法执行。

2．出差管理流程

因为出差涉及费用支出，所以任何的出差行为都要经过上级领导的批准。表3-20所示为某公司的员工出差管理流程。

表3-20　员工出差管理流程表

流程名称	员工出差管理流程	主管部门	行政部
流程编号		更新日期	
员工	部门	公司领导	行政部

续表

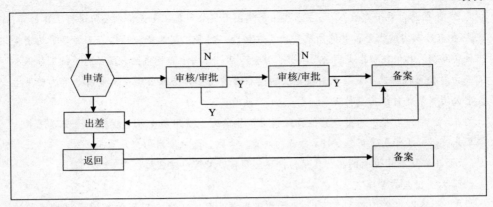

3. 出差管理表格

员工出差前,一定要先做好出差计划,然后提申请向领导说明出差的目的和预期达到的目标。表3-21所示为某公司的员工出差申请表。

表3-21 员工出差申请表

姓名		部门		职位	
出差 (省内/省外)		出差地点		精确到街道门牌号	
职务代理人		交通工具			
出差性质			请标注是短期还是长期,是本公司委派还是部门委派,或者是集团公司委派,是全公费还是费用公私各半等		
出差事由					
出差日期	年 月 日	到	年 月 日	共	日
差旅费归属单位			出差人的所属部门,或者是为哪个部门办事而出差		
直接上级/部门负责人审核		终审人审核		人力资源中心/人事行政部	

3.5 票务管理

现在,越来越多的公司为了提高工作效率、提高员工满意度、加强内控管理,开始对票务进行科学化、规范化、标准化管理。本节通过对票务管理的深入剖析,为读者解开票务管理过程中的困惑。

3.5.1 票务管理工作要点

很多票务管理的工作人员,都不清楚票务管理工作的重点,也不清楚如何才能将票务管理工作做好。下面介绍几个要点供大家参考。

(1)票据购买。具体工作人员可以通过电话、邮件、网络等方式高效、低成本地操作订票业务,确保订票成功。

(2)票据发放与登记。具体工作人员要对票据进行审核,确认签字,并登记备案。

(3)票务机构关系维护。具体工作人员需要与票务机构经常保持联系,维护双方的良好合作关系,最终实现低成本高效率出票,使票务机构和企业实现双赢。

3.5.2 范本:票务管理相关制度/流程/表格

票务管理在以前之所以没有被重视,是因为过去订票可选择性小。现在随着社会经济的快速发展,旅行社、互联网等更多订票渠道可以为企业提供更为丰富的订票信息,更多的企业看到了票务管理的可操作空间和价值。以下是某公司的票务管理制度、流程、表格,仅供参考。

1. 票务管理规定

票务管理只有用制度去规范,才便于出差员工协同具体订票人员将票务工作落到实处。下面是某公司票务管理规定。

公司票务管理规定

一、目的

为规范管理公司订购票务事宜,提升行政服务质量,特制订本管理规定。

二、范围适用

本规定适用于公司所有因公需订购车票（火车票、飞机票等）的人员。

三、订票管理规定

（一）订票条件

员工必须是因为公务出差提出的订票申请，并填写《预订车票申请单》。

（二）订票须知

1. 公司不代订私人票务，员工私人订票手续自行办理，但公司可提供一些订票电话给订票人参考。

2. 所有出差人员可自行订票，如需行政部协助订票，所有票款及订票资料原则上应于出差前两天或两天以上提交《预订车票申请单》至前台。遇特殊重大节假日，尽量提前13天安排出差事宜，提出订票申请。

（三）车票订购

1. 出差车程若在6个小时以上（含6小时）的，公司原则上为员工订购硬卧车票。

2. 行政部应按出差人员所需车次或时间订票，特殊情况下可选择就近时间的车次和相应条件给予适当调整。行政部不负责垫付车资，车资由出差相关人员及部门支付，返程后持车票与出差相关费用到财务部报销。

3. 往返车票原则上一次订购，也可根据具体情况由订票人员灵活安排。网络及电话订购的车票，出差人员需提供身份证号码以便订票和取票，出差人员也可自行至售票点或在该车次发车前两小时至车站取票。

4. 所有订票工作请尽量安排在工作日内，工作日外原则上不予办理订票业务。

5. 公司只负责出差人员往返车票的订购，中转车票订购由出差人员自行解决。

四、订票信息反馈

网上及电话订票成功后由订票人员及时通知出差人员，出差人员需及时确认订票信息并提供身份证原件。

五、相关权责

1. 由于出差人员自身原因，如提供错误信息、申请延误、晚点误车等，导致退票、废票、购买高价票、出差延期等一系列问题，相关费用及责任由出差人员自行承担。

2. 由于订票人员自身原因，错订、漏订、延误订票等，导致退票、废票、购买高价票、出差延期等一系列问题，相关费用及责任由订票人员承担。

六、附则

1. 本规定由行政部负责解释和修订。

2. 此前公司的相关管理规定，凡与本管理规定有抵触的，均依照本管理规定执行。

2. 票务管理流程

票务管理也涉及费用支出问题，所以同样也需要一定的审批流程做支撑，没有相关领导的签字，是无法订票的。表 3-22 所示为某公司的员工票务管理流程表。

表 3-22　员工票务管理流程表

流程名称	员工票务管理流程	主管部门	行政部
流程编号		更新日期	
员工	部门	公司领导	行政部

（流程图：申请 → 审核/审批 → 审核/审批 → 备案；审核/审批 Y 分支→出差→返回→备案；返回→财务报销）

3. 票务管理表格

在票务管理过程中，行政人员要对一些信息进行登记，而这些信息的表现形式多以表格为主。表 3-23 为某公司的预订车票申请表。

表 3-23　预订车票申请表

部门	姓名	身份证号	车票类型

标明火车票、汽车票、飞机票

续表

出差日期		返回日期	
出发地	精确到街道门牌号	目的地	精确到街道门牌号
部门意见			
行政部意见			
主管领导意见			

> **Tips** 票务管理工作中，细心是最为关键的，因为一旦购票成功，超出规定时间后更改车票是要承担一定损失的，所以该岗位负责人一定要极为细心。

3.6 名片管理

随着社会的进步，商业交往中交换名片成为必不可少的官方礼仪。所以，企业里的名片管理也是非常重要的。

3.6.1 企业名片的分类

名片的用途非常广泛，根据用途的不同，可将企业中常使用的名片分为以下三类。

（1）商业名片：主要用于商业方面的应酬活动，每次见到客户都应礼貌地向其递送一张自己的名片，以提高客户对自己的关注度，而不是只在初次见面时递送名片，此种商业名片大多以企业营利为目的。

（2）公用名片：主要用于代表公司的对外往来活动，如向某个单位的每个人递送名片（而不是只向该单位的负责人递送名片）或请接受者将名片转送给其他人，但此种公用名片的用途多是公益性质的，基本上不以企业营利为目的。

（3）个人名片：主要用于员工的工作联络，如工作中在每封信件、客户生日贺卡、节日贺卡和感谢信中放入个人名片，便于接收人对名片主人有更深刻的印象，目的是为以后工作的开展打下基础。

3.6.2 名片印制的管理要点

名片是代表公司形象的一个载体，所以它的文字内容、颜色搭配、图案配置、布局设计、尺寸大小、印刷方式、选择材质等都要有统一的标准。名片印制要考虑的具体事项如下。

（1）文字内容：包括内容展示、职位介绍、字体字号等，如字体可选择黑体或宋体、字号可选择六号字等。

（2）颜色搭配：结合公司的行业、LOGO 等定色调，如环保类企业可能选择绿色居多、金融类企业选择金色居多等。

（3）图案搭配：图案的搭配一般都是有一定寓意的，它可以是公司 LOGO，也可以是代表公司产品的图案等。

（4）布局设计：名片可以设计成横式、竖式、折卡式；在内容布局上，可以是先介绍公司再介绍个人，也可以是先介绍个人再介绍公司等。

（5）尺寸大小：通常名片的尺寸是通用的，但有的企业为了让他人对其印象深刻，别出心裁地特别定制非常规的尺寸。

（6）印刷方式：名片印刷方式通常是激光打印、胶印较多。

（7）选择材质：名片的材质有轻薄、厚重、毛绒、烫金、塑封等种类。

（8）制作标准：可以以部门为单位或以公司为单位进行统一设计制作。

3.6.3 范本：名片管理相关制度 / 流程 / 表格

名片是企业对外形象的一种展示，所以在印制时，绝对不允许随意处理，要严肃、认真地去对待。以下是某企业名片管理的相关制度、流程、表格，供读者参考。

1．名片管理制度

以企业名义印制的名片，都是代表企业的，所以要重视，并加以管理和约束，不能放任名片随便谁都能配备或头衔随意标注等。下面是某公司的名片管理制度。

公司名片管理制度

一、目的
为统一公司对外形象，规范名片管理，特制订本管理制度。

二、名片印制范围
公司正式员工且因工作所需，涉外业务人员，经部门负责人审批后可申请印制名片。

三、印制规范
1. 公司名片版式应统一规格，由行政部负责，在公司指定印刷厂印制。
2. 行政部负责收集员工信息，确保名片上印制的相关内容的准确性，包括公司全称、所属部门、职务、办公地址、电话、传真、电子邮件等，如发生变化及时修改。
3. 名片的制作印刷需由行政部负责，各部门不得擅自印制名片。
4. 印制完毕后由行政部负责保管样张。

四、使用规范
1. 名片的使用涉及公司对外形象，使用人要注意名片的整洁和完整，交往中要掌握名片递送礼仪和交换规则，维护公司形象，不使用污损或过时的名片。
2. 不得擅自使用他人名片进行对外交往。
3. 不允许个人私自印制名片，或者擅自扩大使用范围，损害公司形象。

五、印制流程
1. 行政部负责名片的版样审核、印制及样张保管，确保名片印制符合集团统一要求。
2. 印制名片、增印名片需由申请人本人填写《名片印制申请单》，写清楚名片基本信息，由部门负责人批准。
3. 经人力资源部确认名片基本信息中英文无误后，由行政部收集《名片申请表》，电子版统一交厂商制版，纸质版《名片申请表》存档备案。
4. 名片样板（PDF格式）完成后，行政部与申请部门核对样板信息，信息核对无误后，在五个工作日内安排印制。加急名片需以邮件形式发送部门负责人审批并抄送行政部。
5. 名片印好后，由行政部负责通知领取，并填写《名片领用登记表》，登记签字。

六、废弃收回
1. 名片使用者离职后，部门负责将该员工未使用完的名片全部收回。
2. 由于名片内容信息发生变更需要重新印制名片时，行政部负责将所有未使用完的旧名片全部收回。
3. 回收的名片需由行政部彻底损毁后丢弃，不可挪作他用。

七、附则

1. 本制度由行政部负责解释和修订。
2. 此前公司的相关管理制度，凡与本管理制度有抵触的，均依照本管理制度执行。

2. 名片管理流程

名片的印制必须由相关领导结合工作实际情况酌情给予批准，杜绝个人私自印制。表3-24所示为某公司员工名片印制管理流程表。

表3-24 员工名片印制管理流程表

流程名称	名片印制管理流程	主管部门	行政部
流程编号		更新日期	
申请部门	人力资源部	行政部	名片厂商

```
提出 → 助理校对 → 确认审批 → 制版 → 名片样版
                                          ↓
部门审批 ←――――――――――――――――――――――― 印刷
                      ↓
                    通知领取
                      ↓
                    发放
```

3. 名片管理表格

名片印制和领取必须以个人或部门为单位进行，以下是某公司的名片管理相关表格，仅供参考。

（1）名片印制申请表。

申请制作名片时，最好把自己想在名片中展示的信息以书面形式表示出来，这样便于具体工作人员办理。表 3-25 为某公司员工名片印制申请表。

表 3-25 员工名片印制申请表

姓名		申请部门		
申请日期		印制盒数		
部门负责人		人事部负责人		
行政部负责人				
名片正面内容（中文）				
姓名：	部门：		职位：	
地址：			电话：	
传真：	手机：		邮箱：	
名片背面内容（英文）				
Name:	Dept.:		Title:	
Add:			Direct:	
Fax:	Mobile:		E-mail:	

（2）名片领取登记表。

员工名片印制好后，要有签领手续进行备案，以防他人冒用。表 3-26 所示为某公司员工名片领取登记表。

表 3-26 员工名片领取登记表

领取部门	名片实际使用人	代领人	数量	领取日期	备注

3.7 员工违纪管理

企业在日常管理过程中，常常会遇到各种各样的员工违纪问题。如何处理员工违纪是一个非常重要和棘手的问题。如果处理过轻，起不到警示作用；如果处理过重，可能适得其反，造成更加严重的负面影响，使员工整体出现负面情绪，不利于工作。那么怎样管理才最为适当呢？本节将通过对员工违纪管理的深入分析，为读者解读如何正确处理员工违纪。

3.7.1 员工违纪管理的分类

员工违纪管理通常可以分为行政类和经济类。

（1）行政类：主要包括口头或书面警告、记过、记大过、降级、降职、撤职、留用察看、开除等。

（2）经济类：在给予行政处分的同时，给予职工一次性现金处罚或扣发一定比例或时间的绩效考核工资等。

3.7.2 员工违纪管理的原则

员工违纪管理肯定离不开处罚，但是无论是口头处罚还是现金处罚，都会对员工造成一定的影响。所以，在对员工违纪进行管理时，要遵循一定的原则，才能做到让员工理解和接受。

（1）坚持实事求是。工作中，管理人员要遵循以事实为依据，讲证据，利用证据使员工心服口服，同时还应以国家相关法律法规为基本准绳，严格按照企业的规章制度进行处罚。

（2）坚持公开、公平、公正。企业在管理的过程中始终坚持纪律面前人人平等，有纪必行、违纪必究的行为准绳，坚决不妥协、不软弱。

（3）惩教结合，关爱有加。企业应坚持以人为本，在处理违纪行为时，应更多地从关爱员工和教育员工的角度出发；并且处理违纪行为后，还应关心该员工工作的后续表现，应加强与员工的沟通，尽力消除违纪处分对其造成的消极影响。

在处理违纪过程中要注意的事项如下。

①处罚要有依据和证据完备，要让员工心服口服地接受处罚。

②在处罚过程中要合法，要有记录，要经当事人签字确认方为有效。

③要人性化，企业应搭建员工申诉平台，给违纪员工建立申辩解释的权利和渠道。

3.7.3 范本：员工违纪管理相关制度/流程/表格

员工违纪行为在企业中是比较常见的，基本上每个企业都有，所以建立一套切实可行的管理制度、流程、表格，是非常必要的。

1. 员工违纪管理制度

员工违纪管理制度的建立，其实是企业发展到一定阶段的一个标志，企业管理更加正规化、制度化、规范化，让大家随时都可以参照制度去开展工作。

下面是某公司的员工违纪管理制度，供读者参考。

员工违纪管理制度

一、目的

为进一步规范公司员工在工作中的行为，增强员工的责任感和组织纪律性，有效地遏制各类违纪违规行为，保障公司的稳定、健康发展，根据国家有关政策规定，结合公司的实际情况，特制订本管理制度。

二、适用范围

本制度适用于公司全体员工。

三、原则

1. 公司实行处罚制度，对违纪违规的员工给予必要的惩处。
2. 对员工的惩处，坚持以思想教育为主，教育与惩戒相结合的原则。
3. 公司员工必须遵守国家的法律法规和政策，遵守公司的各项规章制度，遵守社会公共道德和职业道德，诚实守信，认真履行岗位职责，自觉维护公司利益和公司形象，团结协作，完成各项工作任务。
4. 各部门、各级机构应根据本管理制度和人事管理权限，具有追究违纪违规行为的责任。必要时，上级机构可就具体违纪违规事件建议下级机构追究责任。

四、违纪违规行为的种类和标准

（一）员工必须遵纪守法，不得有下列行为

1. 违反国家法律法规。
2. 违反行业有关规定。
3. 违反公司规章制度。
4. 违反财经纪律，造成公司经济利益损失。
5. 滥用职权，玩忽职守，贻误工作，损害国家、社会公众和公司利益以谋取私利。
6. 从事有损于公司形象、声誉和利益的社会经济经营活动。
7. 违反保密规定，泄露国家和公司商业机密。

8. 违反合同和印章管理规定，造成公司经济利益损失。
9. 对抗上级组织的决定和指令，且拒不执行。
10. 贪污、盗窃、敲诈勒索、挪用公款、截留收入、编造假赔案、行贿受贿或利用职权为自己、他人或小团体谋取私利。
11. 压制批评，打击报复，捏造事实，诬陷他人。
12. 违反职业道德，造成不良影响。
13. 违反岗位职责，造成风险损失。
14. 与其他用人单位建立劳动关系或形成事实劳动关系。
15. 参与本公司有竞争关系或利益关系的公司经营活动。
16. 编造情节或以不正当手段获取奖励。
17. 其他违反纪律的行为。

员工有上述行为之一的，应当根据违纪违规程度给予惩戒。

（二）违纪违规行为种类

员工违纪违规行为分为一般违纪违规、较重违纪违规和严重违纪违规。

1. 一般违纪违规。

（1）违反安全工作制度，情节较轻、未造成损失或造成轻微损失的行为。

（2）违反公司规章制度，情节较轻，能及时改正，未造成不良影响的行为。

（3）在内部工作和外部交往中违背职业规范，造成轻微损失的行为。

2. 较重违纪违规。

（1）违反安全工作制度情节较重、造成安全隐患的，或者使公司财产遭受一般损失的行为。

（2）违反公司规章制度，扰乱工作秩序，不服从公司和上级的管理，影响公司、项目正常工作秩序，造成不良影响的行为。

（3）在内部工作和外部交往中发生损害公司和客户利益，造成一般损失的行为。

（4）违反法律和公序良俗，情节轻微且未给公司造成一般损失的行为。

（5）在一个考核年度内，犯有一般违纪违规行为两次的。

3. 严重违纪违规。

（1）违反安全工作制度造成安全事故、人员伤亡或其他事故，或者使公司财产遭受重大损失的行为。

（2）违反公司规章制度，严重扰乱工作秩序，影响公司、项目正常工作秩序，破坏公司工作管理制度，造成恶劣影响的行为。

（3）在内部工作和外部交往中发生利益冲突，损害公司和客户利益，违背职业操守，给公司的声誉和经济利益带来重大损失的行为。

（4）违反法律和公序良俗，情节恶劣或给公司造成重大损失的行为。

（5）员工欺骗公司、虚报谎报的行为。

（6）在一个考核年度内，犯有一般违纪违规行为一次和较重违纪违规行为一次的。

（7）在一个考核年度内，犯有较重违纪违规行为两次的。

（三）损失标准

1. 严重违纪违规中的重大损失：指直接损失金额为人民币 10 万元及以上（或者直接涉及金额人民币 50 万元及以上的违纪违规事件）。

2. 较重违纪违规中的一般损失：指直接损失金额为人民币 1 万元以上、10 万元以下。

3. 一般违纪违规中的轻微损失：指直接损失金额为人民币 1 万元及以下。

……

> **Tips** 由于内容较多，书中只列出了本管理制度的部分内容，其详细内容将在模板中提供，读者可下载完整的管理制度进行参考、使用，下载方法见前言说明。

2. 员工违纪管理流程

员工违纪处理是一件比较严肃的事情，切记不可以随意处理，必须遵循一定的流程进行。表 3-27 所示为某公司的员工违纪管理流程。

表 3-27 员工违纪管理流程表

流程名称	员工违纪管理流程	主管部门	行政部
流程编号		更新日期	
员工	部门	行政部	公司领导

3. 员工违纪管理表格

员工违纪行为的处理要通过表格的形式进行层层审批，因为只有这样，才能有效地避免在处理工作中出现的片面或差错。以下是员工违纪处罚单和申诉表，仅供参考。

（1）员工违纪处罚单。

员工违纪要出具相应的字面处罚单，由受罚人和具体处罚相关管理人员签字，表示违纪处理的缘由和处罚决定是经当事人和相关管理人员一致通过的。表3-28为某公司的员工违纪处罚单。

表3-28　员工违纪处罚单

姓名		所属部门	
职位		日期	
违纪原因	请写明违反公司哪个制度的哪个条款		
处罚类型	□通报批评　　□警告　　□罚款　　□降职　　□辞退		
所属部门意见			
行政部意见			
总经理意见			
处罚金额		本人签字	

（2）员工违纪申诉表。

现在越来越多的企业都开始注重员工的感受，哪怕是违纪处理方面，也不再是单方面地进行处理，而是会为员工开辟申诉通道，听取员工的声音。表3-29为某公司的员工违纪申诉表。

表 3-29 员工违纪申诉表

姓名		部门	
直接领导		岗位	

申诉事实经过及理由（可附页）：
申诉人：　　　　　　　　　　　　　　申诉日期：
申诉人直属领导处理经过及结论：
处理意见：（　）停止申诉；（　）继续申诉。
受理人：　　　　　　　　　　　　　　受理日期：
行政部门处理经过及结论：
处理意见：（　）申诉成立，停止申诉；（　）申诉不成立，停止申诉；（　）继续申诉。
受理人：　　　　　　　　　　　　　　受理日期：
公司领导层（总经理）最终结论：
受理人：　　　　　　　　　　　　　　受理日期：
申诉人确认：　　　　　　　　　　　　日期：

> **Tips** 员工违纪行为在企业中时有发生，在处理时，首先要多与违纪当事人沟通，确保当事人认识到自己的错误。因为违纪管理最主要的目的是要让员工认识到自己存在的问题，并且愿意去改正，而不是不进行任何沟通，直接给予处罚。

3.8 员工着装管理

现在，越来越多的企业开始注重自身形象，其中的员工着装就是代表企业形象的一个比较标志性的部分，如金融业、保险业、餐饮业、制造业等企业都比较注重员工的着装。因此，员工着装管理也就成了行政管理工作的一部分。本节就员工着装管理进行详尽的说明，让读者快速学会如何管理。

3.8.1 员工着装管理的意义

在企业中，员工着装的风格、特色各不相同，但是大多数企业对统一着装的追求是一致的，具体表现在以下几方面。

（1）为了树立统一规范的企业整体形象，建立一流的企业，造就安全、和谐、有序的工作氛围，实现步调一致。

（2）规范员工的仪容仪表。要想培养员工严谨、高效的工作作风，规范员工的职业行为，树立优质的职业化形象，就要从着装开始，全面改变员工整体的精神风貌。

（3）给客户以职业专一、整齐端庄的视觉感受。让客户感受企业的外在实力和企业做事整齐划一的态度。

（4）让员工有自豪感。让员工感觉到公司的福利非常好，不是一般的公司可比拟的，着企业服装是一种无上荣耀的事情。

3.8.2 员工着装管理的注意事项

企业对员工着装进行管理时，首先要考虑的问题是如何更加接地气、符合公司情况、符合岗位特点，所以在管理过程中要注意如下几点。

（1）统一配置。员工在统一着公司制式服装（董事长、总经理特批免穿者除外）时，佩戴工作牌的位置一定要统一；一般员工上班必须佩戴工作牌，工作牌要正面朝外或悬置于胸前领口处或别在衣服胸口左侧处。

（2）分岗分类。对着装进行岗位区分，如公司领导、中层干部及管理人员、普通员工等，应根据岗位需求着不同的服装。

（3）规范整洁。公司一定要强调：员工一律不得穿着工作服出入娱乐场所，以避免损害公司形象；同时，上班期间一律着工装，并保持着装整洁、定期清洗。

（4）依季更替。企业可根据季节变化为员工订制不同季节的工装，员工要在适时的季节调整着装，如冬天穿长袖厚实的工装、夏天着短袖轻薄的工装。

3.8.3 范本：员工着装管理相关制度/流程/表格

员工着装的管理是非常重要的，如果没有统一的要求，就失去了着装的意义，所以必须有相关的管理制度、流程、表格进行规范。以下是某公司员工着装的相关管理制度、流程、表格，仅供参考。

1. 员工着装管理制度

员工着装管理是树立和维护企业形象的一个方面，所以备受企业重视。如果想管理好公司员工着装，就要制订一套切实可行的制度进行约束。

下面是某公司的员工着装管理制度。

员工工作服管理制度

一、目的

为了加强公司各类员工工作服的有效管理，规范员工的着装行为，树立良好的外部形象，特制订本制度。

二、适用范围

公司全体配发工作服的员工。

三、职责

公司行政部负责员工工作服装的统计、采购、分发、管理、折旧计算，并在员工离职清单服装一栏签署折旧费用，离职交接单未经行政部签字不予办理。

四、服装配发标准

公司服装配发标准如下表所示。

公司服装配发标准表

季节	服装名称	人均数量
冬装	西装/安保服	2
	长袖衬衫	2
	长裤	2
夏装	短袖衬衫	2
	短裙（女）	2
	长裤（男）	2
配饰	帽子/肩章	1
	丝巾/头花/腰带/武装带	1
	帽子/工号牌	1

五、发放条件

（一）项目一线员工（安保部，保洁部，工程部）

上岗即可向公司申请领取工作服，由公司行政人员负责根据员工身高分发。行政人员需根据公司发展状况库存适量服装，在新旧服装均有库存的情况下，优先配发旧服装。

（二）公司职能部门及楼栋管理员

自入职起满15天，即可向行政部申请订制工作服。原则上所有楼栋管理员必须配发公司统一的工作服。未领取工作服期间自备与公司工作服色调款式一致的正装上岗。

六、工作服申请流程

（一）公司职能部门服装

申请经部门经理签字→递交行政人员。行政人员负责走采购申请流程，并负责安排合作服装公司上门订制。

（二）楼管服装

申请经片区经理签字→递交行政人员。行政人员负责走采购申请流程，并负责安排合作服装公司上门订制。

七、服装使用年限

冬装及夏装使用期限为2年，配饰（丝巾、头花、腰带、武装带、帽子、肩章等）使用期限为1年。

八、工作服管理

（一）行政人员负责服装的回收管理

如果有未清洗的工作服，需及时清洗并根据尺码有序存放，注意防潮防蛀；如有破损衣物，在不影响外观的情况下进行修补继续使用（如开线、开缝、饰物脱落）；如脱色严重及在非服装原本缝合处破口达10cm以上等现象，行政人员可酌情申请报废处理，不予再次发放给员工使用。

（二）员工在职期间并且在工作服的使用期限内

1. 如出现自然破损、脱色等现象，因公务导致破损（如在工作中处理紧急事务时被其他物体划破等），可提交服装更换申请（无价），更换申请必须由项目经理（主管）签字后递交公司行政人员，由行政人员核实后进行更换。

2. 如个人原因导致破损，由个人自行进行修补，费用自理。如无法修补，按照规定赔偿。例如，某员工入职半年后，其服装因个人原因损坏无法修补，可申请换领服装，其破损服装赔偿金额计算方法为：

$$服装金额 \times (1 - 6 \div 24)$$

其二次领取服装的管理办法同第一次领取服装计算办法。部门经理及相关主管有责任监督检查员工服装，不得脱色严重、破损服装，如客观原因可提申请无价更换，如自身原因导致可强制要求员工进行修补或有价更换。

3. 员工在职期间超出工作服使用年限之日起，原则上可申请更换，如果服装完好可继续使用，公司提倡节俭的优良作风。但如果出现任何破损、褪色，可申请无条件更换。

4. 员工离职服装交接。员工离职时须将工作服清洁处理后归还，拒不归还者需按原价赔偿（无论领用新旧服饰），公司将在离职薪资中扣除服装原价费用。未进行清洗服装，统一按照干洗市场价并在离职工资中扣除（任何情况下，所有印有公司标志的服装必须归还公司）。如有破损，赔付标准参照市场价值，原则上不超过100元；如无法修补，将进行相关赔偿。例如，某员工入职半年后，其服装因个人原因损坏无法修补，赔偿金额为：

$$服装金额 \times (1 - 6 \div 24)$$

九、工作服折旧办法

1. 配发新工作服的员工，服务满2年离职者，服装费用由公司承担；服务未达两年期限者，按照服务年限折旧比例计算折旧费。例如，员工入职半年离职，其服装折旧费用为：

$$服装金额 \times 6 \div 24$$

2. 配发旧工作服的员工，离职需归还工作服。其折旧费计算方法为新服装的50%。例如，员工入职半年离职，其服装折旧费用为：

$$服装金额 \times 6 \div 24 \times 50\%$$

十、着装范围及标准

1. 公司所有员工在工作期间必须按照公司标准着装，佩戴配饰。
2. 参加公司会议、集体活动、集体培训时必须按照岗位规定着装。
3. 安防、保洁、保安部员工在非工作区域且非工作时间内不可着工作服装。

十一、附则

1. 本制度自发布之日起在全体员工范围公示，公示期为7个日历天。公示期内，员工有任何异议可向行政部书面提出；如无异议，自公示结束之日起执行。本制度由行政部负责解释和修订。
2. 此前公司的相关管理制度，凡与本管理制度有抵触的，均依照本管理制度执行。

2．员工着装管理流程

定制员工服装是需要成本的，所以要有一定的管理流程。表3-30所示为某公司的员工着装管理流程。

表 3-30　员工着装管理流程表

流程名称	员工着装管理流程	主管部门	行政部
流程编号		更新日期	
员工	人力资源部	行政部	服装厂商

提出 → 审核 → 确认数量 → 确认款式

测量尺寸 ← ← ← 制作

离职退回 ← 通知领取

回收

3．员工着装管理表格

员工服装的领取申请及审批需要用表格进行规范管理，以便备案保存。以下是某公司的员工着装管理表格，仅供参考。

（1）员工服装制作申请表。

员工服装要经过相关部门确认制作申请后才开始制作。表 3-31 所示为某公司员工服装制作申请表。

表 3-31　员工服装制作申请表

姓名		部门	
申请日期		部门负责人	
人事部负责人		行政部负责人	
服装申请信息			
服装款式	数量	单价	
写明长款、短款、秋款、夏款			

资源下载码：H48xY92

（2）服装领取登记表。

员工服装领取必须由领取人签收，才能确保服装去向。表 3-32 所示为某公司员工服装领取登记表。

表 3-32　员工服装领取登记表

序号	服装款式	数量	单价	领取日期	领取人
	写明长款、短款、秋款、夏款				

3.9　员工满意度调查管理

员工满意度调查管理是企业管理活动的基础性工作之一，其意义在于通过对员工满意度的测量和分析，了解企业员工的工作状态，反省企业的管理状况，并及时改进，以增强企业的凝聚力，避免员工不必要的流失或受负面因素的影响在工作中不作为。

3.9.1　影响员工满意度的相关因素

员工对企业的满意度都会受到一些外部或内部客观因素的影响，具体如下。

（1）工作上的回报。员工的薪酬是解决员工最基本的生理和安全需要的主要来源，同时也是个人价值最直观的体现，员工满意度的高低有很大一部分来自对薪酬的满意程度。

（2）工作本身。员工对所在岗位的适应度、适合度、胜任能力、工作挑战性程度、工作的安全保障系数等也直接关系到员工的满意度。

（3）职业发展空间。员工对自己的职业生涯非常看重，在企业中工作是否有晋升机会、在管理方面是否能得到成长和锻炼、业务能力能否得到公司层面的帮助并有所提升等，都是影响员工满意度的重要因素。

（4）工作环境。在企业中，工作环境可以明确地分为硬环境和软环境。其中，硬环境是相对比较客观的，如工作岗位的安全性、工作场所的亮度、工作场所的气味等；软环境是可以改善的，如工作氛围、人际关系、领导风格等。

3.9.2　员工满意度调查的方法

员工满意度调查采用怎样的方法更为有效，可以使管理人员从中获取更多的信息，这是必须要思考的问题。下面介绍几种常用的员工满意度调查方法，仅供参考。

（1）抽样调查法：包括但不限于随机抽样（即从总体问卷中逐个抽取，抽样过程中每个个体被抽到的可能性相等，即都是等可能性抽样）、整体抽样（将总体问卷分成许多组，每个组由个体按一定方式结合而成，然后随机地抽取若干组）、分层抽样（即将总体问卷分员工的等级或部门差异分为明显的几层，按各层个体数之比分层抽取）等方法。

（2）问卷调查法：即设计出符合公司的问卷，分发给员工，以填写问卷的形式在员工处获取想得到的信息。

（3）访谈调查法：即通过收集口头资料，记录与员工的访谈全过程进行调查。

3.9.3　范本：员工满意度调查管理制度 / 流程 / 表格

员工满意度调查管理如果没有制度、流程、表格的约束，很可能会适得其反或流于形式。以下是某公司与员工满意度调查管理相关的制度、流程、表格，供读者参考。

1. 员工满意度调查管理制度

制订员工满意度调查管理制度，是对具体操作人员工作的规范化要求和指导。下面是某公司的员工满意度调查管理制度。

员工满意度调查管理制度

一、目的

为全面了解及收集员工的建议及意见,以便完善和改进集团及各下属公司的管理制度体系、管理方法,提高员工满意度和忠诚度,特制订本管理制度。

二、适用范围

适用于集团总部对全集团各公司员工年度满意度调查。

三、定义

（一）员工综合满意度

员工对调查中所包含的全部维度因素的感受及整体满意度,综合满意度＝(现实值÷理想值)×100%（现实值以参加调查的员工平均分为现实值得分;以100分为理想值）。

（二）员工单项满意度

员工对调查中单一维度的满意度,单项满意度＝(单项维度现实值÷单项维度理想值)×100%（现实值以参加调查的员工单项维度平均分为现实值,以100分为理想值）。

四、调查原则

（一）真实性原则

集团满意度调查应做到公开、公正、公平,以取得员工真实意见,并客观、公正地发布调查的结果。

（二）保密性原则

调查采取无记名形式,所有参加调查的员工填写问卷由人力行政中心保存,其他人无权进行查阅。

（三）有效性原则

满意度调查结束后,需及时对员工进行反馈,对满意度未达标的项目,在制订年度计划时,须包含满意度改进计划,人力行政中心后期进行跟进并监督检查。

五、权责

（一）人力行政中心

1. 负责对全集团各公司员工年度满意度调查工作的组织与实施。
2. 负责全集团各公司年度满意度调查数据收集、满意度调查报告出具。
3. 负责对全集团各公司员工满意度改进计划的审核、协同及监督工作。

（二）各下属公司

1. 配合人力行政中心进行集团员工满意度调查工作的实施。
2. 对本公司调查结果中存在问题的项目进行分析,提出改进计划并负责实施。

六、调查内容及方式

（一）调查内容

1. 调查的内容涉及公司管理、薪资福利、培训教育、激励与发展、管理水平等。

2. 调查的维度分为普通维度和敏感维度，普通维度达标要求比敏感维度高，依据各公司实际情况进行设定。

（1）普通维度。

通过公司管理体制及管理方法改变，可以及时解决，以提高员工满意度的项目。

（2）敏感维度。

调查项目涉及敏感问题，如工资、福利等员工较不容易满足及公司无法及时解决的项目。

（二）调查方式

1. 采取无记名问卷调查的方式进行。

2. 问卷填写采取集中填写的方式进行。

3. 每家公司调查人数不低于75%；同时，各公司高层、中层和普通员工三个层级调查比例也不低于75%。

4. 调查中，每份问卷客观题超过10%题目未作答时，问卷即作废，不纳入满意度结果统计。

七、调查程序

（一）调查维度及指标确定

1. 每年11月1日前，人力行政中心依据集团要求，确定集团各公司下年度员工满意度调查指标，包括调查维度、调查维度定义、指标分类、综合满意度达标值和各单项维度达标值。

2. 满意度指标确定后下发各下属公司总经理确认，如认为调查维度或指标值等内容存在问题，由各下属公司书面上报原因说明及调整建议至人力行政中心，经人力行政中心认可，由人力行政中心对满意度调查指标进行调整后，下属公司重新进行确认。

3. 满意度指标经各公司人力资源负责人、总经理及人力行政中心签字确认后生效，作为下年度满意度调查问卷设计依据及评价标准，并作为各公司总经理目标责任书附件统一进行管理。

（二）问卷设计

次年8月31日前，人力行政中心依据上年度确定的满意度调查指标，围绕确定的维度及维度定义完成满意度调查问卷的设计及审批。

（三）调查实施

1. 人力行政中心于9月1日—10月15日，组织集团员工满意度调查。

（1）人力行政中心与各公司沟通确认调查实施时间、参与调查员工名单、填写问卷地点后，以公司为单位下发满意度调查通知，并依据通知实施满意度调查。

（2）满意度调查实施过程中，各公司派专人进行员工组织和调查协助工作。

2. 调查结束后，人力行政中心于 10 月 31 日前，以公司为单位出具满意度调查报告，并下发至各公司总经理。

……

> **Tips** 由于内容较多，书中只列出了本管理制度的部分内容，其详细内容将在模板中提供，读者可下载完整的管理制度进行参考、使用，下载方法见前言说明。

2. 员工满意度调查管理流程

员工满意度调查管理必须有一定的规划流程，才能够做到尽善尽美。表 3-33 所示为某公司员工满意度调查管理流程。

表 3-33　员工满意度调查管理流程表

流程名称	员工满意度调查管理流程	主管部门	行政部
流程编号		更新日期	
员工	行政部		总经理

```
                    ┌──────┐
                    │ 开始 │
                    └──┬───┘
                       ↓
              ┌──────────────────┐      ┌──────┐
              │ 调查维度及指标确定 │─────→│ 审批 │
              └─────────┬────────┘      └──────┘
                        ↓←─────────────────┘
                   ┌────────┐
                   │ 问卷设计 │
                   └────┬───┘
                        ↓
  ┌──────────┐     ┌────────┐
  │参与调查答卷│←───│ 组织实施 │
  └──────────┘     └────┬───┘
                        ↓
                   ┌──────┐
                   │ 统计 │
                   └──┬───┘
                      ↓
                   ┌──────┐
                   │ 改进 │
                   └──┬───┘
                      ↓
                  ┌────────┐
                  │ 调查报告 │
                  └────┬───┘
                       ↓
                   ┌──────┐
                   │ 结束 │
                   └──────┘
```

3. 员工满意度调查管理表格

员工满意度可以从多个维度进行调查,其调查的方式多以表格的形式呈现。以下是某企业的几个员工年度满意度调查管理表格,供读者参考。

(1)员工年度满意度调查维度表。

随着企业人才竞争的日益激烈,员工年度满意度调查工作已经成为企业想要打败竞争对手、查找自身不足的最具说服力的工具。表3-34所示为某企业的员工年度满意度调查维度表。

表3-34 员工年度满意度调查维度表

序号	一级维度	定义	分类	备注
1	公司管理	对公司的管理工作、管理制度、企业文化的满意程度	普通维度	
2	工作方面	对工作安排、工作强度、工作环境等的满意程度	普通维度	
3	薪资和福利	对工资、福利政策的满意程度	敏感维度	
4	培训和发展	对公司的安排、个人发展前景的满意程度	敏感维度	
5	用餐和住宿	对食堂和宿舍的满意程度	普通维度	

(2)员工年度满意度调查指标表。

员工满意度调查表要有一定的指标值进行说明。表3-35所示为某企业的员工年度满意度调查指标。

表3-35 员工年度满意度调指标表

综合满意度:				
单项维度	维度	分类	达标值	备注
	公司管理	普通维度	80%	
	工作方面	普通维度	80%	
	薪资和福利	敏感维度	80%	
	培训和发展	敏感维度	80%	
	用餐和住宿	普通维度	80%	

> **Tips** 员工满意度调查最重要的一点是切忌走形式，否则，不仅不能真实反映企业的情况，而且很可能将企业后续的工作带向错误的方向，所以一定要确保员工满意度调查的真实性。

3.10 行政经费管理

行政经费支出一直以来都是占企业总费用支出比例比较大的费用之一，如何降低或减少行政运行成本，是很多企业都比较关注的问题。行政经费管理的目的就是为企业排忧解难，在成本上厉行节约，通过预算管理、额度管理和行政管理等管理方法，制订行之有效的管理计划，科学、合理地在既保障企业正常运营的同时，又能高效节约行政运行成本，并做到公开、透明，控制一切不合理的费用开支，进而为企业节约支出，或者最大可能地延后费用支出时间，以保证对企业资金流的有效控制，进一步提高企业的经济效益。

3.10.1 行政经费的分类

行政经费是公司在运营过程中产生的行政费用，依照其可变性，可分为如下两种。

1. 标准费用

（1）电话费：指员工每月所报销的因处理公务所产生的通信费用。

（2）交通费：指员工每月所报销的因处理公务所产生的交通费用。

（3）福利费：指节日期间公司按照统一标准给予员工的节日福利费用，可以是钱也可以是物；或者员工生日或慰问福利所产生的费用。

（4）证照资质费用：指公司办理相关证照及年审所产生的费用。

（5）办公室固话费和网络费：指公司日常办公室固定电话和光纤宽带的费用用等。

2. 临时费用

（1）办公耗材费用：指办公室日常所需的办公用品费用，如传真机、打印机、复印机所需要用的色带、墨盒、墨粉、复印纸，以及日常商务往来需要的"快递费用"等。

（2）固定资产费用：指购买办公计算机、传真机、打印机、复印机等所产生的固定资产费用。

（3）接待费用：指因公接待所产生的费用，如茶叶、水果、瓶装水、纸巾、住宿、餐饮、用车等费用。

（4）差旅费：指员工因公外出发生的路费、住宿费、餐饮费用等。

（5）车管费：指车辆用油、停车费、修理费、检车费用等。

（6）工伤医疗费：指员工因公受伤后，由公司承担的医疗费用。

（7）员工（联谊）活动费：指公司员工联谊或员工活动时所产生的费用。

（8）年检或咨询费：指企业参加工商联合年费、企业变更费、专项咨询所产生的费用等。

（9）食堂费用：指员工食堂每月所产生的水、电、气、食材、垃圾处理等费用。

（10）培训费：指员工外出培训（含考察、调研）及参加同行会议等所产生的一切费用（交通、餐饮、住宿、报名费、材料费等）。

（11）会务费：指公司在外召开会议所产生的一切费用（场地费、餐饮、交通、住宿等）。

3.10.2 行政经费管理的原则

行政经费管理一直以来都是行政管理者比较关注的问题，如何合理支出，既能得到领导的认可，又能获得想要的效果，一直都是比较难把控的，但是如果有一套可以遵循的原则，也许开展工作会相对更容易一些。

（1）预算开支。行政经费在费用申请前，一定要先做一个科学的费用支出计划，经相关部门讨论、审核、批准后再来申请支出。

（2）合理开支。行政经费的支出一定要有理有据、合情合理。

（3）建立台账。行政经费的支出一定要有具体明细，保证随时可以查阅。

（4）专款专用。行政经费要做到不乱支出或额外支出，要确保专款专用。

（5）公开透明。行政经费要公开透明，随时接受监督和检查。

3.10.3 行政经费管理的注意事项

行政经费管理中，如果稍不注意就会出现诸多问题，不是钱花多了，就是事情没有办好。在管理过程中，要想做得更好，就要在以下几个方面多加注意。

（1）切忌随意性。在行政经费支出中，要遵循一定的原则，坚决杜绝一切乱开支或没有节制的开支。

（2）流程要完善。行政经费支出的制度流程要符合公司的实际情况，要简单、清晰、明了，便于掌握和实际操作。

（3）管控要严格。行政经费支出的管理和控制是非常重要的，需要层层把关、严格控制。

（4）费用开销要合情合理。只做正确的事情，对那些没有必要的开支，要敢于说"NO"。

（5）采购要货比三家。要做到对市场行情了然于心的程度，只有这样，才能确保售后有保障。

3.10.4 范本：行政经费管理制度/流程/表格

行政经费是公司必不可少的一项支出，如何科学、合理地管理并控制经费开支，是行政工作的重点。以下是某公司的行政经费管理制度、流程、表格，仅供参考。

1. 行政经费管理制度

行政经费是行政管理时产生的费用，是不可避免的。行政管理人员要从公司开源节流的角度考虑，就要对经费进行科学的支出与管理，建立合理的制度就是其很有代表性的管理形式。

下面是某公司的行政经费管理制度。

公司行政经费管理制度

一、目的

为了规范公司行政经费管理，强化公司各类行政费用报销管理，特制订本管理制度。

二、适用范围

本制度适用于行政类费用的报销、管理。

三、费用支出控制

1. 坚持"事前计划、事中监控、事后审查"的原则。

2. 对一次性开支1万元以上的费用开支和采购，承办人/部室应事先提出书面预算，交财务审核，报公司领导审批后执行。

对外签订经济合同协议，承办人/部室需事先通知财务部门，由财务部门会签，对合同的标的、金额、支付时间、税费的扣除、票据的出具把关。

3. 对交通费、误餐费、零星费用开支据实严格报销制度。

4. 贯彻费用发生牵制原则。发生费用时，原则上应有两名以上人员共同参与，切实树立责任意识、法律意识。

5. 费用报销要求提供完整、真实的原始资料，并严格按程序报批。各环节人员应严格履行责任，共同防止资料不全面、项目不齐全、手续不到位、内容不真实等费用报销行为的发生。

6. 实行"一支笔审批"，即只有公司分管财务的领导具有开支审批权。

四、费用报销程序、期限、审核签批手续

1. 经办人必须提交合法、真实、完整的原始资料方可报销费用，所需提供的原始资料包括发票、清单、合同、通知、计划、预算、呈批件等。

2. 实行按次、按期报账相结合制度。因公出差、组织会议及业务活动、大型采买等费用开支必须按次在事项完成后7个工作日内及时报账。

3. 报账日为每星期一、三。为便于现金及账务等事项的逐日清结，每个报账日结束前的半小时以内不再受理新的报账业务。

4. 驻外费用开支应严格履行节约原则，报销应由专人借支备用金和专人负责报账，经理审批后，按每月报账一次的原则报销费用。

5. 报销程序。

（1）经办人在发票等单据背面逐张注明经办人姓名及时间等事项，并经证明人签字证实。购买实物的，还应由验收人或使用人签字。

①小型票据要求逐张、并按费用发生先后顺序整齐地粘贴在"原始凭证粘贴单"上，一次性注明用途、金额、粘贴的小型票据张数、经办人姓名及时间等事项，并由证明人、验收人或使用人等签字认可。

②经办人对餐饮票、油票必须另附纸张详细注明每笔费用用途、时间、接待单位及人数，证明人签字证明，严禁在发票背后注明，否则不予报销。

③办公用品、烟酒等实物购置必须由验收人签字，并办理出入库登记手续，随时接受领导和财务的核对检查。

（2）经办人将以上原始资料汇总，填写"费用报销单"，交财务审核，财务对所报费用的真实性、合法性、完整性等事项进行核定。

对不真实、不合法的原始凭证财务将不予接受，并向公司领导报告；对记载不准确、不完整的原始凭证财务将予以退回，并要求按照国家统一的会计制度规定更正、补充。

原始凭证记载的各项内容均不得涂改。原始凭证有错误的，应当由出具单位重开或更正，更正处应加盖出具单位印章。原始凭证金额有错误的，应由出具单位重开，不得在原始凭证上更正。

（3）经办人持经过负责人核实、财务审核的"费用报销单"等单据报公司领导审批，此后方可到财务办理签名领款手续。

五、借支备用金

1. 因公借支必须由借款人填写"借款单"，注明大小写金额、用途等事项，经财务审核、报公司领导审批后到财务领取所借款项。

2. 借支的一次性备用金必须在所办理事项完成后及时办理报账手续，在事项完成后7个工作日内及时报账。即报即清，不得拖欠。超出报账期限的，财务将不予新的借支。

3. 临时聘用的员工原则上不得借支备用金。

六、各项费用的具体管理规定

（一）办公用品

1. 公司办公用品（日耗品、烟、酒）由行政部统一归口管理，统一采购和保管，设立办公用品登记簿，公司其他人员登记领用。除特殊情况外，员工不得自行购置办公用品，否则一律不予报销。

2. 应采用批量购置的办法，到固定销售点定期采购。确定固定采购点应进行市场调查并进行询价，遵循物美价廉、售后优质服务的原则，定价时要有两人在场。对现购现用的办公用品，由使用人在发票上签收。

3. 加强物品使用管理，明确责任人员，杜绝浪费、流失等现象。建立健全验收核定、领用登记和库存保管制度。领用物品应注明名称、数量、领用部室等事项，并由领用人签收。

（二）电话费

1. 办公电话应厉行节约，杜绝浪费行为。电话等通信费用限额控制，超支自负。

2. 报销标准（暂定）：公司领导成员实报实销，项目牵头人300元/月，其他暂不报销。

（三）会务费

1. 公司召开各种会议，需在宾馆举行的，会前应会同办公室、财务做好计划，明确会议规模、经费标准和总额，报公司领导批准后方可执行；由行政部协同主办人负责会务安排。

2. 如超过会议费总额，需报公司领导批准后，才能凭据报销。会议费用结算必须有财务人员参与，采用转账方式结算，不得用现金支付。

3. 会务费报销时除会务发票外，还应由主办人提交正式的会议通知、签到表及会议纪要。

……

> **Tips** 由于内容较多，书中只列出了本管理制度的部分内容，其详细内容将在模板中提供，读者可下载完整的管理制度进行参考、使用，下载方法见前言说明。

2. 行政经费管理流程

行政经费的支出，因为涉及金钱，所以必须要走相关的审批流程才可以支取。表 3-36 所示为某公司的行政经费管理流程。

表 3-36　行政经费管理流程表

流程名称	行政经费管理流程	主管部门	行政部
流程编号		更新日期	
经办人	部门	财务部	总经理

流程图：开始 → 申请 → 办理 → 入库/完结 → 填制报销单 → 审核 → 审核 → 审批 → 报销 → 支付 → 结束

3. 行政经费管理表格

（1）费用报销单。

员工在费用支出时，会涉及相关票据的报销，所以需要填写费用报销单，且要经公司相关领导签字确认。下表 3-37 所示是费用报销单。

表 3-37 费用报销单

报销部门		经办人		请款日期		年　月　日	
付款方式	（　）现金 （　）银行转账						
附始单据	张，附后						
收款单位							
开户银行				银行账号			
费用说明：							
费用合计付款金额人民币（大写）							
经办人		部门负责人			会计		
副总经理		总经理			收款人		

> 写明此费用是行政支出的哪个项目及具体明细

（2）借款单。

在日常工作中,经常会遇到需要通过借款把公干的具体费用预支出来的情况,这时就需要填写借款单,如表 3-38 所示。

表 3-38 借款单

借款人部门		借款人签字		借款日期	
借款金额	大写：		小写：		
借款用途					
部门意见					
财务部意见					
总经理意见					

Tips　行政经费管理最重要的一点就是要提前做好预算,并且做好数据分析。只有让事实说话,才能让领导对自己的工作点赞。

专家支招

1. 如何引导年轻员工着工装

公司之所以要推行员工统一着工装,其目的是推进公司文化建设,树立公司良好的社会形象,使员工保持良好的精神风貌。现在80后、90后基本上成为公司的中流砥柱,他们朝气蓬勃,同时也个性鲜明,在公司推行统一着装会遇到不小的阻力甚至反对,作为公司推行和管理员工着工装的行政部,可以从以下几个方面引导年轻员工着工装。

(1)在制度规定中考虑个性化需求。行政部在编制员工着装管理制度时,必须将年轻员工对着装个性化展示这一因素考虑进去。例如,规定在一个工作周内,将周五规定为员工着装展示天,所有员工都不需要着工装,这样就给了有个性化着装需求的年轻员工一个展示的机会。

(2)行政部在编制员工全年活动规划时,也应有意识地将员工着装内容包括进去。例如,可以设计一个时装展示节目,加入工装与时装的对比展示,让年轻员工在员工活动节目中加强对公司工装的认可度。

(3)作为执行与监督员工着装管理的行政部,应做好带头示范作用,认真执行公司的着装要求,形成一个规范着装的氛围,从而引导年轻员工自觉自动地着工装。

2. 巧用备用金解决燃眉之急

备用金是企业、机关、事业单位或其他经济组织等拨付给非独立核算的内部单位或工作人员用作差旅费、零星采购、零星开支等的款项。在公司中,各个部门都或多或少地涉及一些零星的、突发性的、日常性的开支款项,如果不能及时得到公司的财物支持,会大大降低员工办事的效率与工作积极性。

行政部可以制订备用金管理制度巧妙地解决这些燃眉之急。对于零星日常的开支,如果都按公司的规定走借款流程,将严重影响办事效率和员工的积极性,也会给财务主管部门增加烦琐的工作量。因此,行政部通过规范备用金管理,给不同的部门定义金额不等的备用金，从而解决各个部门资金的不时之需，提高了工作效率。

3. 如何控制行政费用

行政部在公司内部就是管家，虽然不能"开源"，但可以做好"节流"，控制不合理的开支，尽量节约开支，从而降低经营成本，提高公司经济效益。那么，行政部如何控制行政费用呢？

（1）对各项行政费用开支实行计划管理，各项开支原则上必须先报计划，按计划开支。

（2）行政费用控制可以从办公费用、水电及纸张等方面规范。

（3）办公费用控制主要涉及以下几方面。

①专用办公用品，如打印机、传真机、复印机专用的硒鼓、墨盒、色带等耗材和业务专用的单据费用控制。

②消耗品费用控制，如税票、账本、铅笔、胶水、胶带、大头针、图钉、回形针、橡皮筋、笔记本、复写纸、橡皮、印泥、圆珠笔芯、订书针、复印纸、打印纸、信封、信纸等的费用。

③管制消耗品费用控制，如购买签字笔、修正液、电池、笔记本等费用。

④管制品费用控制，如购买剪刀、美工刀、订书机、计算器等的费用。

⑤消耗品的使用根据实际工作需要和以往使用记录进行数量控制，并根据不同部门和人员的工作性质做出相应调整。

⑥管制消耗品根据工作需要严格发放、限定总数，自第二次领用起以旧换新。

⑦管制品主要为部门领用。

⑧领用办公用品须做领用登记，行政部建立办公用品领用台账和领用卡以控制办公用品消耗。

⑨新进员工到职时各部门向行政部提出办公用品申请领用并列入领用卡，员工离职时应将剩余办公用品交还行政部。

⑩办公用品由行政部统一负责购买、保管和发放，各部门不得擅自购买。

⑪额度控制。扣除专用办公用品，各部门的办公费用最高额度为每人每月30元，各部门的人数以行政部统计人数为准。

（4）用水、用电节约控制。

①要求各部门员工做到节约用水、用电。

②较长时间不使用计算机时，要求关闭计算机显示器。

③做到用水及时关闭，生产线、办公区下班后行政水电维修组对各楼层水龙头关闭情况的检查，上班离宿后宿舍管理员对各宿舍水龙头关闭的检查。

④做到用电的及时关闭，生产线、办公区下班后行政部水电维修组对各楼层电源关闭情况的检查，如电灯、电扇、空调、饮水机、计算机及其他用电设备的关闭。上班离宿后宿舍管理员对各宿舍电源关闭情况的检查，如电灯、电扇、饮水机及其他用电设备的关闭。

⑤行政部水电维修组专人做到每天水表的定时查抄，电表的定时查抄，编制每个楼层水费、电费统计表，做到每天水费、电费和前一天的比对，并做相应的分析。

⑥行政部水电维修组专人做到对各楼层（空调、电灯、排风扇、饮水机及其他用电设备）早中晚定时开关，对各楼层没有用到的（空调、电灯、排风扇、饮水机及其他用电设备）及时关闭。

⑦每个月做一个办公经费的收支项目公示（包括电费、水费、电话费、办公用品费）。

（5）纸张节约控制。

①打印、复印供内部流通或存档文件时，请尽量使用背用纸。

②背用纸也可裁成便条使用。

③往来文件尽量使用电子文件传递，减少纸张打印文件。

④传真文件时，尽量控制少用封面页。

高效工作之道

1．用 Visio 绘制各类流程图

Visio 是微软官方发布的一款流程图和示意图的绘制软件，可以帮助企业定义流程、编制最佳方案，而且可以使用新形状和模板创建流程图、网络图、组织结构图、平面布置图、工程设计图等，以便顺利编辑和完成图表的制作，提高工作效率。下面使用 Visio 绘制员工违纪管理流程图，具体操作步骤如下。

步骤 ① 启动 Visio 程序，在打开的界面中选择流程图模板，选择【跨职能流程图】选项，如图 3-1 所示。

步骤 ② 在打开的下载对话框中选择流程图样式，选择【垂直跨职能流程图】选项，单击【创建】按钮，如图 3-2 所示。

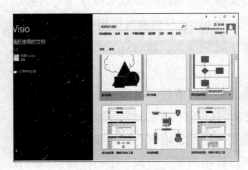

图 3-1 选择模板

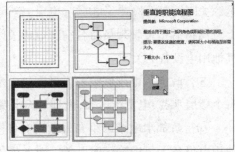

图 3-2 选择流程图样式

步骤 ③ 下载垂直跨职能流程图，将文档保存为【员工违纪管理流程图】，删除流程图中的形状和说明内容，在其中输入需要的文本，在左侧导航窗格中单击【基本流程图形状】，展开基本流程图形状，选择【自定义4】形状，将其拖到流程图第二条泳道中，如图 3-3 所示。

步骤 ④ 在添加的形状中输入【违纪罚单】，选择该形状，单击右侧出现的蓝色三角形，添加一个相同的形状，如图 3-4 所示。

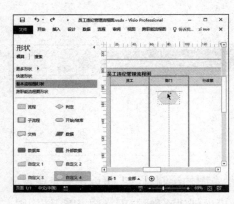

图 3-3 添加基本流程图形状

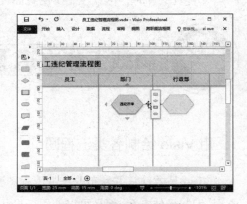

图 3-4 添加相同的形状

步骤 ⑤ 在添加的形状中输入文本，使用相同的方法在第 4 条泳道上添加形状，选择连接第 3 条泳道和第 4 条泳道的连接符，单击【开始】选项卡【排列】组中的【位置】按钮，在弹出的下拉列表中选择【旋转形状】选项，在扩展列表中选择【水平翻转】选项，如图 3-5 所示。

步骤 6 在第 3 条泳道中添加一个【书面通知违纪员工】流程形状，选择该形状，按住【Shift】键，向左拖至第 1 条泳道中，如图 3-6 所示。

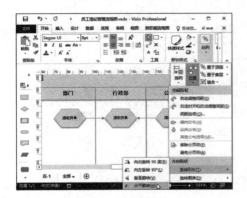

图 3-5 旋转形状

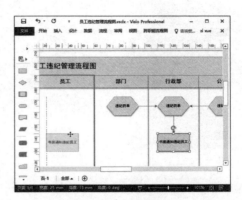

图 3-6 移动形状位置

步骤 7 使用相同的方法继续添加流程图需要的形状，将鼠标指针移动到连接符的点上，拖动点调整连接符，如图 3-7 所示。

步骤 8 在连接符中点上右击，在弹出的快捷菜单中选择【编辑文本】命令，在文本框中输入【N】，如图 3-8 所示。

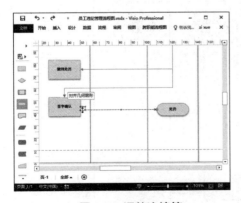

图 3-7 调整连接符

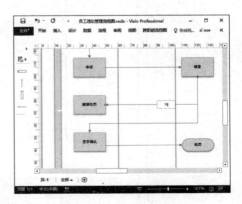

图 3-8 添加文本

步骤 9 在其他位置单击，即可在连接符的中点处添加文本，使用相同的方法继续为其他连接符添加需要的文本，拖动鼠标选择流程图中的所有形状，将其字号设置为【12pt】，如图3-9所示。

步骤10 将【员工违纪管理流程图】文本设置为【居中】对齐，选择整个流程图，在【设计】选项卡【主题】组中单击【主题】按钮，在弹出的下拉列表框中选择【简单】选项，如图3-10所示。

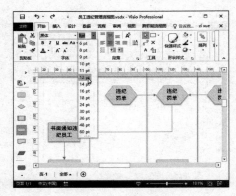

图3-9 设置字号

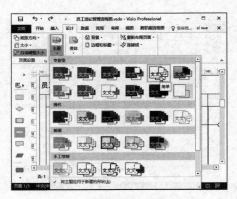

图3-10 应用主题

步骤11 将鼠标指针移动到流程图最下方的横线上，将其向上拖动，调整流程图的高度，完成流程图的制作，最终效果如图3-11所示。

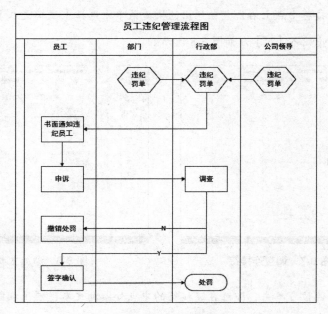

图3-11 最终效果

2. 用 Word 制作名片

名片又称卡片，是谒见、拜访或访问及商业活动中不可或缺的一个小工具，也是向对方介绍自己的一种方式，特别是对于公司领导或跑业务的人员来说，是必不可少的。名片中印有个人的姓名、地址、职务、电话号码、邮箱、单位名称、职业等，可以快速让他人认识自己。下面使用 Word 制作纸质名片，具体操作步骤如下。

步骤 1 新建一个【名片】文档，打开【页面设置】对话框，在【页边距】选项卡中对页边距进行设置，如图 3-12 所示。

步骤 2 选择【纸张】选项卡，自定义纸张的大小，单击【确定】按钮，在打开的提示对话框中单击【调整】按钮，如图 3-13 所示。

图 3-12　设置页边距

图 3-13　设置纸张大小

步骤 3 在页面上方绘制一个矩形，在【形状填充】下拉列表中选择【其他颜色填充】选项，打开【颜色】对话框，在【自定义】选项卡中设置填充颜色，单击【确定】按钮，如图 3-14 所示。

步骤 4 在【形状轮廓】下拉列表中选择【无轮廓】选项，取消形状轮廓，单击【插图】组中的【图片】按钮，打开【插入图片】对话框，选择需要插入的图片，单击【插入】按钮，如图 3-15 所示。

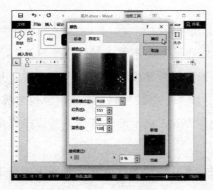

图 3-14 设置形状填充色

图 3-15 插入图片

步骤 5 将图片的环绕方式设置为【浮于文字上方】,将图片调整到合适的位置和大小,在矩形上绘制一个文本框,输入公司名称,对字体格式进行设置,继续在矩形上添加直线和文本框,效果如图 3-16 所示。

步骤 6 继续在页面中通过文本框输入需要的内容,单击【设计】选项卡【页面背景】组中的【页面颜色】按钮,在弹出的下拉列表中选择【灰色-50%,个性色 3,淡色 80%】选项,如图 3-17 所示。

图 3-16 设置文本

图 3-17 设置页面颜色

步骤 7 将鼠标光标定位到页面中,单击【插入】选项卡【页面】组中的【空白页】按钮,如图 3-18 所示。

步骤 8 新建一页空白页作为名片背面,复制第 1 页中的所有对象,将其粘贴到空白页中,对图片位置、标题文本颜色进行调整,并对矩形大小进行设置,如图 3-19 所示。

图 3-18　插入空白页

图 3-19　调整内容

步骤 9 使用相同的方法对背面中相应的内容进行更改,完成名片正面和背面的制作,最终效果如图 3-20 所示。

图 3-20　名片最终效果

3. 制作并打印员工行为规范文件

员工行为规范是对员工的言行举止和工作习惯进行规范,是每个公司必须具备的行政文件之一。由于员工行为规范的内容比较多,对格式也有一定的要求,因此使用 Word 制作最方便。下面使用 Word 制作员工行为规范文件,并对制作好的文件进行打印,具体操作步骤如下。

步骤 1 打开"员工行为规范"Word 文档,单击【插入】选项卡【页面】组中的【封面】按钮,在弹出的下拉列表中选择需要的封面样式,如选择【花丝】选项,如图 3-21 所示。

步骤 2 在文档页面最前方插入选择的封面样式,在封面的标题和副标题文本框中输入文件名称和公司名称，删除封面下方的所有文本框，将鼠标光标定位到分页符后面，单击【布局】选项卡【页面设置】组中的【分隔符】按钮，在弹出的下拉列表中选择【分节符】栏中的【下一页】选项，如图3-22所示。

图3-21　选择封面样式

图3-22　选择分节符

步骤③ 即可在文档封面中的分页符后面插入分节符，将鼠标光标定位到分页符前面，单击【插入】选项卡【页面】组中的【分页】按钮，如图3-23所示，即可在封面页后面新增一个空白页，将其作为目录页。

> **Tips** 本例之所以插入分节符，是为了将封面页、目录页与文档正文页进行区分，这样也方便单独对正文页插入页眉和页脚。

步骤④ 将鼠标光标定位到正文页的【员工行为规范】段落中，在【开始】选项卡【样式】组中的下拉列表中选择需要的样式，如选择【副标题】选项，即可为该段落应用选择的样式，如图3-24所示。

图3-23　分页

图3-24　应用内置样式

步骤 5 将鼠标光标定位到【总则】段落后,在【样式】下拉列表中选择【创建样式】选项,如图 3-25 所示。

步骤 6 打开【根据格式化创建新样式】对话框,单击【修改】按钮,展开对话框,在【名称】文本框中输入【章标题】,在【样式基准】下拉列表中选择基于哪个样式创建新样式,如选择【副标题】选项,在【格式】选项区域中设置字体格式和段落格式,然后单击【确定】按钮,如图 3-26 所示。

图 3-25 选择【创建样式】选项

图 3-26 创建章标题样式

步骤 7 即可为鼠标光标所在的段落应用新建的样式,并将其样式应用到文档的其他章节段落中,如图 3-27 所示。

步骤 8 将鼠标光标定位到第一条内容的后面,单击【开始】选项卡【编辑】组中的【选择】按钮,在弹出的下拉列表中选择【选择格式相似的文本】选项,如图 3-28 所示。

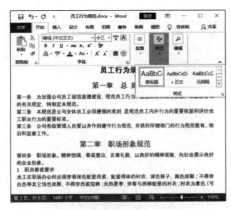

图 3-27 应用新建的样式

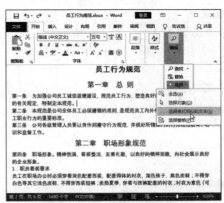

图 3-28 选择格式相似的文本

步骤 ⑨ 即可选择文档中与鼠标光标所在段落格式相同的多个段落，打开【段落】对话框，在【特殊】下拉列表中选择【首行】选项，将缩进值设置为【2字符】，单击【确定】按钮，如图3-29所示。

步骤 ⑩ 所选段落的首行将自动缩进两个字符，效果如图3-30所示。

图3-29　设置段落缩进　　　　　　　图3-30　查看文档效果

步骤 ⑪ 单击【设计】选项卡【页面背景】组中的【水印】按钮，在弹出的下拉列表中选择【自定义水印】选项，如图3-31所示。

步骤 ⑫ 打开【水印】对话框，选中【文字水印】单选按钮，在【文字】下拉列表框中输入水印文字，如输入【初稿】，在【颜色】下拉列表中选择需要的水印颜色，单击【确定】按钮，如图3-32所示。

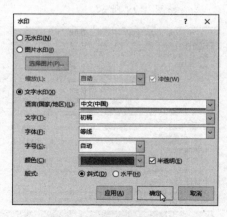

图3-31　选择自定义水印　　　　　　图3-32　设置文字水印

步骤⑬ 即可在文档的所有页面中添加设置的水印文字，效果如图 3-33 所示。

步骤⑭ 在页眉处双击鼠标，进入页眉页脚编辑状态，将鼠标光标定位到第 2 节的页眉处，在【页眉和页脚工具/设计】选项卡【选项】组中取消选中【首页不同】复选框，在【导航】组中单击【链接到前一节】按钮，断开与前一节页眉的链接（即第 1 节和第 2 节可以设置不同的页眉和页脚），如图 3-34 所示。

图 3-33　查看文字水印

图 3-34　断开页眉链接

步骤⑮ 在鼠标光标处输入需要的页眉内容，如输入公司名称，在【字体】组中将【字号】设置为【小四】，将鼠标光标定位到页脚处，断开与前一页页脚的链接，单击【页眉和页脚工具/设计】选项卡【页眉和页脚】组中的【页码】按钮，在弹出的下拉列表中选择页码位置，如选择【页面底端】选项，在弹出的扩展列表中选择需要的页码样式，如选择【普通数字 2】选项，如图 3-35 所示。

步骤⑯ 在正文页中插入页码，将页码字号设置为【小四】，选择正文第 1 页页码，单击【页眉和页脚】组中的【页码】按钮，在弹出的下拉列表中选择【设置页码格式】选项，如图 3-36 所示。

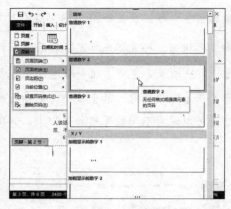

图 3-35　选择页码样式

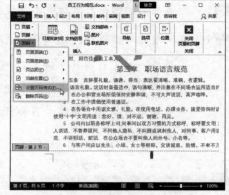

图 3-36　选择页码选项

步骤 17 打开【页码格式】对话框，选中【起始页码】单选按钮，在其后的数值框中输入【1】，单击【确定】按钮，如图 3-37 所示，正文的起始页码将从 1 开始。

步骤 18 退出页眉页脚编辑状态，将鼠标光标定位到文档第 2 页的空白页中，单击【引用】选项卡【目录】组中的【目录】按钮，在弹出的下拉列表中选择【自动目录 1】选项，如图 3-38 所示。

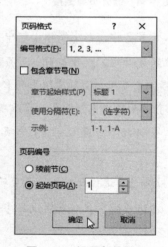

图 3-37　设置起始页码

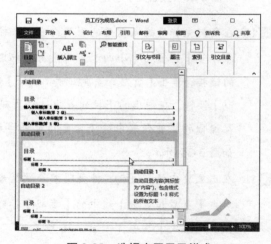

图 3-38　选择内置目录样式

步骤 19 即可在鼠标光标处插入目录，对提取出来的目录格式进行设置，并删除目录中的文档标题，完成"员工行为规范"文档的制作，效果如图 3-39 所示。

第 3 章 行政部日常办公事务管理

图 3-39 最终效果

步骤 20 制作完成后，单击【文件】菜单项，在打开的界面左侧选择【打印】命令，在中间对打印参数进行设置，如打印份数、需要使用的打印机、打印的范围、打印的纸张、打印的方向、打印的页边距等，设置完成后在右侧预览打印效果，确认无误后，单击【打印】按钮，即可自动进行打印，如图 3-40 所示。

图 3-40 打印文档

4．用 Excel 统计汇总每月考勤数据

考勤表用于记录员工上班的天数，包括迟到、早退、休假等情况，是公司员工

每天上班的凭证，也是计算员工工资的依据。现在很多公司都采用打卡或指纹的方式记录考勤，或者借助一些工具（如钉钉）来实现，但将考勤数据展示时，一般都通过 Excel 记录和汇总考勤数据。下面使用 Excel 汇总考勤数据，具体操作步骤如下。

步骤① 启动 Excel 程序，新建一个【考勤表】工作簿，将工作表名称命名为【8月】，在表格中输入需要的数据，设置相应的格式，将 D2:AH25 单元格区域的列宽设置为【4】，选择 D3 单元格，在编辑栏中输入根据年月计算日期天数的公式【=IF(MONTH(DATE($B$1,$D$1,COLUMN(A1)))=$D$1,DATE($B$1,$D$1,COLUMN(A1)),"")】，如图 3-41 所示。

> **Tips** 公式【=IF(MONTH(DATE($B$1,$D$1,COLUMN(A1)))=$D$1,DATE($B$1,$D$1,COLUMN(A1)),"")】中的 B1 表示年，D1 表示月，COLUMN(A1) 表示日，如果 B1 年 D1 月 1 日的月份为 D1，则返回 B1 年 D1 月 1 日，否则返回空，由于 D1 可能会大于 12，因此它判断 D1 是否在 1～12 之间。

步骤② 按【Enter】键计算出结果，将鼠标指针移动到 D3 单元格右下角，当鼠标指针变成＋形状时，向右拖动至 AH3 单元格中，复制公式，计算出结果，选择 D3:AH3 单元格区域，打开【设置单元格格式】对话框，在【分类】列表框中选择【自定义】选项，在【类型】列表框中选择【d】选项，单击【确定】按钮，如图 3-42 所示。

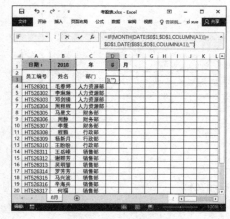

图 3-41 输入公式

图 3-42 复制公式

步骤③ 选择 D2:AH2 单元格区域，输入根据日期计算星期的公式【=TEXT(D3,"AAA")】，按【Ctrl+Enter】组合键计算结果，选择 D2 单元格，单击【条件格式】按钮，在弹出的下拉列表中选择【管理规则】命令，如图3-43所示。

步骤4 打开【条件格式规则管理器】对话框，单击【新建规则】按钮，打开【新建格式规则】对话框，在【选择规则类型】列表框中选择【使用公式确定要设置格式的单元格】选项，在【为符合此公式的值设置格式】参数框中输入【=D$2=" 六 "】，单击【格式】按钮，如图3-44所示。

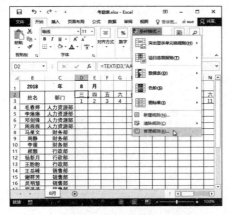

图3-43 计算星期几

图3-44 设置条件格式

步骤5 打开【设置单元格格式】对话框，选择【填充】选项卡，设置填充颜色，单击【确定】按钮，如图3-45所示。

步骤6 返回【新建格式规则】对话框，单击【确定】按钮，返回【条件格式规则管理器】对话框中，将公式的引用范围更改为【=$D$2:$AH$25】，单击【确定】按钮，使用相同的方法继续新建星期日的格式规则，如图3-46所示。

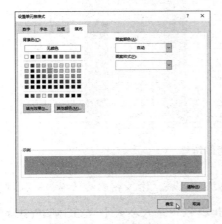

图3-45 设置底纹填充

图3-46 管理条件格式

步骤⑦ 突出表格中星期六和星期日所在的列，随着年份和月份的变化，天数、星期和突出的列都将随之发生相应的变化，在A27:B35单元格区域中输入考勤符号，选择D4:AH25单元格区域，打开【数据验证】对话框，在【设置】选项卡中将允许设置为【序列】，【数据】设置为【介于】，【来源】设置为【=$B$27:$B$35】，单击【确定】按钮，如图3-47所示。

步骤⑧ 在D1下拉列表中将显示数据来源，选择需要的数据输入单元格中，如图3-48所示。

图3-47 设置数据验证　　　　图3-48 选择数据

步骤⑨ 使用相同的方法在其他单元格中输入对应的考勤符号，效果如图3-49所示。

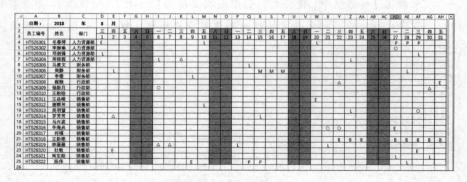

图3-49 输入考勤符号

步骤⑩ 将AJ1:AU25单元格区域设置为考勤统计区域，输入相应的数据，并设置单元格格式，选择AJ4单元格，在编辑栏中输入公式【=COUNTIF($D4:

$AH4,$AJ$3）】，如图 3-50 所示。

> **Tips** COUNTIF 函数用于对指定单元格区域中符合条件的单元格个数进行统计，公式【=COUNTIF($D4:$AH4,$AJ$3)】表示在 D4:AH4 单元格区域中统计"△"的个数。

步骤 11 按【Enter】键计算结果，向下复制公式，计算出其他员工的事假天数，向右复制公式至 AR4 单元格，选择 AK4 单元格，将公式更改为【=COUNTIF($D4:$AH4,$AK$3)】，如图 3-51 所示。

图 3-50　计算事假天数　　　　图 3-51　更改公式

步骤 12 按【Enter】键计算出正确的结果，使用相同的方法修改和复制公式，计算出考勤数据，选择 AS4:AS25 单元格区域，在编辑栏中输入根据年月计算当月应该出勤天数的公式【=NETWORKDAYS(DATE($B$1,$D$1,1),EOMONTH(DATE($B$1,$D$1,1),0))】，如图 3-52 所示。

> **Tips** NETWORKDAYS 函数用于返回开始日期和结束日期之间的所有工作日天数；EOMONTH 函数用于计算指定日期某一年某一月某一日的最后一天；DATE 函数用于返回在 Excel 日期时间代码中代表日期的数字，所以，公式【=NETWORKDAYS(DATE($B$1,$D$1,1),EOMONTH(DATE($B$1,$D$1,1),0))】表示对一个月内的工作日天数进行计算。

步骤 13 按【Ctrl+Enter】组合键计算出结果，选择 AT4:AT25 单元格区域，在编辑栏中输入实际出勤天数的计算公式【=AS4-AJ4-AK4-AL4-AM4-AN4-AO4-AR4】，按【Ctrl+Enter】组合键，计算出每个员工当月实际出勤的天数，如图 3-53 所示。

109

图 3-52 计算应出勤天数

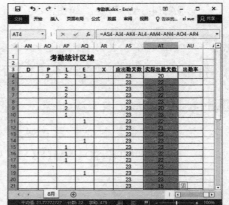

图 3-53 计算实际出勤天数

步骤 14 选择 AU4:AU25 单元格区域，在编辑栏中输入【=AT4/AS4】，按【Ctrl+Enter】组合键，计算出每个员工当月的出勤率，完成考勤表的制作，最终效果如图 3-54 所示。

	AJ	AK	AL	AM	AN	AO	AP	AQ	AR	AS	AT	AU
1	考勤统计区域											
2												
3	△	○	M	B	D	P	L	E	X	应出勤天数	实际出勤天数	出勤率
4						3	2	1		23	20	87%
5		1								23	22	96%
6							2			23	23	100%
7	1						2			23	22	96%
8							1			23	23	100%
9			3							23	20	87%
10							1			23	23	100%
11	1							1		23	22	96%
12	1	1								23	21	91%
13										23	23	100%
14							1			23	23	100%
15						1				23	23	100%
16		1					1			23	22	96%
17	1									23	22	96%
18										23	23	100%
19		2						1		23	21	91%
20										23	23	100%
21				8						23	15	65%
22	2						2			23	21	91%
23								2		23	23	100%
24							2			23	23	100%
25						2	1			23	21	91%

图 3-54 最终效果

第 4 章 行政文书管理

企业对行政文书进行管理的目的主要是使公司的行政文书处理工作变得更加科学化、规范化、制度化，进而有效地提高企业行政文书办理的质量与效率，确保行政文书的统一性、严肃性和规范性，最终使行政文书能够安全、及时地传递与处置。行政文书办完后，根据文书编码、立卷、归档的有关规定，及时将行政文书分类整理，装订成案卷，定期向档案部门移交归档，以备后期随时查找、借阅等。

4.1 认识行政文书管理

行政文书是企业在经营活动中对外往来所形成的、具有一定格式的文字材料，在企业管理中起到的作用是举足轻重的。随着企业的不断进步和发展，企业对行政文书的管理也有了更进一步的要求，行政文书管理工作已经成为行政工作中的一项重要内容。

4.1.1 行政文书管理的内容

通常在企业中，行政文书管理范围的界定是比较清晰的，依照企业的性质和存在往来关系的业务范围，行政文书管理内容主要有以下几个方面。

（1）收文管理范畴：包括邮寄公文、网络传递的公文、传真公文、会议分发的公文等主送本企业的公文。

（2）发文管理范畴：包括红头文件、公告、通知等一切以企业名义下发的公文。

（3）文书撰写范畴：包括决议、决定、公告、通告、意见、通知、通报、请示、批复、议案、函、纪要等。

（4）信件管理：包括电子邮件、挂号信、平信、快递信等。

（5）文件会签管理：包括根据公文内容涉及本单位的多个部门，或者与其他单位有关时所需要的会签和根据对象的不同所区别的内外部会签。

4.1.2 行政文书管理的原则

行政文书管理过程中，为了确保行政文书的统一性、严肃性、规范性，提高行政文书管理的效率和质量，保证文书的安全、及时传递、按时归档、以备查阅，就要遵循以下管理原则。

（1）文书内容编写要确保准确性。

行政文书必须规范编写，要统一文书编写格式。同时，在内容表述上还必须做到立意明确、完整、切实可行，避免空话和套话；在文字使用上要合理、精练、规范、通俗易懂，避免上下脱节、字词滥用、啰唆累赘；在体式选择上要明确文种、标题、主抄送单位、附件、附件标记等，如公文需要保密的，要严控泄密；对时间有明显要求的，要保证时效性，避免耽误工作。

（2）要根据事情的紧急程度确定文书的承办时间。

在对行政文书进行撰写、会签、收发及存档时，都必须把时间要求考虑进去，要根据文书的轻、重、缓、急进行及时的调整和处理，以确保工作的效率和质量。

（3）确保文书留存和信息安全。

在对行政文书进行存放时，必须选择能够保证随时可以查找、便于翻阅、不易损毁的方式存放。对那些没有存档或存查价值的公文，经过一定审批手续后，可定期进行销毁，以确保公司的信息不外泄。

> **Tips** 行政文书是企业进行经营管理活动的重要工具，对行政文书管理的好坏直接影响着企业经营管理的方方面面。因此，作为负责行政文书管理的具体工作人员需要具备一定的文字功底和较强的责任心。

4.2 收文管理

收文管理是指对接收的外部递送给本企业的公务往来的文书材料（包括红头文件、电报、信函等）所实施的处置和管理。收文管理的目的是让收到的外来文书能够在企业中及时得到高效的处理，使其在企业经营发展中快速地发挥其应有的作用，始终让企业与外部保持紧密的联系，从多个渠道了解企业的外部环境，以便企业能够快速、更好地适应外部环境变化。

在收文管理中，收受与分流、办理、传阅与催办查办、处置办理完毕的公文是较为关键的步骤。

4.2.1 收文管理的流程

收文管理的流程是环环相扣的,需要严谨对待,稍有不慎,就可能漏掉其中的某个环节,酿成大错,给企业造成无法挽回的经济损失和社会影响。所以,特意将这一流程单独介绍,以便引起大家的重视。

(1)收进:指公司设置的对外收发的专门人员在确认、清点、核对、检查后,办理签收手续。

(2)外收发登记:指公司设置的对外收发的专门人员对收文情况进行简单的记录,以便查找。

(3)启封:指公司设置的对外收发的专门人员将公务文书材料转给公司指定的内收发的专门人员,由其签收后或启封,或者直接送有关领导亲启。

(4)内收发登记:公司设置的对内收发专门人员对收文情况进行详尽的记录。

(5)分办:公司设置的对内收发专门人员对收文进行分类筛选后,由指定的有关人员(通常是行政部负责人)根据公文的重要程度、各部门职责分工及有关程序规定将公文分送有关领导或有关部门阅办。

(6)摘编:指由公司设置的对内收发专门人员对那些准备投入办理过程的重要文件进行的加工活动,主要是针对这些文件撰写文摘、提要、综述,并汇集有关数据资料等,以方便相关领导或部门快速批示或处理。

(7)拟办:由部门负责人或有关具体工作人员经过对外来公文进行认真的阅读分析,提出建议性的处置意见或建议,供有关领导审核定夺。

(8)批办:即有关领导或部门负责人对外来公文提出处置意见。

(9)承办:有关工作人员按批办意见具体处理外来公文所针对的事务和问题。

(10)催办:由外来公文处理管理机构(行政部)根据承办时限和其他有关要求对公文承办过程实施的催促、督办、检查。

(11)注办:由承办人签注公文承办情况,以便备忘待查。

4.2.2 收文管理的注意事项

在收文管理过程中,往往会忽视很多细节性的问题,造成不必要的麻烦,现总结几个关键点供大家参考。

(1)来文签收。来文签收是收到文书材料的确认性程序,在收到文书材料后,收件人要在对方的文件交接单上签字确认。一方面,作为交接双方所担负任务达成的凭据;另一方面,也确保了文书材料的安全传递。

(2)来文登记。来文登记是企业接收到外来文书材料后进行内部处置与管理的第一道程序,常用的登记形式主要有簿式、卡片式、联单式3种。登记时应注意:收文时,对外来文件应进行区分,如平件、密件、急件等,以便分清轻重缓急、保密与否等,要做到急件随到随登,平件当日到当日分批登,密件要区别登;登记序号应不留空号、不出重号,以便于统计;字迹工整、不滥用简称,便于对照核实;所有登记的项目都应完整且准确;对于无标题的外来文件,应代为拟出一个简明、确切的标题,以便查找或分发。

(3)来文启封。来文启封是一项较为重要的工作,应由专人负责;标明亲收的亲启件,应由当事人亲启;启封后应第一时间检查公文的完整性。

(4)来文单位。来文单位可能是上级单位、兄弟单位、业务来往单位、客户等,要先确定来文单位后,再根据业务的相关性做相应的处置。

(5)来文事项及紧急程度。来文事项及紧急程度是必须要重视的工作之一,否则就失去了对行政文书前期管理的意义。

> **Tips** 收进和登记工作,一般主要由公司的前台负责;启封等后续工作一般主要由公司的行政专员负责。

4.2.3 范本:收文管理相关制度/流程/表格

收文管理工作对企业来说是非常重要的,它是企业对外联络、公务往来、指导自身工作或接收前沿信息的很重要的渠道,因为企业收到的外来文书材料很多是可以帮助企业成长和发展的。以下是某公司的收文管理制度、流程、表格,仅供参考。

1. 收文管理制度

制订收文管理制度是企业对待收文管理的一种重视,表明它不再是无人问津的工作,而是越来越多地被众多企业所认可的一项行政工作内容。

下面是某公司的收文管理制度。

集团公文收文管理制度

一、目的

为规范和严肃集团总部收文工作,提高办公效率,发挥来文作用,特制订本管理制度。

二、适用范围

集团的收文由行政部统一管理。

三、细则

1. 为确保公文传递安全,集团内部传递由部门资料管理员或专人负责。
2. 本章所指收文,包括集团外部的文件资料和内部下发的文件资料。

四、外部收文程序

外部收文程序包括收集、分发与呈批、批阅、承办、周知等。

（一）收集

1. 外部收文按渠道分为两种:一种是经办人参加各种会议或通过其他形式,经过登记领回的文件资料;另一种是信函、传真等形式的收文。
2. 收文必须及时送交行政部办理。送交文件资料必须齐全完整,不漏项、缺页。
3. 收文由行政部专人填写《收文登记表》,经办人签名认可。

（二）分发与呈批

行政部经理根据轻重缓急,在《文件呈批表》上签署处理意见,按权属呈送领导批阅。

（三）批阅

集团领导应抓紧批阅文件。"特急"须即时阅批,"急件"须从速批阅,"普件"须三日内批阅。

经领导批阅的文件,由行政部及时送交承办单位。行政部负责督促办理、协调关系,解决矛盾、及时反馈,文件处理完后,由行政部登记归档。

（四）承办

1. 承办者收到交办的公文后应及时办理,不得延误、推诿。紧急公文应按时限要求办理,确有困难的,应当及时予以说明。对不属于本部门职权范围或不宜由本部门办理的公文,应当及时退回交办的文秘或文书并说明理由。
2. 公文办理中遇有涉及其他部门职权的事项,主办部门应主动与有关部门协商;如有分歧,主办部门负责人要出面协调,如意见仍不一致,可以报请上级协调或裁定。
3. 送负责人批示,或者交有关部门或人员办理的公文要负责催办,做到紧急公文跟踪催办,重要公文重点催办,一般公文定期催办。

（五）周知

应及时将文件传达到位。按照文件传达范围及时传达到每个人员,做到无一遗漏。传达文件根据需要区别进行，或者集中宣读，或者个别传阅。同时做好记录，特别是传阅时要逐一填写传阅单。对于出差在外的人员，应以电话方式传达文件精神。

五、内部收文程序

（一）接收

1. 内部收文渠道包括总部下发的红头文件，各部门之间的工作通知书、合同等。

2. 来文一律逐件清点，由该部门文秘或文书接收，同时进行审核。审核的重点：是否应由本部门办理；是否符合行文规则；内容是否符合国家法律、法规及集团有关规定；涉及其他部门或职权的事项是否已协商、会签；文种使用、公文格式是否规范。

3. 经审核，对符合规定的公文应当及时提出拟办意见送负责人批示，或者交有关部门或人员办理，需要两个以上部门或人员办理的应当明确主办者。紧急公文应当明确办理时限。对不符合规定的公文，经部门负责人批准后，可以退回呈报单位并说明理由。

（二）审阅

审阅公文时，对有具体请示事项的，主阅人应当签署明确意见、姓名和审批日期，其他审阅人签名视为同意；没有请示事项的，签名表示已阅知。

六、文件办理期限

1. "秘密"以上等级文件，应随到随办，文到一日内处理完。

2. 一般文件，文到三日内处理完毕。

3. 合同、计划、规章制度等特殊文件，部门主管视情况规定处理期限。

4. 来文明确办理期限的，应在限定期限内处理完毕。

5. 传阅文件随到即阅，一般当天阅完。

七、附则

1. 本制度自发布之日起在全体员工范围公示，公示期为7个日历天。公示期内，员工有任何异议可向行政部书面提出；如无异议，自公示结束之日起执行。由行政部负责解释和修订。

2. 此前公司的相关管理制度，凡与本管理制度有抵触的，均依照本管理制度执行。

2. 收文管理流程

收文如果没有进行流程化的管理，很容易引起混乱或遗失，会给企业带来很多不必要的麻烦，所以制订一套收文管理流程是非常有必要的。表4-1所示为某公司的收文管理流程。

表 4-1 收文管理流程表

流程名称	收文管理流程	主管部门	行政部
流程编号		更新日期	
	各部门（经办部门）	行政部	公司领导
外部收文	收集 → 登记/整理（开始）→ 批阅 → 登记送交 → 承办 → 办毕 → 登记结果		→ 反馈信息
内部收文		接收 → 审阅 → 办结 → 反馈	

3. 收文管理表格

收文管理表格用来登记对来文的处置情况，以下是某公司公文收文登记表和公文处理传阅单，仅供参考。

（1）公文收文登记表。

收文的登记工作虽然简单，但不能缺失，因为它便于工作人员的查找。表4-2所示为某公司的公文收文登记表。

表4-2 公文收文登记表

序号	公文名称	收到时间	责任人	处理结果
	（来文名称）			（要写明来文去向）

（2）公文处理传阅单。

公文处理传阅单是指根据公文的具体情况和重要程度，以相关部门给出的相关处理意见处置公文。表4-3所示为某公司的公文处理传阅单。

表4-3 公文处理传阅单

公文标题			
公文发布单位	（来文单位）		（标明保密还是公开）
收文时间	年　月　日	密级	
行政部意见			
承办单位意见			
领导阅示			
公文处理结果			（根据公文的精神和相关部门的意见，对公文最终处理的情况进行概述）

> **Tips** 此岗位要求工作必须细心，所以在做这项工作之前或正在负责这项工作的行政管理人员要时刻提醒自己做个细心人。越看似简单的工作，越容易被人轻视，而轻视的结果就是会犯错，所以用心做事很重要。

4.3 发文管理

发文管理工作是现在行政部门的一项重要的基础工作。发文既可以是上级单位向下级单位传达的指示,也可以是批转下级单位的公文,还可以是转发上级行政单位或不相隶属的单位公文;它通常是布置工作与周知事项时所用的一种下行公文,有时也是告知有关单位需要周知或共同执行事项的平行公文。

所以,发文管理的目的就是准确、及时、高效地把企业的意图传递给相关的单位、部门或个人。总之,发文管理工作是至关重要的。下面就如何做好办公室的发文管理工作进行讲解。

4.3.1 发文管理的流程

发文管理的流程有一定的先后顺序,如果顺序颠倒,很可能造成拟文最终不通过,不仅要退回重拟,耗费人力物力财力,有时还会由于发文的滞后,给企业造成很大的经济损失和不良影响。所以,下面将发文管理的方法或步骤罗列出来,供大家参考。

(1)撰稿:根据公司工作需要和领导的意见,由主办部门指定专人用清晰的文字先草拟出文稿,草拟文稿时必须从公司整体工作角度出发,不抵触现行的法律法规,在深入揣摩领导的意图后,撰写出可操作性强、文字精练的文稿。

(2)会签:主办部门有时所拟文稿中会涉及其他部门,这时主办部门就应事先征得有关部门的同意,并请有关部门的领导人审核签字,以确保主办部门所撰写文稿的相关内容的真实性和准确性。

(3)核稿:对文件草稿的审核。文件草稿在送交领导人最后审批签发之前,应由主办部门领导对文稿的内容、体式、语言表达等做出全面的审核检查。审核检查的目的是保证文稿的质量,避免文稿中出现错误和漏洞。文稿拟好后,拟稿人填写"公司公文签发单",详细地写明文件标题、附件名称、发送范围、抄送单位、印刷份数、密级、拟稿单位与拟稿人、发文字号等,然后附同草稿一起送交部门经理(对文稿内容、质量负责)审核签发,这是文件形成的关键性环节。

(4)送审:主办部门领导审核后送主管副总经理或总经理,由主管副总经理或总经理对草稿的条文再次进行修正。

(5)注发:指批注经过领导人同意发出的公文如何印发的行为过程。注发的任务是对领导签发的公文如何印制、如何发出、发出多大范围、读者权限等提出具体意见。

（6）校对：对行文进一步的核稿，避免出现差错与语义分歧，标点符号要正确，特别注意查找错别字。

（7）定稿：指文件的标准稿本，是进行发文登记和缮印的依据。

（8）缮印：指将校对并修正好的校样，通过油印机、印刷机或打印机印制成规范的正式文件。

（9）传阅：根据领导签批的意见对拟发文件进行相关部门的传阅。

（10）签发：经传阅后的文稿由办公室负责整理并报送总经理签发。签发人是代表发文组织行使权力的，对文件负全责任。

（11）打印：总经理签发后的文稿由行政部负责统一编号、打印、装订。

（12）用印：除了会议纪要外，所有对外发出的文件都应由总经理办公室加盖公司印章，并做好登记、签收手续。

4.3.2　发文管理的注意事项

在发文管理的过程中，行政管理人员不能忽视细节，而且在拟稿时还要更多地揣摩领导的内心想法，了解领导的真实意图，弄清本文件的性质，以及行文的目的、任务和范围；必要时还需多渠道查阅大量的相关文件，明确政策界限；同时还需要熟悉业务，随时对业务进行调查研究，了解实际情况，掌握工作规律。只有这样才能把发文的真正意图表述清楚，现总结几个关键点供大家参考。

（1）应严格按照领导的要求，及时、准确地描述发文内容。在工作中，要多分析领导的做事风格、揣摩领导的真正意图，按照领导的意思快速行文，经领导审批后及时发文。

（2）在发文前，一定要先将草拟的发文内容报送领导审批，以获得领导的支持和认同，同时也赋予了文件的权威性。这个步骤是万万不能少的，而且如果领导在此基础上加以修改，就应当按照领导给予的修改意见进行改正，然后再报领导审批。

（3）在发文管理中，还应重视发文的编号，一定要编排文件号进行正式发文并做文件签收记录。领导签批同意后，发件单位一般都会按照发文文号的次序编号后正式发文，同时发文后还要有签收记录，以确保收文方已经接收，并详细记录清楚发文时间、名称、签收人的信息等，以备查询。

（4）及时对发文文件进行规整。发文文件可能在长时间积攒后会有许多，这时就要按照文号和发文时间对发文文件进行整理，以便做好日后归档工作。

（5）对发文文件进行数字化扫描。对发文文件进行数字化扫描，其实是为了更好地管理发文文件。例如，有时将一些文件归档了，但没有扫描，领导需要查阅文件时，再去查档就比较费时费力，而如果直接调取发文的电子扫描文件，就可以很迅速地送给领导审阅；再如，一旦纸制文档受到破坏，如火灾、水灾、撕毁等，或者难以修复时，电子文档就有了它存在的价值。

（6）及时催促接收方尽快回复文件。有些发文中可能要求接收方及时回复文件，如果限定对方在某日回复，就应当在日期逼近时提醒对方，若催促多次，但对方并未回复，则将办理情况告知领导，让领导来决策如何处置，这样可以大大提高效率。

4.3.3 范本：发文管理相关制度/流程/表格

行政发文管理对于企业来说是至关重要的，因为发文是企业向下级传达指标、布置工作或与平级共同执行或周知等非常有效的方式。以下是某公司发文的制度、流程、表格，仅供参考。

1. 发文管理制度

发文管理制度的制订表明了企业对发文管理工作的重视程度，任何一家企业所下发的任何一份文件都代表着企业的最高思想和意图，绝对不允许任何人任何部门随意下发，它必须遵循一定的规则。

下面是某公司的发文管理制度。

公司发文管理制度

一、目的

为规范和严肃公司发文工作，提高发文效率，保证发文质量，以及文书的安全和及时传递，特制订本管理制度。

二、适用范围

公司所有文书的呈批和发文由行政部统一管理。

三、行文规则

（一）公文的种类

公文类别主要有命令、决定、公告、通告、通知、通报、议案、报告、请示、批复、意见、函、会议纪要13个文种。

（二）公文格式

公文格式一般包括标题、主送部门（领导）、正文、附件、发文单位、发文时间、抄送单位、文件版头、公文编号、机密等级等。

1. 标题：公文的标题应当准确、简要地概括公文的主要内容并标明发文部门、事由和公文种类。

2. 主送部门：指公文主要送达的单位（领导）或部门，凡是向上级报送均为主送部门；一般只写一个主送部门，不得多头主送。如果需要同时报送另一上级，可以用抄报的形式。

3. 正式公文的主体：文字简明扼要、条理清楚、实事求是。

4. 发文单位：写在公文下偏右，要写全称，若以领导个人名义行文，应冠以职务。

5. 发文日期：公文必须注明发文日期，以表明从何时开始下文。发文日期在发文部门下向右错开，要写全年月日。发文日期一般以签发人签发日期为准。

6. 抄报、抄送单位：属上级的列入抄报，平行或下级列入抄送。

7. 文件版头：正式公文一般都有版头，以黑色大写字体印上公司全称。

8. 公文编号：一般包括编字、年号、顺序号。

9. 机密等级：机密公文应当根据机密程度划分等级，分别注明"绝密""机密""秘密""普通"字样。

10. 附件：公文如有附件，应当在正文之后，在发文部门之前注明附件名称和件数。

11. 其他：公文排版要求统一。

（三）行文要求

1. 行文须严格按要求格式书写、排版。

2. 明确发文权限。属于全面的、重要的方针政策性问题，以公司名义行文；属于限定方针范围内的日常业务工作问题，以有关部门名义行文。

3. 公文由主办部门经办人拟稿，经部门主管审核、签字后交行政部登记。由行政部送呈有关领导签发。发文涉及几个部门的，经办部门负责组织相关部门会签后，再上交行政部。

（四）关于公司的公文编字

为便于公司公文的使用、保管、立卷、归档和查阅，公司公文编字如下表所示。

公司公文编字表

发文部门或人员	编字	说明
总经理	×××总字	1. 发文由行政部统一编号 2. 发文字号为3号仿宋体、序号为3位、年份用六角括号"〔〕",如"×××总字〔20××〕第×××号"
财务部	×××财字	
行政部	×××办字	
人力资源部	×××人字	
销售部	×××销字	
质检部	×××质字	
技术部	×××技字	
研发部	×××研字	
生产部	×××生字	
采购部	×××采字	
配件仓库	×××库字	

四、发文程序及要求

发文程序包括拟稿、校对、审核、签发、用印、发文、归档等程序。

（一）公文的草拟、打印、校对

1. 相关部门经办人负责公文的起草（包括录入、排版），其中涉及的人名、地点、数字、标点符号要准确，时间要写具体的年月日；人名、地名、文件名称、事物名称等不得用简称。

2. 起草公文后到行政部统一打印、输出，行政部负责核对是否符合公文标准格式。

（二）公文审核

文件起草后，由经办部门主管审核、签字。如果涉及其他部门，经办部门送相关部门会签，然后将"文件呈批单"同文件一并交行政部。

（三）公文的核稿

所有公文呈批前由行政部负责核稿。核稿的主要内容包括以下几方面。

1. 文件呈批单是否填写准确、完整，所有相关部门是否都已签字。

2. 公文打印、排版格式是否符合公司要求。

3. 公文意思是否表达清楚、准确。

如果核稿不合格，行政部签署修改意见后交经办人重新办理。

（四）公文的呈批

行政部核稿通过后，在"文件呈批单"上填写公文编号和密级，签署处理意见。由行政部主任根据事情的轻重缓急，按审批权限、业务性质分类，分别呈相关领导审批。

行政部不得积压文件，要及时呈批或下发。

……

> Tips 由于内容较多，书中只列出了本管理制度的部分内容，其详细内容将在模板中提供，读者可下载完整的管理制度进行参考、使用，下载方法见前言说明。

2. 发文管理流程

发文管理流程要遵循一定的次序进行层层审核，越级或平级审核都是不可取的。表4-4所示为某公司的发文管理流程。

表4-4 公司发文管理流程表

流程名称	收文管理流程	主管部门	行政部
流程编号		更新日期	
各部门	行政部	分管领导	总经理

```
        开始
         │
         ▼
        起草 ◄──────────────────────────┐
         │                                │
         ▼                                │
    审核（部门    N      审核   N    审核    N   审批
    负责人） ──────►    ─────►  ─────► 
                        Y              Y          │ Y
                                                  │
                                                  ▼
                                          排版/登记/编号
                                                  │
         ┌────────────────────────────────────────┘
         ▼
    文件执行 ◄── 文件发放
         │           │
         ▼           ▼
    文件落实      文件归档
                     │
                     ▼
                  定期整理
```

3. 发文管理表格

发文管理因为涉及相关部门领导签字，所以一定要用表格的形式来表现，以下是某公司的发文管理用表，仅供参考。

（1）公文呈批单。

主办部门在经过撰稿和会签后，对公文进行核稿至签发的过程需要通过公文呈批单来体现。表 4-5 所示为某公司的公文呈批单。

表 4-5　公文呈批单

文件标题			
文件编号	发文编号	密级	是否保密，或保密程度
附件			
拟稿人		日期	年　月　日
拟稿说明	对所拟稿件进行简要的概括		
经办部门	主办部门填写意见		
相关部门	涉及的部门会签意见		
行政部	最终审核		
公司领导	主管副总经理或总经理签发		

（2）发文登记簿。

发文登记簿可便于企业对发出的文档进行查阅。表 4-6 所示为某公司的发文登记簿。

表 4-6　发文登记簿

日期	文件类别	编号	文件名	经办部门	会签单位	审批人	回复确认	备注
				主办部门	文件涉及的部门	副总经理或总经理	同意签发还是不同意签发	

（3）发文打印登记簿。

发文打印登记簿是对发文的页数、印制数量和相关责任人等进行有效的管理。表 4-7 所示为某公司的发文打印登记簿。

表 4-7　发文打印登记簿

日期	部门	经办人	文件名称	份数	页数	打印人	备注

（4）发文复印登记簿。

在对发文进行印发后，为了保证时效性，有时可能需要复印多份以便传阅或学习。表 4-8 所示为某公司的发文复印登记簿。

表 4-8　发文复印登记簿

日期	部门	经办人	文件名称	份数	页数	复印人	备注

4.4 文书撰写

文书撰写既是一项对文字功底有一定要求的工作，也是行政部人员具备的最为基础的一项业务技能，一份出色的文书不仅代表了企业的文化底蕴，也更容易让人理解、接受、遵守或执行。

4.4.1 认识企业公文

1．企业公文的概念

企业公文是指企业与组织在公务活动中，按照特定的体式、经过一定的处理程序形成和使用的书面材料，又称公务文件。它是企业实施领导、履行职能、处理公务的具有特定效力和规范体式的文书，是传达企业方针政策、公布企业规章制度，指导、布置和商洽工作，请示和答复问题，报告、通报、交流情况等的重要工具。

2．企业公文的特点

企业公文的特点主要表现在以下几个方面。

（1）企业公文是企业以处理公共事务为内容的书面材料。

（2）企业公文由企业指定的撰稿人撰写。

（3）企业公文有规范的格式，因为是代表企业下发的书面材料，所以需要遵照一定的要求撰写。

（4）企业公文必须要履行法定程序，必须经过相关领导签字审批并加盖公章后才具有法定的效力，这一点一定不要忽视。

（5）企业公文在某些时候还体现了对收文者的强制性和约束作用，是一种相对比较权威的书面材料。

4.4.2 企业公文的种类和格式

企业的公文种类和格式有很多种，下面进行具体介绍。

1．企业公文的种类

企业公文的种类很多，最常用的可以分为以下几种。

（1）决议：适用于企业高层会议讨论通过的重大决策事项，如对公司发展动向方面的决议，或者公司拟上市或开展进出口贸易方面的决议等。

（2）决定：适用于对重要事项或重大行动做出安排，如对有关单位及个人进行奖惩的决定、对某一高管的重大人事任免决定、撤销下级单位不适当的决定事项等。

（3）命令（令）：适用于依照有关法律公布行政法规和规章，宣布施行重大强制性行政措施。

（4）公报：适用于公布重要决定或重大事项，如对企业上市进行公报，或者对企业财务状况进行公报。

（5）公告：适用于向国内外宣布重要事项或法定事项，如上市企业对某项投资进行收回的公告等。

（6）通告：适用于公布企业员工应当遵守或周知的事项，如企业发布对某一事项的要求等。

（7）意见：适用于对重要问题提出见解和处理办法，如企业对公司某干部的违纪行为的处理意见等。

（8）通知：适用于批转给下级单位的公文，或者转发上级单位和不相隶属单位的公文，或者传达要求下级单位办理和需要有关单位周知或执行的事项，如任免中层管理人员。

（9）通报：适用于表彰先进、批评错误、传达企业重要精神或情况，向企业全体员工进行通报说明。

（10）报告：适用于企业向上级单位汇报工作、反映情况，以及答复上级单位的问询等。

（11）请示：适用于企业向上级单位提出请求指示或批准，如购买大型仪器设备时向上级单位申请拨款的请示。

（12）批复：适用于集团公司答复下级单位的请示事项。

（13）函：适用于不相隶属的单位之间商洽工作、询问和答复问题等。

（14）纪要：适用于企业记载、传达会议情况和议定事项。

2. 企业公文的格式

企业公文一般由份号、密级和保密期限、紧急程度、发文字号、签发人、标题、主送单位、正文、附件说明、发文单位署名、成文日期、印章、附注、附件、抄送机关、印发机关，以及印发日期、页码等组成。

（1）份号：指企业公文印制份数的顺序号。涉密公文应当标注份号。

（2）密级和保密期限：指企业公文的秘密等级和保密的期限。涉密公文应当根据涉密程度分别标注"绝密""机密""秘密"和保密期限。

（3）紧急程度：指企业公文送达和办理的时限要求。根据紧急程度，紧急公文应当分别标注"特急""加急"。

（4）发文单位标志：由发文单位全称或规范化简称加"文件"二字组成，也可以使用发文单位全称或规范化简称。联合行文时，发文单位标志可以并用联合发文单位名称，也可以单独用主办单位名称。

（5）发文字号：指由发文单位代字、年份、发文顺序号组成。联合行文时，使用主办单位的发文字号。

（6）签发人：指企业上行文应当标注签发人姓名，如总裁或总经理等。

（7）标题：由发文单位名称、事由和文种组成。

（8）主送单位：指企业公文的主要受理单位，应当使用单位全称、规范化简称。

（9）正文：指企业公文的主体，用来表述公文的内容。

（10）附件说明：指企业公文附件的顺序号和名称。

（11）发文单位署名：署发文单位全称或规范化简称。

（12）成文日期：署会议通过或发文单位负责人签发的日期。联合行文时，署最后签发单位负责人签发的日期。

（13）印章：指企业公文中有发文单位署名的，应当加盖发文单位印章，并与署名单位相符。有特定发文单位标志的普发性公文，也可以不必加盖印章。

（14）附注：指企业公文印发传达范围等需要说明的事项。

（15）附件：指企业公文正文的说明、补充或相关表格及参考资料。

（16）抄送单位或部门：除主送单位或部门外需要执行或知晓公文内容的其他单位或部门，应当使用单位或部门全称、规范化简称。

（17）印发单位或部门及印发日期：企业公文的送印单位和送印日期。

（18）页码：指企业公文的起止页数顺序号。

4.4.3　企业事务性文书书写范围

企业事务性应用文书的书写范围通常包括以下几种。

（1）企业经营计划：指企业经营管理思路、经营管理目标、经营管理方针、经营管理战略与策略的具体概括，它是企业在一定时期内综合经济活动的全面统筹规划，同时也是企业科学运营的重要基础文件，是为企业和部门确立一定期限内工作目标和标准的指导性文件。一般情况下，企业的经营计划多在年初制订并实施。

（2）推荐信：指单位或权威人士向有关单位或个人介绍、推荐人才的一种专用书信，如企业员工参与国家、省、市荣誉评选活动等。

（3）部门工作计划：指部门为完成一定时期的工作任务而事先拟定目标、措施和基本要求的事务性文书。在现代企业中，几乎都在使用这种事务性文书，使用频率是非常高的。

（4）企业工作总结：指企业对于一定期间内某一项工作或企业全局工作进行的回顾、检查、分析和研究，从中总结经验教训，以指导今后工作的书面材料，属于事后控制的方法，也是企业中使用频率较高的文书形式。

（5）企业工作简报：指企业内部用于传递信息、交流经验、汇报工作、反映问题、沟通情况、指导工作等的一种简短的且有一定新闻性质的文书材料，被称为一种内部刊物或信息通报。

（6）介绍信：指企业用来对外介绍联系接洽事宜的一种应用文体，具有介绍、证明的双重作用。介绍信主要有普通介绍信和专用介绍信两种形式，其应用范围多是与国家机关打交道的事宜。

（7）证明：指企业组织出具的印证有关事实的一种公务文书，其应用十分广泛，常为真实身份、个人经历、事件过程、客观情况提供证据。工作中常出具的证明包括在职证明、离职证明、收入证明等。

（8）大事记：指企业或个人按照时间顺序记载对本企业或个人具有重要意义与价值的时间、活动的一种文书，在一般大中型企业中应用比较广泛。

（9）公司新闻消息稿：指企业用简洁明快的语言迅速及时地报道新近发生的事实的一种新闻题材。

 文书一定要按照公文的类别格式去撰写。

4.5 信件管理

信件作为沟通的一种交流工具，已经有非常悠久的历史，它作为企业不能忽略的一种活动往来形式，对其进行管理是非常必要的。

信件管理是指企业对以寄送形式收到或发出的，与企业外部的供应商、企业客户、合作伙伴、分支机构、国家政府机关等有业务往来的各类公事信函或包裹的管理，包括平信、挂号信（在劳动纠纷或是法律纠纷当中通常会应用到，比快件要节约成本）、快件、邮件、包裹等。

信件管理的目的就是明确公司、部门、员工个人邮件、包裹邮寄收发的规定，确保其准确及时地投递和分发，以提高办事效率，使公司内部更加方便、快捷地接收、邮寄各类信件，同时也给员工带来了更多的便利。

4.5.1　信件管理的分类

信件管理可依据其重要性进行归类，一般分为：限时信件或其他附有支票、客户公函、催款函、法院传票、判决书、律师函等重要文件的信函，公司/机构的其他部门来函、亲启信函，报纸、杂志、商品目录及其他广告宣传资料、包裹等一般信函。

4.5.2　信件管理的注意事项

在信件的管理过程中，应注意的事项可归纳为以下几个方面。

（1）一切经手的信件一定要做好收发登记，内容包括发件方、文件内容、文件类别、收件日期、签收人、领件人、领件日期等，以便后期企业随时查找备案。

（2）信件管理人员收件后，应立即通过电话或邮件或其他形式以最快的速度通知收件人，让收件人在规定时间内签收，以避免收件人收件延时，特殊情况除外。

（3）对于重要函件，信件管理人员一律不予代签收，必须收件人本人签收，如果收件人无法签收，也可以规定由收件人指定代签人签收，签收完一定要做好登记备案，以避免后期出现问题时无从查找。

（4）对于亲启信函，信件管理人员无权拆开注明"亲启"的信件；如误拆开应立即封妥，并签字注明"误拆"字样，以免引起不必要的误解，因为误拆他人信件侵犯了他人的隐私权，会被追究法律责任的，所以在工作中一定要多加注意。

（5）报纸、杂志、商品目录及邮购广告，除与主管有直接关系外，一般信件管理人员自行处理；因为这类信件数量较大，主管根本没有时间一一过目，信件管理人员可做汇总报告或用红笔将重点事项画出，以便主管参阅。

4.5.3 范本：信件管理相关制度/流程/表格

无论社会怎样进步，信件作为人们沟通的纽带始终留存至今，人们对信件的管理更是越来越规范。以下是某公司的信件管理制度、流程、表格，仅供参考。

1. 信件管理制度

信件管理制度是企业信件管理的具体要求和细则，是供大家有依可循、共同遵守和执行的。

下面是某公司的信件管理制度。

公司信件管理制度

一、目的

为了规范公司信件、报刊管理，确保其准确投递和分发，特制订本管理制度。

二、职责

行政部负责公司全部信件的管理，并由专人负责。

三、来信处理

（一）信件的分类及处理方法

1. 依其重要性分别归类，一般分为限时信件，或者其他附有支票等重要文件的信函，公司、机构的其他部门来函，亲启信函、报纸、杂志、商品目录及其他广告宣传资料，包裹等。

2. 报纸杂志、商品目录和邮购广告，除与主管有直接关系外，一般由行政人员处理；这类信件数量大，主管无暇一一过目，行政人员可做重点报告，或者用红笔将有关事项画出，以便主管参阅。

3. 除主管有指示可拆开的信件外，亲启信函应注明"亲启"二字；如误拆应立即封妥，并签字注明"误拆"字样。

（二）拆信或包裹

1. 拆信。

拆信时，剪封口要在信封的固定位置上；拆前先将信在桌上轻敲，使信内物品落在信封底部，以免拆时受损；拆信后，必须注意下列事项。

（1）查看信纸上的地址是否与信封上的相同，如果不同，以信封为准，信封必须保留。

（2）查看信纸上是否有写信人的签名，并对照信封，找到写信人的姓名。

（3）查看信件是否有耽误，可以邮戳及信上注明的日期做出判断。

（4）查看信中所提到的附件是否附上，如果未附上，在信上注明"缺附件"，并保留信封；如果附有支票或汇票时，应核对金额是否相符，并在信上注明"核对无误"，如果有差错，要注明差异之处。

（5）信封上邮戳有时可做证明用，信封需妥善保存，信件管理人员可在信封上盖收信日期章，依收信日期排列，直到确信信件已无用后再一起销毁。

2. 拆包裹。

拆包裹时可以用刀子或其他工具；在拆时需注明包裹中是否附有信件或其他文件；如果是订购的物品，可取出订单核对，核对无误后，填写核对单送会计部门，通知物品已收到。

3. 误投邮件。

误投邮件必须退回邮局，如果是已迁走公司的邮件，若知道其新地址，可转寄过去。

4. 其他。

拆刊物时先请示上级领导如何处理，领导一般让办公人员先看一遍，然后夹上便条指出主管想看的文章，并标明页数。随着办公人员工作经验的增加，可在阅读文章时，标出重点，准备纲要，以便查阅。

（三）收发信件登记

1. 信件登记设立收发登记簿，每日重要邮件，包括来信及转信，都要登记在收发登记簿中，尤其是挂号信、包裹等。

2. 登记簿中通常记录收、发信件的日期等信息，以备日后查询。

（四）来信

如果以单位为收件人，拆开后应按信件的类别，由各部门接收；如果是个人函件，可直接交由收件人；如果是公事，分信时需注意以下原则。

1. 用红笔画出信件要点，以节省他人阅读时间。

2. 对于需要回复或需上级领导指示的信件，可在信纸上方加注，供上级主管裁决。

四、外发信件及回信处理

（一）外发信件

各部门若有信件外发，经办人员须在当天下午 4:00 前将外发信函、包裹送至行政部，并填写快递、挂号、包裹外发登记表，行政部下午 4:30 前将当日外发信件点清，交邮局工作人员寄发。

（二）回信程序

1. 在回信时必须考虑信件的重要性与时效性。有些信件只是简单的询问或例行通函，可直接由行政人员回复；有些信件则需要请示主管之后才能回复；有些必须收集资料，经主管审核后，才能回复。

2. 不论是简单还是繁复的信件，在回信时都应仔细阅读来函，明确回复事项及需准备的资料，这样才不会有所遗漏；回信的程序包括直接回复或请示上级回复（拟稿，打样，核对，签名），寄信（核对，装封，邮寄）及复印件归档。

（三）回信注意事项

要写好一封回信，应把握以下要点。

1. 清楚。

写信时应措辞严谨、清楚，使阅信人能立即明了内容，不致引起误会，最忌含混不清的表达方式。

2. 正确写作书信。

正确是不可或缺的要素，信件内容不正确易引起纠纷，要避免夸张或过分含蓄。

3. 具体。

"具体"就是要言之有物，措辞、文意切中要领，据实直述，切忌空泛、抽象。

4. 完备。

所有的信件都是为某种目的而写，信中该写的内容不可遗漏，如果一封信写得不完整，不但不能达到目的，甚至还会起到相反的作用。

5. 简洁。

书信应力求简洁，切忌冗长。在词能达意的原则下，语言力求简单明了。

6. 谦恭。

谦恭有礼是商场上的重要法则，写信时也不能疏忽。有礼貌的信会博得收信人的好感，但过于恭敬的书信也是不可取的。

7. 体谅。

在写信时，不能只从自己的立场出发，而应设身处地地为对方着想。具体地说，提及的任何事物，少用第一人称，要把对方的利益放在最重要的位置。

五、附则

（一）本制度自发布之日起在全体员工范围公示，公示期为7个日历天。公示期内，员工有任何异议可向行政部书面提出；如无异议，自公示结束之日起执行。由行政部负责解释和修订。

（二）此前公司的相关管理规定，凡与本管理制度有抵触的，均依照本管理制度执行。

2. 信件管理流程

信件管理看似小事，但也要有一定的流程来执行。表4-9所示为某公司的信件管理流程。

表 4-9 信件管理流程表

流程名称	信件管理流程	主管部门	行政部
流程编号		更新日期	
	经办人	行政前台	快递公司
发信件	开始 → 填写快递单 → 登记 → 收取 快递单回执 ←		
收信件	签字收取 ← 登记 ← 投递		

3. 信件管理表格

信件管理表格是对信件管理的最好诠释，信件管理的好坏在表格上可以一目了然。以下是某公司的信件管理表格，仅供大家参考。

（1）信件投递登记表。

信件投递前，一定要写好准确的收件人信息。表 4-10 所示为某公司的信件投递登记表。

表 4-10 信件投递登记表

序号	寄件人签字	所在部门	收件人信息	寄件日期

（2）信件收取登记表。

信件收取也需要收件人签字和收件日期，以做取件证明。表 4-11 所示为某公司的信件收取登记表。

表 4-11　信件收取登记表

序号	收件人姓名	所在部门	收件人签字	收件日期	快递公司

（快递公司：负责信件配送的营运单位）

4.6　文件会签管理

文件会签是指联合发文时，由多部门的领导共同签署的文件。在文件草拟过程中，内容涉及其他部门的职能和业务时，可由主办部门主动提出，相关部门就文件涉及本部门的事宜进行讨论、协商，并核签意见的一种办文程序。同时，会签还可以根据对象的不同来区分会签的对内或对外形式。简要来说，企业文件会签的目的，就是确保其行文的准确性、安全性和发文的及时性。

4.6.1　文件会签审核的内容

在企业中，文件会签因为涉及的部门较多，而且通常又是联合发文，所以在审核过程中，一定要对以下几点加以重视。

（1）文件涉及的内容是否对所涉及的会签部门来说是必要和可行的。

（2）文件的内容是否符合企业相关部门的制度和规定等。

（3）文件的内容是否准确、恰当。

（4）文件的内容是否适时、适势。

（5）文件的编写是否规范、科学。

（6）文件是否符合企业的相关程序和权限。

4.6.2 文件会签管理的范畴

文件会签管理的首要任务是要明确起草的文件是否需要多部门联合会签,所以企业的文件会签管理要有一定的范畴。现就文件会签的管理范畴进行如下归纳。

(1)凡是涉及全局性工作、需要相关部门协助的,均需要多部门联合会签。

(2)凡是项目审批涉及多部门法律法规和政策的,均需要多部门联合会签。

(3)凡是行政办公室的文件涉及其他职能部门业务的,均需要多部门联合会签。

(4)凡是主要领导及分管领导认为有必要会签的,均需要多部门联合会签。

(5)凡是需要多部门支持才能得以监督实施的,均需要多部门联合会签。

(6)其他业务个别需要会签的文件。

4.6.3 范本:文件会签管理相关制度/流程/表格

文件会签管理因涉及多部门的合作,所以要保障会签的效率和质量,离不开制度的支撑、流程和表格的辅助。以下是某公司的文件会签管理制度、流程、表格,仅供参考。

1. 文件会签管理制度

文件会签管理制度是企业提高会签审批效率、提升文件质量、促进规范管理的标志。

下面是某公司的文件会签管理制度。

<h2 style="text-align:center">公司文件会签管理制度</h2>

一、目的

为规范公司文件会签审批,提高文件会签效率及文件质量,促进工作规范化、制度化,特制订本管理制度。

二、适用范围

本制度适用于公司在行使管理职能过程中所形成的具有特定效力和规范体式的面向公司内部发文的公务文书。

三、原则

文件会签应坚持实事求是、精简、高效的原则,确保行文准确、安全,发文及时,保障一系列工作环节相互关联、衔接，工作得以顺利、高效开展。

四、文件会签程序

1. 主办方根据需要，拟定文件涉及内容、范围、要求及制订文件要达到的目的、效力，确定会签部门并附公司文件会签单；特别重要的文件无法确定具体会签部门的提交行政部确定具体会签部门。

2. 会签方需在3个工作日内会签完毕，并交至下一个会签部门。特殊情况不能按时修改完毕的，需在3个工作时内及时向主办部门说明并申请延时。

3. 各部门会签时，应准确标明意见，不得使用模糊语言，不得只签署姓名不留意见。

4. 会签部门负责人因出差、请假等原因不能及时会签的，应授权部门相关人员代为会签。代为会签人员在会签时应将不确定事项及时与负责人进行沟通。

5. 主办方将各部门会签意见汇总后反馈给各会签方，统一意见后进行修改。通过再次会签，直至达到公司要求和预定目标。同一文件的会签不得超过三次。

6. 文件成稿后，由主办方填写公司文件呈阅单，主办方负责人签字后，将文件一并报行政部负责人及分管领导审批确定发文。

7. 涉及全面性及重大事件文件，应在各方会签修改完毕并形成正式样稿后呈报总经理审批，由总经理签发，或者会议讨论通过后，由主要领导人签发；普通一般性事务安排文件，由分管领导签发。

五、文件会签原则

（一）及时性原则

相关会签人员收到待签文件后，应及时审核、修改或签发。若有意见或不明之处，应询问并处理，不得随意拖延。

（二）严肃性原则

签发文件使用习惯签名，保证签名的有效性，同时要具有一定的防伪功能。

（三）高效性原则

会签方需提出所有意见，主办方需积极与意见提出方沟通，确保会签高效。

（四）审批权限原则

严格遵循文件审批权限，不得随意代签、随意签发。

六、附则

1. 本制度自发布之日起在全体员工范围公示，公示期为7个日历天。公示期内，员工有任何异议可向行政部书面提出；如无异议，自公示结束之日起执行。本制度由行政部负责解释和修订。

2. 此前公司的相关管理制度，凡与本管理制度有抵触的，均依照本管理制度执行。

2. 文件会签管理流程

文件会签流程可以加快文件的落地实施。表 4-12 所示为某公司的文件会签管理流程。

表 4-12 文件会签管理流程表

流程名称	文件会签管理流程	主管部门	行政部
流程编号		更新日期	
主办部门	会签部门	行政部	分管领导/总经理

```
开始
  ↓
填写会签单 → 会签意见
  ↓
汇总修改
  ↓
  会签
  ↓
文件呈阅
  ↓
部门审核 ────────→ 审核 → 审批
  ↓                         ↓
 执行 ← 执行 ← 发文
  ↓      ↓
  └──→ 结果备案
```

3. 文书会签管理表格

文书会签管理很重要，因为经过会签的文件可以确保其行文的准确性、安全性和发文的及时性，以下是某公司的文件会签管理表格，仅供参考。

（1）文件会签单。

文件会签单是文件会签管理工作中最常见的表现形式。表 4-13 所示为某公司的文件会签单。

表4-13 文件会签单

文件名称		（如果有附件的请写明名称）			
文件附件			紧急程度		
拟办部门		（文件办理部门）	日期		
文件主旨			（请写明文件的主要用意或目的）		
发文需填写	拟定文号				
	拟定呈报人	（文件将要呈报给谁）	拟定抄报人	（抄送给谁）	
	拟定发布范围		拟定密级		
拟办部门意见					
审阅部门	审阅人		审阅意见	审阅日期	
（文件内容中涉及的部门或单位）	（部门负责人）				

（2）文件呈阅单。

文件呈阅单是由领导签批必不可少的一个环节。表4-14所示为某公司的文件呈阅单。

表 4-14　文件呈阅单

文件名称			
呈文部门	文件主办单位	呈文日期	
文件主旨	请写明文件的主要用意或目的		
拟办部门意见			
分管领导意见			
领导批示			

Tips　文件会签管理因涉及的部门较多,要做好横向沟通协调的工作,确保会签工作的顺利进行。

专家支招

1. 在发文中如何确定主题词、主送、抄送

公司在发文中,按公文格式往往会在文末注明主题词、主送及抄送单位/部门,那么在撰写公文中,如何确定主题词、主送及抄送呢?

(1) 主题词。

对于行政事业单位,为适应办公现代化的要求,便于计算机检索和管理公文,国务院编制了《国务院公文主题词表》。该词表可以作为企业单位发文中确定主题词的参考。

《国务院公文主题词表》将主题词表分为3个层次：第一层是对主题词区域的分类，如"综合经济""财政、金融"类等；第二层是类别词，即对主题词的具体分类，如"工交、能源、邮电"类中的"工业""交通""能源"和"邮电"等；第三层是类属词，如"体制""职能""编制"等。第二层和第三层统称为主题词，用于文件的标引。

参照国务院公文主题词表的层次，下面列出一般公司行政部和人事部发文的主题词，如表4-15所示。

表4-15 行政部和人事部发文主题词示例表

部门	主题词		
	第一层	第二层	第三层
行政部	综合	要点、机构、组织、纪律 经营、讲话、公关、会议	通知
	档案	管理	通知
	法律	制度	通知
	保密	机构	通知
	管理	更名	通知
	物业	组织	通知
人事部	人事	派遣	请示、报告、管理、通知
		派员	批复
		出访	请示
		任免、聘任、提级、任职 奖励、处分、调配、退休	通知
		奖励	报告
	教育	管理	通知
	活动	法规	通知
	工资	管理、修订、含量	通知
	资金	保险	请示
	职称	评审	通知
	护照	管理	函
	任职	更改	批复

（2）主送与抄送。

主送指的是行文对象，发此文需要涉及的那个部门就是主送，一般为一个，也可能为多个。主送单位一般位于公文标题下空一行左顶格，但主送单位过多会使公文首页无法显示正文，此时需要将主送放于版记位置，即主题词下、抄送之上。

抄送一般指需要告知的部门，一般位于版记位置，在主题词之下。

2. 如何确定公司文件资料的秘密等级

公司文件资料在发文、传阅和存档过程中，往往都涉及秘密等级，行政部门如何确定公司文件资料的秘密等级呢？

公司文件资料按保密程度分为绝密文件、机密文件（秘密文件）和普通文件（公开性文件和宣传资料）。

（1）绝密文件。绝密文件是指最重要的公司秘密，一旦泄露会使公司权益受到重大损害的文件资料。通常包括：财务分析报告；对高层管理者的考核报告；对工资分配方案及所属文件；涉及项目成本、利润的报告或论证材料；公司尚未实施或正在实施的经营战略决策、公司项目技术的核心资料；公司其他认为应列入绝密范畴内的文件资料。

（2）机密文件。机密文件是指重要的公司文件，一旦泄露会使公司权益受到损害的文件资料。通常包括公司注册及相关文件，技术资料、工程建设的重要图纸，立项报告、业务进度分析报告，涉及公司尚未公开或不宜公开情报的来往文书，合同、协议文本，以及公司其他认为应列入机密范畴内的文件材料。

（3）普通文件。普通文件是指一般性的、可以提供给所有员工查考利用的文件资料。通常包括平时各种工作条例、规章制度，一般业务工作来往文件（不涉及绝密、机密的文件，各类一般性的请示、通知、会议纪要、简报、情况反映等，行政管理工作的计划、总结、报告，一般性的月、季工作计划与总结报告，有关干部任免、调配、定级等的文件，财产、物资、档案等各类行政交接手续凭证）。

高效工作之道

1. 用 Excel 制作公司收文登记表

收文是指本单位收到的公文,包括文件、电报、信函、内部刊物、资料及其他文字资料等,是公司在进行经营管理活动中形成的具有法定效力的文书,是公司进行管理的重要工具。所以,在对各类收文进行管理时,一定要记录好收文的相关信息,如收文日期、来文单位、文件名称、文件内容、文件编号及收件人等。下面使用 Excel 制作公司收文登记表,具体操作步骤如下。

步骤 1 启动 Excel 软件,新建一个名称为【公司收文登记表】的工作簿,设置【公司收文登记表】文本的格式,选择 A1:H1 单元格区域,单击【对齐方式】组中的【合并后居中】按钮,如图 4-1 所示。

步骤 2 对第 2 行单元格的格式进行设置,将鼠标指针移动到列分隔线上,根据需要调整列宽,在 A3 单元格中输入【1】,将鼠标指针移动到 A1 单元格右下角,当鼠标指针变成╋形状时,按住鼠标左键向下拖至 A22 单元格,如图 4-2 所示。

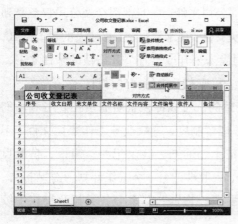

图 4-1 合并单元格

图 4-2 填充数据

步骤 3 释放鼠标,单击【自动填充选项】按钮,在弹出的下拉菜单中选择【填充序列】选项,如图 4-3 所示。

144

步骤 4 复制的数据将填充为序列,选择 A2:H22 单元格区域,在【格式】下拉列表中选择【行高】选项,打开【行高】对话框,将【行高】设置为【22】,单击【确定】按钮,如图 4-4 所示。

图 4-3 填充为序列

图 4-4 设置行高

步骤 5 拖动鼠标调整标题行的行高,选择 A2:H22 单元格区域,打开【设置单元格格式】对话框,选择【边框】选项卡,将边框颜色设置为【白色,背景色 1,深色 35%】,依次单击【外边框】和【内边框】按钮,再单击【确定】按钮,如图 4-5 所示。

步骤 6 为所选单元格区域添加边框,单击【文件】菜单项,在打开的界面左侧选择【打印】选项,在中间将【纵向】设置为【横向】,让工作表中需要打印的内容全部显示在一页中,在界面右侧可预览打印效果,如图 4-6 所示。

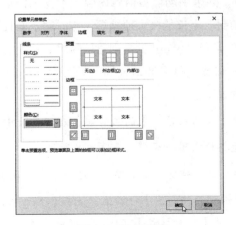

图 4-5 设置边框

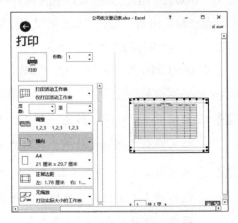

图 4-6 预览打印效果

步骤 7 在右侧的预览区域中对打印内容的列宽进行调整，使打印内容能合理、均匀地分配在打印纸张中，然后单击【打印】按钮进行打印，完成公司收文登记表的制作，最终效果如图 4-7 所示。

	公司收文登记表							
序号	收文日期	来文单位	文件名称	文件内容	文件编号	收件人	备注
1							
2							
3							
4							
5							
6							
7							
8							
9							
10							
11							
12							
13							
14							
15							
16							
17							
18							
19							
20							

图 4-7　最终打印效果

2. 使用 Excel 和 Word 批量制作信封

当企业需要给较多的客户发送信件时，如果手动填写信封内容，不仅工作量大，而且容易出错。通过 Word 批量制作信封，不仅能极大地缩短工作时间，而且还能提高信封内容的准确性，非常方便。但是通过 Word 批量创建信封时，首先需要通过 Excel 制作收信人的信息，如收信人邮编、姓名和地址等。下面使用 Excel 和 Word 共同批量创建信封，具体操作步骤如下。

步骤 1 启动 Excel 软件，新建一个名称为【收信人信息】的工作簿，在工作表中输入收信人的相关信息，并对单元格格式进行设置，如图 4-8 所示。

步骤 2 关闭 Excel，启动 Word，在新建的空白文档中单击【邮件】选项卡【创建】组中的【中文信封】按钮，打开【信封制作向导】对话框，单击【下一步】按钮，打开【选择信封样式】界面，在【信封样式】下拉列表框中选择【国

内信封 -DL(220×110)】选项，其他设置保持默认，单击【下一步】按钮，如图 4-9 所示。

图 4-8　创建收信人列表

图 4-9　选择信封样式

步骤 ③　打开【选择生成信封的方式和数量】界面，选中【基于地址簿文件，生成批量信封】单选按钮，单击【下一步】按钮，如图 4-10 所示。

步骤 ④　打开【从文件中获取并匹配收信人信息】对话框，单击【选择地址簿】按钮，打开【打开】对话框，选择【收信人信息】文件，单击【打开】按钮，如图 4-11 所示。

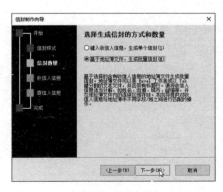

图 4-10　选择生成信封的方式和数量

图 4-11　选择收信人信息

步骤 ⑤　返回【从文件中获取并匹配收信人信息】界面，在【地址簿中的对应项】的下拉列表中设置相应的选项，使其与【收信人】栏中的选项对应，单击【下一步】按钮，如图 4-12 所示。

步骤 6 打开【输入寄信人信息】界面,在【姓名】【单位】【地址】和【邮编】文本框中分别输入寄信人的相应信息,输入完成后单击【下一步】按钮,如图 4-13 所示。

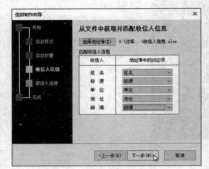

图 4-12　匹配收信人信息　　　　图 4-13　输入寄信人信息

步骤 7 打开【信封制作向导】对话框,单击【完成】按钮,将自动新建一个文档,其中显示了批量创建的信封,并将其保存为【信封】,最终效果如图 4-14 所示。

图 4-14　最终效果

3. 使用 Word 制作公司内部发文文件

　　发文是指本单位发出的公文，公司发文的格式一般是模仿政府的"红头文件"，标题都是红色字体，其次是文件的编号（一般由公司简称加上年份和文件编号构成），然后是正文，最后是单位名称、发文的日期等，并盖上公司的印章。公司发文对页边距和字体、字号等有一定的要求，必须按照规范的发文格式进行制作。下面使用 Word 制作人事任免通知，具体操作步骤如下。

步骤① 新建【人事任免通知】文档，打开【页面设置】对话框，选择【页边距】选项卡，将页边距上、下、左、右分别设置为【3.7】【3.5】【2.8】【2.6】，单击【确定】按钮，如图 4-15 所示。

步骤② 在文档中输入相应的发文内容，将鼠标光标定位到【H 信集团有限公司】文本下面，单击【文本】组中的【日期和时间】按钮，如图 4-16 所示。

图 4-15　设置页边距

图 4-16　输入文本内容

步骤③ 打开【日期和时间】对话框，在【语言（国家/地区）】下拉列表框中选择【中文（中国）】选项，在【可用格式】列表框中选择日期格式，单击【确定】按钮，如图 4-17 所示。

步骤④ 在鼠标光标处插入日期，在【印发】文本前面插入【2018 年 5 月 22 日】日期格式，选择标题，将字体设置为【方正小标宋简体】，字号设置为【二号】，对齐方式设置为【居中对齐】，字体颜色设置为【红色】，如图 4-18 所示。

图 4-17　选择日期格式

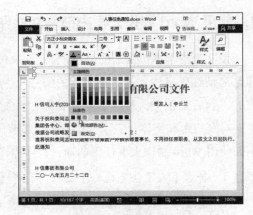

图 4-18　设置红头文字

步骤 5 使用相同的方法对其他段落的字体格式、首行缩进和对齐方式进行设置，选择红头文字下的第一个段落，在【段落】组的【边框】下拉列表中选择【边框和底纹】选项，打开【边框和底纹】对话框，选择【自定义】选项，将边框颜色设置为【红色】，宽度设置为【2.25 磅】，单击【预览】区域中的 按钮，为段落添加下边框，单击【确定】按钮，如图 4-19 所示。

步骤 6 选择倒数第 2~4 个段落，单击【下划线】按钮 u，如图 4-20 所示。

图 4-19　设置边框

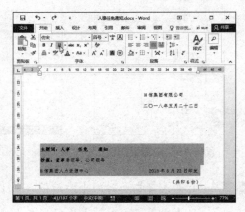

图 4-20　添加下划线

步骤 7 为选择的段落添加默认的下划线，完成人事任免通知公司发文的制作，最终效果如图 4-21 所示。

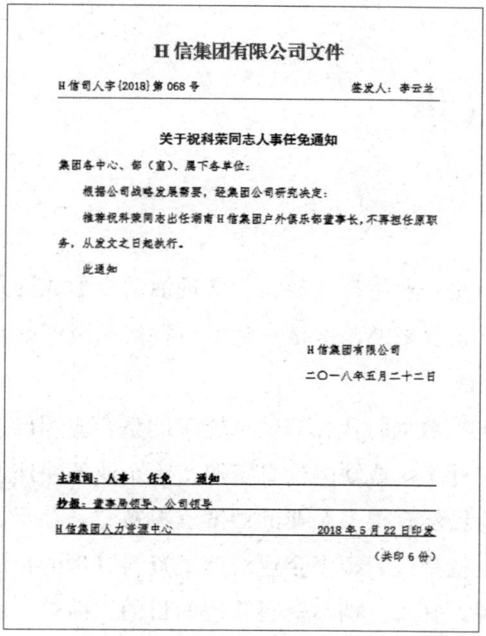

H信集团有限公司文件

H信司人字〔2018〕第068号　　　　　　　　　签发人：李云兰

关于祝科荣同志人事任免通知

集团各中心、部（室）、属下各单位：

　　根据公司战略发展需要，经集团公司研究决定：
推荐祝科荣同志出任湖南H信集团户外俱乐部董事长，不再担任原职务，从发文之日起执行。

　　此通知

　　　　　　　　　　　　　　　　　　　　H信集团有限公司
　　　　　　　　　　　　　　　　　　　　二〇一八年五月二十二日

主题词：人事　任免　通知
抄报：董事局领导、公司领导
H信集团人力资源中心　　　　　　　　2018年5月22日印发

（共印6份）

图4-21　最终效果

第 5 章
档案资料管理

企业的档案资料是企业生产、经营、管理活动中形成的具有一定保存价值的文件、资料等，对于企业来说，这是一笔不可替代的资产财富，所以企业对档案资料的管理都非常重视。

当今社会已进入大数据时代，对信息资源的整合应用已成为广泛的需求，档案资料作为企业的一种不可或缺的信息资源，为企业的快速发展提供了可靠的数据支撑。但是，目前仍然有很多企业的档案资料被"一存了之"，没有发挥其应有的作用和价值。也就是说，很多企业对档案资料管理的目的并不是很明确，也没有给予足够的重视。其实，档案资料管理的目的很简单，就是把档案资料利用起来，以提高企业的效能。只有将档案资料有效合理地利用起来，才会为企业把握经济活动的基本规律和未来发展方向提供具有很强借鉴意义的信息资源。只有将档案资料管理规范，才能做好收集、整理、鉴定、保管等工作，才能便于后期查找，让档案资料真正发挥其作用和价值，进而帮助企业健康快速地发展。

5.1 档案管理

档案管理既是企业行政管理中的一部分，也是档案管理人员的一项事务性工作。档案管理人员要想做好档案管理工作，就要有扎实的业务功底。本节对档案管理的相关知识进行了介绍。

5.1.1 档案管理的分类

公司及所属各部门所有具有归档保存价值的实物、文字、图纸、图片、软盘、光盘、声、像等资料，依据档案实体，可分为以下几类。

（1）党群类：有些企业是有党组织的，那么自然少不了党群资料，如党群部门在工作中形成的文件材料，包括入党申请书、思想汇报、党员学习活动资料等。

（2）文书类：主要包括企业各部门工作中形成的重要文件材料，如对部门以后工作有指导或参考作用的文件材料，包括经营数据分析、重大技术创新等。

（3）财会类：主要包括企业财务工作管理和会计核算活动中的文件材料，如账户往来资料、收付款合同等。

（4）基建类：有些存在基础建设的企业，需要对基建材料做长期存档，如基建管理和工程项目建设中形成的文件材料，以便后期为房屋进行修缮改造时可以参照原材料进行。

（5）实物类：主要包括公司在各项活动中获得的特定物品，如获得的外部精神文明类的奖项，包括"文明单位""先进单位"等。

（6）声像类：主要包括公司内容或与外部相关单位有关的声像载体材料，如企业年会影像资料、周年庆或企业培训的声像材料等。

5.1.2　档案管理的注意事项

档案日常管理是一个连续性工作，其环节可分为收集、整理、保管、鉴定、统计和提供利用，各环节之间相互联系，构成一个整体。下面是档案管理注意事项的总结，仅供参考。

（1）要严格管控档案，如果对任一环节管控松懈，都可能出现问题，导致档案不完整，甚至遗失、缺漏。

（2）档案工作人员要与业务部门做好交接，档案收发、借阅、存档、销毁各环节都要做好登记，这样可以保证档案妥善管理，便于日后查找备案。

（3）归档资料要做好合理分类、编目索引、归档立卷、妥善保管；所有档案资料均要定期清查，借出的档案资料要在指定期限内归还，若发现遗失要及时追查处理，并及时采取补救措施；对绝密的档案资料要在主管的监督下进行核对，必须做到物单相符。这样一旦需要查找时，可以节省很多时间，提高工作效率。

（4）一定要在保障档案完整、安全、不缺失泄密的基础上，对档案进行合理利用。借阅文件应在借阅指定地点进行并在指定期限内按时归还，借阅文件资料时严格以文件密级管理为准执行，同时办理档案资料借阅手续。机密、绝密类文档资料如需复制和摘抄，必须经总经理批示。一旦保密档案外泄，给企业带来的经济损失是无法估量的。

（5）现在的档案管理基本上是纸制和电子版同步存档，所以在做档案管理时，电子档案一定要列管理清单，这样便于统筹管理。各部门文档负责人对自己所负责保存的文档资料要有详细的目录，对有价值的文档要及时备份并做好保密工作，若因丢失、文件备份不及时或泄露相关机密，从而给公司带来损失的，视情节轻重程度予以责任人相应的处罚。

（6）因为处理的资料较多，而且资料提交时间各不相同，所以有时可能会忘记，为了防止漏掉工作，还需要按照处理资料的时间进行排序，这样就会清楚地知道什么资料应该紧急处理、什么资料可以暂且搁置。

（7）另外，有需要领导签字批复之类的档案，有时因领导未能签字，需等领导有时间时才能集中处理，建议给领导准备一个抽屉式的文件框，上面标注待处理、驳回、处理完毕，不论领导在不在，都要知道哪些文件已经签字可行，哪些文件被驳回了，还有哪些文件没有处理，这样能提高工作效率。

5.1.3　范本：档案管理相关制度/流程/表格

档案管理要符合一定的规范要求，才能确保档案不缺失，真正发挥其作用，下面是某公司的档案管理制度、流程、表格，仅供参考。

1. 档案管理制度

档案管理制度是对档案管理工作的进一步加强，它所涉及的归档、保密、保管、查阅、鉴定、销毁等都需要用制度去规范。

下面是某集团的档案管理制度。

集团档案管理制度

一、目的

为了规范集团档案归档、保密、保管、查（借）阅、鉴定与销毁，以及明确档案管理员的岗位职责，特制订本管理制度。

二、适用范围

本制度适用于公司直接从事档案管理工作的人员及与档案相关的所有员工。

三、档案归档制度

（一）归档范围

档案归档范围按集团公司《档案归档范围表、密级划定表和保管期限表》的要求执行。

（二）归档责任单位

1. 董事会、公司高层领导工作中形成的文件由行政部负责积累、整理、归档。

2. 行政管理类、经营管理类、生产技术管理类（除行政部负责的文件外的三类档案）的文件由行政部负责积累、整理、归档。

3. 工程施工（含与施工、监理等单位在施工工作中形成的文件）、工程设计、设计变更、与设计单位来往资料等文件由工程管理部负责积累、整理、归档。

4. 招投标、合同（含土建施工设计、勘察、施工、监理、原材料、设备等合同及招标答疑）等文件由招标采购部负责积累、整理、归档。

5. 工程预算、结算、决算（含现场签证、工作核定单、决算审批）等文件由成本管理部负责积累、整理、归档。

6. 工程项目的立项、报建（含立项、科研、土地、规划、安全、消防、防疫卫生）等文件由项目报建部负责积累、整理、归档。

7. 会计档案（含会计凭证、账簿、财务报告）等文件由财务部负责积累、整理、归档。

8. 人事档案的文件（含个人简历、招聘、证明材料、培训、绩效考核等），由人力资源部负责积累、整理、归档。

9. 设备档案（含设备开箱单和设备随机文件）文件由各业务部门收集、积累、整理归档。设备开箱的管理按集团设备开箱管理的要求执行。

10. 新闻媒体、广告、各种策划方案等由营销策划部负责积累、整理、归档。

11. 各类材料的确定、审批等由招标采购部负责积累、整理、归档。

12. 业主购房档案的文件由营销策划部负责积累、整理、归档。

13. 销售工作的文件由营销部负责积累、整理、归档。

14. 公司内部形成的文件，原则上由文件形成的责任者单位负责积累、整理、归档。

（三）归档要求

1. 工程技术、业务人员工作办理完毕需归档的文件，在工作办理完毕一周后，必须将文件向本部门资料员移交归档。

2. 公司领导、员工外出开会的会议文件，调研（外出调研回公司后必须写出调研报告）及外出参观学习等收集的文件，有关人员应在报销差旅费之前到公司档案室办理归档文件移交。由档案室盖章或出具证明后方可进行报销。

3. 工程项目档案在招标时需明确预留2%~3%的工程款，工程竣工时乙方必须将档案竣工资料向工程管理部移交，由工程管理部各专业技术人员负责审查本专业的归档资料，重点审查图实相符、文实相符。审查后必须签署审查意见；工程管理部档案员负责审查竣工资料是否合乎档案管理的要求，重点审查归档资料的完整性、准确性、系统性，审查后签署审查意见。工程管理部审查合格的竣工资料经过整理后向公司档案室移交，档案室进行验收，验收合格方能接收，乙方凭工程管理部和档案室的档案审查合格意见方能领取预留的工程款。

4. 各业务部门颁发的文件，除留存一份纸质载体文件外，还必须同时将电子文件一并向公司档案室移交存档。

5. 工程施工单位向工程管理部移交施工有关的报告、函件等，除接收纸质载体文件外，同时接收电子文件。

6. 归档的文件材料应符合归档要求：纸质载体应无金属物、字迹工整，图样清晰，折叠整齐、装订牢固、签字手续完备，制作和书写材料应利于档案长期保存，不允许用纯蓝墨水、圆珠笔和铅笔书写，声像材料应图像清晰，音质纯正，并附简要文字说明。

7. 归档时应履行移交手续，经清点无误后交接双方在移交清单上签字，移交清单共三份，交接双方各保存一份，综合档案室存档一份。

（四）归档时间

1. 行政管理类、经营管理类、生产技术管理类四类档案的文件材料在次年的3月整理归档。

2. 基本建设项目档案在项目完成后3个月内整理归档。

3. 设备档案在设备开箱时收集整理归档。

4. 每年的5月前收集整理在财会部门保管满一年的会计档案。

5. 新进公司员工的人事档案在转正时由人力资源部及时整理归档。

6. 业主购房档案在房屋质量包修期满后整理归档。

7. 各类档案中重要的文件可随时归档。

（五）归档数量

原则上归档文件为原件。一般的档案只归档一份，重要的档案归档数量为两份。

……

> **Tips** 由于内容较多，书中只列出了本管理制度的部分内容，其详细内容将在模板中提供，读者可下载完整的管理制度进行参考、使用，下载方法见前言说明。

2. 档案管理流程

档案管理中的一些文件材料和设备设施的管理都需要经过相关部门核准通过后方能执行，以下是某公司档案管理的相关流程，仅供参考。

（1）档案管理流程。

档案管理的一些文件材料的分类、保存期限、密级程度等都需要相关部门审核。表5-1所示为某公司的档案管理流程。

表 5-1 档案管理流程表

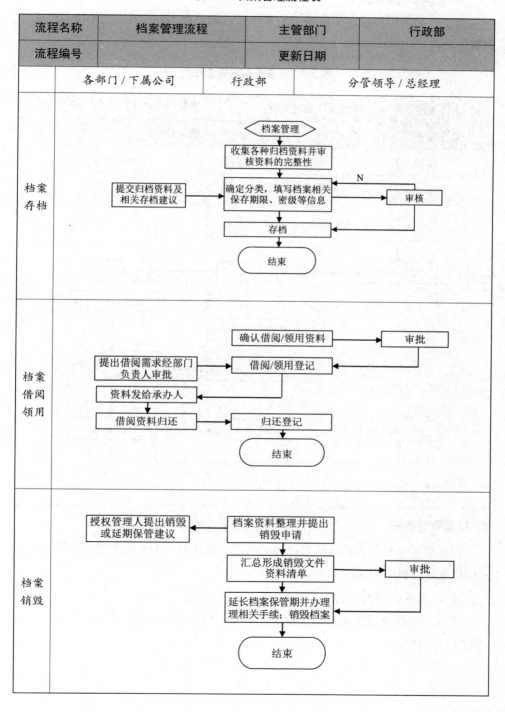

（2）设备开箱流程。

设备开箱是要经过相关责任人的审查通过的。表5-2所示为某公司的设备开箱管理流程。

表5-2 设备开箱管理流程表

流程名称	设备开箱管理流程	主管部门	行政部
流程编号		更新日期	
采购人员	设备使用部门	档案管理人员	

```
           开始
            ↓
         采购入库 ──→ 开箱 ←── 参与
                      ↓        ↓
                 清点设备附件   收集随机文件资料
                      ↓        ↓
                   复印件 ←── 复印说明书/维修线路图
                               ↓
         签字确认 ←── 签字确认 ←── 填写记录
```

3. 档案管理表格

档案管理表格是对档案的来源和去向进行管理的一个纸质说明，以下是某公司的档案管理表格，仅供参考。

（1）文件归档表。

文件归档涉及档案编号和受控文件编号、相关责任人等。表5-3所示为某公司的文件归档表。

表 5-3　文件归档表

序号	文件名称内容	档案编号	受控文件编号	归档日期	交件人签名	收件人签名

受控文件编号：即归档文件的编号

（2）档案借阅审批表。

档案借阅需要通过一定的流程和手续才可以办理。表5-4所示为某公司的档案借阅审批表。

表 5-4　档案借阅审批表

借阅部门		借阅人		借阅日期	
借阅档案名称					
借阅事由					
部门意见					
档案形成部门意见					
行政部意见					
公司领导批示					
借阅	借阅人：	档案管理员：		日期：	
归还	借阅人：	档案管理员：		日期：	

部门意见：建档部门填写

（3）归档案卷目录表。

归档案卷目录表是为了便于查找而制作的。表5-5所示为某公司的归档案卷目录表。

表 5-5　归档案卷目录表

卷宗号：　　　　　　　　　目录号：　　　　　　　　　部门：

序号	立卷类目号	案卷标题	起止日期	卷内页数	保管期限	备注

（同一类别的归为一卷）

（4）档案目录表。

档案目录表是在归档案卷目录的基础上进一步细化。表 5-6 所示为某公司的档案目录表。

表 5-6　档案目录表

编号	文号	名称内容	归档日期	备注

（5）企业档案存放表。

企业档案存放表是为了档案存放在不同位置时便于查找而制作的。表 5-7 所示为某公司的企业档案存放表。

表 5-7　企业档案存放表

全宗名称： 全宗号：				
案卷目录号		案卷目录名称		
目录中案卷起止号		存放位置	楼	
			层	
			房间	
			档架	
			栏	
			格	
制表人：			制表日期：	

（6）档案索引表。

档案索引表是比较常规的档案管理表格。表 5-8 所示为某公司的档案索引表。

表 5-8　档案索引表

编号	档案号	档案名称	归档日期	储存位置	档案内容	备注

（7）档案明细表。

档案明细表多数是针对比较重要的文件所做的管理。表 5-9 所示为某公司的档案明细表。

表 5-9　档案明细表

保险库号		柜位号		拟存至日期			
公司	部门	文件名称内容	类别	入库日期	出库日期	收件人签收日期

（8）作废档案销毁清单。

档案在留存了一定年限后就失去了它的价值，这时就需要对档案走作废销毁流程。表 5-10 所示为某公司的作废档案销毁清单。

表 5-10　作废档案销毁清单

档案号	收文号	发文号	简要说明理由	档案起止日期
			作废销毁原因要写清楚	

（9）档案调阅单。

档案存在的意义是让企业进行调阅，调阅单的生成非常重要。表 5-11 所示为某公司的档案调阅单。

表 5-11 档案调阅单

档案名称				
审批			调阅人	
档案号及件数	号码		还卷宗日期	年　月　日
	件数	共计　　件		收件人签章

（10）档案保存年限表。

档案保存年限要列出一个数据表作为参考依据。表 5-12 所示为某公司的档案保存年限表。

表 5-12 档案保存年限表

档案分类	档案名称	保管期限	备注
组织类	有关公司章程类的档案	永久	由董事会秘书保管
	股东会的档案	永久	由董事会秘书保管
	股东名册、股东印鉴簿、出资证明书	永久	由董事会秘书保管
	董事会档案	永久	由董事会秘书保管
行政事务	公司对外行政发文	10 年	由行政部档案室保管
	重要会议资料	10 年	由行政部档案室保管
	重要公益活动资料	10 年	由行政部档案室保管
	重要规章制度实施资料	10 年	由行政部档案室保管
	重大活动记录资料	10 年	由行政部档案室保管
人事	公司员工花名册	5 年	由行政部档案室保管
	公司人员变动记录表	5 年	由行政部档案室保管
	公司人员任免决定	5 年	由行政部档案室保管
	公司文化活动开展	10 年	由行政部档案室保管
	公司重大集体培训活动	10 年	由行政部档案室保管
经营业务	公司年度经营计划	10 年	由行政部档案室保管
	公司重要经济合同	10 年	由行政部档案室保管
	公司客户档案	5 年	由行政部档案室保管

(11)开箱记录表。

企业购置的新设备到位开箱时,采购人员、设备使用人员、业务部门兼职档案管理人员必须都到位后方可开箱。在开箱检查时,一定要做好设备开箱详细记录。表 5-13 所示为某公司的开箱记录表。

表 5-13　开箱记录表

设备名称			开箱日期			
规格型号			总数量			
装箱单号			检验数量			
检查记录	包装情况					
	随机文件		含装箱单、使用说明、使用指南、维修线路图、合格证、质量保修卡等			
	备件与附件					
	外观情况					
	测试情况					
检查结果	缺、损附备件明细表					
	序号	名称	规格（尺寸大小）	单位	数量	备注
结论						
签字栏	采购人员		使用部门	档案管理人员		供应单位

5.2　文件资料管理

文件资料管理也是一门学问,要想把它做精做通,就需要对资料进行逐级细分,本节对如何做好文件资料管理工作进行讲解。

5.2.1 文件资料管理的分类

文件资料管理可依据部门、文件类型、文件时间、原件或复印件，按级别进行分类。

一级分类：大多数企业是按照各部门所产生的不同性质的文件分为多个部门，以各部门的首字母代表（公司编号表），如企管部（QGB）、总经办（ZJB）、市场部（SCB）、销售部（XSB）、企划部（QHB）等。

二级分类：企业把所有资产证据类（如合同、协议、公司章程、验资报告、账号、授权书、许可证、资产移交等）、公文类（如命令、决定、议案、公告、通告、通报、请示、批复、报告、意见、通知、函、会议纪要等）、普通文件类（如一般性文件等）、非文体载体的文件（如照片、硬盘及其他声像资料）资料，以各类文件的首字母来代表，如合同（HT）、协议（XY）、通知（TZ）等。

三级分类：企业可按照文件年度划分、以年月的数字代号表示，如201809代表2018年9月。

四级分类：企业将文件的原件、复印件分别以英文第一个字母代表，如原件（M）、复印件（C）。

5.2.2 文件资料管理的原则

文件资料管理涉及公司各种条例、制度、规定、管理办法等，其管理中应当遵循以下几个原则。

（1）根据文件的形成规律和特点，保持文件之间的有机联系，并做好区分，以便于企业的保管和利用。

（2）归档文件应从数量、质量上保证完整与安全，归档的文件一定要符合资料保管要求，资料本身应保证不受损坏；严格做好文件资料的保密工作等。

（3）立卷、归档文件资料中，凡涉及两个部门的档案整理、保管工作时，应由行政部门协调后决定职责归属及处理办法，以避免两个部门间的矛盾与冲突。

（4）应从多方面满足企业各方对档案提取、借阅的要求。

（5）企业还必须做到文件资料的分级管理、统一监督、统一指导、统一制度。

5.2.3 范本：文件资料管理相关制度/流程/表格

在企业中，文件资料越来越重要。它可以为企业的发展提供有利的信息支撑，所以规范企业文件资料管理是非常必要的，以下是某公司的文件资料管理制度、流程、表格，仅供参考。

1. 文件资料管理制度

如今，文件资料管理工作已经成为企业行政管理工作的一项重要内容。下面是某公司的文件资料管理制度。

公司文件资料管理制度

一、目的

为适应公司全方位规范化管理，做好公司文件管理工作，确保使用文件的统一性和有效性，使其规范化和制度化，特制订本制度。

二、适用范围

本制度适用于公司所有文件的管理。

三、定义

公司文件是传达方针政策、发布公司行政规章制度、指示、请示，以及答复问题、指导商洽工作、报告情况、交流信息的重要工具。

四、文件处理程序

公司各部门都应坚持实事求是、尊重客观、理论联系实际、认真负责的工作作风，努力提高文件质量和处理效率。文件处理必须做到准确、及时、安全，严格按照规定的时限和要求完成。

1. 行政部负责公司行政文件的编制、发放、登记、存档、更改、回收、作废等管理工作。

2. 公司各职能部门负责本部门的文件编制、编号、登记、存档、更改和专用文件的管理，发放文件必须在行政部备份存档，并接受行政部的检查与监督。

五、文件分类

公司的公文主要分为以下几类。

（一）管理制度

适用于公司各部门规范性程序的明确，包括条例、制度、规定、管理办法。"条例"一般应用于系统性制度汇编；"制度"一般应用于某一方面职能的明确；"规定"应用于一项具体工作的明确；"管理办法"一般是对条例、制度或规定的细化性操作程序的明确。

（二）工作通知

适用于转发上级文件、批转下级文件、要求下级办理和需要共同执行的事项。

（三）人事通知

适用于公司人员录用、晋升、调动、降职、奖惩等事项的公布。

（四）工作报告

适用于下级因为某项工作对上级进行汇报请示的行文。

（五）会议纪要

适用于公司各级会议进行记录的文件。

（六）对外发函

适用于公司因某项事情对外部机构或个人发送的文件。

（七）决定、决议

对重要事项或重大行动做出安排，用"决定"；经会议讨论通过并要求贯彻的事项，用"决议"。

（八）通报

表彰先进，批评错误，传达重要信息。

（九）请示

向上级请求批示与批准。

（十）批复

答复请示事项。

六、文件格式

1. 公司所有文件采用 A4 竖版模式，四周页边距设置为 2.5cm，页脚设置为 1.5cm，采用数字形式。

2. 文件首页顶部添加公司徽标和中英文名称。

3. 文件一般由标题、发文字号、签发人、密级、紧急程度、正文、附件、发文时间、印章、主题词、主送单位（部门）、抄报（送）单位（部门）等部分组成。

4. 文件标题使用华文中宋体小二号，其他均使用宋体五号、1.5 倍行距。标题与公司徽标之间空一行；标题下方靠右为发文编号；发文编号与正文之间可空一行；正文中小标题可使用粗体；章节段落之间可空一行；文件落款位置偏右，正文与落款之间空两行；有附件的文件，附件在文本正文后落款前列出，与正文间隔一行、与落款间隔两行。

5. 发文字号包括代号、年号、顺序号；公司各类文件须统一编制发文编号，编号数字部分按年度时间顺序排序。

6. 制度类和通知类文件在落款处上方应加"签发人"项目，由相关负责人手写签名。文件底部应添加与文字页面等宽两横线，两横线间下面添加"报送、发送、抄送、印制份数"等项目，设置 1.5 倍行距。

"报送"对象为需要了解此文件的总监级以上领导,"主送"对象为该文件直接关系到的部门或人员,"抄送"对象为该文件不直接相关却应该了解的部门或人员。

对于版面一页稍多的文件,文档正文部分可以适当缩小行距,使该文件保持在一页内,但如果不能保证盖章生效和相关领导签字,在文件的第二页开头可写明此页无正文的字样。

……

> **Tips** 由于内容较多,书中只列出了本管理制度的部分内容,其详细内容将在模板中提供,读者可下载完整的管理制度进行参考、使用,下载方法见前言说明。

2. 文件资料管理流程

文件资料管理工作没有一定的流程要求,是很容易出错的。表 5-14 所示为某公司的文件资料管理流程。

表 5-14　文件资料管理流程表

流程名称	文件资料管理流程	主管部门	行政部
流程编号		更新日期	

编制 → 发放 → 登记 → 存档 → 更改 → 回收 → 作废

3. 文件资料管理表格

文件资料管理的好与坏,与它的表格应用有很大的关系,以下是某公司的文件资料管理表格,仅供参考。

(1)公司收文簿。

公司的收文簿是登记公司来文的表格。表 5-15 所示为某公司的收文簿。

表 5-15　收文簿

日期	来文单位	收文字号	事由	批办部门	归档	备注

(收文字号:文件的字号)

续表

日期	来文单位	收文字号	事由	批办部门	归档	备注

（2）文件阅办单。

文件阅办单是由行政部先提请领导批示后再交由相关部门办理的。表 5-16 所示为某公司的文件阅办单。

表 5-16　文件阅办单

顺序号			收文时间	年　月　日
来文单位			文件编号	
文件主题				
文件性质	□普通　□尽快　□紧急		是否原件	
行政部意见：				
领导批示：				
阅　办　会　签　栏				
阅办意见		阅办部门	阅办人	日　期

专家支招

1. 用好各部门的兼职档案员

档案是国家机构、社会组织和公民个人在实践活动中直接形成的有一定保存价值的各种形式的历史记录,包括收发文件、电报、会议记录、电话记录、技术文件、出版物原稿、印模、照片、影片、录音、录像带等。企业涉及档案大体上分为公司级档案和部门级档案。

对于公司级档案,行政部门应设置专门的档案室及档案管理员;对于部门级档案,大多数公司都采取在各部门指定兼职档案员来管理。

行政部作为档案的组织管理部门,应对档案管理人员加强培训和管理,特别应该用好各部门兼职档案员,使其成为公司档案管理的得力助手。

要用好各部门兼职档案员,应从以下 3 个方面入手。

(1)规范兼职档案员的岗位职责。

部门兼职档案员主要有三大岗位职责。

①负责本部门上年度收集、积累的各类文件材料的整理、鉴定、归档工作。

②本部门文件材料的鉴定、统计及销毁工作。

③收集整理并移交跨部门涉及公司层面的档案文件材料。

(2)组织部门兼职档案员的专业培训与学习。

行政部应定期组织各部门兼职档案员进行专业培训与学习,提高兼职档案员的专业知识,提升兼职档案员的专业技能。

(3)加强兼职档案员的考核与激励。

行政部应不定期对兼职档案员的工作进行检查,每季度进行一次考核,年终进行工作总结和评比,获年度最佳兼职档案员的员工给予一定金额的奖励。

2. 档案整理的方法与技巧

(1)以"案卷"为单位整理。

以"案卷"为单位整理就是立卷,即按照文件材料在形成和处理过程的联系将其组合为案卷，即将同一类的或有联系的材料、资料整理到一起。

立卷其实是一个分类、组合和编目的过程。其中，分类是按照立档的档案分类方案，对文件材料进行实体分类；组合是将经过分类的文件材料，按一定形式组合起来；编目是将经过组合以后的文件材料，进行系统排列和编目。

以"案卷"为单位整理的档案，其基本保管单位是案卷。案卷卷皮有软卷皮和硬卷皮两种，硬卷皮型号有 1.2cm、1.5cm 和 2.0cm 3 个规格，以软卷皮装订的档案必须按案卷顺序装入档案盒，以案卷为单位整理文书材料时应当符合《文书档案案卷格式》（GB/T 9105-88）的规定。

（2）以"件"为单位整理。

以"件"为单位整理，就是按照文件材料形成和处理的基本单位进行整理。一般来讲，一份文书材料、一张图纸或照片、一盘录音带或录像带、一本表册或证书、一面锦旗、一个奖杯等均为一件。需要注意的是，以件为保管单位的档案，最后要装入档案盒。

文书材料的正本与定稿为一件，正文与文件处理单为一件（处理单包括收文处理单、拟办单、发文稿头纸及领导批示的签批条等），转发件与被转发件为一件，正文与文件附件作为一件，原件与复制件为一件，报表、名册、图册、刊物等每册为一件，来文与复文及其他相关文件可为一件。

 高效工作之道

1．使用 Word 制作档案盒侧面标签

使用档案盒对文件进行分类整理时，一般都需要在档案盒中贴上标签，以标明档案盒中存放的档案。而档案盒侧面标签是指贴在档案盒侧面的标签，其包含的内容一般有企业名称、LOGO、档案盒名称、年份及档案编号等，其标签大小一般为 16mm×4.5mm，但这并不是固定的，可以根据档案盒实际的大小来测量。

不同的企业，对侧面标签的格式和要求也不一样，所以选择制作的方法也会有所不同，如果是制作最简单的只带档案标题的侧面标签，那么可直接通过形状或文本框来完成。下面使用 Word 的表格功能制作相对复杂一点的档案盒侧面标签，

具体操作步骤如下。

步骤 1 新建一个名称为【档案盒侧面标签】的文档，单击【表格】按钮，在弹出的下拉列表中拖动鼠标选择1列4行表格，如图5-1所示。

步骤 2 选择表格，在【单元格大小】组中将高度设置为【4厘米】，宽度设置为【4.5厘米】，按【Enter】键确认，如图5-2所示。

图 5-1　插入表格

图 5-2　设置单元格大小

步骤 3 选择表格，在【边框】组中选择双横线边框样式，设置边框粗细为【1.5磅】，在【边框】下拉列表中选择【所有框线】选项，为表格添加边框，如图5-3所示。

步骤 4 将鼠标光标定位到第1个单元格中，单击【图片】按钮，打开【插入图片】对话框，选择公司LOGO图片，单击【插入】按钮，如图5-4所示。

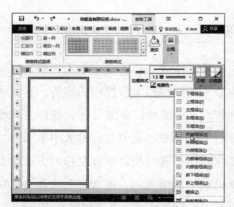

图 5-3　添加边框

图 5-4　插入图片

步骤5 将图片调整到合适的大小,选择图片,在【图片样式】组中单击【图片效果】按钮,在弹出的下拉列表中选择【阴影】选项,在其扩展列表中选择【居中偏移】选项,如图5-5所示。

步骤6 将鼠标光标定位到图片后面,将单元格的对齐方式设置为【靠上垂直居中】,在LOGO下方输入公司名称,并对字体格式进行相应的设置,如图5-6所示。

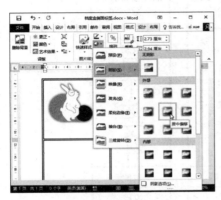

图5-5 设置阴影效果   图5-6 输入公司名称

步骤7 在其他3个单元格中分别输入需要的内容,并对字体格式和对齐方式进行设置,选择【人事档案】文本,单击【对齐方式】组中的【文字方向】按钮,使文字竖直排列在单元格中,如图5-7所示。

步骤8 由于调整表格行高后,表格的大小将发生变化,为了使表格保持在标签应有的高度,在页面中绘制一个文本框,设置高度为【16】,将文本框移动到与表格同一水平线上,参考文本框的高度对表格的行高进行调整,如图5-8所示。

图5-7 设置文字方向   图5-8 调整表格高度

步骤 ⑨ 删除文本框,复制表格,对标签中的文本进行修改,制作其他档案盒侧面标签,最终效果如图5-9所示。

图 5-9 标签最终效果

2. 使用Excel制作员工档案登记表

员工档案登记表用于对员工的档案信息进行记录,包括员工的基本情况、入公司情况及员工档案中所包含的资料等,是档案管理中非常重要的一个表格。下面使用Excel制作员工档案登记表,具体操作步骤如下。

步骤 ① 启动Excel,新建一个名称为【员工档案登记表】工作簿,在工作表中输入表格需要的内容,在【字体】组中将表格标题字号设置为【22】,选择A1:G1单元格区域,单击【对齐方式】组中的【合并后居中】按钮合并单元格,如图5-10所示。

步骤 ② 使用相同的方法合并其他单元格,选择A3:G23单元格区域,单击【字体】组中的【边框】下拉按钮▼,在弹出的下拉列表中选择【所有框线】选项,如图5-11所示。

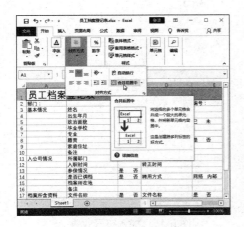
图 5-10 合并单元格

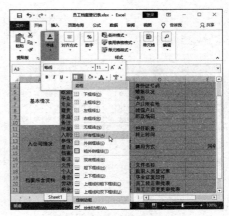
图 5-11 选择表格边框

步骤 ③ 选择 A3:A23 单元格区域，单击【对齐方式】组中的【文字方向】按钮，在弹出的下拉列表中选择【竖排文字】选项，如图 5-12 所示。

步骤 ④ 拖动鼠标对表格的行高和列宽进行设置，并对表格中文本的对齐方式进行设置，将鼠标光标定位到 E5 单元格中的【已】文本后，单击【插入】选项卡【符号】组中的【符号】按钮，如图 5-13 所示。

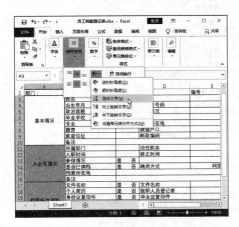
图 5-12 设置文字方向

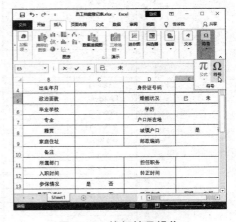
图 5-13 执行符号操作

步骤 ⑤ 打开【符号】对话框，在【字体】下拉列表中选择【Wingdings 2】选项，在列表框中选择需要插入的符号，单击【插入】按钮，如图 5-14 所示。

步骤 ⑥ 即可将符号插入鼠标光标所在的位置，如图 5-15 所示。

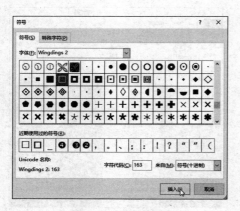 

图 5-14 插入符号　　　　　图 5-15 插入符号效果

步骤 7 使用相同的方法在其他需要插入符号的位置插入符号,最终效果如图 5-16 所示。

图 5-16 最终效果

第6章 印章与证照管理

印章与证照是公司经营管理活动中行使职责与权利的重要凭证和工具，具有绝对的说服力和法律效力。通过本章的学习，读者可以对公司的各类印章、证照管理有进一步的认识，在如何规范化、制度化地维护印章、证照的权威性和严肃性，划清印章、证照使用的权限范围，严格业务、事务审批程序等方面有所收获。

6.1 印章管理方法

印章是公司在其职权范围内进行公务活动、行使公司职责与权利的重要标志。它是为了以公司的名义证明或确认与公司权利和义务有关的文件（包括凭证、文书、企业证件和资质的复印件等），在其上面加盖图章可以凸显其文件的权威性与真实性。所以，印章管理是很重要的。

6.1.1 印章的分类

企业印章，按照常规分为以下几类。

（1）公章：公司处理内外部事务的印鉴，可以代表企业法人行为。例如，公司对外的正式信函、文件、报告等需要使用公章，以凸显其具有的法律效力。

（2）行政专用章：属于部门章，不具备公章的法律效力，多数时候用于企业内部。

（3）法定代表人私章：法定代表人的人名章，就是如同他签名一样。

（4）财务专用章：主要用于财务结算，开具收据、发票（有发票专用章的除外），给对方、银行印鉴必须留财务专用章等，它既能代表公司承担所有财务相关的义务，又享受所有财务相关的权利。

（5）合同专用章：只能用于合同。

（6）发票专用章：只能用于开具发票。

（7）业务/部门专用章：属于部门章，不具备公章的法律效力，多数时候用于企业内部的业务管理。

（8）公司银行U盾等具有法律效力的印章。

6.1.2 印章使用管理的注意事项

印章因其具有法律效力，所以在使用时一定要注意以下几个方面。

（1）印章使用登记。任何一家企业都需要实行印章使用登记管理制度，对印章使用加以管理。例如，在使用、领取、归还印章等方面予以高度重视，进行认真详细的登记。

（2）公司内任何部门或个人一律不得私自刻制印章，必须走相关审批流程，并且由专人去办理，刻制好的印章还需要在行政部备案。

（3）印章管理人员一律不能在空白介绍信、空白纸张、空白单据等文件上加盖公章，如遇特殊情况时，必须经总经理同意，而且公章使用人应在《公章使用登记表》上写清明细方可。公章使用人如因故不再使用预先盖章的空白文件、资料时，应将文件、资料退回行政部，并办理相关退还登记手续，否则其他人使用了预先盖公章的空白文件、资料办理公司未授权的业务，公章使用人应承担相应的工作责任。

（4）一定要遵照印章审批权限操作使用，如根据总经理或分管副总经理、部门负责人签署的意见，经核准后，再加盖印章。

（5）一般情况下，严禁携带公章外出使用，如遇特殊情况，确需携带印章外出，必须经相关分管领导批准后，由印章保管人携章随同。若印章遗失，应在第一时间向公安机关报案，并取得报案证明，同时要在当地或项目所在地报纸上刊登遗失声明，以防被不法分子利用，产生法律纠纷。

（6）印章管理人员如工作变动，应及时上缴公章，或者由公司重新确定的印章管理人员按照正常的印章交接流程办理印章交接手续，不得私自转交他人或让他人代替上缴公章。

6.1.3 印章管理风险防控措施

印章管理当中的风险防范是非常重要的,以下是几点防控措施,仅供参考。

(1)印章专管员每天下班前应检查印章是否齐全,并将印章锁进柜内,妥善保管,不得将印章存放在办公桌内不上锁;次日上班后,应首先检查所保管印章柜有无异常,若发现意外情况,应立即报告公司相关领导。

(2)印章专管员因病、事、休假等原因不在岗位时,公司应指定他人代为管理印章,印章专管员要向代管人员做好交接工作,交代用印的注意事项。待专管人员正常上班后,代管人员应向专管人员交接工作,登记用印的起止日期,以明确责任。

(3)印章专管员离开本岗位,应及时上缴印章,做好相关交接工作,不得私自转交给他人。

6.1.4 范本:印章管理相关制度/流程/表格

印章管理工作可大可小,因为涉及法律,所以建议在对印章进行管理时,制订相应的制度、流程、表格,以下是某公司的印章管理制度、流程、表格,仅供参考。

1. 印章管理制度

印章管理制度是确保印章刻制、保管,以及使用的合法性、严肃性和安全性的保障性制度。

下面是某公司的印章管理制度。

公司印章管理制度

一、目的

为保证公司印章刻制、保管,以及使用的合法性、严肃性和安全性,从公司运作规范出发,为维护公司利益,特制订本管理制度。

二、适用范围

本制度适用于公司公文、信函、授权委托书、证件、证书、财务报表、统计报表,以及对外签署的合同、协议及其他须用印章的文本等。

三、印章种类

本制度涉及印章包括公司行政公章、法定代表人印章、合同专用章、财务专用章等具有法律效力的印章。

四、各类印章的管理和用印

1. 公司行政公章由公司行政部负责管理和用印。
2. 财务专用章、法定代表人印章由公司财务部负责管理和用印。
3. 合同专用章由行政部负责管理和使用。
4. 部门印章。公司原则上不再刻制部门印章，如确因工作需要可提出部门印章刻制申请，按流程报集团分管董事审批后，严格参照本印章管理制度进行印章管理。部门印章由董事会分管领导授权使用部门进行管理和用印，必要时可针对特殊情况制订临时的管理和使用办法，报集团董事会分管领导审批后执行。
5. 用印。所有加盖公章、合同章的资料原则上必须在印章保管人处留复印件存档，印章保管人员必须严格审核用印资料，尤其是通过 OA 审批的各类合同，必须对价格、时间、责任等详情核对清楚，确定为审批稿后方可用印，否则承担相关责任。

五、印章的刻制和启用

1. 刻制公司行政公章、法定代表人印章、合同专用章、财务专用章时，公司相关部门提出印章制作申请，填写《印章刻制申请表》，由公司行政部、总经理、区域负责人签字后，上报集团行政部、人力行政中心总经理审核后，报董事会分管领导审批；若遇到公司名称变更、机构撤销、法定代表人替换、印章破损或丢失，公司行政部应及时提出申请，审批通过后，公司行政部须及时到当地公安局核准指定单位进行印章刻制。
2. 新印章应做好戳记的留样保存工作，行政部在印章移交时应及时完成《印章保管责任书》签署工作，并完成存档管理。下属分（子）公司的《印章保管责任书》应在印章移交后的两个工作日内上报集团行政部备案。
3. 新/旧印章启用/作废时须事先下发通知，注明启用/废止日期、使用范围和印章的后四位数编号。

……

> **Tips** 由于内容较多，书中只列出了本管理制度的部分内容，其详细内容将在模板中提供，读者可下载完整的管理制度进行参考、使用，下载方法见前言说明。

2. 印章管理流程

印章管理的使用、保管、审批流程是至关重要的，表 6-1 所示为某公司的印章管理流程。

表 6-1 印章管理流程表

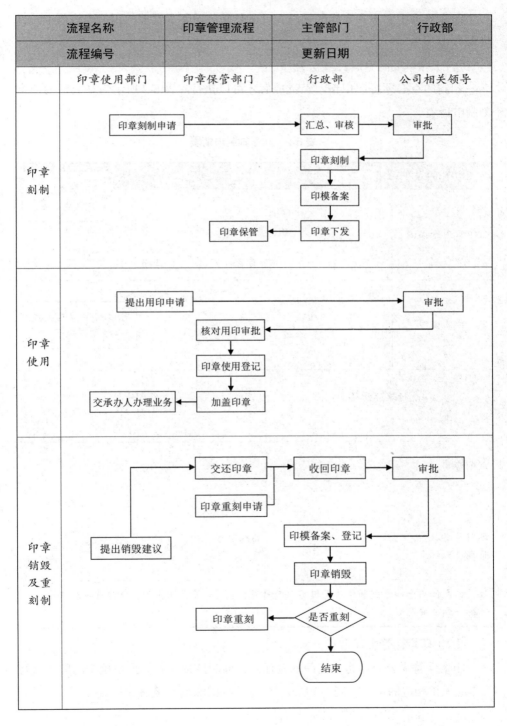

3. 印章管理表格

印章管理中离不开表格的辅助,以下是某公司印章管理的相关表格范本,仅供参考。

(1)印章刻制申请表。

刻制印章必须提起申请,经批准后才可以执行。表6-2所示为某公司的印章刻制申请表。

表6-2 印章刻制申请表

申请部门		印章类型	（财务类、公章或法人章）
印章用途描述		部门负责人：	日期：
印章模型			（可以用图片形式或3D模型图展示）
行政部意见		总经理审批	
刻制费用：			
部门负责人： 日期：		总经理签字： 日期：	
注：本表仅用于印章刻制申请时填写,同时提交相关印章使用方案,总经理审批后由行政部统一到公安局刻制。			

(2)印章保管责任书。

印章保管需要公司指定专门的责任人,同时该责任人对公司授予的印章保管工作应做出相应的承诺。表6-3所示为某公司的印章保管责任书。

表 6-3　印章保管责任书

印章保管责任书

　　我作为＿＿＿＿＿＿公司＿＿＿＿章的保管人员，将严格执行并负责要求、督促本公司有关人员严格执行公司印章管理规定，并郑重承诺：
　　1. 本人为＿＿＿＿章的保管人员；
　　2. 在印章管理规定内使用印章，不超规定使用印章、不滥用印章；
　　3. 严格执行印章使用管理规定，保证印章由专人管理，妥善保管，做好用印记录；
　　4. 由于对印章管理不善、使用不当或在未授权情况下使用所造成的损失和引发的纠纷，本人愿意承担相应的法律责任和一切后果。

　　印模：　〔直接把管理的印章加盖在此即可〕

　　　　　　　　　　　　　　　　　　　　　保管人签章：

　　此印章由 □各分（子）公司总经理　□区域负责人　□董事会授权

　　　　　　　　　　　　　　　　　　　　　授权人签章：

　　　　　　　　　　　　　　　　　　　　　　　　年　月　日

（3）印章移交登记表。

印章移交是一项非常重要的工作，需要第三方监督。表 6-4 所示为某公司的印章移交登记表。

表 6-4　印章移交登记表

印章名	〔法人印章、公章等〕		
枚数			
移交人			
接收人			

续表

监交人			
移交时间			
印模	直接把对应的印章加盖在此即可		

（4）印章使用申请表。

印章使用时，需要说明用途，并经相关部门领导批准。表6-5所示为某公司的印章使用申请表。

表6-5　印章使用申请表

申请部门		申请使用印章	
用途			
审批	部门负责人	行政部负责人	总经理审批

（5）印章使用登记表。

印章使用需要做好登记，以便工作需要时查找。表6-6所示为某公司的印章使用登记表。

表6-6　印章使用登记表

使用日期	使用部门	申请使用印章	用途	使用人签名
		公章、财务印章、法人印章等		

6.2 证照管理

公司证照是指经国家政府职能部门核发给企业的，证明企业合法经营身份的有法律效力的证件，是企业经营当中对外往来需要经常使用的证件，所以对其进行妥善管理是非常必要的。

6.2.1 证照管理的范围

在企业中证照的管理，通常分为公司类证照文件和公司资信类文件两类。

1．公司类证照文件

（1）公司营业执照（正、副本）、许可证：公司的法律证明文件。按相关规定，营业执照/许可证（正本）要悬挂在公司办公场所的明显位置。

（2）资质证书、体系认证证书、专利证书、各类标准证书、批准证书、产品检测（验）报告：展示企业实力的具有权威性的证明文件。

（3）组织机构代码证（正、副本，卡）：公司注册时由工商部门发放的一个行业代码证件。

（4）税务登记证：公司到银行或其金融机构建立基本存款账户或其他存款账户；申请减税、免税、退税；领购发票；申请开具外出经营活动税收管理证明；申请办理延期申报。

（5）贷款证：由人民银行向申请办理贷款证的企业颁发的，是企业向银行借款必须提供的资格证明书。

（6）社会保险登记证：企业用来为员工购买社会保障福利时使用的证件。

（7）银行开户许可证：办理其他金融往来业务。

（8）土地证、房产证、项目建设批复文件及相关基建证照等证照原件及其申办原始资料等合法证照。

2．公司资信类文件

（1）验资报告：指会计师事务所或审计事务所及其他具有验资资格的机构出具的证明资金真实性的文件，也是对被审验单位的股东（投资者、合伙人、主管部门等）出资情况发表审验意见的书面文件，主要用于企业注册登记时向工商部门、注册机关证明企业注册资金的真实情况。

（2）审计报告：对被审计单位会计报表中所反映的财务状况、经营成果和现金流量情况的合法、公允和一贯具有鉴证作用。在一定程度上对被审计单位的财产、债权人和股东的权益及企业利害关系人的利益起到保护作用。可以证明注册会计师在审计过程中是否完成预定的审计程序，是否以审计工作底稿为依据客观地表示审计意见；表示的审计意见是否与被审计单位的实际情况一致；审计工作的质量是否符合一定的要求；通过审计报告，可以证明注册会计师审计责任的履行情况。

（3）评估报告：指评估师根据相关评估准则的要求，在履行必要评估程序后，对评估对象在评估基准日特定目的下的价值发表的，且由其所在评估机构出具的书面专业意见书。

（4）其他资信类报告等。

6.2.2 证照管理的注意事项

在企业证照管理过程中，应注意的重要事项有以下几点。

（1）公司的营业执照正、副本原件不得外借，不得与其他单位、组织及第三人共同使用。

（2）不得擅自用公司的证照做抵押，如为本人、其他单位或个人提供担保、贷款等，也不得擅自用公司证照向其他单位或组织、个人进行抵押贷款。

（3）公司现行的证照在未经公司领导批准或授权的情况下，不得擅自重新办理、复制或注销。

6.2.3 证照的管理与维护

证照管理与维护工作由指定的部门负责，具体负责管理与维护的内容如下。

（1）行政部门负责公司各类证照的申报、登记、变更、年检、注销，以及保管、登记和备案。

（2）财务部门负责公司资信类文件的申报、登记、变更、年检、注销，以及各类证照的保管、登记和备案。

（3）行政部门和财务部门作为公司的证照管理部门，应指定专人对证照进行管理，如对证照使用进行登记、造册等，以备后期查找。

（4）同时应指定证照专管人员对所有证照进行维护，不允许任何人随意复制、伪造证照。

6.2.4　范本：证照管理相关制度／流程／表格

对于企业来说，证照管理和印章管理的重要性相同，所以同样不能马虎，以下是某公司的证照管理制度、流程、表格，仅供参考。

1. 证照管理制度

现阶段，证照管理能形成制度的企业并不多，这就需要行政管理人员去完善。下面是某公司的证照管理制度。

<h2 style="text-align:center">公司证照管理制度</h2>

一、目的

为加强公司证照的管理，制订本制度。

二、定义

公司证照是指经政府职能部门核发给公司的证明企业合法经营的有效证件。

三、公司证照种类

公司证照包括法人营业执照、行业经营许可证、组织机构代码证、税务登记证、行业资质证、房产证、土地证及其他证件。

公司应依据政府职能部门的规定，及时办理有关证照，积极参与职能部门或行业举行的有利于公司经营、可以提高公司声誉、信誉的评比活动。

四、职责

公司行政部是公司证照管理的职能部门，负责各种证照的申报、登记、变更、年检、注销，以及证照的保管、登记、备案。此外，还负责公司经营场所悬挂有关证照的检查。在办理证照过程中有关科室根据职责承办部分事项和全部事项。

五、证照的管理

（一）公司证照的管理范围

公司的法人营业执照、税务登记证、组织机构代码证。

（二）公司证照的管理内容

证照的保管、登记、备案、归档和根据公司经营变化需加强管理的其他内容。

（三）证照管理的具体要求

1. 证照在申报、注册、年检办理完毕后，其相关文件和材料一律交由行政部妥善保管，按发证机关的要求在经营地点的显著部位证照正本上墙，副本、副证入柜。

2. 如需使用证照必须经主管领导或行政部批准，说明使用范围和使用时间，办理外出携带手续后，方可携带外出。

3. 公司证照未经主管领导批准，任何人不得随意翻动、复印、外借。

4. 公司证照不得丢失、损坏，如出现损坏或丢失，除立即向主管领导报告外，还要立即与发证机关联系，及时办理证照的挂失和补办手续。

5. 不许擅自使用公司的证照进行各种担保。

6. 企业证照交行政部保管，管理人员要及时登记证照管理台账。证照的登记内容包括企业名称、住所、注册资金、企业类型、主要经营范围、税务登记证号、注册号、组织机构代码证号、使用期限等。

（四）证照的备案

1. 经有关部门核准后的证照每年均需到公司行政部进行备案。（连续使用的证照除外）

2. 备案内容：法人营业执照、营业执照、税务登记证、组织机构代码证、企业资质证书、企业荣誉认证及相关的认证手续、特种行业经营许可证，以及对外租赁场地、房屋、设备的协议书。

3. 凡备案内容涉及的企业证照，各单位均需将其复印1份报公司行政部备案。未能通过年检和未经有关部门核准的证照，要及时说明原因。

（五）证照的归档

1. 各种证照要分类归档。归档的资料要齐全完整，自申报到各种相关手续办完的资料都要归入档案。

2. 归档的证照要全套复印并随法人执照、营业执照一并归档。

六、附则

（一）本制度自发布之日起执行。

（二）本制度由行政部负责解释和修订。

（二）此前公司的相关管理规定，凡与本管理制度有抵触的，均依照本管理制度执行。

2．证照管理流程

证照管理流程能让各部门清楚地知道使用证照时需要按照什么流程进行申请、办理等。表6-7所示为某公司的证照管理流程。

表6-7 证照管理流程表

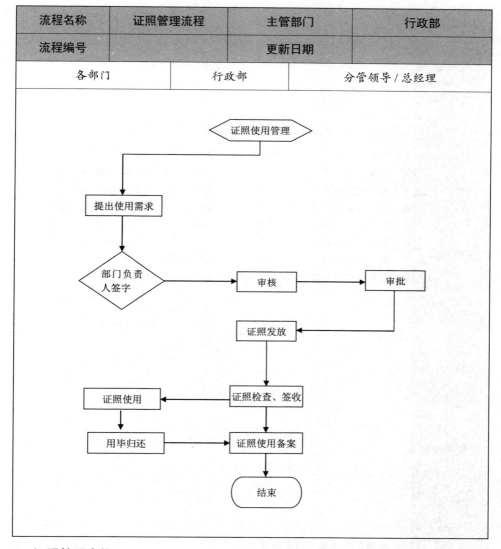

3. 证照管理表格

证照管理表格是对证照流程管理的升华,以下是某公司的证照管理表格,仅供参考。

(1)证照使用申请表。

在证照使用前,必须提出申请。表6-8所示为某公司的证照使用申请表。

表 6-8 证照使用申请表

申请部门		经办人		申请日期	年　月　日
证照用途及事由					
申办事项	1. 营业执照：　　　　原件□　　复印件□　　9. 介绍信：（　　） 2. 资质证书：　　　　原件□　　复印件□　　10. 委托书：（　　） 3. 机构代码证：　　　原件□　　复印件□　　11. 资审文件盖章□ 4. 法定代表认证：　　原件□　　复印件□　　12. 投标文件盖章□ 5. 质量管理认证：　　原件□　　复印件□　　13. 回复确认盖章□ 6. 安全管理认证：　　原件□　　复印件□　　14. 企业注册盖章□ 7. 环境管理认证：　　原件□　　复印件□ 8. 安全生产许可认证：原件□　　复印件□ 其他证照：　　　　　（填写1~14中没有涉及的选项）					
部门意见					
行政部意见					
领导批示					
说明	1. 必须在本表左上角加盖申办单位公章 2. 除9、10括号内注明人员名单、其他证照注明证照名称外，其余只需在申办证照相应"□"内打"√"				

（2）证照使用登记表。

证照使用申请获批后，还需要到相关证照管理部门领用，专门负责人需要对领用事项进行相关登记。表6-9所示为某公司的证照领用登记表。

表6-9 证照领用登记表

日期	领用部门	领用证照名称	使用说明	份 数	领用人	归还日期

> **Tips** 证照管理包括但不限于申报、登记、变更、年检、注销,以及保管、备案、归档等。

专家支招

1. 电子印章的使用流程

电子印章技术以先进的数字技术模拟传统实物印章,其管理、使用方式符合实物印章的习惯和体验,其加盖的电子文件具有与实物印章加盖的纸张文件相同的外观、相同的有效性和相似的使用方式。

随着互联网经营模式的不断推进,电子印章也逐渐进入了普通公司。下面介绍电子印章的使用流程,以供准备使用电子印章的读者参考。

(1)电子印章的申请。

首先需要到电子印章平台申请,在履行完手续并确认无误且合法的情况下,电子印章平台将为申请者制作电子印章,并将制作好的电子印章导入特定的存储介质,如USB-Key或IC卡等,提交给申请者。

(2)电子印章客户端系统。

系统安装在电子印章保管者所使用的终端计算机中,用于盖章、验章及电子印章管理等。

（3）电子印章的使用。

首先需要有一个专用的电子印章客户端系统，该系统由电子印章管理平台提供并安装在特定的计算机终端上，其步骤一般如下。

①得到有关主管领导的批准。

②将存有电子印章的实体（如 USB-Key）插入计算机终端的 USB 接口。

③启动电子印章客户端系统。

④读入需要加盖电子印章的电子文书。

⑤在电子文书中需要盖电子印章的位置单击"盖章"按钮。

⑥系统提示输入印章实体的 pin 码。

输入正确的电子印章使用 pin 码后，该文书就被盖上电子印章了。

（4）电子印章的验证。

首先需要装有电子印章客户端系统的终端计算机，然后将带有电子印章的电子文书打开，电子印章客户端系统会自动验证该电子文书的电子印章是否有效。若电子文书被非授权修改过，或者电子印章是被复制粘贴在当前的电子文书上的，则电子印章客户端系统能够发现并立即警告用户，电子文书已被修改或电子文书上所加盖的是无效电子印章。

（5）电子印章遗失。

若发生电子印章遗失事件，应立即到平台（中心）进行挂失。

2. 利用互联网进行企业营业执照年报

自 2014 年 10 月 1 日起，每年 1 月 1 日开始办理上一年度《营业执照》网上年度报告（以下简称网上年报，也可理解为手续简便的营业执照年检），下面介绍如何使用互联网进行企业营业执照年报。

（1）准备材料和数据。

网上年报应准备的材料和数据包括以下几方面。

①营业执照副本或正本。

②法定代表人或负责人身份证。

③能够现场收短信的常用手机。

④所有许可证正本或副本。

⑤全年营业额、纳税额、全年利润额、社保参保资料（包括社保参保人数，

全年各险种的单位缴费基数、实际缴费金额、欠缴金额）。

⑥党员人数、高校毕业生人数、退役士兵人数、残疾人人数、失业人员再就业人数。

⑦公司等具备法人资格的单位，需年度资产负债表、损益表，股东及股东出资情况（财务人员最好在场）。

⑧能够上网的计算机。

（2）进入网页。

进入"国家企业信用信息公示系统"（http://www.gsxt.gov.cn/index.html），在网页右上角选择"导航"选项，选择公司所在的地区，打开公司所在地区对应的企业信用信息公示系统页面。

（3）注册（如注册直接跳过）。

对于未注册的公司，可在打开的页面中单击"企业信息填报"超链接，然后在打开的页面下方按提示单击"工商联络员登录"超链接，随后在打开的页面中按规定填写内容并保存。填写时应注意以下几点。

①注册号填写18位的"统一社会信用代码"。

②联络员可以不填写负责人。

③联络员手机号可以不填写负责人的，但所填手机号码必须是能够接收短信的。

④登录时，如果忘记登录密码，可以单击登录页面的"获取初始密码"按钮，输入"统一社会信用代码"和工商联络员的身份证号，单击"提交"按钮，系统会将初始密码发送到手机上。另外，用手机动态密码登录只能查询，不能填报。

（4）公示信息填报。

在打开公司所在地区对应的企业信用信息公示系统页面后，单击"企业信息填报"超链接，输入登录信息后，单击"获取验证码"超链接，按照手机短信中的一次性"动态密码"填写"备案手机验证码"，然后单击"登录"超链接即可进入填报页面，单击"年度报告在线填报"超链接进行填写，一页内容填写完毕后单击"保存并下一步"按钮，直至所有信息填报完毕。

（5）查询是否年报成功。

在登录本公司账号的状态下，主页面的"年度报告管理"列表中即会显示。如果没有登录，可在系统页面文本框内输入企业名称、统一社会信用代码或注册号，单击"查询"按钮，查出公司名称后单击公司名称，即可列出公司详细信息，包括是否已填报上年年报。

高效工作之道

1. 利用 Word 制作电子印章图

电子印章是指以先进的数字技术模拟传统实物印章，与传统纸质文书具有相同的公信视觉效果。相对于传统的实物印章来说，可以方便快捷地远程异地传输签章文件，极大地提高了工作效率，而且其安全性也得到了保障。

为了印章行业的规范，印章尺寸、印章字体使用与印章图形的排版都必须按严格的要求进行制作。下面使用 Word 制作公司电子印章图，具体操作步骤如下。

步骤 ① 在 Word 中新建【电子印章】文档，单击【形状】按钮，在弹出的下拉列表中选择【椭圆】选项，按住【Shift】键不放，拖动鼠标绘制一个正圆，将正圆的高度和宽度均设置为【3.8 厘米】，如图 6-1 所示。

步骤 ② 取消正圆形状填充色，将形状轮廓设置为【红色】，将形状轮廓粗细设置为【3 磅】，如图 6-2 所示。

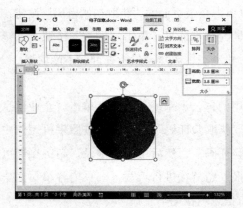

图 6-1 绘制正圆

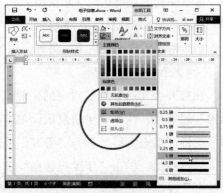

图 6-2 设置正圆轮廓

步骤 ③ 在正圆上绘制一个横排文本框，输入公司名称，对字体格式进行相应的设置，取消文本框的填充色和轮廓，选择文本框，在【文本效果】下拉列表中选择【转换】选项，在其扩展列表中选择【圆】选项，如图 6-3 所示。

步骤 ④ 文本框中的文本将按照圆形进行排列,选择文本框,单击【排列】组中的【旋转】按钮,在弹出的下拉列表中选择【向左旋转90°】选项,如图6-4所示。

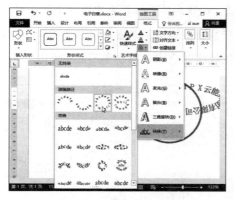

图6-3 转换文本　　　　　图6-4 旋转文本框

步骤 ⑤ 调整文本框,使文本框中的文本沿着圆从左到右进行排列,在正圆中间绘制一个五角星形状,填充为红色,取消形状的轮廓,将五角星形状的高度设置为【1.2厘米】,宽度设置为【1.4厘米】,如图6-5所示。

步骤 ⑥ 在五角星形状下方绘制一个文本框,取消文本框的填充色和轮廓,在文本框中输入【行政专用章】文本,并对文本的字体格式进行设置,单击【对话框启动器】按钮,如图6-6所示。

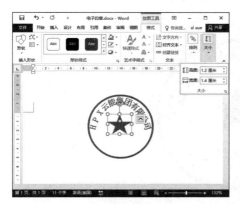 

图6-5 设置五角星　　　　　图6-6 设置文本格式

步骤7 打开【字体】对话框,选择【高级】选项卡,在【间距】下拉列表框中选择【紧缩】选项,将磅值设置为【1磅】,单击【确定】按钮,如图6-7所示。

步骤8 单击【编辑】组中的【选择】按钮,在弹出的下拉列表中选择【选择对象】选项,拖动鼠标选择电子印章的所有组成部分,单击【排列】组中的【组合】按钮,在弹出的下拉列表中选择【组合】选项,如图6-8所示。

图6-7 设置字符间距

图6-8 组合对象

步骤9 将所有选择的对象组合成一个,完成电子印章图的制作,最终效果如图6-9所示。

图6-9 电子印章

2. 用打印机扫描证件照片

新员工入职时，企业都会要求新员工上交一张或多张证件照，用于存档保存和办理工作证等，但如果要上传到企业 OA 办公化系统或电子存档，就要将证件照片扫描出来。扫描证件照既可以通过带扫描功能的打印机设备扫描，也可以通过扫描仪扫描。无论通过哪种方式进行扫描，都需要先将设备连接到计算机上，然后启动设备，将证件照放置在扫描区域，在计算机中执行扫描命令即可。下面使用具有扫描功能的打印机进行证件照扫描，具体操作步骤如下。

步骤 ① 启动计算机和打印机，将证件照放在扫描区域，在控制面板中选择【设备和打印机】选项，打开【设备和打印机】窗口，在计算机连接的打印机上右击，在弹出的快捷菜单中选择【开始扫描】命令，如图 6-10 所示。

步骤 ② 打开【新扫描】对话框，在其中对扫描的颜色格式、文件类型、分辨率等进行设置，单击【扫描】按钮，即可开始扫描，如图 6-11 所示。

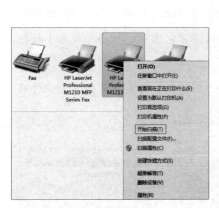

图 6-10 选择扫描选项

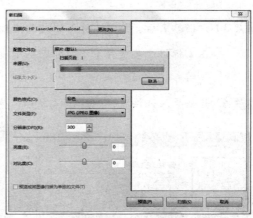

图 6-11 开始扫描

> Tips　在扫描证件照时，也可在【新扫描】对话框中单击【扫描】按钮，先预览扫描的效果，然后再执行扫描操作，如图 6-12 所示。

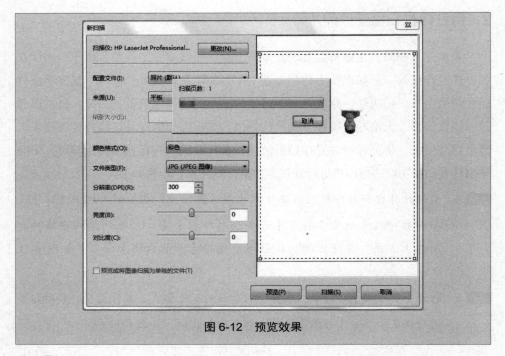

图 6-12 预览效果

步骤 ③ 扫描结束后，打开【导入图片和视频】对话框，左侧显示扫描的证件照，在【标记这些图片】下拉列表框中输入保存的名称，单击【导入】按钮，如图 6-13 所示。

步骤 ④ 开始导入证件照，如图 6-14 所示。导入结束后，即可打开扫描的证件照。

图 6-13 设置保存名称

图 6-14 导入证件照

第 7 章
资产管理

资产对于企业是非常重要的,它作为企业的可控资源,是可以在预期内给企业带来无限经济利益的。如果将资产管理按照流动性划分,可以分为流动资产管理、固定资产管理、无形资产管理、长期投资管理等。本章将系统地讲解固定资产及固定资产中办公用品的管理制度、管理流程和常用管理表格,通过本章的学习,读者应掌握固定资产与办公用品的分类、管理等知识。

7.1 资产管理的范围与方法

对于企业而言,资产管理有利于保障和促进企业各项经济活动的顺利开展,所以行政人员要做好这项工作,就必须掌握资产管理的范围和方法。

7.1.1 资产的分类

资产分类有很多种,大多数公司的资产主要分为以下几类。

(1)固定资产:指单位价值在 2000 元以上,使用年限在两年以上的资产;或者价值虽不及 2000 元,但公司要求按固定资产进行管理的财产。固定资产按存放地点和使用的范围不同,分为公司办公固定资产和经营固定资产两大类,如企业的办公用地、办公用房、企业车辆,以及业务活动需要的大中小型设备等。

(2)办公用品管理:可分为低值易耗品和不易损坏品,其单位价值在 1000 元以内,通常使用年限不超过 1 年;或者使用过程中极易损耗的财产,如公司办公用品、计算机耗材、网络通信耗材等。

(3)无形资产:通常指那些没有实物形态,但却可以辨认的、非货币形式的资产,如专利权、非专利技术、商标权、企业的商业口碑、经营特许权、商标权等。

7.1.2 资产管理的方法

资产管理在结合企业实际的情况下，还要讲求正确的方式。

（1）企业资产管理应实行"谁使用，谁管理"的归口分级管理原则，根据资产的类别、使用地点等确定对口分级管理，将企业所有的固定资产按其类别划分给有关职能部门进行管理，实行物物有人管的层层分级管理责任制。

（2）归口分级建立资产明细台账。各相关管理部门须定期对资产进行日常清查、盘点对比，核对相关账簿、记录和文件，如发现问题，须及时向上级报告和处理，以确保企业资产不流失、账物属实和资产价值的真实性。

（3）资产管理台账的保管要设定期限，要有留存年限，以备查找相关资产信息。

（4）统筹安排企业资产，合理利用，优化企业资源配置，充分发挥资产的最大效率，提高资产使用率。

（5）制订规范的资产领购、外借制度和流程，以确保有依可循、规范化管理。

> **Tips** 如何减少盲目性配置及降低资产空置率，提高资产的利用率是行政管理人员重点考虑的核心问题。

7.2 固定资产管理

固定资产具有数量大、种类繁多、价值大、使用周期长、使用地点分散等特点，所以管理难度大。它多适用于集团化企业、大中型企业，或者拥有较多固定资产的小型企业，固定资产管理对保护企业固定资产的完整，提高企业生产力及技术创新有着非常重要的作用。

7.2.1 固定资产管理的目的

固定资产管理是企业资产管理中的一个重要组成部分，其目的主要有以下几个方面。

（1）使企业的固定资产受到安全保护，防止遗失或被窃等损害企业利益的事件发生。

（2）使企业的固定资产可发挥其正常使用功能，贡献其应有的作用。

（3）使企业的固定资产利用率最大化，消除闲置固定资产。

（4）使企业的固定资产配置更加合理，减少盲目购置，避免企业资金的浪费。

7.2.2　固定资产管理的范围

固定资产管理是一项相对比较复杂的组织工作，其管理范围主要包括：固定资产的计划、固定资产的购置、固定资产的验收、固定资产的登记、固定资产的领用、固定资产的使用、固定资产的维修、固定资产的报废、固定资产的监督、固定资产的清查等项目，涉及的部门有基建部门、财务部门、行政后勤部门、业务生产部门等。

7.2.3　固定资产管理的意义

由于固定资产在企业资产总额中占有较大的比例，因此，固定资产管理对于企业有着非常重大的意义。

（1）通过提高资产使用效率，使企业资产实现保值甚至增值。

（2）充分挖掘固定资产潜力，不断改进固定资产利用情况。

（3）通过提高固定资产使用的经济效果，增大企业产品产量，增加企业产品品种，提高企业产品质量，降低企业产品成本。

（4）为企业创造良好的经济效益，促进企业健康发展。

7.2.4　范本：固定资产管理相关制度/流程/表格

在固定资产管理过程中，如果没有制度、流程、表格，就会经常出现很多难以预料的事情，管理起来非常尴尬。有时企业明知自己损失，却拿不出实质性的证据，找不到相关责任人。所以，如果想变被动为主动，最好的方法就是建立固定资产管理体系。以下是某公司的固定资产管理制度、流程、表格，仅供参考。

1. 固定资产管理制度

对固定资产管理制度的制订与实施，能够体现出企业对资产管理的负责任的态度。下面是某公司的固定资产管理制度。

公司固定资产管理制度

一、目的

为加强公司固定资产的管理，确保固定资产的完整，正确核算固定资产的数量和价值，监督并促进固定资产的妥善保管和合理使用，充分发挥固定资产的效能，特制订本管理制度。

二、适用范围

本制度适用于公司所有的在用、在库、在账及盘盈固定资产。

三、定义

一般情况下，固定资产在同时满足以下条件时，才能加以确认。

固定资产是指企业为生产产品、提供劳务、出租或经营管理而持有的、使用时间超过12个月的非货币性资产，包括房屋、建筑物、机器、机械、运输工具，以及其他与生产经营活动有关的设备、器具、工具等。

四、固定资产的分类

根据公司制度规定，公司固定资产分为电子设备类、机器设备类、运输设备类、建筑物及其他五大类。

固定资产增加包括固定资产的购买、自行建造、投资者投入、接受捐赠、盘盈、以物抵账等。

固定资产调拨指固定资产在公司内部各部门间正常调拨的行为。

固定资产维修指组成元件的更换、修理及拆除等行为，一般修理费用直接计入当期成本费用；大修理费用计入长期待摊费用。固定资产的大修理支出，是指同时符合下列条件的支出：

1. 修理支出达到取得固定资产时计税基础的50%以上；
2. 修理后固定资产的使用年限延长两年以上。

固定资产减少和处置指公司报废、毁损和出售等使固定资产减少的清理行为及公司之间的调拨行为。

五、职责

（一）副总裁、总裁

审批公司固定资产的采购、调拨、处置、盘点处理意见、固定资产的转移和维修等。

（二）采购部

凡集团各单位需采购的物品，均须填写公司统一印制的《物品请购单》，严格按照采购流程会签后方可由采购部统一购买。

1. 采购经办人应确保收到的采购申请单已经过审批程序。

2. 采购经办人应坚持要求供应商提供报价资料，选择3家供应商，在衡量其质量、可靠性及供货速度等条件后，提出符合使用规格的报价资料，与采购申请单位负责人或相关单位人员商议后，选择供应商。

3. 单次（单类）物品总价在两千元以上的，需与供应商订立供货合同。

4. 单次（单类）总价在10万元以上的大宗物品及价值高的物品，应采用招标方式进行。根据实际情况，如不能采用招标方式的，应会同财务部共同完成。

5. 采购人员应以集团利益为重，不得以任何方式谋取私利，一经发现舞弊，根据集团相关制度进行处罚，直至开除并保留追究经济、刑事责任的权利。

6. 有关合同及报价资料须送财务部、人力资源中心备案。

（三）行政部

1. 负责各项固定资产购买申请的汇总和审核工作，并对购置固定资产和调入固定资产的实物进行登记和编号，以及检查和落实资产标签的粘贴。

2. 负责组织固定资产的清查工作和编写资产清查分析报告等。

3. 负责固定资产维修的确定和组织，以及闲置固定资产的调拨和转移等。

（四）财务管理部

1. 固定资产总分类账登记和每月（季）的折旧提取，以及所有相关手续的账务处理，协助各部门完善资产台账登记工作。

2. 参与资产的清查和执行，定期和行政部核对实物台账。

3. 负责采购资产的业务合同、发票、收货单据，以及报批的付款审批单认真稽核后，按合同约定的付款方式付款。

（五）使用部门

1. 负责固定资产的使用、保管。

2. 负责固定资产购买、维修、调拨、报废的提出等。

……

> **Tips** 由于内容较多，书中只列出了本管理制度的部分内容，其详细内容将在模板中提供，读者可下载完整的管理制度进行参考、使用，下载方法见前言说明。

2. 固定资产管理流程

对于固定资产，上到总经理、下到各部门都要担负起相关的资产管理责任。

以下是某公司的固定资产管理流程,仅供参考。

(1)固定资产采购流程。

固定资产的采购是固定资产管理当中最为重要的内容之一。表 7-1 所示为某公司的固定资产采购流程表。

表7-1　固定资产采购流程表

流程名称	固定资产采购流程	主管部门	行政部
流程编号		更新日期	
各部门	行政部	采购部	分管领导/总经理

```
                    ┌─────────┐
                    │ 固定资产 │
                    │  采购   │
                    └────┬────┘
                         │
              ┌──────────▼──────────┐
              │ 提出本部门固定资产需求 │
              └──────────┬──────────┘
                         │
                    ┌────▼────┐
          ┌─────────┤部门负责人│
          │         │  签字   │
          │         └─────────┘
          │
     ┌────▼────┐              ┌────────┐
     │  审核   │──────────────▶│  审批  │
     └─────────┘              └────┬───┘
                                   │
                         ┌─────────▼─────────┐
                         │选择供应商、制作合同,│◀──┐
                         │      采购        │    │
                         └─────────┬─────────┘   │
                                   │             │
                         ┌─────────▼─────────┐   │
                         │   合同管理流程    │───┘
                         └─────────┬─────────┘
                                   │
                         ┌─────────▼─────────┐
                         │   资金支付流程    │
                         └─────────┬─────────┘
                                   │
                         ┌─────────▼─────────┐
                         │    验收入库       │◀──
                         └─────────┬─────────┘
                                   │
                         ┌─────────▼─────────┐
                         │ 填制固定资产卡片、 │
                         │ 登记固定资产台账  │
                         └─────────┬─────────┘
                                   │
              ┌────────────────────┘
              │
     ┌────────▼────────┐
     │ 部门领用、签字  │
     └────────┬────────┘
              │
         ┌────▼────┐
         │  结束   │
         └─────────┘
```

（2）固定资产盘点流程。

固定资产盘点工作是固定资产管理环节中必不可少的一环。表 7-2 所示为某公司的固定资产盘点流程表。

表 7-2　固定资产盘点流程表

流程名称	固定资产盘点流程	主管部门	行政部
流程编号		更新日期	
各部门	行政部	财务管理部	分管领导/总经理

```
                    ┌─────────┐
                    │ 固定资产 │
                    │  盘点   │
                    └────┬────┘
                         ↓
           N    ┌──────────────┐
         ┌────→│ 制订盘点方案 │
         │     │ 编制盘点表   │
         │     └──────┬───────┘
         │            ↓
      ┌──────┐
      │部门负责│
      │人签字 │───┘
      └──┬───┘
         ↓
  ┌────────┐   ┌────────┐   ┌────────┐
  │配合盘点│←──│组织盘点│←──│参与盘点│
  └────────┘   └───┬────┘   └────────┘
                   ↓
              ┌──────────┐
              │提交盘点清单│
              └─────┬────┘
                    ↓
                 ┌─────┐
                 │ 审核 │
                 └──┬──┘
  ┌──────────┐      ↓
  │固定资产盘点│←┐ ┌──────────┐
  └──────────┘  │ │提出盈亏意见│
                │ └─────┬────┘
                │       ↓
         ┌──────────┐ ┌────┐ ┌────┐
         │提出处理意见│→│审核│→│审批│
         └─────┬────┘ └────┘ └────┘
               ↓
         ┌──────────┐  ┌──────────┐
         │进行资产处理│→│资产账务处理│
         └──────────┘  └──────────┘
                ↓
             ┌─────┐
             │ 结束 │
             └─────┘
```

3. 固定资产管理表格

固定资产管理因为涉及企业资产的管理，所以其管理表格的设置也是非常重要的，以下是某公司的固定资产管理表格，仅供参考。

（1）物品请购单。

物品购置要有所依据，那就是申请部门提供的请购单。表 7-3 所示为某公司的物品请购单。

表 7-3 物品请购单

申请人	(通常是部门负责人或研发负责人等)	申请人所属部门			
申请购买物品（按以下序号填）：					
序号	需采购物品名称	规格型号	数量	预计价格	具体用途（大件注明生产厂家）
1					
2					
3					
4					
5					
6					
7					
8					
部门经理意见： 签名： 年 月 日					
行政部意见： 签名： 年 月 日					
总经理意见： 签名： 年 月 日					

（2）固定资产验收表。

购置的固定资产到货后，一定要进行整体验收。表 7-4 所示为某公司的固定资产验收表。

表 7-4 固定资产验收表

使用部门					使用人		
资产名称					采购人		
规格型号							
数量			单价		总价		
生产厂家			出厂日期		出厂编号		
经销单位			购置日期		发票号码		
存放地点							
附件	名称规格	件数	金额	技术资料			
				名称	件数	保管人	
初检	外包装及设备外观是否破损						
	装箱单、合格证、说明书、附件是否齐全						
	其他						
质量性能检测							一般是业务使用部门和技术部门联合出具
使用部门验收结论及意见							
	验收人签字：			部门负责人签字：			
行政部审核：				财务部入账：			

说明：1. 本表一式三份，人事行政部/行政管理中心、财务部/财务管理中心、使用部门各留存一份。

2. 本表由使用部门填写。

（3）资产入库登记表。

在资产管理中，入库是很重要的步骤。表7-5所示为某公司的资产入库登记表。

表7-5 资产入库登记表

日期	品名	数量	单价	入库人	收货人	备注
	资产名称			采购人	库管	

（4）资产出库登记表。

资产出库表是明确企业资产去向的重要凭证。表7-6所示为某公司资产出库登记表。

表7-6 资产出库登记表

日期	品名	数量	单价	领取人签字	备注
	资产名称			通常为使用部门责任人	

（5）固定资产转移表。

固定资产放置位置一旦变化，一定要有所记录，以便查找。表7-7所示为某公司的固定资产转移表。

表7-7 固定资产转移表

编号	名称及规格型号	数量	单位	启用年月日	原值	净值	转移原因
				固定资产被使用年月日			为什么变化放置或使用地点
合计金额（元）：							
行政部			移出部门			移入部门	

（6）固定资产维修验收表。

固定资产经常会涉及维修验收事宜，所以详细的记录对后期的使用有非常重要的参考意义。表7-8所示为某公司的固定资产维修验收表。

表7-8 固定资产维修验收表

名称		使用部门		使用人	
维修原因					
维修情况					
验收情况				维修费用	
验收人		行政部		维修人	

（维修后必须要经过相关部门验收）

（7）固定资产报废申请表。

固定资产在使用到一定的年限后，就会老化或被淘汰，所以会涉及报废的事宜。表7-9所示为某公司的固定资产报废申请表。

表7-9 固定资产报废申请表

编号		名称		规格	
单位		数量		金额	

续表

使用部门		使用人		启用时间	
报废理由及处理意见					固定资产被使用年月日
批准	财务部		行政部		使用部门	
	主管	主管	管理人	主管	使用人

（8）固定资产调拨表。

为加强固定资产的利用率，经常会发生调拨的情况，表 7-10 所示为某公司的固定资产调拨表。

表 7-10　固定资产调拨表

编号	名称及规格型号	数量	单位	启用年月日	原值	净值	原使用情况	
							部门	使用人
				固定资产被使用年月日				
合计金额（元）：								
批准	调出公司：			调入公司：				
	行政部	财务管理部	经办人	单位主管	财务管理部	资产管理	经办人	

（9）固定资产领取表。

固定资产出库后的去向必须要有，所以需要领取表格来体现。表 7-11 所示为某公司的固定资产领取表。

表 7-11　固定资产领取表

序号	领用日期	资产名称	数量	领用部门	领用人签字	资产管理员签字

（或库管）

（10）固定资产盘点表。

固定资产盘点是一项比较常态化的工作，只要有资产管理的企业，基本上都要进行固定资产盘点。表 7-12 所示为某公司的固定资产盘点表。

表 7-12　固定资产盘点表

类别	资产名称	规格型号	数量	购置日期	单价（元）	使用人	使用部门	存放地点	入库日期

Tips　大多数企业的固定资产包括计算机设备、机械设备、公用设备、电子仪器设备、交通运输设备和日常办公设备等六大类。

7.3 办公用品管理

办公用品管理是企业行政管理中最常规的工作之一。虽然如此，但是要做到开支合理、降低消耗、避免浪费，还需要相关负责人花些精力和时间。

7.3.1 办公用品管理的目的

办公用品管理工作是行政人员最基础的工作之一，通常负责这项工作的行政人员把它看成一份简单的出入库管理工作。其实不然，企业要对办公用品进行管理，绝对不是只有出入库这么简单，其主要目的表现在以下几方面。

（1）对日常办公用品领用进行数据分析，使一切办公开支、出入库、领用都变得更加科学化、合理化，领导在审批时有理有据。

（2）尽可能地节约企业办公费用的总支出，找出可以降低办公用品消耗的方法，减少不必要的支出，降低企业日常办公的运行成本。

（3）规范办公用品管理流程，明确办公用品的申购、审批、采购、验收、报销及领用等规定，提高企业的办事效率。

（4）倡导健康优质、绿色环保、勤俭节约的办公管理方式和企业文化理念，既要满足员工工作层面的各种不同需要，又要杜绝铺张浪费的奢靡风气。

7.3.2 办公用品管理的原则

办公用品管理一般要遵循一定的管理原则，具体如下。

（1）管理和领用结合原则。在企业经营过程中，相关部门应当使用的办公用品还是要同意领用的，但在领用的同时，行政部门要加强对领用的管理。例如，要切实了解领用的办公用品与之前领用的时间相差多久、数量有哪些变化等，找出是否受到人员或其他常规以外的事务性活动的影响等所致；同时，在领用该办公用品时，要把之前领取的办公用品进行回收，如果可以回收再利用，行政部要尽可能地让其充分地回收并进行再利用，以最大限度地降低企业办公成本。

（2）物尽其用、优化配置的原则。例如，物品领用后要监督其使用情况，如领用人或领用部门没有使用完，且不再使用该物品时，行政部可以把该物品调配给其他需要的部门使用，以杜绝不必要的浪费。

（3）损坏或自用应照价赔付的原则。办公用品作为企业公用物品，坚持杜绝私用或带出公司做与企业活动无关的事情，凡因自身操作不当或私用等造成公司损失的，均须照价赔偿。

7.3.3　范本：办公用品管理相关制度/流程/表格

办公用品管理是毋庸置疑的，是每个企业都涉及的行政常规管理内容。以下是某公司的办公用品管理制度、流程、表格，仅供参考。

1．办公用品管理制度

要想合理有效地管理办公用品，企业需要通过相应的管理制度对办公用品进行管理。下面是某公司的办公用品管理制度。

公司办公用品管理制度

一、目的

为确保公司办公用品的规范管理，防止办公用品浪费，特制订本管理制度。

二、适用范围

本制度适用于公司办公用品的采购与库存管理。

三、定义

1. 办公用品管理是指对办公用品的采购（临时采购）、使用、分发、保管。

2. 月度采购计划：各部门指定专人于每月3日前填写《办公用品月度采购计划表》，部门负责人及分管领导会签完毕交行政部。

3. 临时采购：因特殊情况临时急需使用的办公用品由部门填写公司统一印制的《物品请购单》，经审批后由采购部进行采购的行为，称为临时采购。

四、职责

（一）行政部门

1. 负责公司各部门办公用品的申购审核、采购、发放与保管。

2. 负责对公司各部门办公用品使用及管理情况进行抽查、盘点。

（二）总经理

负责审批公司办公用品的申购计划。

五、制度内容

（一）办公用品使用标准核定

1. 行政部门根据历年各部门办公用品使用量，结合各部门业务具体情况，核定各部门每月/每年消耗量。

2. 核定的费用实行增人增费，减人减费。各部门增人或减人，其费用由行政部门根据人员变动情况进行调整。

3. 各部门因特殊情况临时增加费用的，应以书面形式报行政部门，行政部门审核后上报分管领导申请增加该费用。

（二）办公用品分类

根据办公用品的性质，将其分为消耗品、耐用品及管理用品三类。

1. 消耗品。

指容易消耗、无法重复使用的用品，如胶水、透明胶、大头针、图钉、回形针、笔记本、复写纸、卷宗、标签、告示贴、信笺、信封、便条纸、橡皮、夹子、铅笔、圆珠笔、订书钉、钢笔、签字笔、白板笔、修正液、印泥、名片、账册、档案袋、一次性纸杯、打（复）印纸等易损耗的物品。

2. 耐用品。

指能重复使用并能保持原有形态和性能的用品，如剪刀、美工刀、订书机、打孔机、计算器、笔筒等。耐用品文具需列入离岗移交，如有遗失应由个人或部门赔偿或自购。平时使用如有故障或损坏，应上报行政部门，办理相关手续以旧品换新品。

3. 管理用品。

指某些部门人员为进行其专业工作需要的特殊用品，如验钞机、电话机、传真机、复印机、饮水机、电风扇、计算机软、硬件及外设、扫描仪、投影仪、计算机网络、办公桌椅、文件柜、档案柜、U盘、摄像机、数码相机、笔记本电脑等办公资产，按公司资产管理规定执行。

（三）办公用品管理。

1. 办公用品领用分为个人领用与部门领用两种。

（1）个人领用的物品如圆珠笔、签字笔、夹子等，由领用人承担保管责任。

（2）部门领用物品如打印机、大型订书机、碎纸机等，由部门员工共同承担保管责任。

2. 个人办公用品管理。新员工报到按相关规定程序办理，并将《办公用品领用表》由新员工签收后交由行政部门办理员工档案存档。新员工配备办公用品标准：笔筒1个、黑签字笔1支、红签字笔1支、铅笔1支、固体胶1个、回形针1盒、笔擦1个、便签本1本、笔记本1本、订书机1个、订书钉1盒、计算器1个（根据岗位需要配置，特殊情况下可增加特殊办公用品）。配置的财产（如桌、柜、椅、特殊用品及其他办公用品等）应妥善保管和爱护，并落实责任到人。

3. 部门公共办公用品的管理。公共办公用品由公司行政部门统一管理和维护。员工在使用公共办公用品时，如发现机器故障应及时向行政部门报修。所有员工应当爱护公共办公用品，打印、复印、传真文档或因公需要拨打长途电话时，应自觉登记，避免浪费。对于公司内部文件资料，提倡使用二手纸。各部门应将整理好的二手纸交予前台文员，前台文员在检查确认后将其利用。

4. 行政部门为每个部门设立"办公用品领用台账"，严格控制办公用品的领用。

5. 必需品、采购不易或耗用量大者，应有适量库存。

6. 工作调动或离职者，必须先办理原领用物品的清查及上缴手续。

7. 上缴物品要完整齐备，若已损坏，应做合理解释，故意损坏或遗失者，除照价赔偿外，还应酌情处罚。

8. 固定资产、办公用品丢失或被盗、损坏，公司将根据具体原因追究责任人相关物品净残值的赔偿（保险公司赔付部分除外）责任。对于重大责任者，除追究经济责任外，还将视情节严重程度追究其法律责任。

9. 每月底行政主管和前台文员应对办公用品仓库进行清点，清点要求做到账务一致，如果不一致，必须查找原因，并调整清单，使两者一致。前台文员对各部门员工办公用品和电话费等的使用情况进行统计和汇总，按统计领用数量、金额，并予以公布。

（四）办公用品采购流程

1. 各部门应于每月月底统计本部门办公用品的申购情况，并于次月1~5日（5日内，遇节假日顺延）将部门负责人审签过的当月《办公用品申购单》报行政部门。

2. 办公用品由行政部门统一交由采购部门进行采购。行政部门审核各部门的申购单后汇总成办公用品订货单，由采购部门通知办公用品供应商，根据订货单安排办公用品的送货。急需物品必须当天内采购到位，不急需物品必须在三天内完成。

3. 临时需要购置的大件特殊用品，由行政部门统一上报领导，按批示办理。

4. 办公用品验收入库，所有收货必须由前台文员完成。

5. 前台文员负责核实送货单上的数量、金额是否和订货单一致，并据此登记。收货后，前台文员立即通知申请人领用，申请人须在办公用品申购表上签字确认；临时性申请领用的，申请人在领用登记簿上签字确认。

（五）办公用品回收及报废

1. 回收再利用的办公用品列入行政部门库存。

2. 非消耗性办公用品因使用时间过长需要报废注销时，使用人应提出办公用品报废申请，经部门经理审核，并报公司领导同意后，到公司行政部门办理报废注销手续。

六、附则

1. 本制度自发布之日起执行。

2. 本制度由行政部负责解释和修订。

3. 此前公司的相关管理规定，凡与本管理制度有抵触的，均依照本管理制度执行。

2. 办公用品管理流程

办公用品的申购、审批、采购、验收、报销等都需要有一定的流程去控制。表7-13所示为某公司的办公用品管理流程。

表 7-13　办公用品管理流程表

流程名称	办公用品管理流程	主管部门	行政部
流程编号		更新日期	
各部门	行政部	采购部	分管领导 / 总经理

流程图：

办公用品管理 → 提出本部门办公用品需求计划 → 部门负责人签字 → 汇总办公用品采购计划 → 审批 → 选择供应商，实施采购 → 资金支付流程 → 验收入库 → 入库登记 → 填制固定资产卡片、登记固定资产台账 → 领取人签字接收 → 结束

3. 办公用品管理表格

办公用品管理表格可依据公司日常办公用品的类别等进行合理的设置，以下

是某公司的办公用品管理表格,仅供参考。

(1)办公用品月度采购计划表。

办公用品采购通常需要计划。表7-14所示为某公司的办公用品月度采购计划表。

表7-14 办公用品月度采购计划表

部门:　　　　　　　　　经办人:　　　　　　　　　月度:

序号	名称	规格/型号	单位	数量	单价/元	小计/元
1						
2		大小尺寸等				
3						
4						
5						
6						
7						
8						
9						
10						

(2)办公用品月度采购审批表。

办公用品采购是需要相关领导审批方可执行的。表7-15所示为某公司的办公用品月度采购审批表。

表7-15 办公用品月度采购审批表

制表日期:　　　　　　　　　　　　　　　　　经办人:

序号	名称	规格/型号	单位	数量	单价/元	小计/元	库存数量
1							
2		大小尺寸等					原有数量
3							
4							
5							
6							

续表

序号	名称	规格/型号	单位	数量	单价/元	小计/元	库存数量
7							
8							
9							
10							

部门负责人：　　　　　　　行政部：　　　　　　　分管领导：

（3）办公用品盘点表。

办公用品在管理过程中要定期进行盘点。表7-16所示为某公司的办公用品盘点表。

表7-16　办公用品盘点表

（　　季度）

序号	品名	购入数量	单价/元	领用数量	库存数量

实物管理人：（库管）　　　　盘点人：（可以由财务或行政人员与库管共同盘点）　　　　盘点日期：

> **Tips** 企业常见的办公用品包括书写工具系列、纸本系列、文具系列、名片与图文系列、办公生活用品系列、IT耗材系列，所以在管理时，大家要区别各办公用品的使用周期，以便后期采购。

专家支招

1. 公用类固定资产如何管理

行政部门作为公司的"大管家",对公司的一切资产都拥有管理的责任。对于部门及员工个人资产很容易就能落实到人,但对于公用类的固定资产只能归属到行政部。公用类固定资产管理应注意以下几点。

(1)指定专人管理。

行政部应安排专人对公司公用类固定资产进行日常维护和管理,及时处理资产出现的异常,指定人员对公用类固定资产负责。

(2)建立公用类固定资产统计表。

负责公用类固定资产的管理人员应建立公用类固定资产统计表,明确载明固定资产品名、规格、数量、摆放位置、使用情况等。

(3)检查与奖惩。

行政部应对公用类固定资产不定期进行检查,对检查中发现的问题要与责任人沟通,限期进行整改;对检查中发现公用类固定资产遗失、损坏等严重问题,要按制度追究责任人的责任。

对公用类固定资产维护良好的责任人,行政部要拟定相应的奖励措施,对责任人进行奖励,以肯定和鼓励责任人对公用类固定资产管理的付出。

2. 固定资产盘点操作方法

对固定盘点操作方法进行介绍,希望对读者有所帮助。

(1)固定资产盘点前的准备。

①组成固定资产盘点小组,明确责任分工。企业可以根据实际情况,由相关人员组成固定资产的盘点小组,对各组成人员的责任明确分工,并在盘点前,对问题的协调、上报和处理等进行确定。

②编制固定资产盘点计划。固定资产盘点小组还要制订相应的盘点计划,包

括账务清理、实地盘点等内容，以及这些内容的实施人、实施时间、实施程序和方法、分阶段工作报告的撰写及完成时间等。

（2）利用账务清理结果，编制盘点用的固定资产明细表。

通过账务清理，将固定资源进行分类，并收集相应的发票、合同、结算书、使用说明书等相关资料，结合资产占用及使用情况，按照固定资产盘点表要求编制分类及明细盘点基础表。

（3）实地盘点并核实有关情况。

①盘点前准备。固定资产的实地盘点核实是资产清查的重要内容，在盘点前，应准备好分类及明细盘点基础表、固定资产卡片、已盘点资产条码标签，规划好盘点的时间、路线、先后顺序、分组情况等，形成书面的《固定资产盘点计划》并下达所有参加盘点人员。

②账载固定资产盘点。固定资产的盘点应分类进行，在盘点账面记载的固定资产时以账查物，并要求查明固定资产的基本情况。例如，仔细核对固定资产编号及名称、结构或规格型号、坐落位置或使用部门、使用状况（正常使用、毁损、报废、封存、部分拆除、技术淘汰等）、变动情况、数量、原值。

对已盘点的固定资产应及时贴上"已盘资产条码"标签。

3. 固定资产管理和盘点的小技巧

公司的固定资产管理往往存在较多的重复性工作，盘点困难，这不仅给负责固定资产管理的员工造成了较大的压力，同时由于人员的变动，固定资产的盘点也变得更加了困难，使用以下小技巧可减轻固定资产管理和盘点的压力。

（1）固定资产管理以部门为单位。

由于固定资产分散且杂乱，若精确到个人固然责任明确，但同时工作量也会陡然增加，而且对于一些人员流动较大的部门，还需要经常进行信息变更登记，无疑加大了固定资产管理人员的工作量。

以部门为单位统一进行固定的登记与划分，分配与责任问题统一交到各部门负责人处，固定资产管理人员只需与部门负责人签订责任书，这样就大大简化了管理流程与工作量。

（2）制订统一的编号。

固定资产管理人员应对公司所有固定资产编制唯一且可查到属于哪个部门的

具体物品的编号,具体编号方式可查看固定资产管理制度。

(3)平时做好固定资产的抽查盘点。

固定资产管理人员每月应对照该部门的应有数量进行一次盘点,每月将固定资产的清单与实物进行比对登记,对出现的异常问题要及时核实并解决。

4. 办公用品的电商采购渠道及注意事项

办公用品的优劣会影响员工的办公效率,因此,使用电商渠道购买办公用品时需注意以下几点。

(1)区域性选择办公用品供应商,最好选择本区的供应商进行购买,因为办公用品是一些易损品,如果运输较远,就会经过几次转运,货物难免会造成一些损坏,而选择本区的供应商,就会降低发生问题的概率。

(2)产品种类一定要齐全,因为多数的企业都希望有一个固定的办公用品供应商,而这个供应商必须拥有齐全的商品。

(3)送货上门是关键因素,虽然现在物流运输已经十分发达,但如果办公用品供应商能够送货上门,既实现了现场验货,也方便了企业,还提升了效率。

1. 用 Word 制作固定资产标识卡

固定资产标识卡是一种贴在固定资产上的卡片,用于对各种固定资产进行说明和记录,既方便对固定资产进行管理,又能让企业更轻松、更有效地管理固定资产。固定资产标识卡中一般包含固定资产编号、固定资产名称、责任人、规格/型号、所属部门、使用日期、公司名称及公司 LOGO 等。下面使用 Word 制作固定资产标识卡,具体操作步骤如下。

步骤 1 在 Word 中新建【固定资产标识卡】文档,绘制一个高度为【7.8】、宽度为【12】的圆角矩形,将圆角矩形填充为【蓝色,个性色1,深色50%】,将轮廓设置为【无轮廓】,如图7-1所示。

步骤② 将鼠标指针移动到圆角矩形左上角黄色的控制点上,向左拖动鼠标,调整圆角矩形的圆角大小,如图7-2所示。

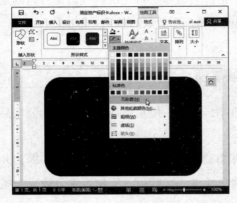

图7-1 设置圆角矩形　　　　　图7-2 调整圆角大小

步骤③ 在圆角矩形上绘制一个横排文本框,取消文本框的轮廓,在文本框中输入需要的文本,并对加粗、下划线等效果进行设置,选择文本框中的文本,将行距设置为【1.5】,如图7-3所示。

步骤④ 在文本框左上角绘制一个类似矩形的形状,对其形状填充色和轮廓进行设置,在文本框外插入公司LOGO图片,将其环绕方式设置为【浮于文字上方】,调整图片大小,并移动图片到矩形中,如图7-4所示。

图7-3 设置行距　　　　　图7-4 调整图片

步骤⑤ 借助文本框输入需要的文本,并对文本的格式进行设置,将鼠标光标定位到【请爱护……】文本前面，单击【符号】组中的【符号】按钮，在弹出的下拉列表中选择【其他符号】选项，如图 7-5 所示。

步骤 6 打开【符号】对话框，将字体设置为【Wingdings】，选择需要的符号，单击【插入】按钮，如图 7-6 所示。

图 7-5 输入文本

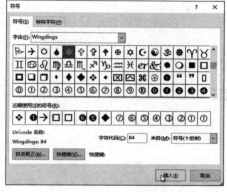

图 7-6 插入符号

步骤 7 关闭对话框，完成固定资产标识卡的制作，最终效果如图 7-7 所示。

图 7-7 最终效果

2. 用 Excel 制作办公用品采购清单

办公用品是指在日常工作中所使用的辅助用品，而在企业中，员工经常会使用一些辅助用品协助完成工作。对于企业来说，办公用品采购是一项重要的消费，因此，企业行政部会对办公用品进行管理，当需要采购办公用品时，一般都会先根据实际需要的用品名称、规格、数量等列出采购清单，审批通过后，即可根据采购清单上的金额提前预支采购费用，以提高采购效率。下面使用 Excel 制作办公用品采购清单，具体操作步骤如下。

步骤① 在 Excel 中新建【办公用品采购清单】工作簿，在工作表中输入采购清单标题和字段，在 A3:A4 单元格区域中输入【1】和【2】，选择这两个单元格，将鼠标指针移动到所选单元格右下角，向下拖动鼠标填充等差为 1 的序列，如图 7-8 所示。

步骤② 在其他单元格中输入需要的数据，并对单元格格式进行相应的设置，选择 G3:G21 单元格区域，在编辑栏中输入公式【=E3*F3】，按【Ctrl+Enter】组合键，计算出价格，如图 7-9 所示。

图 7-8　填充序列

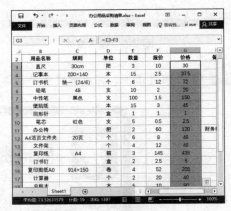
图 7-9　计算价格

步骤③ 选择 G22 单元格，在编辑栏中输入公式【=SUM(G3:G21)】，按【Enter】键，计算出所有采购用品的总价格，如图 7-10 所示。

> **Tips** 当需要使用 SUM、AVERAGE、COUNT、MAX 和 MIN 等这些常用的函数计算数据时，可以先选择放置计算结果的单元格，单击【公式】选项卡【函数库】组中的【自动求和】下拉按钮，在弹出的下拉列表中选择函数对应的选项，即可在所选单元格中自动插入计算公式，并自动获取计算区域。如果计算区域不正确，对其进行修改即可。

步骤④ 选择 F3:F21 和 G3:G22 单元格区域，在【常规】下拉列表中选择【货币】

选项，如图 7-11 所示。

图 7-10　计算总价格

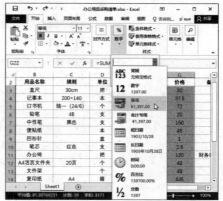

图 7-11　设置货币格式

步骤 5 选择 A2:G22 单元格区域，单击【套用表格格式】按钮，在弹出的下拉列表中选择【表样式浅色 20】选项，如图 7-12 所示。

步骤 6 在打开的对话框中单击【确定】按钮，应用表样式，保持单元格区域的选择状态，单击【工具】组中的【转换为区域】按钮，在打开的提示对话框中单击【是】按钮，如图 7-13 所示。

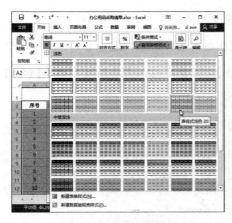

图 7-12　应用表样式

图 7-13　转换为普通区域

步骤 7 删除表字段中的下拉按钮，对合计行进行相应的调整，完成办公用品采购清单的制作，最终效果如图 7-14 所示。

225

办公用品采购清单							
序号	用品名称	规则	单位	数量	报价	价格	备注
1	直尺	30cm	把	3	¥10.00	¥30.00	
2	记事本	200×140	本	15	¥2.50	¥37.50	
3	订书机	统一（24/6）	个	6	¥12.00	¥72.00	
4	铅笔	4B	支	10	¥2.00	¥20.00	
5	中性笔	黑色	支	100	¥1.50	¥150.00	
6	便贴纸		本	15	¥3.00	¥45.00	
7	回形针		盒	1	¥1.00	¥1.00	
8	笔芯	红色	支	5	¥0.50	¥2.50	
9	办公椅		把	2	¥60.00	¥120.00	财务部使用
10	A4活页文件夹	20页	个	6	¥8.00	¥48.00	
11	文件架		个	4	¥12.00	¥48.00	
12	复印纸	A4	箱	3	¥145.00	¥435.00	
13	订书钉		盒	2	¥2.50	¥5.00	
14	复印图纸A0	914×150	卷	4	¥52.00	¥208.00	
15	计算器		个	2	¥20.00	¥40.00	
17	总账本		本	5	¥10.00	¥50.00	
19	美工刀		把	2	¥5.00	¥10.00	
20	鼠标		个	1	¥25.00	¥25.00	
22	鼠标垫		张	10	¥5.00	¥50.00	
					合计：	¥1,397.00	

图 7-14　最终效果

3. 用 Excel 制作固定资产卡片

固定资产卡片是对固定资产进行明细分类核算的一种账簿形式，是每项固定资产的全部档案记录，属于卡片式账簿，是固定资产中不可或缺的管理方式。下面使用 Excel 制作固定资产卡片，具体操作步骤如下。

步骤 1 在 Excel 中新建【固定资产管理】工作簿，在工作表中输入固定资产卡片相应的内容，并对单元格格式进行相应的设置，如图 7-15 所示。

步骤 2 选择 B2 单元格，打开【设置单元格格式】对话框，选择【数字】选项卡，将分类设置为【自定义】，在【类型】文本框中输入需要的数字格式【000】，单击【确定】按钮，如图 7-16 所示。

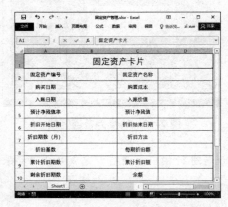

图 7-15　输入固定资产卡片数据

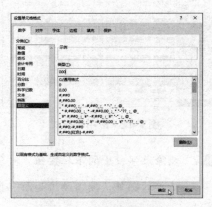

图 7-16　自定义数字格式

步骤③ 在 B2 单元格中输入【23】后，单元格中将显示【023】，在其他单元格中输入相应的数据，并根据数据设置数字格式，选择 D5 单元格，单击【公式】选项卡中的【数学和三角函数】按钮，在弹出的下拉列表中选择四舍五入函数【ROUND】，如图 7-17 所示。

步骤④ 打开【函数参数】对话框，对函数的参数进行设置，单击【确定】按钮，如图 7-18 所示。

图 7-17 选择函数

图 7-18 设置函数参数

步骤⑤ 返回工作表中，可以看到已经计算出了预计净残值。选择 B7 单元格，在编辑栏中输入公式【=DATE(YEAR(B6),MONTH(B6)+D6,DAY(B6))】，按【Enrer】键计算出折旧结束日期，如图 7-19 所示。

步骤⑥ 输入折旧方法，在 B8 单元格中输入公式【=D4-D5】，按【Enter】键，计算出折旧基数；在 D8 单元格中输入公式【=ROUND(B7/D6,2)】，按【Enter】键，计算出每期折旧额，如图 7-20 所示。

图 7-19 计算折旧结束日期

图 7-20 计算折旧基数和每期折旧额

步骤 7 在其他单元格中输入需要的公式进行计算，并对部分单元格的数字格式进行设置，完成固定资产卡片的制作，最终效果如图 7-21 所示。

固定资产卡片

固定资产编号	023	固定资产名称	××牌××机器
购买日期	2017年8月6日	购置成本	80,000.00
入账日期	2017年8月20日	入账价值	80,000.00
预计净残值率	5%	预计净残值	4,000.00
折旧开始日期	2017年9月25日	折旧期数（月）	96
折旧结束日期	2025/9/25	折旧方法	直线法
折旧基数	76,000.00	每期折旧额	478.39
累计折旧期数	9期	累计折旧额	4305.51
剩余折旧期数	87期	余额	71,694.49

图 7-21 最终效果

第8章 企业信息化管理

企业信息化管理是指企业利用计算机技术、网络技术和数据库技术等管理企业生产活动中的各种信息，以实现企业信息的有效利用，提高企业的经济效益。例如，企业的发展历程、大事记、事务处理、经营收益、客户往来等要通过数字化、信息化系统网络加工生成新的信息资源，并提供给企业，以实现企业信息的最大化利用，为企业的生产经营助力。

8.1 计算机网络管理

随着信息时代的发展和进步，越来越多的企业开始使用计算机和网络，计算机网络管理已经成为各个企业信息管理的一部分。

8.1.1 计算机网络的风险及防范

现在，计算机网络技术的发展可谓是一日千里，在这样的网络环境下，各种形式的安全问题层出不穷。下面介绍企业计算机网络环境的风险及防范措施。

1. 计算机网络的风险

（1）环境风险。一是企业组织内部环境的不确定性带来的风险，如授权、职责、合法性控制、违规操作等；二是外部环境风险，如不良竞争对手或利用网络的开放性，通过一些技术手段破坏企业组织的网络或窃取数据，或者影响其正常办公，如计算机黑客的恶意攻击、计算机网络病毒等。

（2）技术风险。一是计算机操作系统中的不安全因素由于受技术的制约不能得到有效的排除，如网络系统构建与信息传输的安全性、完整性问题；二是使用的开放式 TCP/IP 协议可能造成的网络被偷窥、信息被窃取的安全隐患等。

2. 计算机网络的防范措施

（1）强化内外部风险防范，加强网络系统安全。内部加强操作人员道德、技术、计算机故障维修的培训，来提升防范水平；外部采用防火墙技术、先进的反病毒技术等来防范。

（2）制订安全措施，保障信息安全。采用用户名、登录口令制度、多级权限控制机制、加密手段、计算机软硬件岗位责任制度、安全日志监督等确保系统的安全运行。

8.1.2 范本：计算机网络管理相关制度/流程/表格

计算机网络管理现在已成为企业各部门开展正常工作、提高办公效率的重要保障，以下是某公司的计算机及网络管理制度、流程、表格，仅供参考。

1. 计算机网络管理制度

要想加强企业的计算机网络管理，就必须制订相应的管理制度进行明确的约束。下面是某公司的计算机及网络管理制度。

公司计算机及网络管理制度

一、目的

为了加强公司计算机及局域网的安全使用管理，保障各部门工作正常开展并提高办公效率，特制订本管理制度。

二、适用范围

本制度适用于集团及各分（子）公司。

三、职责

（一）行政部

行政部是公司计算机及公司局域网的归口管理维护部门，对公司计算机网络系统的正常运行负责。

（二）公司计算机使用人或管理责任人

协助、配合行政部管理维护公司计算机及网络系统，并自觉接受使用监督和检查。

四、原则及配置标准

（一）原则

公司计算机及附属设备和网络管理的安全使用、管理维护由其使用人负责，坚持"谁使用，谁管理，谁负责"的原则。

（二）计算机配置标准

1. 公司部门经理级（含各部门主持工作的主管）以上配置笔记本电脑。
2. 其他员工一律配置台式计算机，如因公需在外使用计算机时可到公司行政部借用公用的笔记本电脑。

3. 特定的业务部门如因工作需要配置笔记本电脑时，需提出审批且经公司行政总监审批后方可购买。

五、计算机日常使用及安全管理

1. 公司每台计算机必须确定直接责任人，由直接责任人负责该台计算机的日常操作使用及安全管理工作。

2. 计算机的原始资料（说明书、保修卡、随机自带光盘、软盘等）由各公司的网络信息管理员负责保管使用。

3. 直接责任人要爱护财产，合理正确使用，人为因素造成设备损坏，直接责任人承担一切维修费用；造成设备遗失或无法维修的，将按照设备原值折旧后由个人支付赔偿金额。

4. 禁止各网络用户及计算机使用者通过计算机网络从事与工作无关之事（聊天、游戏等）。如果发现从事与工作无关的活动而导致计算机瘫痪无法正常使用的，除追究使用者的责任外，还要处以200元/次的罚款。

5. 禁止非本部门人员上机操作，从事聊天、游戏等与工作无关的活动，一经发现，除追究直接责任人责任外，部门领导承担连带责任。

6. 计算机使用完毕后，必须切断电源，人员离开计算机前要锁定计算机以免他人随意使用或查看计算机中的资料。

7. 计算机直接责任人必须保持设备及其所在环境卫生清洁。

8. 各计算机直接责任人发生人事变动时，须先办清计算机交接手续，方可办理其他手续。

9. 若非工作原因，不得把公司计算机及其他设备带离公司。

六、网络安全管理

1. 除专业技术人员外，任何人员不得对计算机内设置的数据进行修改、删除或增加。

2. 不得擅自将软、硬盘的程序、数据复制，转为他用，不得擅自查询与本业务无关的信息、数据，或者下载任何与本业务无关的软件和资料。

3. 用户发现病毒时应及时进行杀毒，以免病毒扩散，并立即与公司网络管理员联系，要定期对计算机杀毒软件更新升级。

4. 任何部门和个人不得利用计算机网络从事下列活动。

（1）查阅、复制或传播煽动抗拒、破坏宪法和国家法律、行政法规实施的信息。

（2）查阅、复制或传播捏造或歪曲事实、散布谣言扰乱社会秩序的信息。

（3）查阅、复制或传播侮辱他人或捏造事实诽谤他人的信息。

（4）进行任何干扰网络用户、破坏网络服务和网络设备的活动。

（5）在网络上发布不真实的信息或散布计算机病毒。

（6）通过网络进入未经授权使用的计算机系统。

（7）以不真实身份使用网络资源，窃取他人账号、口令使用网络资源，私自转借、转让OA及其他软件系统用户账号，盗用未经合法申请的IP地址入网。

七、处罚标准及方式

1. 凡有上述行为或管理失职者,将对其进行通报批评,暂停其网络使用权限,并处罚10～100元;情节严重者,处罚100～1000元,并依照公司问责制度进行处罚。

2. 上述行政处罚金额由行政部出具行政处罚单,经员工确认后在员工当月薪资中扣除。

八、附则

1. 本制度自发布之日起执行。
2. 本制度由行政部负责解释和修订。
3. 此前公司的相关管理规定,凡与本管理制度有抵触的,均依照本管理制度执行。

2. 计算机网络管理流程

计算机网络管理同样需要有一定的管理流程,表8-1所示为某公司的计算机网络管理流程。

表8-1 计算机网络管理流程表

流程名称	计算机网络管理流程	主管部门	行政部
流程编号		更新日期	
使用部门		网络管理员	行政部

流程图:
网络管理 → 网络查检 → 设备检查 → 其他日常检查维护 → 现场检查 → 能现场处理 / 不能现场处理提出处理方案 → 审批 → 故障处理 → 签字确认 → 结束

计算机、网络、其他设备问题 → 联系网络管理员

3. 计算机网络管理表格

计算机网络管理过程中离不开相关的表格辅助,以下是某公司的计算机网络管理表格,仅供参考。

(1)员工计算机领用登记表。

计算机作为企业的固定资产,它的去向要做好详细登记。表 8-2 所示为某公司的员工计算机领用登记表。

表 8-2 员工计算机领用登记表

序号	品牌	型号	配置	领用人签字	领用日期	备注

> 主板和 CPU 等重要硬件的配置

(2)公司网络故障维护登记表。

在企业中,网络故障时有发生,所以需要有人专门对其进行维修管理。表 8-3 所示为某公司的网络故障维护登记表。

表 8-3 公司网络故障维护登记表

日期	部门	报修人	故障原因	故障处理情况	报修人签字	备注

> **Tips** 计算机网络管理的关键在于信息的网络安全与维护,一旦信息外泄或网络瘫痪,将会给企业带来巨大的经济损失。

8.2 企业信息管理

简单地说,企业信息管理就是指企业对收集的外部信息和汇总的内部信息进行过滤、研究和深入分析后进行信息的整合,其目的是最终转化成为企业可以利用的有效信息,以促进企业的创新发展,增强企业的核心竞争力。

8.2.1 企业信息管理的注意事项

在企业信息管理的过程中,必须要注意以下事项。

(1)信息必须要及时。现代社会的信息多样和变化的层出不穷是企业应接不暇的,有些信息甚至是稍纵即逝的,根本无法追踪,所以要求企业的信息管理人员对信息做出快速、敏捷的反应,及时地发现、收集和做好相关记录,并将其快速地传递给相关部门,发挥信息应有的作用,为企业的综合决策、指挥和控制提供科学的依据。

(2)信息管理必须要准确。对于企业而言,仅做到信息的及时性是远远不够的,还必须保证准确性。因为只有信息准确,才能为企业提供有利的帮助,才能确保决策者做出正确的判断。否则,失真以至错误的信息,很可能会给企业的管理带来严重的误导,造成重大的决策失误。

(3)信息管理必须规范性,例如,在加工整理信息时,一定要注意信息的单位是否统一,只有做到了计量单位相同,才能便于信息的最终统计分析,避免在信息使用时造成混乱或错误判断或难以统计的现象。

8.2.2 范本:信息管理相关制度/流程/表格

信息管理是对企业在从事的业务、经营、管理、宣传等活动中所形成的对企业有保存价值的文字、图片、音像等信息的管理,对企业的以后决策起着非常重要的作用。所以,建立信息管理制度、流程、表格至关重要,以下是某公司的信息管理制度、流程、表格,仅供参考。

1. 信息管理制度

信息管理制度的出台,对规范企业信息管理工作起着指导性作用。下面是某公司的信息管理制度。

集团信息管理制度

一、目的

为规范集团及下属各分（子）公司的信息发布和收集整理工作，建立集团及下属各公司完整的信息库，便于查询公司历年信息资料，特制订本管理制度。

二、适用范围

本制度适用于集团及各分（子）公司。

三、定义

本制度中所称的"信息"，主要指各公司日常工作及对外交流中的各种文字、图片、音像等信息性记录，具体指公司在从事业务、经营、企业管理、公关宣传等活动中直接形成的对企业有保存价值的各种文字、图片、音像及项目广告等。信息管理主要包含信息发布管理与信息资料收集管理两种。

四、信息管理机构及职责

1. 集团公司由集团行政部负责信息发布的审核、监督、管理，以及信息的收集和存档。

2. 集团行政部是集团公司唯一负责信息审核、监督、管理的行政机构，业务和行政上对集团公司分管总监、集团公司董事会分管领导负责，负责集团及各分（子）公司对内、外宣传的审核、监督、管理。

3. 公司行政部负责公司内部文字、图片、音像等信息性记录，具体指公司在从事业务、经营、企业管理、公关宣传等活动中所直接形成的对企业有保存价值的各种文字、图片、音像等。

4. 公司营销策划部负责公司品牌信息的收集，以及项目各类图片、宣传资料及项目广告等的信息记录工作。

五、信息发布管理细则

1. 集团总部各部门/各分（子）公司需指定一名通讯员（分/子公司为兼职企划专员）负责采写、发布信息，该通讯员所在部门的第一领导为其所在公司的信息管理第一责任人，负责对通讯员工作进行监督、管理。

2. 发布信息分为A、B、C三类。

（1）A类信息主要包括：集团公司和各分（子）公司重大活动（公司成立、招商仪式、大型论坛峰会、大型营销活动、重要参展、重要庆典、楼盘开盘等）、对外重要接待（市级以上领导、重要嘉宾参观访问等）、重要获奖（市级以上各类荣誉）、重要媒体报道（市级以上媒介对公司做的专题报道）等。

省内各公司的A类信息必须在事件发生的第一个工作日进行发布；省外公司必须在不晚于第二个工作日内进行发布。

（2）B类信息主要包括：集团公司和公司行政信息（新公司组建、集团人事任命、调离、集团规章制度等)、重要活动(合作签约、项目奠基与开工、各类营销活动、考察参观、公司重要培训等)、对外接待(区级领导、嘉宾、同行等)等。

省内各公司的B类信息必须在不超过事件发生的第二个工作日进行发布;省外公司必须在第三个工作日内进行发布。

(3) C类信息主要包括:集团及各分(子)公司自行组织的员工活动、业主活动等,不涉及集团及集团领导。

省内各公司的C类信息必须在不超过事件发生的第三个工作日进行发布;省外公司必须在第四个工作日内进行发布。

3. 集团行政部负责根据具体内容确定信息的发布平台,选择内网、外网发布。

4. 集团及各分(子)公司信息提交人员对信息内容直接负责,需严守流程,未经信息发布部门主管领导同意、审核,不得提交。

六、信息资料收集管理细则

1. 集团总部各部门/各分(子)公司的通讯员负责每天收集公司的相关信息资料,每季度对公司信息进行列表统计,并将A类信息列表报送集团行政部。行政部进行集中分析、统计,对重要信息各分(子)公司按要求提供相关附件,整理存档。

2. 集团公司将根据各部门/各分(子)公司提交的资料在OA主页展示公司简介、项目简介、公司大事记、公司荣誉、项目进展等相关信息板块资料,并适时更新。

3. 各分(子)公司的对外宣传资料(公司简介、项目规划理念、宣传文案、项目宣传图片等),在调整、更新后,要及时报集团行政部备案。

4. 集团行政部为集团对外信息中心,为各分(子)公司提供所需的信息资料,对信息资料的使用具有审核和发放权;公司企业文化方面的资料由集团企划主管向各公司提供,同时形成各公司长期的信息资料库,并负责对信息资料进行妥善保管和保密。

七、新闻上传权限及发布途径

(一) A类新闻上传

发起人→行政部经理(分/子公司)→总经理(分/子公司)→集团企业文化主管→行政部经理→人事行政中心分管领导→董事长→校稿并归档(集团企业文化主管)。流程审批完成及校稿后由集团信息管理员对新闻进行OA和公司网站上的发布。

(二) B类新闻上传(发起人发起时,须选择"是否在外网发布")

1. 需在外网发布的。

发起人→行政部经理(分/子公司)→总经理(分/子公司)→集团企业文化主管→行政部经理→人事行政中心分管领导→董事长→校稿并归档(集团企业文化主管)。流程审批完成及校稿后由集团信息管理员对新闻进行OA和公司网站上的发布。

2. 无须在外网发布的。

发起人→行政经理(分/子公司)→经理(分/子公司)→企业文化主管→校稿并归档

（集团企业文化主管）。由集团信息管理员对新闻进行上传，由流程发起人员选择是否上传至公司网站。

……

> **Tips** 由于内容较多，书中只列出了本管理制度的部分内容，其详细内容将在模板中提供，读者可下载完整的管理制度进行参考、使用，下载方法见前言说明。

2. 信息管理流程

信息管理流程的管理一定要有相关的责任人。表 8-4 所示为某公司的信息管理流程。

表 8-4　信息管理流程表

流程名称	信息管理流程	主管部门	行政部
流程编号		更新日期	
通讯员	企业文化主管	行政部	公司领导

```
            ┌──────────┐
            │ 信息管理 │
            └────┬─────┘
                 ↓
         ┌──────────────┐
         │ 收集公司     │
         │ 相关信息     │
         └──────┬───────┘
                ↓
         ┌──────────────┐      ┌──────┐      ┌──────┐      ┌──────┐
         │ 汇总并上报   │─────→│ 审核 │─────→│ 审核 │─────→│ 审批 │
         │ 相关信息     │      └──────┘      └──────┘      └───┬──┘
         └──────────────┘                                       │
                                ┌──────────┐                    │
                                │ 核稿排版 │←───────────────────┘
                                └────┬─────┘
                                     ↓
                                ┌──────┐
                                │ 发布 │
                                └──┬───┘
                                   ↓
                                ┌──────┐
                                │ 归档 │
                                └──┬───┘
                                   ↓
                                ┌──────┐
                                │ 结束 │
                                └──────┘
```

3. 信息管理表格

信息管理表格是信息管理过程中规范管理的最基本应用,以下是某公司的信息管理表格,仅供参考。

(1)信息资料收集表。

信息管理的最基础工作是先收集信息。表 8-5 所示为某公司的信息资料收集表。

表 8-5 信息资料收集表

收集日期	资料类型	资料主题	资料提供部门	发布渠道	拟发布日期
	涉及的业务范畴	关于生产或其他	生产部门	企业内部管理平台	

(2)信息发布审批表。

信息因为涉及企业生产经营活动的进展情况,所以发布需要相关部门领导批准后才能执行。表 8-6 所示为某公司的信息发布审批表。

表 8-6　信息发布审批表

信息标题			报送日期	
信息报送部门		通讯员姓名		
信息稿件附件	☐纸质附件　☐电子稿附件　☐其他			
要求发布时间	年　月　日		发布类型	
信息内容摘要				
企业文化主管意见				
行政部意见				
公司领导审批				

> 信息标题可以是关于生产的，也可以是关于研发的，还可以是关于财务方面的

> 根据企业自身情况分类，如口头、纸质张贴或者小范围、全体等

Tips　企业信息管理一定要做到全面、系统、及时、准确，否则就失去了对信息管理的意义。

8.3 办公自动化系统的管理

办公自动化系统管理是企业实现信息化管理必不可少的一种管理手段,它能够为企业的管理人员提供良好的办公环境,简化工作流程,提高企业的整体工作效率。

8.3.1 办公自动化系统的作用

企业办公自动化管理的作用主要表现在以下两个方面。

（1）充分发挥了无障碍沟通作用。企业组织与异地的分支机构、人与人、上下级部门之间在办公信息化系统平台上组成了网状结构,可以实现实时联系,即使每个人身处异地,也能及时了解和处理单位事务;即使相隔万里,多人之间仍能同步协调工作。

（2）实现信息无障碍共享。可以使企业组织内的经验、知识、资源通过办公信息化系统管理平台得到最充分的内部信息共享,使各种信息在企业的内部快速得到回应,并有效利用。

8.3.2 范本：办公信息化管理相关制度/流程/表格

在企业中,办公信息化系统管理已经是主流,以下是某公司的办公信息化系统管理制度、流程、表格,仅供参考。

1. 办公信息化系统管理制度

办公信息化系统管理制度是对企业内部管理的一次梳理。下面是某公司的办公信息化系统使用管理办法。

集团公司办公信息化系统使用管理办法

一、目的

为了提高公司工作效率,有效地降低和节约成本,加快办公自动化体系的搭建,实现信息、公文无纸化传输、信息共享和交流,规范公务管理流程,提高办公效率。现根据公司办公信息化系统（OA办公协同软件,以下简称OA系统）实际使用情况,特制订本管理办法。

二、适用范围

本办法适用于集团总部及各分（子）公司所有员工。

三、OA系统内容

本公司OA系统内容包括公文管理、文档管理、知识地图、计划运营、流程管理、人事管理、短信管理、会议管理、通信管理、报表系统、日程管理、门户管理等功能。

四、管理职责

1. 集团总部行政部信息管理员负责OA系统的维护和管理，对系统实行统一部署、分级管理，并负责进行集团OA操作技术的培训及集团总部OA用户的注册和注销。

2. 各分（子）公司兼职网络管理人员负责本公司新进员工OA系统操作技术的培训。

五、系统管理

OA系统通过用户名和密码进行身份管理和认证，使用人员首次登录系统应及时更换密码，不得泄露给他人，由于密码泄露造成的一切后果由使用人员负责。

六、文件发送与接收

1. 所有非涉密文件除印发少量纸质文件存档或对外使用外，均以电子文件形式运行。涉密和不便通过OA系统流转的公文，仍按纸质文件流转。

2. 集团总部及各分（子）公司的正式文件及其他需要签发的公文，仍按原流程起草、审核、签发，统一由行政部/人事行政部审核、编号、扫描，并使用OA发送至收文单位和个人。

3. 新流程发起时，为提升工作效率，除用于知会的内部留言外，其他流程发起时均选择OA在线短信提醒功能，以保证下一个节点审批人员及时处理。

七、用户注册和注销

1. 集团总部及各分（子）公司新进员工OA账号的使用申请，由行政部信息管理员/人事行政部兼职网络管理员根据人力资源部/人事行政部提交的新进员工入职单，在一个工作日内完成新进员工的姓名、联系方式、电子邮箱、职务等基本资料录入和OA用户账号注册工作。

2. OA使用人员的通讯方式出现变更时，应及时登录OA系统，在"我的人事"→"我的卡片"中进行个人资料的及时更新。

3. OA使用人员离职时，须凭离职移交单先到行政部/人事行政部办理计算机移交及OA注销手续后，方可办理离职手续。

4. 集团总部及各分（子）公司应对未配置专用计算机的OA用户，合理地安排计算机共用，保证流程处理的及时性。

八、保密与安全

1. 文档管理员应对文件资料的保密性、正确性、完整性、发布范围负责，并在公司相关规章制度及可公开的文章知识发布后及时上传到知识文档模块中，系统生成不可下载、不可复制、不可打印的效果供公司所有OA使用人员查阅，使用人员不得泄密文档信息。

2. 从外网联入OA系统的计算机，应安装杀毒软件，以防病毒入侵。

3. OA使用人员应严格执行有关操作规程，不得侦察、盗用他人账号和密码，不得刺探网络配置、服务器配置和数据库信息。

九、系统维护

1. 集团总部信息管理员应定期检查、维护计算机网络，发现问题应及时排除。

2. 服务器出现故障，导致系统无法正常运行等情况产生时，应及时通知使用维保单位并尽快查明原因、排除故障，使其恢复正常，如因系统维护等相关原因需停用OA系统时，系统管理员应提前半天发布通知（出现不可控因素时除外）。

3. 集团总部网络管理员应每日对OA系统数据进行本机备份，每月末对OA系统完整数据进行一次异地备份。

十、文件共享与归档

1. OA系统设置阅读权限，未正式印发或办结的文档与流程，只有参与流程节点审批的人员才有权限查阅；对已办结的文件，除涉密文件外，集团总部行政部应对公司成立以来的文件进行清理，除降级和失效文件外，将所有的实用文件按类归档于知识地图中，供员工进行学习、使用。例如，OA使用人需要查看无查阅权限的流程、文档时，须向文档发起人提出订阅申请，经发起人审核同意后，才可查看该流程、文档。

2. 集团总部行政部需对OA系统上的电子文档每年整理一次，并刻录成光盘，存入集团总部档案室。

……

> **Tips** 由于内容较多，书中只列出了本管理办法的部分内容，其详细内容将在模板中提供，读者可下载完整的管理办法进行参考、使用，下载方法见前言说明。

2. 办公信息化系统管理流程

办公信息化系统管理是需要多方配合才能实现的。表8-7所示为某公司的办公信息化建设管理流程表。

表 8-7 信息化建设管理流程表

流程名称	信息化建设管理流程	主管部门	行政部
流程编号		更新日期	
信息系统服务商	各部门	行政部	公司领导

```
                    提出信息化需求 ← 信息化建
                          ↓           设管理
                         汇总需求
                          ↓
                    需求分析，制定
                    信息化建设目标  →  审批
                          ↓
   提出规划方案 ←        采购
         ↓
        审核         →   审核       →  审批
         ↓
   系统设计   ←        规划方案
         ↓             定稿，归档
     配合测试   →   测试、验收    →   审批
                          ↓
                     数据导入   →  信息管理实施部署
                                      ↓
                                     结束
```

3．办公信息化系统管理表格

在现代企业中，办公信息化系统管理表格也在随着企业的需求变化而不断升级换代，以下是某公司的办公信息化系统管理表格，仅供参考。

（1）员工 OA 账号登记表。

员工 OA 账号使用必须进行初始登记，这样便于企业的整体管理。表 8-8 所示为某公司的员工 OA 账号登记表。

表 8-8　员工 OA 账号登记表

序号	部门	姓名	职务	账号	权限	初始密码	启用日期	停用日期

权限：普通员工或主管、经理等

（2）员工 OA 流程办理检查统计表。

员工的 OA 流程办理情况是需要常规检查的。表 8-9 所示为某公司的员工 OA 流程办理检查统计表。

表 8-9　员工 OA 流程办理检查统计表

日期	部门	姓名	OA 通知	OA 待办	OA 已办	OA 未读	处理周期	延误

处理周期：在规定期限内　　延误：超出期限的

Tips　在使用办公信息化系统进行管理时，需要注意新数据的录入和删除、系统使用权限和相关期限。

专家支招

1. 网站信息发布如何分级审核

公司一般通过内外部网站将公司信息发布出去,要想加强公司网站的规范管理,首先要规范网站信息采集、审核和发布机制,实行信息发布分级审批制度,对未经审核的信息一律不准上网发布。

表 8-10 所示为网站信息发布分级审核流程。

表 8-10 网站信息发布分级审核流程表

作用单位 逻辑节点	集团领导	部门领导（下属二级单位领导）	网站内容管理员	申请网站信息发布者
申请网站信息发布				撰稿
领导审批	审批 ←撤销— 审批 ←撤销—		←请示—	
	—请示→	—同意→		
发布信息			进行信息发布 ←发送—	提供整理好的发布信息

2. 行政部在公司 OA 系统选型中应注意哪些方面

近年来,企业信息化建设迅速发展,OA 软件迅速普及,OA 是一个管理工具,通过它可以贯彻公司管理制度的执行,传播企业文化,通过流程的规范、知识的沉淀、员工的配合和协作可以促进公司中人与组织的和谐发展。作为公司 OA 系统的主管部门,如果公司决定上 OA 系统,那么在 OA 选型中行政部应注意以下 3 个方面。

（1）确定公司的行业需求。

各个行业之间的OA需求或希望OA解决的问题是不相同的。例如，政府机构基于OA系统，帮助政府机构提升内外管理及服务效率，推动政府公共服务能力；又如，受到宏观经济下行压力的影响，制造业已从生产能力的竞争转化为综合能力的竞争，它们希望利用OA系统提升组织的行政运营效率，实现减员增效；再如，建筑与地产行业将OA视作平台化产品，通过业务系统与OA系统数据共享，日常办公统一通过办公平台进行处理。

因此，行政部门在OA选型过程中，首先要根据公司的行业特点及自身的需求，通过调查公司各部门需求及同行业推行情况，确定公司通过OA想要达到的目的，从而做到有的放矢。

（2）了解OA厂商产品。

市场上的OA厂商产品成千上万，要想找到适合企业的OA厂商，行政部门就要从品牌出发，综合考量各大品牌及其明星产品，如泛微的大中型组织系统e-cology、致远的A8及华天动力的旗舰型产品等。

（3）从繁杂的细节中脱出身来。

行政部门作为OA选型的发起及组织部门，应从繁杂的细节中脱出身来，首先找到一个组织共性的需求，然后是关键部门的需求，最后是重要角色的需求。因此，行政部门要衡量轻重缓急，以及其需求是否满足对全局的成败影响。

高效工作之道

钉钉——智能移动办公平台

钉钉是阿里巴巴集团推出的一款可跨平台使用，提供PC版、Web版和手机版，支持手机和计算机间的文件互传，全方位地提高企业沟通和协同效率的软件，使工作更简单、高效、安全，使企业进入智能化移动办公时代。

相对于OA办公信息化系统，钉钉具有一定的优势。首先，OA是按人数/模块/年收费，钉钉是一款免费软件，且简单易上手；其次，钉钉的审批功能融合通信移动办公，随时随地都可以对请假、补卡、报销、出差、外出、物品领用、加班及合同等进行申请和审批，相对于 OA 系统，其执行力和时效性更强。

钉钉提供的功能非常多，如审批、考勤、公告、日志、签到、智能报表、电话会议和视频会议等，这些都是企业中经常用到的，可以全方位地提高企业的沟通效率。其中，审批和考勤功能是企业使用最频繁的。下面以钉钉考勤为例讲解钉钉的使用方法，具体操作步骤如下。

步骤① 启动手机上的钉钉APP，在界面中点击下方的【工作】图标，进入主界面，点击【考勤打卡】图标，如图 8-1 所示。

步骤② 打开打卡界面，点击【上班打卡】图标，即可在打开的对话框中显示上班打卡成功，并显示打卡时间，同时在打卡界面中显示打卡时间和地址，如图 8-2 所示。

步骤③ 点击打卡界面下方的【统计】图标，在打开的界面中将默认显示当日的统计，即这个考勤组中当日应到人数、打卡人数、未打卡人数、迟到人数和外勤人数，如图 8-3 所示。

图 8-1　钉钉主界面

图 8-2　上班打卡

图 8-3　查看当日考勤统计

步骤④ 选择界面上方的【月统计】选项卡，将在该界面中显示当月考勤组的考勤情况，如迟到人数、早退人数、缺卡人、旷工人数、外勤人数及加班人数等，如图 8-4 所示。

步骤⑤ 如果要导出当日或当月的考勤表，那么直接点击界面右上角的【报表】链接在打开的界面中设置考勤开始时间、结束时间及导出的人员，点击【导出报表】按钮，如图8-5所示。

步骤6 开始导出，导出完成后，将以工作通知的形式发送给每个员工，并在工作通知中显示导出的文件，如图8-6所示，点击该文件即可查看当日或当月的考勤记录。

图8-4 查看月考勤情况　　　图8-5 导出考勤报表　　　图8-6 发送工作通知

> **Tips** 企业在选择办公平台时，可以根据实际情况和实际需要选择适合企业的办公平台。

第9章 安全保障管理

企业运营中安全保障是最重要的环节，有句话说得好，"安全无小事"，所以要时时讲安全、事事讲安全，以人为本，预防为主，不断增强企业的安全综合管理能力。本章将对企业的安全保障管理相关知识进行讲解。

9.1 安全保障管理的范畴

在企业运营中，如果没有安全做保障，一切都是空谈。所以，企业安全保障管理是企业管理工作中的重中之重，同时也是企业管理中常抓不懈的工作。

在企业中，安全保障的范畴很广泛，涉及方方面面，它可以是办公、生产区域的安全保障，可以是治安保卫、人员出入、物资出入安全的保障，还可以是危机事件处理、员工值班、劳动保护、安全事故、消防安全等。总之，所有的安全保障都包括在企业生产经营的整个环节中。

9.2 办公区安全管理

在企业中，办公区安全管理的重心主要是防火和防盗两大板块。办公区作为员工的第二个常驻地，安全管理的好与否直接关系到员工的办公状态。

9.2.1 办公区安全管理的内容

办公区安全管理的内容主要包括以下几点。

（1）防火：专门对火灾隐患，如火、热、易燃易爆物品等进行管理。

（2）防盗：对办公区的门窗进行安全防护管理，并加强安全巡逻，对出入人员进行严格详细问询和登记管理，避免企业和员工的财产受到损失。

（3）用电：对电路、电操作人员进行专门的培训，执行"电源插座勤检查""人走电闸关闭"的规定，尤其对私拉乱接电线、超负荷用电、插座上使用过多的用电设备等方面需加强管理。

（4）保证安全通道和出口畅通，无杂物堆放，如走廊和楼梯口等处。

（5）办公区门锁的钥匙保管工作。

9.2.2 办公区安全管理的原则

办公区安全管理需要遵循一定的原则。

（1）可控原则：办公区内很多事故的发生，多是人为操作不当造成的，所以一定要严格执行安全管理条例，加强员工安全教育培训，制订切实可行的办公区域事故预警及应急处理预案。例如，加强安全巡逻等，把安全风险降到最低等。

（2）不可控原则：对于地震、台风等不可控的自然灾害造成的办公区安全问题，应在保障人身安全的同时，尽最大努力将企业的损失降到最低。

（3）事前防范原则：办公区安全是可以通过日常的监督检查和制订相关预防措施，来避免事故发生的，如对老化电线及时进行更换、对相关的设施设备进行及时的维修维护，防患于未然。

（4）谁使用谁负责原则：对办公区所有涉及安全的设施、设备等，都应明确划分责任人，这样一来，职责清晰，有利于相关责任人担负起责任，如发现问题就可以第一时间想办法解决，同时也有利于追究相关责任人的责任，以警示大家安全重于泰山。

（5）检查处理到位原则：在管理工作中，应认真担负起本职位的责任，对事不对人地去查处相关责任人，坚决杜绝做事立场不坚定、欺软怕硬，应付了事、走形式走过场；应有始有终、不留后患、一查到底、检查处理不手软。

9.2.3 范本：办公区安全管理相关制度/流程/表格

办公区安全管理制度、流程和表格是对办公区安全管理的细化，是具体操作的依据。以下是某公司的办公区安全管理制度、流程、表格，仅供参考。

1. 办公区安全管理制度

制订办公区安全管理制度是非常必要的，它可以明确责任人及管理范畴。下面是某公司的办公区安全管理制度，供读者参考。

办公区安全管理制度

一、目的

为了确保公司办公区的安全,有效处理安全事故并防患于未然,特制订本制度。

二、适用范围

本制度适用于公司办公区的管理。

三、职责

(一)行政部

行政部为公司办公区安全管理责任部门,全面负责公司办公区的安全管理工作;除各部门所在的办公区域外,公司其他办公区的安全责任由行政部负责。

(二)各部门负责人

各部门负责人为该部门办公区域安全管理第一责任人,如离开公司需指定一名员工为部门临时安全负责人。

四、办公区出入管理

1. 公司员工凭门禁卡/指纹进入公司。非公司人员,需在前台进行登记,填写《来访人员登记表》,并在公司员工陪同下进出公司。

2. 行政部做好门禁卡/指纹登记工作,员工领取门禁卡时须填写《门禁卡领取登记表》。

3. 公司员工发生门禁卡遗失情况,应在第一时间通知行政部,由行政文员在第一时间进行销卡工作。员工遗失门禁卡未及时通报的,甚至造成损失的,将根据损失情况对其进行追责处理。

4. 公司员工在办公时间离开公司,要注意"一出一关门"。

5. 公司员工临时离开办公室,要随手锁门,防止发生行窃(拎包)案件。

6. 公司员工最后离开办公室者,要注意查看办公室的窗户是否关好、电灯、计算机是否关闭、空调、电扇是否关闭,电源是否拔掉,最后关闭办公室大门。

7. 无特殊情况,办公室内不得留宿。

五、钥匙管理

(一)钥匙保管责任

1. 公共区域的钥匙由行政部统筹管理。

2. 独立办公室的钥匙由使用者管理,但需放置一把钥匙到行政部以备急用。

3. 董事会领导办公室钥匙由秘书管理,但需放置一把钥匙到行政部以备急用。

4. 公司库房钥匙由前台文员专人保管,并签署《库房管理责任书》,管理人承担包括钥匙管理在内的管理责任。

5. 公司机房钥匙由信息专员专人保管，管理人承担包括钥匙管理在内的机房管理责任。

6. 钥匙保管责任人应注意以下事项。

（1）本人所保管的钥匙不能任意借予外人使用。

（2）钥匙遗失时，应立即向行政部报备。

（3）离职时应将钥匙归还行政部。

（二）钥匙的具体管理

1. 独立办公室使用人员负责管理所用办公室钥匙的使用，不得任意复制给予他人使用。

2. 公司大门钥匙由前台文员保管，员工根据工作安排如遇加班等情形，在下班前可提前到前台文员处履行备用钥匙借用手续，并在离开公司时对办公区域电源进行关闭检查后将公司大门进行反锁，备用钥匙用完后须于第二天及时办理归还手续。

3. 员工锁门时若因个人原因导致门锁损坏或失误造成门反锁的情形时，产生的开、换锁相关费用，由责任人自行承担。

4. 钥匙的新配、更换和复制，前台文员需及时在《钥匙制作登记表》上登记。

六、资产资料安全管理

（一）按照"谁使用，谁负责"的原则，员工在下班时需将贵重物品、笔记本电脑等资产自行收纳好。

（二）离开办公室时，将印章、秘密文件、资料锁在文件柜或抽屉内，不得放在桌面上。

（三）严禁在办公室内存放现金、有价证券和其他贵重物品。

七、罚则

（一）违反公司钥匙、门禁卡管理规定，私自将钥匙复制、将个人门禁卡借给他人使用，给公司造成损失者，视情节轻重，除照价赔偿外，给予50～500元的处罚，情节恶劣者，移送司法机关处理。

（二）借用公司公共区域钥匙，未履行锁门及监管职责，给公司造成损失者，视情节轻重，除照价赔偿外，给予50～500元的处罚，情节恶劣者，移送司法机关处理。

（三）因个人监管不善，造成公司资产、资料遗失，视情节轻重给予50元以上处罚，情节恶劣者，移送司法机关处理。

八、附则

（一）本制度自发布之日起执行，由行政部负责解释和修订。

（二）此前公司的相关管理规定凡与本管理制度有抵触的，均依照本管理制度执行。

2. 办公区安全管理流程

办公区安全管理流程是对管理制度更加清晰的诠释。表9-1所示的是某公司办公区域安全管理流程。

表 9-1　办公区域安全管理流程表

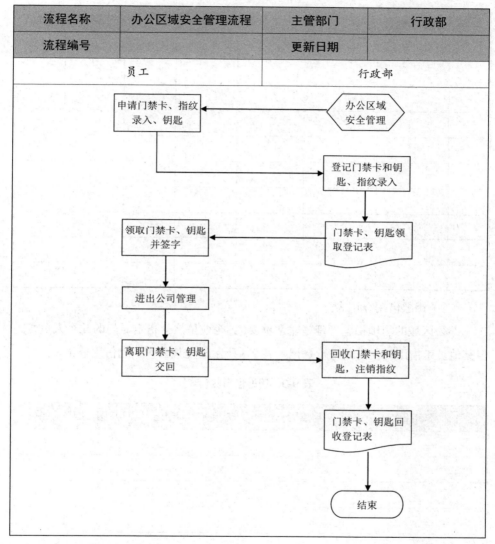

3. 办公区安全管理表格

办公区安全管理中，很多需要以表格的形式去细化管理，以下是某公司的办公区安全管理表格，仅供参考。

（1）办公区域来访人员登记表。

办公区域（特别是技术或科研地）对于企业来说是企业的重地，对来访人员进行详细登记是必做事项。表 9-2 所示的是办公区域来访人员登记表。

表9-2　办公区域来访人员登记表

日期	来访人姓名	来访人单位	来访事由	来访时间	被访人	离开时间	记录人

（2）钥匙借用登记表。

办公区域的门锁钥匙管理是非常重要的，企业虽然会指定专门的几个人负责，但其他员工借用时，需要进行登记。表9-3所示的是某公司钥匙借用登记表。

表9-3　钥匙借用登记表

序号	借用日期	借用原因	借用人	借出人	归还日期	备注

（3）钥匙制作登记表。

如果企业出现钥匙丢失需要增加配备或破损无法使用的情况，需要再次制作的，需要进行详细登记。表9-4所示的是钥匙申请制作领取登记表。

表 9-4　钥匙申请制作领取登记表

序号	日期	数量	制作理由	经办人	钥匙编号	领取人	领取时间	备注

9.3　治安保卫管理

治安保卫管理工作在很多企业中还只停留在保卫管理上，其实在现代企业的治安保卫管理中，更多的是需要把保卫工作和治安防卫工作结合起来开展。

9.3.1　治安保卫管理的要点

治安保卫管理的要点包括以下几点。

（1）对企业员工经常进行治安灾害事故的宣传教育，提高员工的警惕性。

（2）加强日常治安巡逻，对可疑分子要进行仔细盘查，确保出入人员、物品、车辆对企业及员工无害。

（3）定期检查治安隐患，建立治安隐患整改记录。

（4）发现违法行为及涉嫌刑事犯罪的案件应当及时报警，并采取措施保护现场，配合公安机关的侦查、处置工作。

> **Tips**　治安保卫管理工作中的部分内容看似与后面讲解的人员出入管理、物资出入管理、消防安全管理等内容重复，但治安保卫管理人员与专岗的行政管理人员所管辖的区域和管理的范畴是完全不同的。

9.3.2 范本：治安保卫管理相关制度/流程/表格

治安保卫管理一定要突出重点，以下是某公司的治安保卫管理制度、流程、表格，仅供参考。

1. 治安保卫管理制度

治安保卫管理因企业的不同，管理的范围也有所不同，所以在制订本企业治安保卫管理制度时，要结合企业的实际情况。下面是某公司治安保卫管理制度，供读者参考。

治安保卫管理制度

一、目的

为保障员工生活安全，促进生产经营，建立健全岗位治安和消防责任制，教育员工自觉遵守，严格执行企业各项管理，特制订本管理制度。

二、原则

预防为主，保障安全，突出重点，全面管理，依靠群众，单位负责。

三、公司治安管理的主要工作范围

（一）开展治安防范宣传教育，落实各单位的内部治安保卫制度和治安防范措施。

（二）对出入公司的人员进行登记验证，并对出入的车辆和物品进行查验登记。

（三）进行治安防范巡逻和查处治安案件，检查治安消防隐患，建立巡逻和治安隐患整改记录。

（四）维护治安秩序，制止违法行为，对难以制止的违法行为以及涉嫌刑事犯罪的案件应当及时报警，并采取措施保护现场，配合公安机关的侦查、处置工作。

（五）负责对公司内部有轻微违规行为的人员协助相关部门做好调处工作。

（六）督促落实各单位内部治安防范设施的建设和维护。

四、治安保卫工作的机构设置

公司的治安保卫工作由公司行政部负责组织实施和管理，设置专职保安人员，具体负责公司治安、消防、内部保卫工作。

五、门卫工作管理

（一）门卫基本制度

1. 严禁非公司人员在门卫值班室逗留。

2. 外单位人员进入公司时，必须到门卫值班室进行登记，经门卫查验后方可进入。

3. 所有车辆进出大门要减速行驶，骑自行车或摩托车的人员进出公司大门时要下车，推车进出，并接受门卫人员指挥。

4. 所有进出人员、车辆须自觉接受门卫检查，对拒绝检查者，门卫有权阻止其进出。

（二）公司物品出门

1. 员工携带公司物品出门，须持经公司行政部出具的出门证出公司，公司门卫核对查验无误后放行，并详细登记物品出公司台账。

2. 公司出售的固定资产出门，凭公司财务部和行政部签批的出门证出门。

3. 外单位租借公司设备、工具，须经设备、工具所属单位同意，公司行政部批准后办理相关的租赁合同、借用手续，并持行政部出具的出门证出门，做好登记。

4. 所有机动车辆进出大门一律由门卫查验登记后方可放行。

5. 门卫人员应认真按此制度执行，对违反以上条款的责任人根据公司有关制度严肃处理，如给公司造成严重损失或情节严重的报司法部门追究法律责任。

六、消防管理制度

消防工作贯彻"预防为主，防消结合"的方针，坚持专门机关与群众相结合的原则。各单位应当履行下列消防安全职责。

（一）制订消防安全制度、消防安全操作规程。

（二）实行防火安全责任制，确定本单位和所属各部门、岗位的消防安全责任人。

（三）针对本单位的特点对职工进行消防宣传教育。

（四）组织防火检查，及时消除火灾隐患。

（五）按照国家有关规定配置消防设施和器材、设置消防安全标志，并定期组织检验、维修，确保消防设施和器材完好、有效。

（六）保障疏散通道、安全出口畅通，并设置符合国家规定的消防安全疏散标志。

（七）实行每日防火巡查，并建立巡查记录。

（八）对职工进行消防安全培训。

（九）制订灭火和应急疏散预案，定期组织消防演练。

（十）进行电焊、气焊等具有火灾危险作业的人员必须持证上岗，并严格遵守消防安全操作规程。

（十一）任何单位、个人不得损坏或者擅自挪用、拆除、停用消防设施、器材，不得埋压、圈占消火栓，不得占用防火间距，不得堵塞消防通道。

（十二）公司行政部对消防安全重点单位应当定期监督、检查。

（十三）公司行政部发现火灾隐患，应当及时通知有关单位或者个人采取措施，限期消除隐患。

七、现金、票据、印鉴、档案等重要物品管理制度

（一）存放（使用）现金、票据、印鉴、档案等重要物品部门的房屋门窗要安全牢固，存放时必须使用保险柜，钥匙要有专人妥善保管。

（二）财务部门存放现金不得超过银行核定的限额，因特殊原因置留超额现金过夜，必须经公司领导批准，同时报公司备案，安排专人看管。

（三）取送数额较大的现金必须使用专用安全包并两人同行，取送巨款要有专车接送。

（四）加强对票证、凭证、印鉴、档案等重要物品的保管，坚持点验符合制度，堵塞漏洞防止被盗。

……

> **Tips** 由于内容较多，书中只列出了本管理制度的前部分内容，该管理制度的详细内容将在模板中提供，读者可下载完整的治安保卫管理制度进行参考、使用，下载方法见前言说明。

2. 治安保卫管理流程

治安保卫管理必须按照规定的操作流程去执行，表 9-5 所示的是某公司治安保卫管理流程。

表 9-5 治安保卫管理流程表

流程名称	治安保卫管理流程	主管部门	行政部
流程编号		更新日期	
外来人员	各部门	行政部	门卫安保

```
                    ┌─────────┐
                    │ 治安保卫 │
                    │  管理   │
                    └────┬────┘
      ┌─────────┐        │
      │ 进出公司 │────────┤
      └─────────┘        │
                         ▼
              ┌─────────────┐      ┌──────────┐
              │ 带公司物品出门 │      │ 实行管理 │
              └──────┬──────┘      └────┬─────┘
                     │                   │
                     ▼                   ▼
                 ┌──────┐         ┌──────────┐
                 │ 备查 │         │外来人员访 │
                 └──────┘         │问登记表  │
                                  └──────────┘

              ┌──────────┐       ┌──────────┐
              │ 开具出门证 │─────▶│ 检查并登记 │
              └──────────┘       └────┬─────┘
                                       │
                                       ▼
                 ┌──────┐         ┌──────────┐
                 │ 备查 │◀────────│物品出门登 │
                 └──────┘         │记表      │
                                  └──────────┘
```

3. 治安保卫管理表格

治安保卫管理过程中，需要对各个方面进行不同的登记，以下是某公司的治安保卫管理表格，仅供参考。

（1）外来人员出入登记表。

外来人员出入必须要进行详细登记，以避免闲杂人等混入企业。表9-6所示的是外来人员出入登记表。

表9-6　外来人员出入登记表

姓名	身份证件号码	来访时间	来访事由	来访司内接待人签字	离开时间

（2）货物出门证。

任何企业的货物运出企业大门都需要有相关许可，相关的治安保卫管理人员才会放行。表9-7所示的是某企业货物出门证。

表9-7　货物出门证

出门货物	（货物名称）	货物数量	
运输工具		车牌号	
出门事由	（大货车、卡车、三轮车）（是发给客户还是其他）	申办部门	经办人： 年　月　日
行政部意见			

（3）治安隐患整改记录表。

治安隐患发现后一定要进行整改，并对此项工作进行记录。表9-8所示的是某公司治安隐患整改记录表。

表9-8 治安隐患整改记录表

序号	隐患内容	问题分析	排查日期	责任人	整改效果	记录人
	存在火灾隐患等	具体说明存在隐患的原因			已恢复/无法修复/已更换	

9.4 人员出入管理

人员出入管理不仅可以保障公司人员和财产安全，还可以维护企业的良好秩序，保证企业的正常运行。

人员出入管理的目的主要包括如下几个方面。

（1）保障企业财产安全不受外来人员侵害。

（2）保障企业员工的人身及财产安全不受外来人员侵害。

（3）维护员工通行秩序，避免大家拥挤、造成肢体冲突等不良事件。

（4）确保企业内部正常的生产运作，不受外来人员带来的不必要干扰和破坏。

（5）维护企业自身利益不受外来人员的直接或间接侵害。

（6）维护企业的对外形象，给人一种有序、安全、管理规范的良好印象。

（7）进一步规范和提升企业综合管理能力。

9.4.1 人员出入管理的要点

在开展人员出入管理时，工作的要点主要包括以下几点。

（1）对出入企业的人员，只要不是出示企业证件的员工，就要做好出入登记，并与企业内部相关接洽人进行有效对接，以保证企业的合理性、合规性、合法性。

（2）对来企业公干的外来人员，应由企业自身的员工进行随行接待，以免造成不必要的安全隐患。

（3）对不能说明企业接洽人员或部门的外来人员进行盘查。现实工作中，一些推销员、过路人等前来，如果他们自由出入企业内部，可想而知，会给企业造成很多无法预料的影响。所以，人员出入管理看似简单，实则有重要作用和价值。

9.4.2 范本：人员通行管理相关制度/流程/表格

人员通行的管理，现在已经成为很多企业行政管理的一项重要工作内容，以下是某公司的人员通行管理制度、出入管理流程和表格，仅供参考。

1. 人员通行管理制度

人员通行管理的重点在门岗，门岗工作做好了，企业人员出入管理的第一道关就把好了。下面是某公司人员通行管理制度，供读者参考。

公司人员通行管理制度

一、目的

为切实加强公司门岗通行管理，维护正常的通行秩序，特制订本管理制度。

二、适用范围

本制度适用于公司在册正式员工、劳务派遣人员以及其他相关人员。

三、职责

（一）行政部

行政部是公司治安保卫工作的主管部门，负责各门岗的管理工作。

（二）门岗人员

1. 负责公司各门岗的守卫工作。
2. 负责各类人员进出公司的检查、登记。
3. 负责相关方人员"临时通行证"的办理。
4. 负责与人员进出有关的治安事件的处理。

（三）信息管理部

1. 负责员工"一卡通"的办理、回收、注销。
2. 负责各门岗滚闸、道闸的日常维护、修理。
3. 负责协助处理与人员进出有关的治安事件。

（四）人力资源部

1. 负责员工劳动纪律的管理。
2. 负责在册正式员工、劳务派遣人员办理"一卡通"期间个人信息的审核。
3. 负责协助处理与人员进出有关的治安事件。

四、门岗设置

（一）公司设立一号门、二号门及三号门。其中一号门为人员专用进出通道；二号门为除货运车辆以外的机动车辆和人员进出通道；三号门为货运车辆进出通道。

（二）公司分别在一号门、二号门和三号门设置门卫人员，实行24小时执守，对进出的人员、车辆进行验证验物等检查工作。

五、人员进出管理

（一）公司在册正式员工的进出管理

1. 公司在册正式员工必须凭有效的"一卡通"打卡进出，严禁代他人打卡和使用他人的"卡"进出。
2. 凡未携带"一卡通"的员工，在进厂时可凭本人其他有效证件在门岗登记，并经门卫人员电话核实身份后方可进入，也可通过OA接待系统登记后，凭有效身份证明进入。严禁未携带"一卡通"的员工在拒不履行登记手续的情况下强行进出或故意寻衅滋事。
3. 凡丢失"一卡通"的员工，应及时通过网上流程向信息管理部申请挂失，并领取"周转卡"和补办新卡。

（二）派遣劳务人员的进出管理

1. 各单位应对本单位劳务派遣人员进行统计造册，通过网上流程提出"劳务卡"（或"临时卡"）的申请，由人力资源部审核后，交由行政部信息管理主管办理。
2. 所有劳务派遣人员应凭"劳务卡"（或"临时卡"）进出公司大门。凡未携带"劳务卡"（或"临时卡"）的劳务派遣人员，履行登记手续后方可进入公司。
3. 劳务派遣人员遗失"劳务卡"（或"临时卡"），应及时补办。

（三）各单位因开展课题研究、项目咨询或其他公务活动，邀请（聘请）外部人员进入公司协助工作，并需要办理"一卡通"的，按照以下方式执行

1. 外部人员在公司连续工作时间达到7个工作日或一个季度内累计工作时间达到20个工作日的，各单位可以按照公司流程，经公司行政部审核后，由信息主管负责办理"临时卡"。

2. 连续工作时间在 7 个工作日以内或一个季度内累计工作时间在 20 个工作日内的外部人员，均按照公司来宾通行管理的规定，在门岗履行登记手续并领取"来宾证"后进入公司。

……

> **Tips** 由于内容较多，书中只列出了本管理制度的前部分内容，该管理制度的详细内容将在模板中提供，读者可下载完整的公司人员通行管理制度进行参考、使用，下载方法见前言说明。

2. 人员出入管理流程

人员出入管理，需要按照一定的流程去执行。表 9-9 所示的是某公司人员出入管理流程。

表 9-9 人员出入管理流程表

流程名称	治安保卫管理流程	主管部门	行政部
流程编号		更新日期	
劳务人员	用人部门	人力资源部	行政部

```
                                    ┌─────────┐
                                    │ 人员出入 │
                                    │  管理   │
                                    └────┬────┘
                                         │
                                         ▼
        ┌──────────┐    ┌──────┐    ┌──────┐
        │申请出入门卡│──▶│ 审核 │──▶│ 办理 │
        └──────────┘    └──────┘    └──────┘
                                         │
                                         ▼
                                    ┌─────────┐
                                    │出入门卡办│
                                    │理登记表 │
                                    └────┬────┘
                                         │
                                         ▼
  ┌──────┐      ┌────────┐           ┌──────┐
  │ 领取 │◀─────│领取登记│◀──────────│ 下发 │
  └──┬───┘      └────────┘           └──────┘
     │                │
     ▼                ▼
  ┌──────┐      ┌─────────┐          ┌──────┐
  │凭卡进出│      │出入门卡领│          │ 备查 │
  └──────┘      │取登记表 │          └──────┘
                └─────────┘
```

3. 人员出入管理表格

人员出入管理表格是对出入管理制度和流程的补充和细化，以下是某公司人员出入管理表格，仅供参考。

（1）出入门卡申请表。

现在很多企业为了节省人力成本，出入门处都不会设置专门的门岗，而是制作门禁控制系统，人员出入均以刷卡来实现。而卡的管理在此就显得尤为重要了。表 9-10 所示的某公司出入门卡申请表。

表 9-10　出入门卡申请表

申请部门	门卡类型	申请数量	用途	备注
	（根据级别可以授权刷几道门）			
部门意见				
人力资源部意见				
行政部意见				

（2）出入门卡办理登记表。

出入门卡的办理需要有相关负责人确认。表 9-11 所示的某公司出入门卡办理登记表。

表 9-11　出入门卡办理登记表

申请部门	门卡类型	申请数量	申请日期	申请人签字
	（根据级别可以授权刷几道门）			

(3) 出入门卡领取登记表

出入门卡要确保有去向记录。表 9-12 所示的是某公司出入门卡领取登记表。

表 9-12　出入门卡领取登记表

序号	门卡类型	领取数量	领取日期	领取人签字

> **Tips**　人员出入管理在现阶段更是彰显企业对外形象和实力的表现形式之一，员工的着装统一化、出入打卡的规范化都是向外界传递企业的正面形象的信息。

9.5　物资出入管理

物资是企业的财产之一，对其进行严格管理，保证企业财产不受损失，行政部门责无旁贷。

物资出入管理的目的主要包括以下几点。

（1）维护企业的利益不受损失，杜绝给不法分子钻企业空子的机会，将企业物资偷偷地转移出去。

（2）确保企业内部正常的生产运营不断走向正规化、流程化。

（3）使各项物资管理工作都能有章可循。

（4）物资的出入信息可以作为备案信息之一，它的数据波动，可以为企业决策提供非常有价值的参考性依据。

9.5.1 物资出入管理的要点

物资出入管理，其工作要点包括以下几个方面。

（1）对物资的出入要做好登记，明确相关责任人。

（2）对物资的出入进行认真查验，确保登记事项与实物相符。

（3）为了杜绝个别居心叵测的人浑水摸鱼，要坚决对将企业的物资夹带出企业的相关人员给予严肃处理，以儆效尤，避免给企业造成不必要的损失。

（4）对进入企业的物资要由企业相关负责人员接洽后，才能放行，以避免造成不必要的安全隐患或差错事故。

9.5.2 范本：物资出入管理相关制度/流程/表格

在物资管理过程中，一定要明确责任，以下是某公司的物资出入管理制度、流程、表格，仅供参考。

1．物资出入管理制度

物资出入管理必须要遵循一定的原则，有规范化的制度去约束，才更有说服力。下面是某公司物资出入管理制度，供读者参考。

物资出入管理制度

一、目的

为了规范公司物资账物管理，物资出入库管理，物资出入厂管理，特制订本制度。

二、适用范围

本管理制度适用于本公司各材料库、成品库等物资的出厂及对违反物资出入管理各种行为或仓库现场管理的处理或处罚。

三、职责

（一）物流部

对仓库设备条件、合理布局的策划、人员规划等全面管理负责，对物资出入库合法性的审批、物资出门合法性手续的核查、审批。

（二）仓库保管员（以下简称仓管员）

对所管辖物资的入库、出库的依据有效性负责；对物资的保管、盘点负责；对ERP系统业务操作负责，同时对库存信息准确性和更新及时性负责；对月度、季度、年度报表的及时性、准确性负责。

（三）财务部

对物资的价格负责审核，对供应商的发票负责审核，对物资的分类负责界定，对定额领料管理办法负责制订。

（四）各领料部门

负责人对领料的手续的批准负责。

（五）相关部门或经办人

对需要出门的物资办理合法性手续。

（六）ERP推进工作小组

负责对ERP物资编码、权限、软件运行、流程变更的管理。

（七）门卫

负责对出厂物资的手续进行验查。

四、物资的入库

1. 成品库仓管员每日根据车间产品上的品保部的合格检验章进行入库，如果没有合格标识，不得入库；在入库时，需要确定ERP系统的产品编号对应的产品与线盘上的标识是否一致，电子秤表头上的重量显示是否与系统里显示的重量一致，同样定重的产品重量是否差距较大等情况，当有异议时需终止入库，待查明原因方可继续。如果还没有检验要紧急发货时，物流部把要紧急发货的信息传递到品保部经理处，由其联络质检科提前办理相关手续。

2. 材料仓管员根据收到的物资、供货方或送货人提供的送货单（或发票）、采购员提供的《采购申请单》（采购订单、采购合同等），逐一核对供应商、品名、规格、单价、数量，无误后根据实际收到的数量办理入库手续，对于需要品保部质量验收的物资，物流部采购员需填写《送检单》，待检验合格后方可办理入库。

3. 具有年度供货框架合同的供应商，送货时可在送货单上不注明价格（主要指绝缘漆、绝缘纸、常规包装盘具、包装材料、模具等），其余的必须在送货单上按材料名称分项目列明准确的单价，否则不办理入库手续，同一供应商三次以上追究采购员责任，同时取消供应商供货资格。

4. 物资入库时附带有质保书、合格证等文件要求时，要一并验收。

5. 《材料入库单》和《成品入库单》必须是机打的一式三联，上面的所有需要填写的信息必须全部填写清楚；单据上有制单人和审核人的签名，制单人和审核人不能是同一人，否则为无效票据。

6. 如果采购材料中附带额外费用，如运输费用，采购员需要提供书面报告，主管领导批准后仓管员把运输费用分摊入材料价格中，办理入库。

  7. 材料入库后，仓库保管员每月末把没要到发票的材料提供给采购员，同时采购员应及时催要发票，物资到库后90天内仍得不到发票的，追究采购员责任。

  8. 委外加工、维修的物资按《外协管理制度》实施，凭《外协申请单》办理入库。

  9. 没有合法的采购手续而采购的物资一律不办理入库。

  10. 采购的物资多于采购单上数量的（或超出规定的正差）、质量验收不合格的、型号规格不符的、超过合同价格的均不办理入库。

  11. 由于为紧急采购或补救性采购没有及时办理采购手续而购回的物资可办理入库手续，但申购部门或采购人员必须在次日（含）以前办理相关手续，否则仓管员视为非法采购有权给予退回，材料会计不予入账。

  12. 采购物资送货单上的名称与采购《采购申请单》或订单上的名称不一致时，仓管员不予办理入库，应立即通知采购员，让采购员把情况调查清楚。

  13. 采购物资的发票与入库单名称不一致时，财务不得办理入账手续，应立即把发票退给采购员，让采购员把情况调查清楚。

  14. 盘具或木托等回收物资的入库，仓管员填写《回收物资检验单》，其中φ1250mm（含）以上盘具携带《回收物资检验单》报检测中心送检。其他回收盘具和木托由质检科授权检验员进行检验，检验完毕后回收运输人签字确认。《回收物资检验单》一式三联，一联检测中心保存，一联回收运输人保存，一联仓管员留存，同时在ERP系统中操作完成。

  15. 所有仓储物资应在ERP系统中有对应的账目，随时可以共享信息。

  16. 物资办理入库手续后存放到相应位置，有关信息（入库日期、入库数量、结存数等）应记录在货卡上。

  ……

> **Tips** 由于内容较多，书中只列出了本管理制度的前部分内容，该管理制度的详细内容将在模板中提供，读者可下载完整的物资出入管理制度进行参考、使用，下载方法见前言说明。

2. 物资出入管理流程

  物资出入管理由于涉及企业的财产，所以必须要经过相关责任人的确认。表9-13所示的是某公司的物资出入管理流程。

表 9-13　物资出入管理流程表

流程名称	物资出入管理流程	主管部门	行政部
流程编号		更新日期	
成品库仓管员	材料库仓管员	采购员	供应商

成品库仓管员流程：物资出入管理 → 成品入库 → 成品入库单 → 按产品出库通知单产品出库 → 产品出库单

材料库仓管员流程：物资出入管理 → 按采购合同、凭票验收入库 → 材料入库单 → 按出库通知单物资出库 → 材料出库单

采购员流程：采购申请 → 采购合同 → 按合同供货（供应商）

3. 物资出入管理表格

物资出入管理过程中，要留存管理记录，以便企业后期查找。以下是某公司的物资出入管理表格，仅供参考。

（1）材料入库单。

材料入库要有相关信息留存。表 9-14 所示的是某公司的材料入库单。

表 9-14　材料入库单

日期	品名及规格	单价	数量	金额	生产日期	验收人

（2）成品入库单。

成品入库一样需要做详尽的记录，备查。表9-15所示的是某公司的成品入库单。

表9-15　成品入库单

日期	品名及规格	数量	生产日期	入库人	验收人	备注

（3）产品出库单。

产品出库同样如此，其品名、规格、数量、生产日期等都是非常重要的信息，需要留存下来，表9-16所示的是某公司产品出库单。

表9-16　产品出库单

日期	品名及规格	数量	生产日期	出库人	验收人	备注

> **Tips** 现实工作中，经常会接触到一些未经过正常流程而想进出的物资，这时候物资出入管理员要坚持原则，坚决对不合规的行为和事件说"不"，这是对企业和所在的岗位负责。

9.6 危机事件处理

危机事件往往具有突发性和强烈的破坏性，而有效处理的第一步源于正确地辨别危机，因此，无论是发现人，还是处理人员都应在接收初始信息时，保持冷静客观的态度和思维状态，给予快速的反应和及时、积极的处理。

9.6.1 危机事件的类型

危机事件的常见类型包括以下几个方面。

（1）网络危机事件：包括通过微博、论坛、网站、公众号、贴吧、邮件等各种网络平台传播企业的负面或诋毁信息等，造成无法控制的网络扩散，使企业的形象和声誉受到不良影响的事件。

（2）媒体危机事件：包括通过报纸、杂志、广播、电视、户外广告位（如电子屏、墙体）等途径传播企业的负面或诋毁信息等，造成广泛舆论误导，影响公司形象和声誉的事件。

（3）口碑危机事件：包括通过某些影响力较大的公众人物或群体，向公司目标客户群体及合作伙伴群体传播企业负面或诋毁信息等，造成目标客户群体及合作伙伴群体的错误认知，影响公司形象和声誉的事件。

（4）司法危机事件：包括因个别事件为诱因，造成个人或组织通过司法程序向企业提起诉讼，进而造成企业被动面对诉讼，而引发的直接或间接损失，影响企业的形象和声誉及市场拓展的事件。

（5）其他危机事件：包括上市公司大股东作为企业管理者因个人作风问题被曝光给企业带来的负面影响、企业发生火灾或发生员工罢工影响生产等事件、企业被曝出生产假货的新闻等。

9.6.2 危机事件处理的方法

危机事件处理的方法主要包括以下几点。

（1）正面积极的态度。在第一时间收到信息时，能够抱着积极主动勇担责任的态度投入调查、了解、分析、判断、决策的工作中，做到不推卸、不埋怨、不寻找客观理由，变被动为主动，寻求最佳的解决方案，这是危机事件处理最起码的应对态度，只有这样才能赢得社会的谅解和好感。

（2）及时处理，不拖沓。危机事件处理的关键在于尽最大可能地控制事态的恶化和蔓延，使因危机造成的损失降到最低，所以，在事件发生后，相关人员要迅速做出反应，果断处理，以维持企业现有的形象。

（3）沉着、冷静地去面对。面对危机事件，要保持沉着、冷静、理性的头脑，不急不躁，不随意进行处理，否则，只会适得其反。

（4）真实地还原事实真相，不遮掩不回避。危机事件会产生种种猜疑误解和流言蜚语，企业要本着实事求是的态度，公布事实真相，让事实说话，才能真正制止流言蔓延，维护企业的形象。

（5）灵活处理。由于危机事件多属于突发性的，可能没有既成的措施和手段，因此要根据实际情况，有针对性地灵活处理。

9.6.3 范本：危机事件处理相关制度/流程/表格

危机事件会对企业产生巨大的创伤，做好危机事件的管理非常重要，以下是某公司的危机事件处理制度、流程、表格，仅供参考。

1. 危机事件处理制度

危机事件处理要有制度做依托，下面是某公司危机事件处理制度，供读者参考。

危机事件处理制度

一、目的

为明确危机事件处理流程，妥善处理危机事件，最大限度地减少事件对公司造成的不利影响，特制订本制度。

二、适用范围

本制度适用于公司所发生危机事件的现场处理与后续处理。

三、定义

危机事件是指公司在运营过程中发生的危险事件和突发事件，通常包括以下几种。

1. 公司经营管理过程中发生的对公司社会形象有重大影响的突发事件。
2. 公司项目管理运作、工程实施中发生的重大安全、质量事故和隐患。
3. 国家行业重大突发性政策变化导致的公司运营管理危机事件。
4. 重大或不可预见的自然灾害。
5. 其他不可预见的突发事件。

四、职责

（一）总经理

1. 在危机事件发生后第一时间对分管领导做出处理指示。
2. 审批危机处理小组提出的危机事件总体处理方案。

（二）常务副总经理

1. 在危机事件发生后第一时间对分管领导做出处理指示。
2. 审核危机处理小组提出的危机事件总体处理方案。

（三）法律顾问

1. 在危机事件发生后第一时间提出法律处理意见。
2. 对危机处理小组提出的危机事件总体处理进行监察，提供法律支持。

（四）危机处理小组

1. 控制危机事件事态发展，提出总体处理方案。
2. 协调各部门妥善处理危机事件。

（五）行政部

1. 协调危机处理小组的组建，协助具体事务的办理。
2. 汇总各部门危机事件处理意见，及时提交危机处理小组。
3. 负责各部门危机处理报告的收集，报公司领导，完成文件存档。

（六）部门分管领导

1. 在权责范围内下达处理初步指令，提出处理方案并上报公司主要领导。
2. 指导分管部门执行危机处理总体方案。

（七）相关部门

1. 负责控制事态、维持现场。
2. 搜集事件具体情况、上报领导。
3. 根据领导指示及权限进行处置。

五、程序

（一）危机事件第一时间处理

1. 危机事件发生时，事件责任人应立即向部门负责人及分管领导报告事件的详细情况。同时，在职权范围内并根据分管领导的指令启动有关应急预案，立即采取有效措施进行第一时间的妥善处理，并做好维持现场、收集信息、抢险救助等必要工作，以免事态扩大。

2. 分管领导接到报告应在职权范围内立即下达应急处理指令，并在1小时内向公司董事会、总经理、法律顾问、行政部报告具体情况，根据公司有关领导及有关部门的指示制订上报危机处理方案。

3. 法律顾问接到报告应立即就事件涉及的有关法律法规事宜提出危机事件处理的法律意见与程序。

（二）危机事件第二阶段处理

1. 行政部接到报告应立即汇总有关部门的处理意见，根据公司领导的指示组织成立危机事件处理领导小组，并协助危机事件处理领导小组协调、落实、督导有关工作事项的逐项处置。

2. 危机事件处理领导小组成立后，应立即统一牵头协调、组织危机事件处置的各项工作，并根据事件的具体情况，以及相关部门提交的危机事件处理预案、法律建议等，制订系统完善的解决方案，并报公司董事会、总经理、法律顾问审批同意后立即下达实施指令。

3. 各部门分管领导根据危机处理领导小组制订的总体处理方案，指导分管部门完成各项处置工作。

4. 危机事件相关责任部门按照公司总体方案妥善处理危机事件，并在事件结束后提交处理结果报告。

……

> **Tips** 由于内容较多，书中只列出了本处理制度的前部分内容，该处理制度的详细内容将在模板中提供，读者可下载完整的危机事件处理制度进行参考、使用，下载方法见前言说明。

2. 危机事件处理流程

危机事件处理需要事先制订出相关处理流程，否则，大家在危机事件的慌乱中很容易出现无法挽回的错误。表9-17所示的是某公司危机事件处理流程。

表 9-17 危机事件处理流程表

流程名称	危机事件处理流程		主管部门		行政部
流程编号			更新日期		
各部门	分管领导	行政部	危机处理小组	常务副总经理	总经理	法律顾问

（流程图：各部门控制事态、维持现场，搜集事件具体情况，上报领导，根据领导指示及权限进行处置并报告；分管领导下达应急处理指令、在权限范围内下达处理初步指令，提出处理方案并上报公司主要领导；行政部第一时间上报情况及处理方案、组织成立危机处理小组、汇总处理意见提交危机处理小组、确定危机总体处理方案；危机处理小组下达初步处理指令、下达执行方案组织各部门处理危机事件；常务副总经理审核并提出处理意见、审核；总经理审核并提出处理意见、审批；法律顾问审核并提供法律处理意见、监督；按方案处理，提交报告；指导分管部门执行处理；执行并监督处理执行；汇总处理结果报告，上报领导并存档）

3．危机事件处理表格

处理危机事件时，做好相关事件发生前后的描述，以备今后借鉴，以下是某公司危机事件处理表格，仅供参考。

（1）危机事件预警报告表

危机事件预警是非常有必要的，它可以让企业提前做好预防或改进，避免更大的危机和损失。表 9-18 所示的是某公司危机事件预警报告表。

表 9-18 危机事件预警报告表

预警人		部门		时间	
危机征兆描述					
建议处理对策					
部门意见					
行政部意见					
分管领导意见					
预警处理结果					

（预警处理结果栏备注：把最终如何防范危机的具体措施行动及结果记录下来）

（2）危机事件报告表

危机事件发生后，相关负责人要第一时间向相关领导做相关报告。表 9-19 所示的是某公司危机事件报告表。

表 9-19 危机事件报告表

报告人		部门		时间	
危机事件描述					
建议应对对策					

续表

部门意见	
行政部意见	
分管领导意见	
常务副总意见	
总经理意见	

> **Tips** 危机事件发生后，一定要先稳住，在最短的时间内采用群策群力的方法，尽可能地把危机事件给企业带来的损失降到最低。

9.7 员工值班管理

员工值班管理的关键在于当职者是否存在玩忽职守，工作交接班过程是否存在走形式。

9.7.1 员工值班管理的要点

员工值班管理的要点包括以下几个方面。

（1）交替班人员在交接班时，应当就当班期间清点、检查单位财物状况做好手工交接班记录，尤其是重点或异常情况要做好交接记录。

（2）交班人员要把任务的历史处理情况向接班人员详细交接清楚，确保接班人清楚地知道自己本班的当前任务，并且交班人要在交班时填写好值班记录，以备查阅。

（3）值班人员要及时填写值班日志，内容可以根据企业的值班要求设置，如记录开始和结束时间、联系方式、受理人、处理人、处理情况、记录人、日常维护作业计划、处理工单记录、事务记事、交接班、备注、审核人等。

（4）值班人员在值班期间要对重点办公场所加强安全巡查，及时清除隐患，认真做好防盗、防火工作，不能粗心大意。

9.7.2 员工值班管理注意事项

员工值班管理注意事项主要包括以下几个方面。

（1）值班人员若遇有紧急情况和突发事件要及时向上级领导汇报，并妥善处理。

（2）值班人员要恪尽职守，一刻都不能脱岗，如需外出，要向上级领导打招呼，在确保有接班人的情况下才可以离开岗位。

（3）值班期间要保障电话或通信联络畅通，保证上级的指示精神能够及时地传达到位。

（4）如遇突发事件，需要沉着、冷静，切不可惊慌，应先采取必要的自救措施，然后立即拨打求助电话或找他人帮忙。

9.7.3 范本：员工值班管理相关制度/流程/表格

员工值班管理必须要求相关制度、流程、表格上墙，让大家可以时时看得见，以下是某公司的员工值班管理制度、流程、表格，仅供参考。

1. 员工值班管理制度

员工值班管理制度在企业的值班室内都可以看得见，但是其制度的可行性与否，与企业是否契合等都是其关键所在。下面是某公司员工值班管理制度，供读者参考。

公司值班管理制度

一、目的

为了更好地开展本公司的工作与业务，规范管理公司员工值班，特制订本管理制度。

二、适用范围

本管理制度适用于公司所有部门的值班人员及其他人员。

三、值班安排

1. 值班时间：国家法定节假日、星期六、星期天。
2. 值班地点：办公室。

四、值班人员的职责

1. 所有部门及人员必须严格按照规定履行值班任务。值班方案由部门自行安排，在行政部领取填写《值班报备表》，由部门主管签字生效，交行政部备案。
2. 值班人员应严格遵守值班时间，不得无故缺席、迟到、早退，在值班时如遇紧急事务，需有值班领导同意后方可离开。因故离开半小时以上者须在值班日志上做出书面说明。遇事须提前向行政部请假，假条须有值班负责人签字。补交的假条无效。
3. 值班人员在值班期间负责打扫卫生，保持物品整洁、完好，做好详细的《节假日值班记录表》，并及时交值班领导处理。
4. 值班人员必须保持高度责任心，认真接听工作电话，热情接待来访者。认真解答访客提出的问题，在值班日志中做好记录并提示接班相关人员。
5. 值班期间发生突发事件须及时处理，重要情况请示值班领导或行政部，必要时向总经理或有关部门汇报。
6. 值班人员要严格维护公司的形象，不得在办公室吸烟、打牌、下棋、酗酒、上网聊天及从事其他与值班无关的活动，严禁在办公室进行违反公司规定的活动。
7. 值班领导负责考勤并如实反映记录，行政部负责监督值班情况。
8. 值班结束时，值班人员要将办公室打扫干净，整理好方可离开。行政部负责监督，并填写考勤日志。

五、外来人员规定

1. 外来人员进入公司必须接受值班人员监督，不得从事与公司业务无关的活动。
2. 外来办事人员按规定找工作人员，不准在办公室内大声喧哗、吵闹，影响其他人员办公。
3. 外来人员应在办完事之后及时离开公司，不得无故在公司内逗留。

六、附则

1. 本制度自发布之日起执行。由行政部负责解释和修订。
2. 此前公司的相关管理规定，凡与本管理制度有抵触的，均依照本管理制度执行。

2．员工值班管理流程

员工值班管理流程通常也是需要上墙的，企业会不定期地对值班人员进行值班管理流程考核。表9-20所示的是某公司的员工值班管理流程。

表 9-20　员工值班管理流程表

流程名称	员工值班管理流程	主管部门	行政部
流程编号		更新日期	
值班人员	部门	行政部	分管领导

```
值班人员                部门              行政部            分管领导

                   提交值班         员工值班
                   报备表           管理
                      │               │
                      └──────→   汇总公司值班
                                  安排表
                                      │
                                      ↓
                                  上报公司汇总
                                  后的值班安排 ──→   审批
                                  表                  │
                                      ↑               │
                                      └───────────────┘
                                      ↓
   执行值班 ←── 安排人员值班 ←── 下发公司值班
      │                              安排表
      ↓
   安全、卫生、
   外来人员接待
      │
      ↓
   突发事件指示 ──→ 指示处理 ──→ 指示处理
   领导
                       ↓
                     处理
                       │
                       ↓
   值班记录表                      存档备案
```

3. 员工值班管理表格

员工值班管理表格是对相关工作记录的留存。以下是某公司的员工值班管理表格，仅供参考。

（1）值班报备表。

值班报备表是非常重要的，一旦出现问题，它可以指引人们快速找到相关责任人，及时处理。表 9-21 所示的是某公司值班报备表。

表9-21 值班报备表

部门	值班时间	值班人员	联系电话	值班领导	联系电话

（2）节假日值班记录表。

员工节假日值班记录是值班人员必须做的工作内容之一。表9-22所示的是某公司的节假日值班记录表。

表9-22 节假日值班记录表

部门		值班人员		联系电话	
值班时间		值班领导		联系电话	
值班记录					

对员工值班最基本的要求就是坚守岗位，做好工作记录和交接班工作。

9.8 劳动保护管理

劳动保护主要是为了改善劳动条件，避免有毒、有害物质危害职工健康，防止职业中毒和职业病，在生产中所采取的技术组织措施的总和；同时，它也是为了消除生产中引起伤亡事故的潜在因素，保证员工在生产中的安全。劳动保护管理，看似增加企业的运营成本，但实则是为企业的正常运营保驾护航。如果员工劳动保护不到位就会出现诸多安全隐患，会给企业带来更大的、更直接的财产损失和负面影响。

9.8.1 劳动保护管理的要点

劳动保护管理的要点包括如下几个方面。

（1）对企业员工经常进行"劳动安全卫生知识"的宣传和培训教育，以提高员工的自身劳动保护意识。

（2）定期为职工提供身体健康普查，保障员工的健康权益。

（3）结合工作实际，因需发放劳动保护用品，做好登记，避免浪费。

（4）改善员工劳动工作场所的硬件设施，保障职工的安全权益。

（5）定期检查安全生产隐患，建立安全生产隐患整改记录手册。

（6）发现违规作业现象，要坚决给予严肃处罚，决不姑息。

9.8.2 劳动保护管理的原则

劳动保护管理的原则主要包括以下几点。

（1）坚持"安全第一，预防为主"原则。企业在生产经营活动中都要把劳动保护工作放在首位。如果生产与安全发生矛盾时，应首先保证员工的安全，积极采取各种手段和措施，优先保障员工的安全和健康。

（2）坚持"管生产必须管安全"原则。企业的领导者要在企业内部明确指出，安全和生产是一个有机的整体，企业的安全和生产是一起抓的，两者不分先后，不论轻重。

（3）坚持"安全具有否决权"原则。安全工作是衡量企业管理工作好坏的一项最基本的内容，劳动保护管理工作中，在对企业进行指标考核时，有权行使"否决权"。

9.8.3 范本：劳动保护管理相关制度/流程/表格

在当今人才竞争的社会，劳动保护管理已经被更多的企业所认可，以下是某公司的劳动保护管理制度、流程、表格，仅供参考。

1. 劳动保护管理制度

劳动保护管理的好坏直接关系到企业的生产秩序、员工的人身安全和企业的财产安全，所以出台相应的制度，对企业来讲是非常有必要的。下面是某公司劳动保护管理制度，供读者参考。

劳动保护管理制度

一、目的

为了加强对职工的劳动保护，促进安全生产，维护公司的生产秩序，保障职工的人身安全和公司的财产安全，结合公司实际，制订本制度。

二、原则

劳动保护管理应遵循"安全第一、预防为主""劳动保护人人有责""以人为本""全面保护"的原则。

三、公司的劳动保护职责

1. 公司每年组织相关部门对劳动保护进行研究和规划，并落实工作责任。
2. 公司建立年度劳动保护投入经费预算制度，保证对劳动保护的技术提升和设施建设投入。
3. 公司建立劳动保护奖励制度，对安全生产和职业病防治工作有贡献的车间集体和职工个人给予一定的奖励。
4. 公司建立劳动保护月查制度，对生产部门进行定期检查，及时维修有关设施，确保不发生安全生产事故和职工伤亡事故。
5. 公司建立劳动保护知识和技术培训制度，提高职工操作技能和防范意识。
6. 公司每年要投入必要的劳保用品，改善劳动条件，落实劳动保护的各项制度。
7. 公司人力资源部在招工录用时，应注意对女职工的特殊保护，规避禁忌岗位，并经常督促检查用人部门贯彻执行情况。

四、车间的劳动保护职责

1. 车间要不断完善车间管理制度，落实劳动安全和生产安全的各项措施，确保劳动保护贯穿生产全过程。
2. 车间管理制度应包括操作规程、设备定期检修、劳保用品的使用等内容。
3. 车间应及时发现和报告有关安全隐患，及时落实防范措施，处理安全事故。
4. 车间主任对本车间的劳动保护和安全生产负主要责任。车间应建立劳动保护和安全生产例会制度，加强对职工的培训教育。

五、职工的劳动保护职责

1. 职工必须服从管理和作业指导，遵守劳动纪律和操作规程。
2. 职工有权向公司或车间提出改善劳动保护设施和技术的意见和建议，拒绝服从违章指挥和强令冒险作业。
3. 新入厂职工、变换工种人员，以及特殊工种人员必须经过技能培训和安全生产教育，合格后上岗。

4. 职工不得私自代岗或随意操作其他工作岗位的机器设备。

5. 职工在每日开工前检查机器设备的电路、管道是否通畅，性能是否正常。

6. 发现安全隐患应及时报告车间负责人，由专业人员及时采取防范措施。

7. 中途停电应及时关闭机器电源，严禁跨越或坐、靠机器设备，严格按规定做好防火、防电、防漏措施。

六、附则

1. 本制度自发布之日起执行，由行政部负责解释和修订。
2. 此前公司的相关管理规定，凡与本管理制度有抵触的，均依照本管理制度执行。

2．劳动保护管理流程

劳动保护管理的很多环节因为涉及生产和采购，所以要走相应的管理流程。表 9-23 所示的是某公司劳动保护管理流程。

表 9-23　劳动保护管理流程表

流程名称	劳动保护管理流程	主管部门	行政部
流程编号		更新日期	
各部门	行政部		分管领导

```
                    ┌──────────┐
                    │ 劳动保护 │
                    │   管理   │
                    └────┬─────┘
                         ▼
                 ┌──────────────┐      ┌──────┐
                 │ 制定劳动保护 │─────▶│ 审批 │
                 │   月检制度   │      └──────┘
                 └──────┬───────┘
                        ▼
                 ┌──────────┐
                 │ 颁布实施 │◀─────────┐
                 └──────┬───┘
                        ▼
  ┌──────────┐   ┌──────────────┐      ┌──────┐
  │ 执行参与 │◀──│ 劳动保护和技术│─────▶│ 审批 │
  └──────────┘   │     培训     │      └──────┘
                 └──────┬───────┘
                        ▼
                 ┌──────────┐
                 │ 颁布实施 │◀─────────┐
                 └──────┬───┘
                        ▼
  ┌──────────┐   ┌──────────────┐      ┌──────┐
  │ 执行参与 │◀──│劳保用品购置申请│────▶│ 审批 │
  └──────────┘   └──────┬───────┘      └──────┘
                        ▼
                 ┌──────────┐
                 │ 采购分发 │
                 └──────┬───┘
                        ▼
  ┌──────────┐   ┌──────────────┐
  │ 领用登记 │◀──│  领用登记表  │
  └──────────┘   └──────┬───────┘
                        ▼
                    ┌──────┐
                    │ 结束 │
                    └──────┘
```

3. 劳动保护管理表格

劳动保护管理涉及用品采购、领用等，都需要通过相应的表格进行流程审批，以下是某公司的劳动保护管理表格，仅供参考。

（1）劳保用品购置申请表。

劳保用品的购置属于企业的费用支出项，所以在管理当中更应精细化。表9-24所示的是某公司的劳保用品购置申请表。

表9-24　劳保用品购置申请表

申请部门				申请人			申请日期	
序号	名称	规格型号	单位	数量	单价	总价	用途备注
总金额								
申请部门意见								
分管领导意见								

> 劳保用品是用来防护哪些方面的

（2）劳保用品领用登记表。

劳保用品必须要实行领用登记，要有计划、有监督地发放。表9-25所示的是某公司劳保用品领用登记表。

表9-25　劳保用品领用登记表

领用部门			领用人			领用日期	
序号	名称	规格型号	单位	数量	用途备注		
申请部门意见							
行政部意见							

> 劳保用品是用来防护哪些方面的

劳动保护管理要从科学、有效地控制浪费的角度去管理。

9.9 安全事故管理

安全事故管理工作,首先还是应以预防为主。不断地建立健全规章制度,强化防范措施,开展群防群治。在增强员工安全防范意识、提高自我防护能力上下功夫,争取做到零伤亡,杜绝大型恶性事件的发生。

9.9.1 安全事故管理的要点

安全事故管理的内容包括安全生产机构、安全生产管理人员、安全生产档案、安全生产规章管理制度、安全生产技术措施计划、安全教育培训和安全生产检查等。安全事故管理的要点包括以下几个方面。

(1)责任到人,层层落实。建立健全以第一责任人、分管领导、部门负责人、车间、班组、岗位的层层责任制,与绩效奖金挂钩,层级考核,当月、季度或半年结算。

(2)建章立制,严肃纪律。制订一套全面细致、切实可行的安全事故管理规章制度体系,使员工在日常工作中有章可循、有法可依。

(3)对涉及安全生产的员工,要进行培训教育、持证上岗,并形成常态化、制度化、多样化、专业化、系统化培训管理体系,以提高员工的综合素质和安全意识。

(4)常态检查,消除隐患。经常开展定期或不定期的安全检查。各级安全监督人员应经常性地进行巡逻、监督、检查。对发现的隐患和问题要及时采取整改措施,落实责任人,跟踪检查,限期完成。

(5)尊重科学,按规操作。制订一套科学化、系统化、规范化的安全生产技术标准,让员工严格按照操作规范开展工作,不断加强安全防范措施。

(6)保障设施设备完整有效。加强对设备及安全防护装置等的养护,要落实专人定期进行检查检测及更换,确保设备安全、防护装置完整有效。

(7)票证管理,从严把关。实行严格的票证管理制度。要实行专事专证、专人专证、专人签字确认、专人检查监督维护。

（8）召开例会，定期回顾。要定期认真总结、交流、反馈安全管理的经验教训，找出生产经营中存在的问题（隐患）和薄弱环节，制订相应的整改和防范措施，并对整改的情况进行追踪检查，使之落到实处。

（9）事故处理，做到"查清事故原因，事故责任人和职工群众要受到教育，防范措施要落实，事故责任人要处理"。

（10）管理评审，持续改进。定期组织企业对安全管理体系运行情况进行回顾，开展安全述职和问责机制，必要时可聘请第三方咨询专家开展自查自纠工作。

（11）应当树立安全第一的思想，根据企业的特点和可能发生安全事故的条件、环境等客观因素，根据环境条件与安全事故发生的规律，针对可能或容易发生的安全事故，企业安全事故管理应该做好各项活动的组织管理工作，对日常企业活动中的安全工作及早部署，采取措施，做到事前预警，提早防范，避免非正常伤亡事故的发生。

9.9.2 范本：安全事故管理相关制度/流程/表格

安全事故管理要做到及时报告、统计、调查和处理。以下是某公司安全事故管理制度、处理流程、处理表格，仅供参考。

1. 安全事故管理制度

安全事故管理最重要的就是尊重科学、实事求是。在事故面前，企业要有一套切实可行的制度可以依照处理。下面是某公司安全事故管理制度，供读者参考。

安全事故管理制度

一、目的

为了严格事故管理，及时报告、统计、调查和处理事故，积极采取预防措施，防止事故发生，实现安全生产，特制订本制度。

二、原则

事故的报告、统计、调查和处理工作，必须坚持实事求是、尊重科学的原则。

三、适用范围

本制度适用于全公司各部门。

四、事故分类和分级

（一）事故分类

1. 火灾事故。在生产过程中，由于各种原因引起的火灾，并造成人员伤亡或财产损失的事故。

2. 爆炸事故。在生产过程中，由于各种原因引起的爆炸，并造成人员伤亡或财产损失的事故。

3. 设备事故。由于设计、制造、安装、施工、使用、检修、维修、管理等原因造成机械、动力、仪器（表）、容器、运输设备、管道等设备及建（构）筑物等损坏造成损失或影响生产的事故。

4. 生产事故。由于指挥错误或者违反工艺操作规程和劳动纪律，造成停产、减产以及跑油、跑料、串料的事故。

5. 交通事故。车辆在行驶过程中由于违反交通规则或因机械故障等造成车辆损坏、财产损失或人身伤亡的事故。

6. 质量事故。指产品质量达不到技术标准和技术规范的事故。

7. 人身事故。除上述事故外，职工在劳动过程中发生的与工作有关的人身伤亡事故。

（二）事故等级的划分

为了便于事故管理，按事故的性质划分为一般事故、较大事故、重大事故、特别重大事故。

1. 一般事故。是指造成3人以下轻伤或者1万元以下直接经济损失的事故。

2. 较大事故。是指造成3人以上5人以下轻伤，或者2人以下重伤，或者1万元以上5万元以下直接经济损失的事故。

3. 重大事故。是指造成5人以上10人以下轻伤，或者2人以上5人以下重伤，或者1人死亡，或者5万元以上10万元以下直接经济损失的事故。

4. 特别重大事故。是指造成10人以上轻伤，或者5人以上重伤，或者造成2人以上死亡，或者10万元以上直接经济损失的事故。

（三）事故处理部门责任分工

1. 交通事故由行政部负责管理。

2. 设备事故由生产管理部负责管理。

3. 火灾事故由安全保卫部负责管理。

4. 人身事故和爆炸事故由安全保卫部、安全委员会负责管理。

各职能部门应按分类管理的要求调查、处理、存档。

（四）安全委员会负责全公司各类事故的综合统计和上报工作

各职能部门应及时将调查、处理情况报送安全保卫部。

……

> Tips: 由于内容较多，书中只列出了本管理制度的前部分内容，该管理制度的详细内容将在模板中提供，读者可下载完整的安全事故管理制度进行参考、使用，下载方法见前言说明。

2. 安全事故处理流程

安全事故管理中的流程是比较清晰的，表 9-26 所示的是某公司安全事故处理流程。

表 9-26 安全事故处理流程表

流程名称	安全事故处理流程	主管部门	行政部
流程编号		更新日期	
行政部	生产管理部	安全保卫部	安全委员会
负责交通事故	负责设备事故	负责消防事故	负责人身、爆炸事故
↓	↓	↓	↓
事故调查报告表	事故调查报告表	事故调查报告表	事故调查报告表
		↓	
		统计上报事故	

3. 安全事故处理表格

安全事故处理，需要通过表格的形式，把事故情形及处理结果记录在案，以下是某公司的安全事故处理表格，仅供参考。

（1）安全事故调查报告表。

出现安全事故时，要做事故调查报告。表 9-27 所示的是某公司安全事故调查报告表。

表 9-27 安全事故调查报告表

事故发生日期和时间	
事故发生地点	
事故发生环节和部位	
当事人	

续表

事故类型	一般事故、较大事故、重大事故等
事故原因及经过	
经验教训和补救措施	

（2）安全事故调查处理表。

安全事故经调查后，要有处理意见，表9-28所示的是某公司安全事故调查处理表。

表9-28 安全事故调查处理表

事故发生日期和时间	
事故发生地点	
当事人	
事故类型	
处理意见	

9.10 消防安全管理

消防安全重于泰山，是每个企业天天都在喊的口号。然而，有很多企业只停留在"喊口号"阶段，没有真正地去抓消防安全工作。正是因为对消防管理的疏忽，发生了很多重大事故，造成了无法挽回的经济损失及人员伤亡。所以，消防安全对于企业来说非常重要，要身体力行，绝对不能只是空喊口号。

9.10.1 消防安全管理的内容

消防安全管理的内容主要有以下几点。

（1）每日巡查、检查公司的消防情况，对巡查和检查情况做好相关值班记录，以备查看。

（2）完善公司的相关消防文件，纠正并制止违反消防规定的行为，以消除消防安全隐患。

（3）熟悉消防自动报警系统。

（4）熟悉自动灭火系统运行原理。

（5）熟悉火灾救援预案。

（6）督促有关单位或个人落实逐级防火责任制。

（7）对员工进行消防安全教育培训，确保员工掌握避险、逃生、自救的方法。

9.10.2 消防安全管理的措施

消防安全管理的措施主要包括以下几个方面。

（1）健全门卫制度，严禁非生产用的易燃易爆、有毒物品、管制器具进入企业，严禁车辆和闲杂人员进入企业。

（2）确保消防安全通道 24 小时畅通。

（3）建立消防安全应急预案，一旦有事故发生，应及时启动应急预案，保障安全出口、通道的畅通，全员参与救援、疏散、报警并向上级汇报。

（4）企业危险易燃易爆物品要存放在安全的地方，安排专人负责，不能让闲杂人等接触或带出。

（5）落实值班制度，建立消防安全工作档案，记录日常消防安全工作、安全责任落实、安全检查、安全隐患消除等情况，预防火灾事故。

（6）企业在生产经营过程中，经常加强对安全防火工作的宣传和防范。

（7）完善重点防火部位的防火设施。

（8）留有消防通道，配齐配足灭火器材。

（9）严格执行用电管理制度，设置专门机构或专人负责用电管理，经常进行检查维修，及时更换老化或不符合要求的线路，禁止超负荷或违章用电。

（10）常规进行消防演练，加强消防安全防范工作。

9.10.3　范本：消防安全管理相关制度／流程／表格

企业为了加强对消防安全工作的组织管理，必须进行责任划分、明火管理及应急响应等措施，以下是某公司的消防安全管理制度、流程、表格，仅供参考。

1. 消防安全管理制度

制订切实可行的消防安全管理制度，保障企业的健康、稳定发展是势在必行的。下面是某公司消防安全管理制度，供读者参考。

消防安全管理制度

一、目的

为加强对消防安全进行控制管理，保障企业的健康、稳定发展，特制订本管理制度。

二、适用范围

本管理制度适用于本公司消防安全工作的组织管理、责任划分、明火管理、电源电气管理、消防器材管理、消防安全检查、突发安全事件响应等过程。

三、职责

（一）总经理

公司总经理对消防安全工作全面负责，是公司消防安全第一责任人，应当履行下列消防安全职责。

1. 执行消防法规，保障本公司消防安全符合规定，掌握本公司的消防安全情况。

2. 统筹安排本公司的消防安全管理工作，为本公司的消防安全工作提供必要的经费和组织保障。

3. 逐级落实消防安全责任，组织开展消防安全检查，督促落实安全隐患整改，及时处理涉及消防安全的重大问题。

（二）行政部

公司行政人事部作为公司消防安全管理的归口部门，应当履行下列消防安全职责。

1. 组织实施日常消防安全管理工作。

2. 拟订消防安全资金投入及组织保障方案。

3. 组织实施消防安全检查和火险隐患整改工作。

4. 组织实施对本公司消防设施、灭火器材和消防安全标识的维护保养，确保其完好有效，确保疏散通道和安全出口畅通。

5. 组织灭火和应急疏散预案的实施和演练。

6. 及时向消防安全责任人报告消防安全情况，报告涉及消防安全的重大问题。

7. 公司消防安全责任人委托的其他消防安全管理工作。
8. 组织开展消防知识、消防操作技能的宣传、教育和培训。
9. 按照国家消防法律法规及其他消防安全相关规定的要求，结合公司发展实际情况，制订完善公司消防安全管理相关规章制度。
10. 督促各部门、车间落实消防安全责任制，明确消防安全职责。
11. 监督各部门、车间落实与实施公司消防安全管理制度的情况。
12. 协助物管部做好消防安全检查和火险隐患整改工作。
13. 督促各部门、车间做好消防设施设备和消防安全标识的维护保养工作，确保疏散通道和安全出口畅通。
14. 协助生产车间做好灭火和应急疏散预案的实施和演练。
15. 及时向领导报告消防安全情况，报告涉及消防安全的重大问题。
16. 负责公司消防设施设备的定点、统计、监管工作。
17. 负责公司消防器材的统一申报、采购和配置工作。

（三）各部门、车间主要责任人职责

1. 各部门、车间的主要负责人是各自主管区域的消防安全第一责任人，对管理区域内的消防安全负有主要责任。
2. 负责在其管理区域内落实与实施消防安全管理制度，明确消防安全责任。
3. 负责管理区域内消防安全的自查与隐患整改工作。
4. 对管理区域内重大消防安全隐患应及时上报安全科。
5. 负责管理区域内消防器材的管理、维护和保养，严禁将消防设施设备挪作他用。
6. 及时将部门或车间内损坏、失效、已使用的设施设备上报安全科备案，对已使用的器材设备要做出书面说明。
7. 确保消防设施设备的整洁完好，确保消防通道的畅通。

……

> **Tips** 由于内容较多，书中只列出了本管理制度的前部分内容，该管理制度的详细内容将在模板中提供，读者可下载完整的消防安全管理制度进行参考、使用，下载方法见前言说明。

2. 消防安全管理流程

消防安全管理过程中，流程化管理非常重要。表9-29所示的是某公司消防安全管理流程。

表 9-29 消防安全管理流程表

流程名称	消防安全管理流程	主管部门	行政部
流程编号		更新日期	
各部门	行政部		总经理

```
                    ┌──────────┐
                    │ 消防安全  │
                    │   管理    │
                    └────┬─────┘
                         ↓
┌──────────┐      ┌──────────────┐      ┌──────┐
│签订并遵守 │ ───→ │消防安全责任书│ ←─── │ 审批 │
└──────────┘      └──────┬───────┘      └──────┘
                         ↓
┌──────────┐      ┌──────────────┐
│参与并遵守 │ ───→ │   明火管理   │
└──────────┘      └──────┬───────┘
                         ↓
┌──────────┐      ┌──────────────┐
│参与并遵守 │ ───→ │ 电源电气管理 │
└──────────┘      └──────┬───────┘
                         ↓
┌──────────┐      ┌──────────────┐
│参与并遵守 │ ───→ │ 消防器材管理 │
└──────────┘      └──────┬───────┘
                         ↓
┌──────────┐      ┌──────────────┐
│参与并遵守 │ ───→ │ 消防安全检查 │
└──────────┘      └──────┬───────┘
                         ↓
┌──────────┐      ┌──────────────┐
│参与并遵守 │ ───→ │ 消防安全整改 │
└──────────┘      └──────────────┘
```

3. 消防安全管理表格

消防安全管理，离不开相应的表格辅助管理，以下是某公司的消防安全管理表格，仅供参考。

（1）消防安全责任书。

消防安全责任书是消防安全管理中不可或缺的表格，必须实行责任制，而且必须签字明确责任。表 9-30 所示的是某公司消防安全责任书示例。

表9-30　消防安全责任书

消防安全责任书

　　为加强公司消防安全管理工作，预防和杜绝火灾危害，确保人身、财产安全，根据《中华人民共和国消防法》和本地政府有关法律、法规，贯彻"预防为主、防消结合"的方针，结合本公司实际情况，制订本责任书，望各部门安全负责人积极支持，互相配合，共同遵守。

　　1. 公司消防安全由行政部负责协调，各部门设立义务消防队（员）。

　　2. 各部门主要负责人是各自所属范围的消防安全责任人，对消防安全工作负全面责任。

　　3. 由各部门指定义务消防员，并呈报行政部备案。

　　4. 各部门负责人应当履行下列消防安全义务。

　　（1）落实公司消防安全管理措施和消防安全操作规程。

　　（2）负责本部门消防安全宣传教育和消防知识培训，定期进行灭火技术训练。

　　（3）负责内部防火安全检查，及时发现、制止、纠正、违章行为，并消除火灾隐患。

　　（4）负责维护管理，保证消防器材的正常、有效使用，不得阻塞和遮挡。

　　（5）负责维护安全疏散指示标志和应急照明设施，保证安全出口、防火卷帘、消防安全疏散指示标志、应急照明、机械排烟送风等设施处于正常状态。

　　（6）保证疏散通道、安全出口的畅通。不得占用疏散通道或者在疏散通道、安全出口上设置影响疏散的障碍物，不得封闭安全出口，不得遮挡安全疏散指示标志。

　　（7）发生火灾，及时报警，并迅速组织扑救和人员疏散。不得不报、迟报、谎报火警，或者隐瞒火灾情况。

　　（8）火灾扑灭，及时保护现场，接受事故调查并如实提供火灾事故情况。未经公安消防机构许可，不得进入、撤除、清理火灾现场。

　　（9）法律、法规和规章规定的其他消防安全义务。

　　5. 各部门负责人负责管理消防栓与水泵接合器，定期检查，保持良好状态。

　　6. 公司保安队负责监察各部门的消防安全管理、检查工作。

　　7. 严格遵守安全用电管理规定，严禁超负荷使用电器，严禁乱接临时用电线路，以免发生事故。

　　8. 发现火警，应立即告知公司保安部或拨打火警电话119。如火情较大，迅速组织撤离工作场所；如火情较小，立即用手提灭火器灭火。

　　9. 根据消防安全规定，有下列情形之一的，视情况处以罚款。

　　（1）偷窃、毁坏消防设施和器材或消防备用水源的处100元罚款。

　　（2）占用疏散通道或者在疏散通道、安全出口设置影响疏散的障碍物，封闭安全出口，遮挡安全疏散指示标志的处50元罚款。

　　（3）其他影响消防设施使用的行为处20元罚款。

续表

> 10. 擅自改变消防安全措施用途的，或者不按照《火灾隐患整改通知书》要求进行整改的，处安全责任人 200 元罚款，由此而导致事故的，依法追究刑事责任。
> 11. 各部门的安全负责人必须服从公安消防机构和公司行政部有关消防安全方面的管理，对以刁难、辱骂或暴力等手段妨碍消防安全监督人员工作的有关人员，根据情况处 200～500 元罚款或行政拘留，直至依法追究刑事责任。
> 12. 本责任书自签署之日起生效。
> 13. 本责任书一式两份，双方各执一份，同具法律效力。
>
> 总经理签字： 部门负责人签字：

（2）动用明火审批表。

明火对于企业来说是非常敏感的，如果确实需要使用时，须经过层层批准。表 9-31 所示的是某公司动用明火审批表。

表 9-31 动用明火审批表

动火时间	年　月　日　时　分至　时　分		动火地点	
施工单位				
现场操作员			现场监护人	
作业要求	1. 操作员必须有专业证书 2. 动用明火现场必须将可燃物清理干净 3. 必须配备灭火器材 4. 必须有专人看护，有防护措施 5. 有相应的配套应急预案			
审批部门意见				

（3）消防器材管理台账表。

必须保证在规定地点放置可用的消防器材，并建立相关台账，进行管理。表 9-32 所示的是某公司消防器材管理台账表。

表 9-32 消防器材管理台账表

序号	名称	规格型号	购置日期	设置地点	数量	负责人	状态	维修日期
							完好或已破损	

（4）消防安全检查表。

消防安全是常抓不懈的工作，相关负责人要定期和不定期地进行检查，并将检查结果记录在案。表 9-33 所示的是某公司消防安全检查表。

表 9-33 消防安全检查表

检查类别	检查时间	检查人	
检查项目	检查标准		检查情况
消防器材、设施	配置到位，齐全、有效、合理		
自动消防设施	运行正常，控制室值班在岗情况良好		
消防通道	消防车通道、安全疏散通道、安全出口布置合理、通畅		
消防水源	布局合理，供水通畅，水压充足		
防火帽	配置到位，完好、有效		
消防标志	设置到位，完好、有效		
应急照明	设置到位，完好、有效		
其他			
问题及整改要求			
复查情况			

> Tips 消防安全不是儿戏，一定要给予高度重视，无论从日常检查管理上还是从消防器材管理和使用及培训上都容不得半点马虎。

 专家支招

1. 公司制订内部治安保卫制度应包括哪些内容

行政部在制订内部治安保卫制度时，应根据《企业事业单位内部治安保卫条例》第八条规定，主要包括以下内容。

（1）门卫、值班、巡查制度。

（2）工作、生产、经营、教学、科研等场所的安全管理制度。

（3）现金、票据、印鉴、有价证券等重要物品使用、保管、储存、运输的安全管理制度。

（4）单位内部的消防、交通安全管理制度。

（5）治安防范教育培训制度。

（6）单位内部发生治安案件、涉嫌刑事犯罪案件的报告制度。

（7）治安保卫工作检查、考核及奖惩制度。

（8）存放有爆炸性、易燃性、放射性、毒害性、传染性、腐蚀性等危险物品和传染性菌种、毒种，以及武器弹药的单位，还应当有相应的安全管理制度。

（9）其他有关的治安保卫制度。

另外，公司制订的内部治安保卫制度不得与法律、法规、规章的规定相抵触。

2. 危机事件处理步骤

公司在处理危机事件时一定要有处理策略，以下是处理危机事件的五步应对之策。

（1）控制事态发展。

①认清事件的真相，迅速查清楚导致危机事件发生的原因，积极采取有效的措施，控制事态的进一步发展。

②对突如其来的危机事件，最明智的做法就是坦诚公开，表明立场，迅速利

用媒体等有效传播手段，公开针对这次危机事件处理公司所采取的一切措施，表明公司积极处理危机事件的态度，争取化解危机的时间，控制影响的扩大。

（2）情况调查，收集信息。

出现危机事件后，公司应及时组织人员迅速开展事故的调查工作，通过目击者和当事人了解整个危机事件的具体情况，收集危机事件的所有信息，并形成调查报告，为制订危机处理政策及应急措施提供参考依据。

（3）成立专门机构，制订应对措施。

迅速成立处理这次危机事件的专门机构，由公司一名主要负责人领导，协同公共关系部和有关职能部门人员判明事件情况，制订处理事件的基本方针和对策。

（4）采取对策措施。

在对危机事件真相调查分析的基础上，可以针对不同的对象确定相应的对策，采取相应的措施，这些对策措施大体上包括以下几个方面。

①对组织内部的对策。

危机事件发生后，应及时向员工通报危机的基本现状，以及公司准备采取的应对措施，让员工信任公司，相信公司能化解这次危机事件，增加员工的凝聚力，要求员工统一口径，不要对外传播任何对公司不利的言辞。

②对受害者的对策。

做好抢救和应急服务工作，了解情况，承担应有的责任，向受害者以及受害者家属表示歉意，并根据责任做出相应的赔偿，在与受害者或受害者家属进行沟通交流时，一定要注意说话的方式方法，避免发生争执，根据实际情况做出让步。

③对外界的对策。

确定代表公司的新闻发言人，由新闻发言人向公众和社会各界公布危机事件的真相，表明公司的态度和处理原则，以及针对这次危机事件所采取的各种措施，及时发布危机事件的最新进展，给新闻媒体提供权威的资料，以免报道失真，对公司及社会造成不利的影响。同时，利用媒体向公众公开道歉，还可组织各界公众到事故现场参观检查，发表受害者或其家属表示谅解的讲话和文章，消除危机事件带来的影响。

④总结经验，建立预警系统。

根据这次危机事件公司应做好防御措施，做好督察和排查工作，减少危机事件的发生。同时，要制订危机事件发生后的紧急处理方案，以免扩大事件的不良影响，给公司造成损失。

3. 如何使用微信公众平台对外消除危机事件影响

随着微信移动社交的不断发展，以及微信面向公众服务平台的开放，很多企业都开通了微信公众号，增加了一个向公众发布信息的实时交流渠道，拓宽了企业面向公众的交流面，那么，当企业发生危机事件后，企业如何借助微信公众平台消除危机事件的影响呢？

首先，当危机事件发生后，企业除了通过新闻媒体、网络媒体等向公众发布危机事件发生的详细情况、事件的发展以及企业的处理态度等，还可以通过微信公众平台进行公布，并且对公众提出的问题及批评等言论，要重视并及时解答，以免这些言论引起公众的关注，汇聚成大规模的舆论危机。

其次，企业的态度会影响公众对企业的看法，而媒体的态度也会影响公众对企业的看法，因此，当企业发生危机事件时，可以通过微信平台做出回应，开展舆论引导，把握好事态的发展，这样可以通过企业的态度提升公众对企业的好感度，降低危机事件给企业带来的影响，重塑企业在公众中的形象。

 高效工作之道

1. 使用 Word 制作车辆通行证

车辆通行证是指在某一特定的区域通行的证件，而公司的车辆通行证是车辆出入公司的一种证件，其目的是加强公司的财产安全，有效控制公司车辆及外来车辆的进出。公司的车辆通行证一般包含公司名称、车牌号、编号、有效期及通行证使用注意事项等，制作者需要结合公司的要求及实际情况进行制作。使用 Word 制作公司车辆通行证的具体操作步骤如下。

步骤 1 在 Word 中新建【车辆通行证】文档，将纸张大小设置为【宽:21, 高:14.25】，将页面颜色设置为【蓝色, 个性色 5, 淡色 80%】，单击【插入】选项卡【页面】组中的【空白页】按钮，如图 9-1 所示。

步骤 2 插入一页空白页，在第 1 页中绘制一个矩形，取消其轮廓，将其填充为【蓝色（RGB:15,104,196）】，如图 9-2 所示。

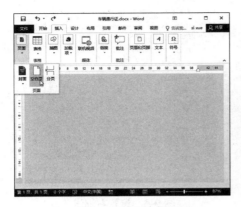

图 9-1 设置文档页面

图 9-2 设置形状

步骤 3 在页面中绘制文本框，输入需要的内容，并对文本框和文本框中文本的格式进行相应的设置，选择英文单词，单击【字体】组中的【更改大小写】按钮 Aa▼，在弹出的下拉列表中选择【每个单词首字母大写】选项，如图 9-3 所示。

步骤 4 单词的第 1 个字母将变成大写，插入公司 LOGO 图片并输入公司名称，效果如图 9-4 所示。

图 9-3 设置单词大小写

图 9-4 添加公司信息

步骤 5 在第 2 页中绘制一个文本框，输入需要的内容，并对文本框和文本进行设置，选择文本框中的段落文本，在【段落】组中的【编号】下拉列表中选择编号样式，应用于段落中，如图 9-5 所示。

步骤 6 选择文本框，将鼠标指针移动到标尺上的右缩进滑块△上，向左拖动滑块，调整文本框中段落的右缩进，如图 9-6 所示。

图 9-5 设置段落编号

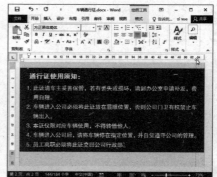

图 9-6 设置右缩进

步骤 ⑦ 完成车辆通行证正面和背面的制作,最终效果如图 9-7 所示。

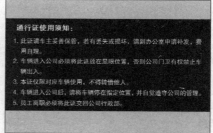

图 9-7 最终效果

2. 使用 Word 制作来宾证

当企业举办一些商业活动时,经常会邀请一些嘉宾,而来宾证则是企业为来宾顺利出入企业而发放的一种凭证。来宾证一般分为正面和背面两部分,正面一般只包含证件名称、公司名称、公司 LOGO 等,背面主要包含一些注意事项。使用 Word 制作来宾证的具体操作步骤如下。

步骤 ① 在 Word 中新建名为【来宾证】的空白文档,将纸张大小设置为宽 13 厘米,高 16 厘米,单击【插入】选项卡【页面】组中的【空白页】按钮,插入一页空白页,将光标定位到第 1 页中,单击【插图】组中的【图片】按钮,如图 9-8 所示。

步骤 ② 打开【插入图片】对话框,选择需要插入的图片【背景.png】,单击【插入】按钮,如图 9-9 所示。

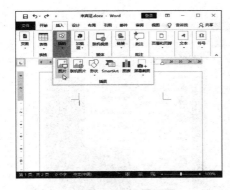 

图 9-8　设置页面　　　　　　图 9-9　插入图片

步骤③ 选择插入的图片，单击【图片工具/格式】选项卡【排列】组中的【环绕文字】按钮，在弹出的下拉列表中选择【衬于文字下方】选项，如图 9-10 所示。

步骤④ 将图片移动到合适位置，并将其调整为与页面一样大，单击【插图】组中的【形状】按钮，在弹出的下拉列表中选择【矩形】选项，如图 9-11 所示。

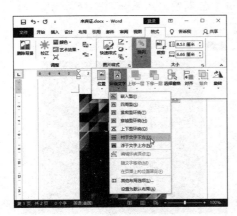 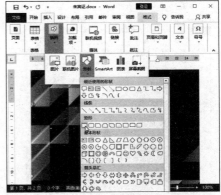

图 9-10　选择图片环绕方式　　　图 9-11　选择要绘制的形状

步骤⑤ 拖动鼠标在图片上绘制一个相同大小的矩形，在【绘图工具/格式】选项卡【形状样式】组中的列表框中选择需要的形状样式，应用于所选形状中，如图 9-12 所示。

步骤⑥ 在第 1 页中插入【LOGO.png】图片文件，将其调整到合适的位置和大小，选择图片，单击【图片样式】组中的【图片效果】按钮，在弹出的下拉列表中选择【阴影】选项，在其扩展列表中选择需要的阴影效果，应用于图片中，如图 9-13 所示。

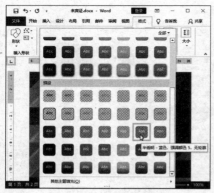
图 9-12 设置形状样式

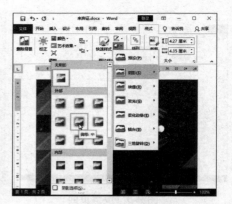
图 9-13 设置图片阴影效果

步骤⑦ 单击【文本】组中的【艺术字】按钮,在弹出的下拉列表中选择需要的艺术字样式,如图 9-14 所示。

步骤⑧ 在页面中插入艺术字文本框,输入公司名称,对艺术字的字体格式进行设置,使用相同的方法制作【来宾证】艺术字,效果如图 9-15 所示。

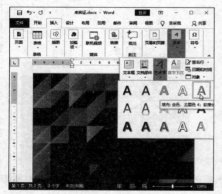
图 9-14 选择艺术字样式

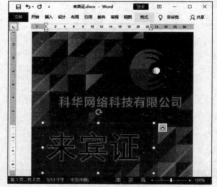
图 9-15 查看艺术字效果

步骤⑨ 复制图片和矩形形状至第 2 页中,选择图片,单击【裁剪】按钮,进入裁剪状态,对图片进行裁剪,裁剪完成后再次单击【裁剪】按钮确认裁剪,如图 9-16 所示。

> **Tips** 文档中的图片和形状都是浮于页面中的,且图片位于形状上,单独选择图片就不容易选择,此时可通过选择窗格进行选择。单击【排列】组中的【选择窗格】按钮,打开选择窗格,在其中选择需要选择对象对应的名称即可。

步骤⑩ 将图片调整到合适的大小,并将形状调整为与图片样大小,选择形状,单击【形状样式】组中的对话框启动器按钮,打开【设置形状格式】任务窗格,将形状的透明度设置为【19%】,淡化图片效果,如图9-17所示。

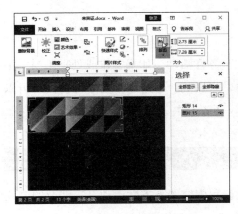
图9-16 裁剪图片

图9-17 设置形状透明度

步骤⑪ 复制第2页中的图片和形状,放于第2页下方,并对其进行调整,复制第1页中的文本框至第2页中,对文本框中的文本进行修改,并对其格式进行设置,完成本例的制作,效果如图9-18所示。

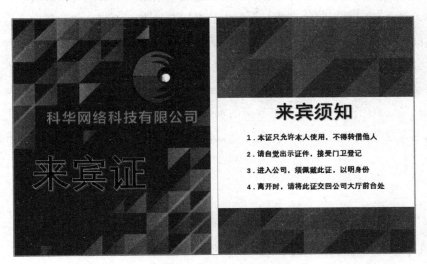
图9-18 最终效果

第 10 章
会议会务管理

会议会务是公司在日常办公中必要的事务性活动，如果安排或处理不当，很容易在公司内部造成矛盾给公司会务接待带来影响。通过本章的学习，读者可以掌握会议和会务管理，从而规范化管理会议会务工作。

10.1 会议的概述

会议是有时间、地点、参会人及会议议程内容的事务性活动。它涉及的会议种类很多，而且不同的会议，其会务安排的事项各不相同。

10.1.1 会议的定义

会议是一种有组织、有领导、有目的的议事活动。会议也可以理解为是与会者怀着各自相同或不同的目的，在限定的时间和地点，按照一定的程序，围绕一个共同的主题，进行思想、信息交流或聚会、商讨的活动。会议已成为一种普遍的社会现象，几乎有组织的地方就会有会议。

会议一般包括议论、决定、行动三个要素，实现着决策、控制、协调和教育等功能。由于现代企业工作节奏的加快，企业都讲求高效率，因此现代企业会议通常会提前定好时间、地点、会议流程，按照一定的程序，按部就班地开展会议。

10.1.2 会议的分类

在企业中，会议的种类是多种多样的，常见的会议包括以下几种。

（1）股东大会：通常是为了确定公司的最高执行方针，任免董事、监事，审议公司重要报告、方案和决议公司的重大业务事项、修改公司章程等重大事项而召开的会议。

（2）董事会：主要是为了决定举行股东大会的时间、代表董事的选任、新股发行等重要事项而召开的会议。

（3）经营会：为了管理、讨论、协调企业经营过程中出现的问题、事项或工作计划总结等召开的会议。

（4）洽谈会：企业与客户进行商务往来，沟通合作的会议。

（5）部门类别会议：分部门和分事项召开的会议，可以由各部门自主召开。

（6）例会：现在很多企业都会依据企业实际，约定每隔一定期限举行一次会议，并形成惯例。例会是现代企业中最为常见的会议之一，如周例会、月文化例会、年会等。

10.1.3 会议筹备的注意事项

会议筹备应注意以下几个方面。

（1）选择合适的场所、时间。在选择场所时，一定要考虑会场面积是否能容纳与会人员的数量、会址是否交通便利等；同时在选择时间上，一定要把握好，可先做一个调研或根据与会人员的时间来安排，以保证与会人员的出席率。

（2）以书面的形式进行会议通知，并让接收方签字确认，这样方能确保通知到位，避免出现无法确认责任人的尴尬局面。

（3）提前做好会场布置，重点关注会场条幅悬挂位置、桌椅摆放、会场室内隔音效果、采光、通风，有无窗帘，是否嘈杂，空调、插座、电源、白板、麦克风、投影仪、音箱、灯光等设施设备是否完好等，同时还可为与会人员提前准备好茶饮、笔、本及会议议程表单等。

（4）对于重要会议与会人员，主办方还应提前在酒店大厅醒目位置、会议室等会议举办地摆放欢迎条幅、欢迎牌、签到台、指示牌等。

（5）重大会议还需安排专业的摄影和摄像人员负责全程拍照和录像。

10.2 会议管理

会议管理是保证各项会议顺序进行的前提条件，对会议会产生直接的影响，因此，企业必须要对会议管理引起重视。

10.2.1 会议管理的目的与原则

为了提高会议的质量和效率,在对会议进行管理时,首先要明确会议管理的目的,以及会议管理需要遵循哪些原则,这样才能让会议管理工作变得更加简单、有效。

(1)会议管理的目的有以下几点。

①为了保证会议的正常进行,为会议提供全方位的支持。

②提高会议的效率,如尽可能地保证会议如期举行等。

③对会议的筹备、组织、保障等工作的一种有效的协调,如避免会议之间的时间重叠而造成不必要的损失等。

(2)会议管理的原则主要包括以下三个方面。

①会议安排要根据先后备案顺序、紧急程度做科学、合理的安排。

②强调会前通知、会时签到、会中记录、会后落实的原则。

③会议时间安排、参会人员安排要科学合理。

10.2.2 范本:会议管理相关制度/流程/表格

通过会议,可以改善很多问题,不仅可以增强企业的凝聚力,还可以达到提升绩效,增产节能及出台新的工作政策的作用。要尽量创造机会,组织各种不同类型的会议,如绩效考核会、业务研讨会、销售技巧会、专业培训会等。以下是某公司的会议管理制度、流程、表格,仅供参考。

1. 会议管理制度

会议管理对于善于利用会议来处理公司事务的企业来说是非常重要的。下面是某公司会议管理制度,供读者参考。

会议管理制度

一、目的

为提高公司会议效率,保证会议质量,使公司的会议管理规范化和有序化,特制订本管理制度。

二、适用范围

本制度适用于公司董事会、日常工作会议、月度工作例会、周办公例会、专题协调会等各类会议的管理。

三、职责

1. 会议发起部门负责会议通知、会议文件准备、会议纪律管理、会议纪要拟定。

2. 根据会议性质由部门负责人、分管领导、总经理确定相关会议的召开。

3. 行政部负责会议室准备、会务协调工作,负责重要会议纪要的传签、发布及存档。

四、领导办公会

1. 行政部负责公司级会议的组织安排,并通知会议时间及地点。

2. 重要会议,行政部提前一天将有关议案提交各出席人员。

3. 总经理主持会议,公司高层领导参加,必要时经会议主持人同意可邀请有关人员列席,主要内容是对公司重大经营决策、经营管理及有关人事安排进行沟通和协调。

4. 行政部负责会议记录并起草会议纪要;原始会议记录交资料室存档,会议纪要由总经理审批签发。

五、周办公例会

(一)周办公例会每周一在公司会议室召开

若因特殊情况不能如期开会,行政部应按总经理指示发布会期更改的通知。

(二)周办公例会由总经理主持

周办公例会的出席人员为总经理、分管领导、部门负责人。

(三)汇报内容力求精练

1. 总结上周工作中的重点事例,包括成绩突出的工作和具有借鉴意义的工作,重点事例的数量控制在2~3件。

2. 检讨上周未完成的工作,包括进度和质量两个方面,并分析其中的原因。

3. 提出本周需要领导协调和其他部门协作的工作事项及其要求。

(四)各部门发言结束后,行政部汇报上周计划督察情况,之后各分管领导发言,最后由总经理做总结和部署。

(五)行政部负责会议记录并起草会议纪要,会议纪要由总经理审批签发。

六、专题协调会

1. 各部门分管领导进行跨部门协调的工作,可以向行政部提议召开专题协调会,并提交会议内容。

2. 分管管理者视具体情况决定是否召开专题协调会,在请示总经理后及时做出会议安排并提前通知与会人员。

3. 会议召开的前一天,会议提议部门将会议内容转发给各与会人员。

4. 会议提议部门负责会议记录并起草会议纪要,会议纪要经会议主持人审批签发。

七、会议准备

1. 行政部按需提供相应的会议服务。

2. 各部门在《会议安排申请表》的填写中，请注明会议所需物资，以便行政部安排，如在《会议安排申请表》中未注明，行政部将视为该会议无须设备支持。

3. 《会议安排申请表》原则上应提前1天交行政部，以便会议的通知与物资安排。如确属于紧急会议，应至少提前1小时将会议时间、地点及需要提供的物资告之行政部，以便统筹安排。

八、会议安排事项的落实

按《行政政令（任务）跟踪督察工作程序》执行。

九、形成纪要

1. 会议召开后两个工作日内（急件1个工作日内），编制单位应使用会议纪要专用稿笺将会议纪要拟制完毕，经相关管理者审批后分发至有关部门及人员。

2. 会议纪要必须完整、准确记录与会管理者的工作指导与指令，文辞应有逻辑性、条理性，引用数据必须经数据提供部门确认。

十、会议室使用管理

1. 公司的会议室由行政部指派会议室专管员，如安排前台文员专门负责公司会议室使用管理，包括会议室使用的安排，会议室物品设施的保管维护，会议室物资管理。

2. 各部门如需使用公司会议室，必须在使用前安排本部门人员在OA中填写《会议室使用申请表》进行提前预约，由所在办公区的前台文员根据预约情况进行统一安排。

3. 如各部门使用会议室的时间发生冲突，由会议室专管员根据会议的轻重缓急情况同相关部门进行协调，优先满足外访接待的使用，并及时将调整后的时间记录在《会议室使用记录表》上。

4. 各部门必须严格按照预约的时间使用会议室，如因突发情况需提前、推迟或顺延，必须及时知会所在办公区的会议室专管员。

5. 各部门在会议室使用前需明确会议与会人数，并根据会议性质提前准备好会议用品（如纸、笔、座位牌、激光笔、白板等）；如需行政部提供相应协助，提交《会议室使用申请表》时在协助事宜中注明，行政部将会根据部门实际情况进行协助。

6. 会议室使用部门应提前明确会议用水标准。原则上由各部门自行安排部门人员进行会场茶水的续水工作（会议期间会议服务人员进入会议室加水的时间间隔应为20~25分钟）。

7. 如会议期间需要使用投影仪/视频会议系统，使用部门应自行提前做好相关调试准备工作。

……

> Tips 由于内容较多，书中只列出了本管理制度的前部分内容，该管理制度的详细内容将在模板中提供，读者可下载完整的会议管理制度进行参考、使用，下载方法见前言说明。

2．会议管理流程

会议管理要遵循一定的流程，这样才便于会议具体执行。表10-1所示的是某公司会议管理流程。

表10-1　会议管理流程表

流程名称	会议管理流程	主管部门	行政部
流程编号		更新日期	
会议发起部门	参会人员	行政部	总经理及分管管理者

```
                           会议管理
                              │
        ┌─────────────────────┼─────────────────────┐
        ▼                     ▼                     ▼
  提议召开工作会          部门日常工作会           决定召开会议
  并提交会议内容         议，周工作例会                │
        │                     │                     ▼
        ▼                     │                  会议议题
  部门主管领导                │                     │
  审核议题内容                │                     │
        │                     ▼                     │
        ▼                  会议室准备  ◄─────────────┘
  会议室申请 ───────────────┘
        │
        ▼
  会议通知 ───────► 参加会议
        │
        ▼
  起草会议纪要
        │
        ▼
      是否 ─── Y ───► 文件传签流程
      重要                  │
        │ N                 ▼
        ▼              重要纪要存档
  纪要分发（根据需
  要决定是否印刷）
        │
        ▼
  纪要归档
        │
        ▼
  决议事项办理 ───► 决议事项催办 ───► 结束
```

311

3. 会议管理表格

会议管理当中会涉及一些报批手续，所以表格的设置尤为重要。以下是某公司的会议管理表格，仅供参考。

（1）会议召开呈批表。

对于一些重要人物参加的重要会议需要相关领导批示，方可召开。表10-2所示的是某公司会议召开呈批表。

表10-2　会议召开呈批表

部门		部门（公司）负责人	
主持人		会议地点		会议时间	
主题	会议的重要议题
参加人员	
需行政部协助事宜	
行政部审核	签名：　　　　　　　日期：
备注	

（2）会议室使用申请登记表。

有的企业会议比较多，各个层级、部门的会议很可能在使用会议室的时间上重叠，所以会议室使用申请登记可以让各部门提前做好准备。表10-3所示的是某公司会议室使用申请登记表。

表 10-3　会议室使用申请登记表

申请日期	申请人	申请人所属部门	使用时间	申请会议室名	备注

（3）会议签到表。

召开会议时，有时是需要相关部门或人员参加的，会议签到可以证明这次会议相关人员是否参加了。表 10-4 所示的是某公司会议签到表。

表 10-4　会议签到表

会议时间		会议地点	
会议名称			
会议议题			
主持人		会议记录	
参 加 会 议 人 员			
序号	部门	职位	姓名

（4）会议记录表。

会议记录是对会议的组织情况和具体内容的详细记载，是会后对会议监督落实的凭证和依据。表 10-5 所示的是某公司会议记录表。

表 10-5　会议记录表

会议时间		开会地点	
主持人		记录人	
出席人			
缺席人			
会议主题			
会议内容			
决议	执行部门	完成时间	核查

> Tips　会议管理要遵循一定的原则，按照制度办事，否则会造成混乱，给企业各部门的工作开展带来极大不便。

10.3 会务概述

会务,说简单点就是为了满足会议需要而开展的,包括会前、会中、会后等一系列的服务性工作。

10.3.1 会务的含义

会务,简单从字面上理解,其实就是为会议服务。它是随着开会的需要应运而生的,它的一切活动都是为了给会议提供便利,以确保会议的顺利进行。从会议筹备到善后,有一系列会务工作,做得好坏,将直接影响会议质量和会议效果。会务一般包括秘书和行政事务两部分工作内容,重要会议还会涉及安全保卫等方面的工作。

10.3.2 会务的内容

会务的内容按照阶段性进行区分,可以分为三个阶段。

1. 会前

(1)先确定会议需求,即会议的参会人数、会议级别、会议需求等,并为参会人员提供会议所需要的机票、车票、住宿酒店、会议场所、交通等信息。

(2)检查会场及周边环境卫生,不只是会议桌面的卫生,墙面、地面、窗台、窗帘、椅子、会议室内各类设施、各个角落及绿植花盆等都需要检查到位。

(3)检查设备设施,如桌椅、门窗、灯光、温度、通风设备等。如果是视频会议、电话会议、会议录像等还需要用到麦克风、网络、电话、录像、投影等各类会议设施设备。

(4)检查会议摆台上摆放的用品是否齐全,摆放是否有序、合理。

(5)检查服务人员是否按照会议要求和安排全部到位,服务人员着装、妆容等是否规范等。

2. 会中

(1)会场接待服务到位。

(2)会议资料和用品提供到位。

（3）会议住宿、会议用餐、茶水的供应到位。

（4）会议旅游、会议娱乐组织到位。

（5）会议文秘服务到位。

3. 会后

（1）会议费用结算支付，票据整理。

（2）会场清理到位。

（3）会后工作总结及相关反馈到位。

10.4　会务管理

会务管理对于会议来讲，发挥着非常重要的作用，它能够使会议服务达到更加专业的水平，实现事半功倍的效果。会务管理从前期会议筹备开始到会议散场后清理阶段，都在为会议做着保障性的服务工作。

10.4.1　会务管理的原则

会务管理的原则主要遵循以下几个方面。

（1）严格管理。会议筹备工作非常重要，所以必须要做到仔细、周全，保证为会议做好前期保障工作。

（2）严肃纪律。要保证会议服务人员的专业性，以确保整个会议的完整进行。

（3）严格执行。根据会议的要求，严格按照会议规格、时间、地点等具体安排，做好会议服务工作。

10.4.2　范本：会务管理相关制度／流程／表格

会务管理是每次召开会议都必不可少的一项会议保障性工作，以下是某公司的会务管理制度、流程、表格，仅供参考。

1. 会务管理制度

会务管理的工作是否到位，需要有一个制度标尺加以衡量。下面是某集团公司会务管理制度，供读者参考。

会务管理制度

一、目的

为了规范集团会务接待工作,统一标准,持续、稳定地提供良好会务接待服务,展现良好的公司对外形象,特制订本管理制度。

二、适用范围

本管理制度适用于集团公司各类会务管理。

三、会务阶段划分细则

(一)前期筹备阶段(会议召开前的3~5天)

1. 根据来访人员或来访洽谈事宜确定会议组织部门。
2. 由会议组织部门明确会议召开的时间。
3. 明确参会人数。
4. 指定会议责任人及主持人、会议纪要记录人。
5. 根据会议性质拟定《会议议程》《项目考察行程安排》《座谈会议行程指南》或《来访人员接待安排表》。
6. 根据会议性质,提前确定所需会议用品(如纸、笔、座位牌、饮用水、水果、会议设施等)。

(二)会前响应阶段(会议召开前的两天至会议召开前)

1. 根据公司接待管理办法,于会前发起《接待申请流程》,提前办理借款手续申报工作;并在接待申请中注明是否有协助需求,便于各部门协助工作的开展;会务接待费用报销时须将《接待申请流程》作为报销附件。
2. 如需相关部门进行协助,提前拟定协助事项并及时与协助部门负责人进行沟通,拟定协助事项,并落实协助事宜的经办人员。
3. 由会议组织部门完成会务材料的准备。
4. 由会议组织部门牵头完成会务组建与成员分工。
5. 根据会议需要,会议组织部门会同协助人员准备会场布置材料(如会议横幅、会场安排、座位牌、摄影器材等)。
6. 完成来访客人或与会人员吃、住、行的安排。

(三)会议保障阶段(会议开始至结束期间)

1. 会议期间的茶水准备,落实会场服务人员。
2. 茶歇准备。要求摆放整洁美观,方便客人食用。
3. 就餐工作。会议组织者应根据会议的实际参会人数,监督预定的餐桌数量,如人数发生变化时应及时与协助部门对接,完成临时调整工作,并由协助部门提前将酒水准备到位。

（四）会议结束阶段（会议散场后）

1. 来访客人或与会人员返程前，会务人员要了解与会人员返程交通工具，事先安排好接送车辆。

2. 会议结束后，及时检查会议室内是否有来宾遗失的物品或资料，如经发现须及时送还至对方手中。

四、会议接待过程中的注意事项

1. 会议组织部门应根据来访人员，提前知会本公司与会人员着装要求。

2. 会议组织方负责安排工作人员对会议室进行布置，保障会议室整洁舒适；提前10分钟将会议室内的灯、空调、办公设备等打开。

3. 茶水服务人员于会议开始前15分钟将茶水准备到位。与会人员基本到齐后，会议服务人员将会议室内茶水添加一遍后，每隔20~25分钟到会议室进行续水，直至会议结束。在续水过程中，会议服务人员应及时更换杂物盘、留意会议室内设备运行是否正常、空调温度是否舒适。服务工作要细致周到，服务中要做到三轻（走路轻、讲话轻、动作轻）。

4. 会务用餐安排。会议组织部门需提前将用餐人数、订餐标准、用餐时间及餐厅要求告之协助部门，协助部门完成预订后及时反馈给会议组织部门，订餐费用由会议组织部门提前借支并由陪同人员于就餐完毕后自行支付。

5. 会务住宿安排。会议组织部门需提前将人数与住宿要求提供给协助接待部门，由协助部门参照《集团对外接待相关规定》进行酒店预订，预订完毕后及时将酒店名称、地址、房号等信息告知会议组织部门。

6. 会务车辆安排。会议组织部门需及时与接待协助部门联系，告知客人的联络方式、客人职务、接送时间、地点及相关注意事项，由协助部门安排司机准时接送客人参加会议，客人较多的情况下需要合理地安排车辆，做好衔接。

7. 会议结束后，与会人员应送客人到电梯处，送别客人。

8. 会议结束后由会议组织部门安排专人整理会议室，关闭会议设备，断掉电源。

五、附则

1. 本制度自发布之日起执行，由行政部负责解释和修订。

2. 此前公司的相关管理规定，凡与本管理制度有抵触的，均依照本管理制度执行。

2. 会务管理流程

会务管理过程中需要有一定的流程。表10-6所示的是某公司的会务管理流程。

表 10-6　会务管理流程表

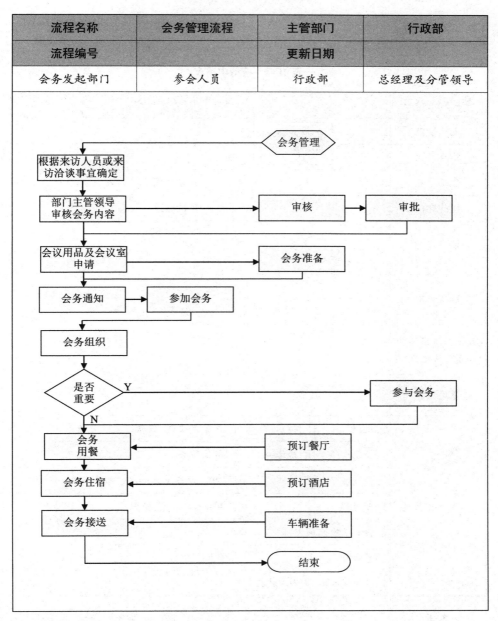

3. 会务管理表格

会务管理当中，会涉及很多需要填报的表格。以下是某公司的会务管理表格，仅供参考。

（1）接待申请表。

接待参会人员时，招待的规格需要有一定的标准。表10-7所示的是某公司接待申请表。

表10-7 接待申请表

来宾单位			人数	
主宾情况	有哪些级别的人员（批注）			
接待事由				
会晤地点		具体时间		
接待部门		接待领导		
参加/陪同人员				
接待标准	□业务　　□内部 商务□A类　　□B类　　□C类			
用餐、住宿具体标准及地点				
费用预算				
接待要求	□迎送	□指示牌	□电子屏欢迎/布幅	□背景音乐
	□摄影	□摄像	□司仪服务	□租摆
	□会议室	□座牌	□PPT设备（计算机、投影仪）	
	□麦克风	□茶水	□矿泉水	□安保	□车辆
	□会标/欢迎词内容			
	□参观区域			
	□其他（水果、鲜花、礼品等）			
备注 （其他接待信息要求）				

（2）接待任务安排表。

接待任务要责任到人，表 10-8 所示的是某公司接待任务安排表。

表 10-8　接待任务安排表

接待对象（主宾）		接待人数		
接待事由		接待时间		
接待部门		接待领导		
陪同人员				
接待标准				
费用预算				
接待安排	具体工作安排	时间安排	协作部门	负责人
会议室安排				
用餐安排				
住宿安排				
摄像、摄影				
接待方负责人		被接待方联系人		

接待标准栏注：按贵宾或重要客户、普通客户标准等

费用预算栏注：按人数计算或按不同人员的级别汇总预算费用

> Tips　会务管理就是为会议全程事无巨细地做好服务，保证会议最终圆满成功。

专家支招

1. 如何提高会议效率

会议是企业管理中的一个重要沟通方式,很多信息的交流、问题的解决、重要的决策都是通过会议实现和决定的,所以,会议的效率高低将直接影响企业的高效管理和企业的整体效益。那么,如何才能提高会议的效率呢?作为会议组织、管理部门的行政部,应从以下几个方面提升会议效率。

(1) 做好会前的准备。

不管是大型会议、小型会议还是紧急召开的临时会议,在会议开始前,都需要先做好会议前的各种准备,如打印、准备会议中用到的各种资料,做到心中有数,准备会议需要的物品,如纸、笔、笔记本、录音笔、投影仪等,还要检查准备的这些物品是否能正常使用。另外,还需要通知参会人员,并根据人数准备好桌椅,安排好位置,准备好茶水等。

(2) 明确会议目标。

会议是围绕某种目的而展开的,所以,一定要明确会议讨论的内容及要达到什么样的效果,要时刻围绕会议目标进行讨论,如果会议偏离主题,会议组织者可以将会议目标写在白板的醒目位置,并郑重提醒与会者牢记会议目标。此外,会议目标应该是尽可能具体的表述,而非模棱两可的陈述。

(3) 会议角色的选择。

会议通常需要会议组织者、记录员、参与者三种角色。会议组织者的职责是保障会议的顺利进行,让会议按照目标有序开展;记录员的职责则是清晰准确地记录会议参与者的发言,既可以由参会人员担任,也可以由专门的人员担任;参与者则是参加会议的人员,其责任就是围绕会议目标发表自己的观点、看法或与他人进行讨论。

(4) 会议时间的选择。

会议时间的选择非常重要,选择合理的会议时间,可以提高会议的效率。在选择会议时间时,可以根据实际情况确定。对于非常重要的会议,一定要预留充分的准备时间，并且明确会议时间，要能保证所有的参会人员都能准时参加。对于需要快速得出结论的会议，最好安排在午餐或下班之前，因为参会人员想快速结束会议，效率自然就会提高。

（5）总结与跟踪。

会议结束时，需要会议组织者总结会议成果，并分配好部门或个人需要负责落实解决的问题。会议结束后，记录员要将会议记录整理出来，并发给参会人员。在执行过程中，还要找相应人员跟踪会议结果的落实情况。

2．如何组织网络视频会议

网络视频会议又称为网络会议电视、网络视讯会议等，它可以实现在两点和多点间实时传送活动图像、语音及应用数据（电子白板、图形）等形式的信息。适用于远程会议、远程面试、网络小规模讨论等。组织网络视频会议的基本流程如下。

（1）会议主办部门制订会议方案，提出会议申请，经总经理工作部会签，公司总经理审批同意后方可组织召开视频会议。

（2）会议主办部门应在会议召开前两个工作日通过协同办公系统提交视频会议任务单，协调相关部门进行会场布置，做好会间服务。

（3）视频会议任务单审核通过，会议主办部门与运维人员协商确定测试时间等事项后发布会议通知。

（4）会议通知须明确会议名称、时间、主会场地点及参加人员、分会场参加人员、会议议程（含远程发言单位）等内容。

（5）设备调试，视频会议运维人员根据会议通知和任务内容，制订工作落实方案（包括组织方案和技术方案），并进行系统联合调试。一般情况下，重大会议应提前半天调试，并在会议正式开始前 1 小时打开设备，等待会前联调。

（6）视频会议系统具有录像功能，若需要对视频会议进行全程录像，会议主办部门应提前通知视频会议运维人员，并在会议结束后及时将录制的内容从系统中导出。

（7）应做好视频会议电子数据和有关资料的保密工作。未经会议主办部门领导批准，不得对外公布有关信息。

3. 会议座次安排技巧

对于行政人员来说，组织会议是经常性工作，会经常遇到会议时领导座次安排问题。那应如何安排领导座次呢？以下内容为读者提供参考。

（1）会议座次安排要领。

①会议座次安排以面门为上、以左为尊。

②正式会议必须排座次、放席卡，以便与会人员对号入座，避免互相谦让。

③灵活掌握座次安排。例如，对德高望重的老同志，可适当往前排；对邀请的上级单位或兄弟单位来宾，其实际职务略低于主人一方领导的，可安排在主席台适当位置就座。

（2）主席台座次安排。

①人数为奇数时，1号为领导居中，2号领导在1号领导左手位置，3号领导在1号领导右手位置，依次排座。

②人数为偶数时，1、2号领导同时居中，2号领导在1号领导左手位置，3号领导在1号领导右手位置，依次排座。

（3）条形会议桌座次安排。

安排原则：安排面门方为客方，背门方为主方。1号领导居中，2号领导在1号领导左手位置，3号领导在1号领导右手位置，依次排座。

4. 如何做好商务会议费用预算

一个重要商务会议，除了要考虑策划者的策划思路与方法是否正确，各方面细节考虑是否周详、会议行程安排要合理之外，还要考虑会议费用预算是否全面准确。通常而言，会议预算包括以下几个方面。

（1）会议室/厅费用。

①会议场地租金。

一般而言，会议场地的租赁已经包含某些常用设施，如桌椅、主席台、音响、激光指示笔、粉笔等，但一些非常规性设施并不包括在内。

②会议设施租赁费用。

主要是租赁一些特殊设备的费用，如投影仪、笔记本电脑、移动式同声翻译系统、会场展示系统、多媒体系统、摄录设备等，租赁时通常需要支付一定的使用保证金，租赁费用中包括设备的技术支持与维护费用。

③会场布置费用。

如果对会场布置没有特殊要求，就不需要单独支付会场布置费用，如果需要对会场进行特殊布置，那么就需要增加会场布置费用这部分预算。

④其他支持费用。

这些支持通常包括广告及印刷、礼仪、秘书服务、运输与仓储、娱乐保健、媒介、公共关系等。对于这些单项服务支持，行政部应尽可能细化各项要求，并单独签订服务协议。

（2）交通费用。

交通费用是指出发地至会务地的交通费用、会议期间的交通费用以及返程交通费用，包括航班、铁路、公路、客轮和目的地车站、机场、码头至住宿地的交通费用，以及住宿地至会所的交通、会所到餐饮地点的交通、会所到商务交际场地的交通、商务考察交通及其他与会人员可能使用的预定交通等。

（3）住宿费用。

住宿费用主要是指整个会议过程中参会人员的住宿费用，不同职位的参会人员，其住宿的标准不一样，而且酒店星级、房型、提供的服务不同，其价位也不一样，所以，在预算住宿费用时，最好先了解清楚住宿所产生的大致费用。

（4）餐饮费用。

会议的餐饮费用取决于会议议程需要及会议目的，行政部应在会前与主办部门沟通确定。餐饮费用包括早餐、中餐及晚餐费用，同时应将酒水及会场茶歇、联谊酒会/舞会等项目考虑到。

（5）视听设备。

如果会议在室外进行，还需增加租赁视听设备的预算费用。

（6）杂费。

杂费是指会议过程中一些临时性安排产生的费用，包括打印、纪念品、模特与礼仪服务、临时道具、传真及其他通信、快递服务、翻译与向导、临时商务用车等。杂费的预算很难计划，通常可以在会务费用预算中增列不可预见费用作为机动处理。

5. 会议主持人的主持之道

会议主持人应掌控会议全局，能有效地观察所有参会者及其反应，其主持功底决定了整个会议气氛的基调。会议主持者要按照会议的性质、传达的内容定位会议的风格,并且主持者需要适时地区分参会者的不同风格,控制会议的气氛。

以下是会议主持人的主持之道。

(1)控制会议时间、推动会议的进程。

主持人应完全有效地控制会议的时间。会议过程中,尽量不要拖延,发现会议偏离主题或有所拖延,会议主持者应立即进行提示。会议主持者给参会者提供一个讨论某项问题的环境或传达信息,一定要按照会议的议程进行。

(2)协调发言。

会议主持者非常重要的一项工作就是协调参会者的发言,只有协调好发言,充分调动参会者的积极性,才能控制好整个会议的进程。

(3)观察参会者的反应并给予及时的反馈。

观察参会者的反应并给予一些及时的反馈是会议主持者的职责,有助于整个会议的顺利进行,同时还能很有成效地和参会者进行沟通,从而高效率地完成会议。

(4)做讨论总结。

进行讨论总结是会议主持者的职责,这样可以保证会议的成果,引导会议的良性进展,而不至于使会议最终没有任何效果。

(5)跟进会议的决定。

会议主持者应认真地对会议高度负责,应及时地对整个会议的决策和结果进行跟踪,以达到预期的目标。

高效工作之道

1. 使用 Word 制作会议邀请函

会议邀请函是专门用于邀请特定单位或人士参加,具有礼仪和告知双重作用的会议文书,其基本内容与会议通知一致,包括会议的背景、目的和名称,主办单位和组织机构,会议内容和形式,参加对象,会议的时间和地点、联络方式及其他需要说明的事项等。使用 Word 制作会议邀请函的具体操作步骤如下。

步骤 1 新建一个【会议邀请函】文档,将纸张高度设置为【24】,宽度设置为【21】,

将页面颜色设置为【金色，个性色4，淡色80%】，如图10-1所示。

步骤2 在页面上方绘制两个文本框，输入需要的文本，并对文本的格式进行设置，单击【图片】按钮，打开【插入图片】对话框，选择【花纹】，单击【插入】按钮，如图10-2所示。

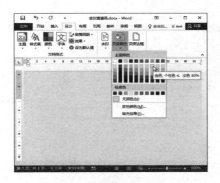

图10-1 设置页面颜色

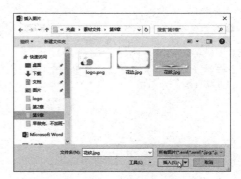

图10-2 插入图片

步骤3 将图片环绕方式设置为【浮于文字上方】，将图片调整到合适的大小和位置，选择图片，单击【调整】组中的【颜色】按钮，在弹出的下拉列表中选择【设置透明色】选项，如图10-3所示。

步骤4 此时，鼠标指针将变成 形状，在图片白色的背景上单击，删除图片的背景，再在【颜色】下拉列表中为图片重新着色，如图10-4所示。

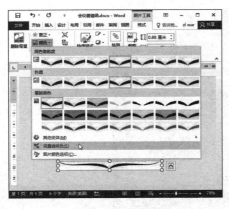

图10-3 设置透明色

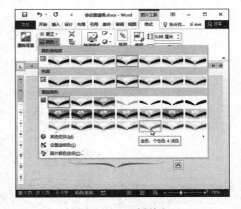

图10-4 重新着色

步骤5 按住【Shift+Ctrl】组合键，向上拖动鼠标，复制且水平移动图片，选择图片，在【排列】组中单击【旋转】按钮，在弹出的下拉列表中选择【垂直翻转】

选项，使图片与下方的图片相呼应，如图 10-5 所示。

步骤 6 在页面下方插入花边图片，将图片调整到合适的大小，并将图片的背景设置为透明色，然后在图片中绘制一个文本框，输入需要的文本内容，并对文本的格式进行相应的设置，如图 10-6 所示。

图 10-5 垂直翻转图片

图 10-6 添加花边图片和文字

步骤 7 在页面右下角插入 LOGO 图片，将图片调整到合适的大小，并为图片应用【棱台矩形】样式，完成会议邀请函的制作，最终效果如图 10-7 所示。

图 10-7 最终效果

2. 使用 Word 制作接待申请表

接待是公司行政事务中的重要组成部分，当有外宾或客户来访需要接待时，接待人员要根据来访人员确定接待类型，并提前向部门或公司提交接待申请表，安排相应的接待事宜。使用 Word 制作接待申请表的具体操作步骤如下。

步骤 1 新建一个【接待申请表】文档，输入文档标题，单击【表格】按钮，在弹出的下拉列表中选择【插入表格】选项，打开【插入表格】对话框，设置表格行数和列数，单击【确定】按钮，如图 10-8 所示。

步骤 2 插入表格，在表格第 1 列中输入相应的文本，设置对齐方式为【居中对齐】，根据单元格内容调整第 1 行列宽，选择第 1 行的第 2 个单元格，单击【合并】组中的【拆分单元格】按钮，打开【拆分单元格】对话框，设置拆分行数和列数，如图 10-9 所示，单击【确定】按钮。

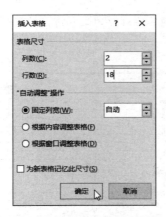

图 10-8 设置表格行数和列数

图 10-9 设置拆分行数和列数

步骤 3 继续拆分单元格，并在拆分的单元格中输入相应文本，选择需要合并的多个单元格，单击【合并】组中的【合并单元格】按钮，如图 10-10 所示。

步骤 4 将单元格合并为一个单元格，继续对表格执行拆分和合并操作，并输入需要的文本，将光标定位到【业务】文本前，单击【符号】组中的【符号】按钮，在弹出的下拉列表中选择【其他符号】选项，如图 10-11 所示。

图 10-10 合并单元格

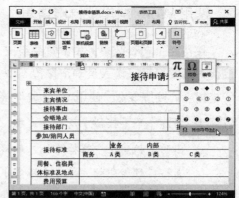

图 10-11 选择其他符号

步骤 5 打开【符号】对话框,设置字体,选择需要的符号,单击【插入】按钮,如图 10-12 所示。

步骤 6 关闭对话框,复制插入的符号,将其粘贴到其他对应的文本前,效果如图 10-13 所示。

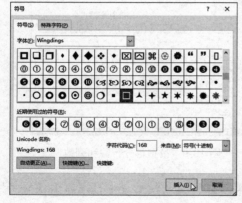

图 10-12 插入符号

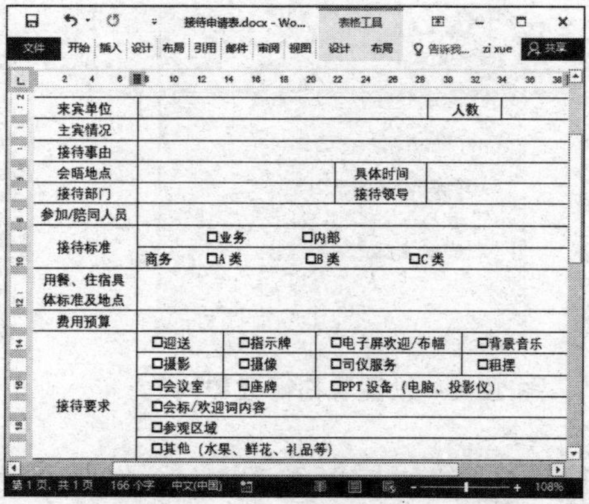

图 10-13 复制符号

步骤 7 根据需要对表格的高度进行设置,完成接待申请表的制作,最终效果如图 10-14 所示。

接待申请表

来宾单位				人数	
主宾情况					
接待事由					
会晤地点			具体时间		
接待部门			接待领导		
参加/陪同人员					
接待标准	□业务		□内部		
	商务	□A类	□B类	□C类	
用餐、住宿具体标准及地点					
费用预算					
接待要求	□迎送	□指示牌	□电子屏欢迎/布幅	□背景音乐	
	□摄影	□摄像	□司仪服务	□租摆	
	□会议室	□座牌	□PPT设备（电脑、投影仪）		
	□会标/欢迎词内容				
	□参观区域				
	□其他（水果、鲜花、礼品等）				
备注（其他接待信息要求）					

图 10-14　最终效果

3. 使用 Excel 制作会议费用预算表

会议费用预算是指对因为会议所产生的所有费用进行预计、估算，包括会议场地费、交通费、住宿费、餐饮费及各种资料费、礼品费等。会议费用预算表中涉及计算，所以最好使用 Excel 进行制作，具体操作步骤如下。

步骤 1 启动 Excel，新建【会议费用预算表】工作簿，在工作表中输入表格内容，选择 A1:F1 单元格区域，单击【对齐方式】组中的【合并后居中】按钮，合并单元格，并使标题居中对齐于单元格中，将字体设置为【微软雅黑】，字号设置为【20】，如图 10-15 所示。

步骤 2 加粗第 2 行中的文本，将 A2:F21 单元格区域中的文本设置为居中对齐，选择 A3:A9 单元格区域，在【合并后居中】下拉列表中选择【合并单元格】，如图 10-16 所示。

图 10-15　设置标题

图 10-16　合并单元格

步骤 3 继续合并其他单元格，选择 A2:F21 单元格区域，在【边框】下拉列表中选择【所有框线】选项，如图 10-17 所示。

步骤 4 选择 F3: F20 单元格区域，在编辑栏中输入公式【=D3*E3】，按【Ctrl+Enter】组合键计算出所支出项目对应的金额，如图 10-18 所示。

图 10-17　添加边框

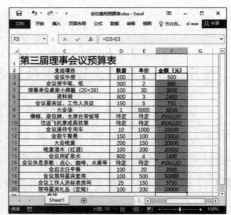

图 10-18　计算金额

步骤 5 删除【金额】列中含错误值单元格中的公式，输入预估的金额，选择 F21

单元格,单击【函数库】组中的【自动求和】下拉按钮,在弹出的下拉列表中选择【求和】选项,如图10-19所示。

步骤6 自动确定参与计算的范围,确定计算范围无误后,按【Enter】键计算出总金额,在【合计】文本后面输入总金额的大写,如图10-20所示。

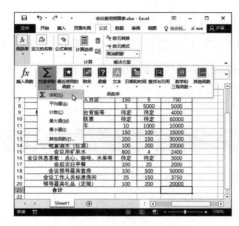

图10-19 自动求和

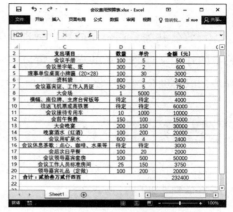

图10-20 输入金额大写

步骤7 完成会议费用预算表的制作,最终效果如图10-21所示。

	A	B	C	D	E	F
1	第三届理事会议预算表					
2	预算类别		支出项目	数量	单价	金额(元)
3	组织费	大会资料费用	会议手册	100	5	500
4			会议签字笔、纸	300	2	600
5		专用材料费用	理事单位桌面小牌匾(20×28)	100	30	3000
6			资料袋	800	3	2400
7			会议嘉宾证、工作人员证	150	5	750
8		会议场租费	大会场	1	5000	5000
9		会场布置费用	横幅、座位牌、主席台背板等	待定	待定	4000
10	接待费	交通费	往返飞机票或高铁票	待定	待定	60000
11			会议接待专用车	10	1000	10000
12		餐饮费	会前午餐费	150	100	15000
13			大会晚宴	200	150	30000
14			晚宴酒水(红酒)	100	200	20000
15			会议用矿泉水	600	4	2400
16			会议休息茶歇:点心、咖啡、水果等	待定	待定	3000
17			会后次日早餐	100	20	2000
18		住宿费	会议领导嘉宾套房	100	500	50000
19			会议工作人员标准房间	25	150	3750
20	其他	会议礼品	领导嘉宾礼品(定做)	100	200	20000
21			合计:贰拾叁万贰仟肆百			232400

图10-21 最终效果

第 11 章

行政公关接待管理

行政公共关系在公司的经营管理决策过程中,起着协助决策、平衡复杂社会关系的作用。通过本章的学习,可以进一步了解并掌握行政公共关系和行政接待管理,以协助公司高层做好经营管理工作。

11.1 认识行政公关接待

行政公关接待是企业对外关系处理过程中比较重要的一个环节。工作做得好与坏关系到企业的对外业务往来。

11.1.1 行政公关接待的礼仪要求

行政公关接待礼仪是有一定的规范要求的,具体介绍如下。

1. 准备工作

在接到来客通知后,行政部就要开始准备接待工作。准备是整个接待工作的重要环节,一般应从以下几个方面进行。

(1)了解客人的基本信息情况。在接到来客通知时,首先,要了解客人所在的单位、姓名、性别、民族、职业、级别及来访人数等;其次,要掌握客人的来访意图,了解客人的来访目的和具体要求及住宿和日程上的安排;再次,要了解客人到达企业的确切日期、所乘车次、航班到达的具体时间;最后,将上述情况汇总,及时上报给主管人员,并通知有关部门和人员,做好接待的各项准备工作。

(2)确定迎送规格。企业应按照身份对等的原则,安排对应的接待人员。对较重要的客人,应安排身份相当、专业对口的企业领导出面迎送;也可根据特殊需要或关系程度,安排比客人身份高的人士破格接待,即特例特办,灵活处理;对于一般客人,可由公关部门派懂礼仪、有礼貌、言谈流利的人员接待即可。

（3）布置接待环境。良好的接待环境是尊重来宾的一种体现。接待室的环境要明亮、安静、整洁、幽雅，可适当配置沙发、茶几、衣架、电话，以备接待客人、进行谈话和通信联络之用。室内应适当点缀一些花卉盆景、字画，增加雅致的气氛。另外，还可放置几份报刊或有关本企业的宣传材料、产品等，供客人翻阅和观看。

（4）做好迎客安排。做好车辆安排工作，根据客人的规格安排相应高中低档次的迎客车辆，预先为客人准备好客房及膳食、欢迎卡片、公司介绍及客户安排表（含有房间号、房间电话、酒店总机、近日当地天气预报等）；若对所迎接的客人不熟悉，需准备一块迎客牌，写上"欢迎×××先生/女士"以及本单位的名称；若有需要，还可准备鲜花或礼品等。

2．接待工作

（1）接机礼仪：在飞机场接人时，要安排人员帮助客人拿行李，并安排住宿。

（2）与客人握手：握手时，力度适中为佳，太轻会给人以轻视的感觉；太重，也不好，要主动伸出手来表示欢迎。

（3）向客人介绍：要先向客人介绍接待最高领导者，再依次介绍下一级别的领导或员工。把男士介绍给女士，把年轻的介绍给年长的。

（4）给客人引路礼仪：引导要走在客人前面。上楼、下楼都走在客人前面距离为一两个台阶，切记不要走得太快。走楼梯时，要让客人走楼梯内侧，主人走外侧。

（5）客人送行礼仪：根据客人的规格安排相应人员和车辆送行。若有需要，还可准备企业的纪念册或企业产品、企业所在地的特产作为礼物送给客人。

11.1.2　行政公关接待礼仪的注意事项

行政公关接待礼仪中，有几个常见的细节问题需要注意。

1．待客要有招呼声

（1）来有迎声。客人来了首先要打招呼，这是最基本的礼貌常识。

（2）问有答声。对客人要了解的或者感兴趣的问题一定要有问必答，不厌其烦。

(3)去有送声。客人走时,要有始有终,主动与客人道别。

2. 公关接待的礼貌用语的话术

(1)问候语。要养成与人打交道先问好的习惯。例如,接电话时,正确的接听方式应该是先说"您好",而且一般要先自报家门,"您好,我们是××单位"。在接打电话时,都应先自报家门。

(2)请求语。当需要别人帮助、配合、理解、支持时,要说"请"字,如请坐、请稍等、请用茶,请问您叫什么名字,请问您在哪个单位等。

(3)感谢语。当别人帮助、配合、理解、支持你的时候,要说"谢谢"。

(4)抱歉语。如果工作中怠慢、影响了客人或给客人造成了不便,应主动说抱歉语,如对不起、请原谅、请见谅、非常抱歉等。

(5)道别语。分别时要说"再见"。这是一个善始善终的问题。

3. 接待礼仪

(1)眼到:要做到眼中有事、目中有人。

(2)口到:要做到规范用语、通俗易懂。

(3)意到:与人交流时要专注、友善、得体。

(4)装到:着正装也是对客人尊重的一个表现。

> **Tips** 在行政公关接待中,可能会出现同时迎送多批客人的情况,所以要提前做好各项安排工作,避免冲突;同时,平时还要做好临时接待的准备工作。

11.2 行政公共关系管理

行政公共关系是企业树立良好形象,赢得公众认可的一种重要手段之一,它可以帮助企业与公众之间建立和保持相互沟通、理解、认可与合作的关系。

行政公共关系,简单地说,是指企业用来塑造自身形象的艺术。如果要用更专业、更细化的语言来描述,行政公共关系是指企业利用传播手段与社会公众进行的一种双向沟通。从上面描述中可以提炼出行政公共关系的三大要素,即企业、传播和社会公众。企业是最重要的一个要素,它实际上就是公共关系的主体,是所有行为和活动的发起者;传播是企业的一种双向沟通手段;社会公众则是泛指与企业在某一种特殊情况下所构成的相互关系的信息接收者——受众群体。

11.2.1 行政公共关系管理的目标

行政公共关系管理的目标可以分为以下几点。

（1）正确把握公众舆论导向。了解公共舆论，并正确认识及引导公共舆论，完善公共舆论、纠正不实舆论。

（2）完善传播机制。开拓各种传播渠道，如网络公关、信息发布会、微信公众号等传播途径来不断拓展传播渠道。

（3）健全沟通渠道。拉近与公众的距离，如建立接待日、对内对外咨询活动、企业信箱、企业对外服务电话等。

11.2.2 行政公共关系管理的原则

行政公共关系管理的原则分为以下几个方面。

（1）诚信原则：指在公共关系交往过程中企业应当本着诚实、守信的原则。

（2）利益一致原则：指企业应坚持站在对方的立场上，使对方实现利益最大化。

（3）彼此尊重原则：指企业对外交往中应不分高低，相互尊敬、重视对方。

（4）行政公平原则：指企业应同等情况同等对待，不偏不倚。

（5）协商沟通原则：指企业在公共关系交往过程中应共同商量，取得一致意见。

11.2.3 范本：行政公共关系管理相关制度/流程/表格

行政公共关系管理是组织为最有效地实现其目标而与社会保持某些方面联系的一种特殊的职能。行使这种职能需要相关制度、流程、表格作为支撑，以下是某企业行政公共关系管理制度、流程、表格，仅供参考。

1. 行政公共关系管理制度

行政公共关系管理制度可以帮助企业树立形象，与公众保持沟通，规范企业活动和行为，下面是某公司行政公共关系管理制度，供读者参考。

行政公共关系管理制度

一、目的

为树立良好的企业形象，保持与政府、社会公众和公司员工的沟通和理解，规范公司公关活动和行为，特制订本制度。

二、职责

（一）集团董事长负责公关的决策和整体协调

（二）行政部是公司公关活动的管理和执行部门

1. 行政部是公司对外新闻发布部门，负责公司对外宣传材料，包括对公司及子公司网站、网页的审核。
2. 负责整理宣传素材，撰写发布新闻通稿。
3. 负责与新闻媒体联络、沟通和接待记者采访。
4. 负责应对公关危机。
5. 负责对公司和竞争对手进行新闻监测，定期向公司领导和相关部门汇报相关媒体动态。
6. 负责建立公司新闻宣传网络，整合、利用内部资源。
7. 定期对各产业公司的公关管理和信息工作站人员进行业务培训。

（三）信息工作站

1. 负责本公司信息的收集、整理。
2. 负责向行政部报送本单位宣传计划、宣传信息或宣传稿件。
3. 协助集团行政部做好涉及本公司的新闻采访活动。

三、公关对象和目标

（一）公关对象

1. 公司外部对象：社会公众、政府机关、新闻媒体等。
2. 业务关系单位：顾客、供应商、竞争对手等。
3. 公司内部对象：股东、公司员工等。

（二）公关目标

1. 树立公司良好的信誉和形象。
2. 监督、改善公司的运作环境。
3. 联络社会公众和媒体，传递内外信息。
4. 辅助决策和协调人际关系。
5. 增加公司的社会效益和经济效益。

四、公关原则

对外公关为主，根据行业特点确立公关的重点对象和工作方式，争取政府、社会公众、媒体和公司员工对公司的关心、支持。

五、公关方式

（一）新闻宣传、广告

（二）纪念会、庆祝会、展览会、联欢会等社会性活动

（三）提供优质产品、商品、服务

（四）民意测试、问卷调查等

六、公关媒介

公司公关媒介包括报纸、电视、杂志、广播、电子出版物、网络、展览会、研讨会、发布会、书籍、录像录音带、幻灯片、图片、明信片、企业内部刊物等。

七、工作流程

1. 调查研究、收集信息、判断形势。

2. 通过对公司内部状态、外部环境的调查，了解社会公众对公司行为的意见和态度，判断其社会基本形象、地位。

3. 确定公关目标，一般包括多个目标体系。

4. 选择公关对象群体。

5. 选择公关媒介、确定公关方式和技巧。

6. 做出公关活动策划书和预算方案，并报经董事长批准。

7. 制订公关活动详细的实施方案，并组织实施。

8. 评价公关活动效果，做好活动总结。

八、新闻发言人

1. 行政部经理就是公司新闻发言人。经董事长授权，通过新闻发布会、招待会、俱乐部活动等形式，以公司名义、董事长代表名义、个人名义对外发布信息。

2. 新闻发言人负责审查公司对外发布的新闻稿件，确定宣传报道口径。

3. 新闻发言人发布信息应有记录、录音或录像，并妥善保存。

九、信息发布

1. 经公司领导认定的信息均可对外披露。

2. 公司各级密级的信息，未经专门程序或特许不得对外发布。

3. 各产业公司在召开新闻发布会（产品推广会）前，须将活动方案报集团行政部审查、备案；在接受媒体采访前，需经集团行政部授权。

……

> **Tips** 由于内容较多，书中只列出了本管理制度的前部分内容，该管理制度的详细内容将在模板中提供，读者可下载完整的行政公共关系管理制度进行参考、使用，下载方法见前言说明。

2. 行政公共关系管理流程

在处理行政公共关系时，必须要有一套切实可行的规范化流程。表 11-1 所示的是某公司行政公共关系管理流程。

表 11-1　行政公共关系管理流程表

流程名称	行政公共关系管理流程	主管部门	行政部
流程编号		更新日期	
参与部门	信息工作站	行政部	董事长

流程图：

公关管理 → 调查研究、收集信息、判断形势 ← 了解社会公众对公司行为的意见和态度参与

调查研究、收集信息、判断形势 → 调查公司内部状态、外部环境参与

→ 确定公关目标（多个目标体系）

→ 选择公关对象群体

→ 选择公关媒体、确定公关方式和技巧 → 公关活动策划书和预算方案 → 审批

→ 公关活动详细实施方案，组织实施

→ 新闻发言

参与 → 参与 → 采访接待

→ 公关活动效果评价和总结

3. 行政公共关系管理表格

行政公共关系管理中，必须做好内外联系及活动预算。以下是某公司的行政公共关系管理表格，仅供参考。

（1）公关活动调查表。

在工作中，要经常做一些调查，以便对工作加以评估。表 11-2 所示的是某公司公关活动调查表。

表 11-2　公关活动调查表

部门		职位		对外联系频率	
对外联系单位				对外联系部门	
内部联系部门				内部联系频率	
公司内部状态	对调查当时公司的内部状态做描述				
外部环境	对调查的外部环境做说明				
公众对公司的认知					
公众对公司的意见					
公众对公司的态度					
您认为公司应加强哪些方面的公共关系管理					
备注	以上调查内容请如实填写，调查内容仅作为公司制订公共关系管理的参考文件				

（2）公关活动预算表。

公关活动会涉及各方面的费用，如场地费、布置费等，这时就需要提前做好活动预算，经领导批准后财政部才会支付公关活动费用。表 11-3 所示的是某公司公关活动预算表。

表 11-3　公关活动预算表

类别	项目	费用估算	备注
	如场地费、材料费、人工费、道具费等		

Tips　行政公共关系管理的要点在于日常的维护和跟进，企业要始终与公众保持联系，加强沟通。

11.3　行政接待管理

行政接待管理是企业对外交流与联系的必要环节，接待的好与坏，直接关系到来访者对企业的第一印象，所以，作为行政接待人员一定要用心工作，接待人员的言行举止都代表着企业的对外形象。

11.3.1 行政接待管理的目的

行政接待管理的目的主要有以下几个方面。

（1）为了树立公司的良好形象，给客人一种亲切感、被尊重感，快速拉近彼此之间的距离。

（2）扩大公司对外联系和交流，使企业可以更好地实现引进来和走出去，与外界互通信息，促进企业发展。

（3）规范行政接待管理制度，使内部管理有据可依，使来访和参观者及接待人员都能有章可循。

11.3.2 行政接待管理的原则

行政接待管理应遵循的原则如下。

（1）热情礼貌、服务周到。行政接待工作中，接待人员的态度和服务是非常重要的，它代表着企业的形象，决定着客户对企业的认可度。

（2）厉行节约，对口接待。在接待过程中，只有对口接待，才能真正掌握接待的规格和尺度，才能最大限度地在能节约的地方适度节约，并达到预期效果。

（3）严格标准，统一管理。行政接待有时是个无底洞，如果没有一定的标准，是很难做到统一管理的，所以，在企业当中建立行政接待管理制度是非常重要的。

11.3.3 范本：行政接待管理相关制度/流程/表格

行政接待主要分为对内接待和对外接待。对内主要是公司内部员工的因公接待，包括集团公司与分子公司、分子公司与公司之间等；对外接待主要是商务接待和业务接待。以下是某公司的行政接待管理制度、流程、表格，仅供参考。

1. 行政接待管理制度

行政接待标准的统一对企业节省接待开支具有非常重大的意义。下面是某公司行政接待管理规定，供读者参考。

行政接待管理规定

一、目的

行政接待是公司行政事务和公关工作的重要部分，为使行政接待工作规范有序，统一公司形象及标准，特制订本规定。

二、适用范围

本规定适用于集团总部及下属各分（子）公司。

三、接待分类

（一）商务接待

适用于政府来人、其他企事业单位来员洽商重要事宜。

（二）业务接待

适用于一般性业务往来接待活动。

（三）内部接待

公司内部员工因公接待。

四、接待原则

接待应遵循"平等、对口、节约、周到"的原则，使客人高兴而来，满意而去。

（一）平等原则

对来宾无论职务高低，都要平等相待、落落大方。一般情况下，级别与权限相等，同级接待，特殊情况高规格接待。

（二）对口原则

各职能部门对口接待。综合性接待时各部门应予以协调，谁出面接待谁结账。

（三）节约原则

内部成本效益核算，招待来宾从简，不铺张浪费，不重复宴请，接待人员一般不超过宾客人数。

（四）周到原则

向来宾介绍情况的同时，应注意保守公司的商业机密，重要会议要有记录。

五、接待礼仪

1. 主动、热情、礼貌。

2. 穿着不得过于随便，按规定着装，衣着整洁，有风度。

3. 根据客人来意安排适当地点（会客室、会议室）进行交谈。

4. 切忌让客人久候或无人问津。

5. 按职务高低，依次介绍一行来客。

6. 对客人原定日程有变化的，与客人共同协商安排。

7. 乘坐车、上下楼梯、电梯，礼让在先，主动开关门，关注细节。

六、职责分工

1. 行政部门统筹安排并提供服务支持，包括预订票务、酒店、餐饮，办公场所与参观项目的特殊布置，提供车辆服务，代购大宗礼品及协助制订接待流程。

2. 行政部门在统筹安排接待工作的过程中，调配各部门的人员、车辆等资源配合接待工作，各部门必须无条件服从。

3. 部门级接待原则上由对口部门自行安排，实行"谁接待、谁负责"的原则，贯穿接待工作始终。以部门名义邀请的客人，如未派人陪同，各部门必须指定专人与行政部门负责接洽，并明确接待标准及费用预算。原则上客人超过8人（含）的接待活动，各部门应派人陪同。需高管参与接待的，提前与高管或行政部门沟通确认。

4. 集团公司的接待工作，属业务接待范围的由对口单位或部门接待，以集团业务接待政策报批执行，并坚持对口接待原则。

5. 集团内部各部门、公司接到来宾信息，应根据来宾情况、目的，需要以集团名义接待的商务接待，依政策确定来宾等级、规格，报有关集团领导审批，以便制订具体方案和行程及实施，做好接待工作。

6. 分（子）公司的行政部门为该单位接待管理部门，并负责重要商务及综合性接待的统筹组织。

7. 集团董事会领导出面的重大商务接待及重大集团综合性接待由总裁秘书归口管理。

8. 接待部门及费用报销应由提出接待申请的部门负责所需费用的请款及报销，进行费用报销时应将《接待申请单》作为附件附在费用报销单后面进行报销。

……

> **Tips** 由于内容较多，书中只列出了本管理规定的前部分内容，该管理规定的详细内容将在模板中提供，读者可下载完整的行政接待管理规定进行参考、使用，下载方法见前言说明。

2. 行政接待管理流程

行政接待管理过程中，需要按照相关的流程去操作。表11-4所示的是某公司行政接待管理流程。

表 11-4　行政接待管理流程表

流程名称	行政接待管理流程	主管部门	行政部
流程编号		更新日期	
发起部门	参与人员	行政部	总经理及分管领导

```
                                      ┌─行政接待─┐
                                      │   管理   │
                                      └────┬────┘
┌──────────────┐                           │
│根据来访人员或来│                           │
│访洽谈事宜确定 │←──────────────────────────┘
└──────┬───────┘
┌──────────────┐        ┌──────┐        ┌──────┐
│部门主管领导   │───────→│ 审核 │───────→│ 审批 │
│审核接待内容   │        └──────┘        └──────┘
└──────┬───────┘
┌──────────────┐                        ┌──────────┐
│接待用品及会议室│──────────────────────→│ 接待准备 │
│    申请       │                        └──────────┘
└──────┬───────┘
┌──────────┐      ┌──────────┐
│ 参观安排 │─────→│ 参加接待 │
└──────┬───┘      └──────────┘
┌──────────┐
│ 会务组织 │
└──────┬───┘
  ╱是否╲  Y                              ┌──────────┐
 ╱ 重要 ╲─────────────────────────────→│ 参与会务 │
  ╲    ╱                                 └──────────┘
   ╲ ╱ N
┌──────────┐                        ┌──────────┐
│ 接待用餐 │←──────────────────────│ 预订餐厅 │
└──────┬───┘                        └──────────┘
┌──────────┐                        ┌──────────┐
│   住宿   │←──────────────────────│ 预订酒店 │
└──────┬───┘                        └──────────┘
┌──────────┐                        ┌──────────┐
│   接送   │←──────────────────────│ 车辆准备 │
└──────┬───┘                        └──────────┘
        │                            ┌──────┐
        └───────────────────────────→│ 结束 │
                                     └──────┘
```

3. 行政接待管理表格

　　行政接待管理中，企业会根据自身的情况，设置相关的表单，对接待工作做相应的管理和安排。表 11-5 所示的是某公司的接待工作事项安排表。

表 11-5　接待工作事项安排表

来访单位基本情况	主宾姓名		人数		性别		民族	
	其他信息							
	到达时间			车次/航班			离开时间	
食、宿、行安排	用餐地点			人数			陪同人员	
	早中晚餐标准			用餐座牌			午休地点	
	住宿地点			房间安排			标准间/豪华间/单间	
	车辆安排			预订票要求				
参观安排	要求							
	参观路线							
会务工作	会议安排	会议时间			会议地点		协作部门/人	
	组织协调	参会领导						
		参加部门/人员						
	会场布置					如张贴横幅、放置花篮、气球、彩带、音箱、投影等		
	会场服务		茶水、用餐服务等					
	材料准备					文档资料、杯子、本子、笔、文件袋等		
会务礼品		纪念品						
宣传工作						会前推广		
后勤保障				车辆、安全等				

> **Tips**　行政接待管理工作中，一定要注意细节，尤其接待人数较多时，更要把每个环节都考虑布置周全，以免给来访人员造成不必要的困扰。

专家支招

1. 公共关系部门如何在企业管理中起"参谋"作用

公共关系部门在企业的行政管理或经营管理中,作用主要是协助决策者对复杂的自然因素进行分析,平衡企业的社会关系,站在社会公众和整体环境的角度评价决策带来的社会效应,使做出的决策有利于企业的发展和树立企业的良好形象。可以说公共关系部门是一个"智囊机构",它在组织管理中起着"参谋"的作用。

(1)为确立决策目标提供咨询。由于工作需要,公共关系部门接触最多的是公众,掌握和积累了大量的公众信息,而且对于企业存在的各种问题也比较清楚,因此,在协助决策者做出决策时,也更容易站在公众的角度发现问题,为企业做出决策提供建议。

(2)为决策提供各种社会信息,为公众提供咨询服务。帮助企业了解内部员工的思想状况、工作状态等,通过各种渠道获取外部公众的需求意向和态度、新闻媒介对本企业的评价,政府、主管部门对本企业的了解和支持程度等。

(3)运用公共关系手段,协助拟订、选择和实施方案。根据掌握的各种信息,制订一些方案,提供一些建议,并从带来的经济效益和社会效益两个角度对决策方案进行分析和评价,帮助决策者选择和实施最佳的决策方案。

(4)通过公关渠道观察、评价决策效果。反馈决策实施后的公众反响和社会后果,为调整决策或制订新的决策提供了依据,促使决策者不断地改善组织形象。

2. 乘车座位安排技巧

乘车礼仪是接待中的一个重要环节,乘车座位的安排将直接体现对客户的尊重。

(1)根据车种类不同确定座次。

①双排四座车。

无论是主人驾驶还是司机驾驶，都应以前排右座为尊，后排右侧次之，后排左侧为末席。

②双排五座车。

双排五座车根据驾车者的不同确定座位的尊卑。

如果由司机驾驶时，以后排右侧为首位，左侧次之，中间座位再次之，前座右侧殿后。

如果由主人亲自驾驶，以驾驶座右侧为首位，后排右侧次之，左侧再次之，而后排中间座为末席。

主人夫妇驾车时，则主人夫妇坐前座，客人夫妇坐后座。

③三排座位。

三排座位的副驾驶座被称为随员座，一般为秘书、翻译和接待人员的座位；第三排为尊，第二排次之；同一排座位上右尊左卑。

（2）根据驾车的人确定座位的尊卑。

主人驾车

双排五座位的座次：由尊而卑依次为副驾驶座、后排右座、后排左座、后排中座。

三排七座位的座次：由尊而卑依次为副驾驶座、后排右座、后排左座、后排中座、中排右座、中排左座。

3. 用餐座次安排技巧

用餐座次安排的基本原则是居中为上，先右后左，以远为上，对门为上（这里的左右是指主陪的左右手方向）。

（1）一般主陪在面对房门的位置，副主陪在主陪的对面，1号客人在主陪的右首，2号客人在主陪的左首，3号客人在副主陪的右首，4号客人在副主陪的左首，其他可以随意，如图11-1所示。

（2）两桌或者两桌以上应摆放桌次牌。两桌横排，以右为尊，左右由面对正门的位置确定，如图11-2所示；两桌竖排，以远为上，远近就距离正门的远近而言，如图11-3所示；由三桌或以上的桌数组成的宴请，除了要注意"面门定位""以右为尊""以远为上"的规则外,还应兼顾其他各桌距离主桌的远近,距离主桌越近,桌次越高,反之越低。

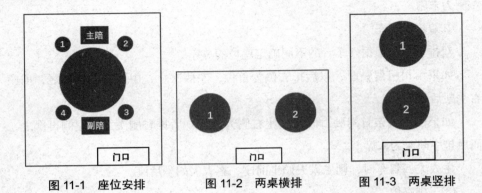

图 11-1 座位安排　　　　图 11-2 两桌横排　　　　图 11-3 两桌竖排

(3)圆桌席次安排:根据基本原则确定主位;2、3、4号桌中,面对1号桌主位的座位是主位;公司内外领导共同用餐,先考虑职务大小,并交叉而坐,便于交流,如图11-4所示。

(4)长桌用餐席位安排:根据基本原则确定尊位,再安排主、客方职务最高者居中面对面而坐,其余人员按照"先右后左"和"交叉而坐"的方法依次安排,如图11-5所示。

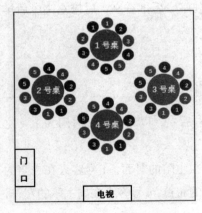

图 11-4 圆桌用餐席次安排

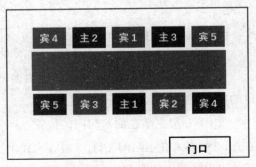

图 11-5 长桌用餐席位安排

高效工作之道

使用 Word 制作来访人员接待管理制度

接待工作是指各种组织在公务活动中对来访者所进行的迎送、招待、接谈、联系、咨询等辅助管理活动，是行政部的一项经常性的事务工作。接待工作不仅是公司内部沟通的桥梁，也是展现企业文化和企业形象的窗口，所以，企业都会制订相应的接待管理制度，以便于接待工作的顺利进行。使用 Word 制作来访人员接待管理制度的具体操作步骤如下。

步骤① 打开"来访人员接待管理制度"Word 文档，将光标定位到标题行中，单击【样式】按钮，在弹出的下拉列表中选择【副标题】选项，应用于标题，如图 11-6 所示。

步骤② 将光标定位到【总则】行中，在【样式】下拉列表中选择【创建样式】选项，打开【根据格式设置创建新样式】对话框，单击【修改】按钮展开对话框，在对话框中对样式属性和格式进行设置，单击【格式】按钮，在弹出的下拉列表中选择【编号】命令，如图 11-7 所示。

图 11-6　应用样式

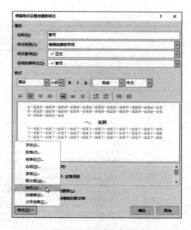

图 11-7　新建样式

步骤③ 打开【编号和项目符号】对话框，单击【定义新编号格式】按钮，打开【定义新编号格式】对话框,设置编号样式和编号格式,单击【确定】按钮,如图11-8所示。

步骤④ 在返回的对话框中依次单击【确定】按钮,返回文档编辑区,即可看到应用新建样式后的效果,如图11-9所示。

图 11-8 定义新编号格式

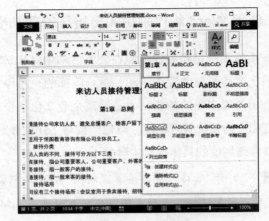

图 11-9 应用新建样式

步骤⑤ 为其他段落应用【章节】样式,使用相同的方法再新建一个条款样式,将其应用到相应的段落中,并对段落的行间距及部分段落的编号格式进行设置,完成来访人员接待管理制度的制作,最终效果如图11-10所示。

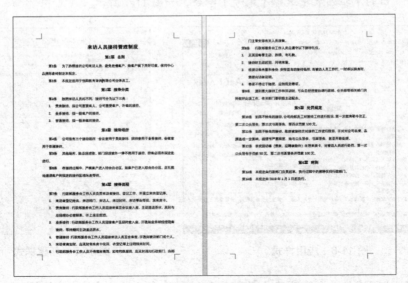

图 11-10 最终效果

第 12 章 车辆与司机管理

车辆与司机管理一直都是行政管理的一个重点，从经济层面，既要提高运输效率，又要降低费用和消耗；从安全层面，要保持车辆技术状况良好，保证运输生产安全。所以，做好此项工作，对于行政人员来讲还是一项不小的考验。本章将带领大家一起对车辆与司机管理进行深入的学习与探讨，希望对大家能有所帮助。

12.1 认识车辆与司机管理

在企业中，车辆与司机管理是行政工作的重点，要想达到既降低费用支出，又保证运输、车辆、人员安全，就要在工作中抓住要点。

12.1.1 车辆与司机管理的内容

车辆与司机管理的内容主要包括以下几个方面。

（1）车辆档案管理：对车辆的车牌号、车架号、品牌型号、车辆用途、排气量、购入日期、购入价格等进行登记建档，并将车辆的保养资料、使用状况、保险资料、年检资料、用税缴纳资料等均归档管理。

（2）登记检验车辆信息：包括检验机构基本情况、车型的基本情况、机构主要负责人和检验技术人员情况、常规检验主要检测仪器设备和相关校准设备清单等。

（3）考核审验驾驶员：应对道路交通安全违法行为、交通事故处理情况进行核查；并且对驾驶员进行定期身体检查；如道路交通安全违法行为记分及记满12分，可考虑是否调岗或待重新学习和考试后再上岗。

（4）驾驶员档案管理：实行一人一档制，包括驾驶员基本信息，基础资料（如驾驶人员的姓名、驾驶证号、身份证号、年审日期等）、行车日志、违章、违纪违法、肇事等记录、责任认定书及处罚裁决书、赔偿调解协议书、刑事判决书、公司处理决定、安全公里考核记录及奖惩记录等。

（5）行车安全管理：包括出车前的相关检查、运行中的规范行车操作、收车后的例行检查、定期组织安全教育、驾驶员相关行车管理规定等。

（6）车辆定位管理：通过 GPS 系统，主要在跑私活、干私事、外出车辆的风险管控、超速控制、区域报警等方面加强对车辆的管理。

（7）用车记录管理：包括用车部门、用车人、出车时间、出车里程、随行人员、用车事由等。

（8）加油管理：是管理的重中之重，如果不加以控制，是容易出现漏洞的，所以一定要细化到表格，如加油的时间、加油情况、加油费用等。

（9）监督车辆的保养：包括保养时间、保养内容、保养费用等。

（10）维修管理：包括维修时间、维修内容、维护费用等。

（11）费用管理：即车辆和司机的各项支出，包括车辆维修保养费用、油费、过路费、停车费等，驾驶员的住宿费、餐费、劳保用品费等。

（12）驾驶员的培训工作。主要是以技能培训、职业道德培训为中心。

12.1.2　车辆与司机管理的要点

车辆与司机管理的要点及注意事项如下。

（1）公车私用管理。在企业中，公车私用现象严重，所以要加强对其管理，降低企业不必要的费用支出。

（2）油量异常监督。有些司机在巨大利益的诱使之下，铤而走险偷取公司车辆中的汽油，他们为了一己私利而损害公司利益，给公司造成了巨大的经济损失。

（3）虚报过路费。例如，通过非法途径找来过路费发票，以此向公司报销，给企业带来了经济损失。

（4）消极怠工。不按规定的时间到达指定地点，晚点少则十几分钟多则几个小时之久，给员工出行造成了极大的不便，影响了企业的正常经营，使企业的工作效率大打折扣。

（5）违章停车。有些司机违章驾驶、违章停车，如超速行驶、闯红灯、乱停车等，这种做法不仅危害自己的生命安全，也会给企业造成严重的后果。

（6）乱报车辆维修费。车辆维修费用是一笔不小的数目，毫无职业道德的司机就会虚报费用，使企业支付高额费用。

（7）乱报停车费。例如，明明停车一小时，却报销了2个小时的停车费用。

（8）私自将公司车辆借予他人。

（9）乱停乱放。

12.1.3　车辆与司机管理的安全防范

车辆与司机管理过程中，经常会遇到很多问题，如司机心态问题、司机技术问题、车辆的检查问题等，所以，管理人员需要对以下几个方面着重采取防范措施。

（1）要求司机出车前要做好三检一查，即检查汽车轮胎的气压是否正常、检查灯光电气是否正常、检查汽车转向系统和刹车系统是否正常，查验汽车的机油和水是否充足，仪表、发动机是否正常，并要检查车载灭火器、逃生锤是否配备，是否能正常使用。

（2）关注司机的出勤心态，仔细观察司机出车前的思想情绪变化，常态化地了解其本人的身体、家庭状况等相关信息，如果发现其有思想情绪不稳定的情况，要及时调换当班司机和车辆以免行车过程中出现事故。

（3）定期对司机进行安全教育及操作技术培训考核，对考核不合格的，予以停职或调岗处理。

（4）对车辆使用加强监管，如对出行和回程时间、路线、随行人员进行详细记录，对车辆使用采用严格的审批手续，经相关领导确认后方可出车，对车辆采用定点维修维护措施，针对所有车辆报销票据进行统一的规范化管理，并要求与相关事项的发生时间一致。

12.2　车辆管理

在企业的日常经营中，需要经常使用车辆，如做生产运输工具、公务外出、接送重要客户等。本节重点介绍下车辆管理的相关制度、流程、表格。

12.2.1 车辆管理的目的

车辆管理的目的主要有以下几个方面。

（1）严格管理车辆，保证客户的迎来送往随时有车等候，提高访客的满意度，树立良好的企业形象，提高企业的美誉度。

（2）合理使用车辆，任何车辆的外出值勤都要经过相关领导的审批，才可以出车。

（3）节约费用开支，对车辆的油耗、里程等要做到合理化、科学化管理，做到以事实为依据。

（4）最大限度地发挥车辆的使用效益，能自己出车的不打车，能多人同路的，同乘一辆车。

（5）保障车辆安全行驶，对车辆进行定期保养和维护，以提高车辆运输效率。

（6）适应公司公务用车的所有需要。

（7）逐步实现企业管理的规范化、标准化、程序化，提高企业的管理水平和竞争力。

12.2.2 范本：车辆管理相关制度/流程/表格

车辆管理过程中，需要建立相关的制度、流程、表格进行监督，以下是某公司的车辆管理制度、流程、表格，仅供参考。

1．车辆管理制度

为了确保车辆使用的合理性、规范化，出台相关制度势在必行。下面是某公司车辆管理制度，供读者参考。

车辆管理制度

一、总则

1．为了加强集团公司及下属各公司的车辆管理，确保车辆的合理使用，节约成本，规范员工用车行为，特制订本制度。

2．集团公司行政部为集团公司及下属各公司车辆管理的主管单位，由其统一制订相应的车辆管理办法并监督执行，集团公司行政部下属车班为车辆管理具体执行单位，负责集团公司车辆的日常管理工作，并对下属各公司的车辆管理进行指导、检查，在行政部的监督授权下督办车辆派发、收回等事宜。

3. 所有车辆统一按照公务车及租赁车两种类别分别进行管理，每辆车的管理须落实到人。集团公司公务车由集团公司行政部下属车班具体负责管理，第一责任人为车班主管。下属各公司公务车由其车辆管理部门具体负责管理，第一责任人为行政后勤负责人。租赁车的第一责任人为租赁人。

二、车辆基本管理

（一）车辆档案管理

1. 集团公司行政部下属车班须建立车辆档案，对所有在用（包括封存）车辆进行造册登记，标明车型、车牌号、使用人等，及时编制各种车辆使用报表。车辆档案须包含车辆购买凭据复印件、车辆证照复印件、车辆保单原件、车辆维修及保养申请记录、车辆维修记录、换零配件及保养记录、年检记录、车辆保险记录等。

2. 集团公司行政部须严格要求下属车班及时完成车辆档案备案工作，并对车辆档案的完整性、有效性负责，每年定期安排专人对车辆档案进行核对、清理并统一归档。

3. 车辆档案不全的，对车班主管和负责检查档案的员工各罚款200元。

（二）车辆的保险和年审

集团行政部根据统保原则，考察选择保险公司，并负责安排车班主管办理公司所有车辆的年审和保险事宜。年审和保险不及时的，视情节轻重对相关责任人处以其工资总额5%~20%的罚款。

三、公务车的日常管理

（一）派车管理

1. 派车原则。除托购大宗或贵重物资、接待重要客户或办理人民币1万元以上的现金业务等须急办的特殊事项以外，其他情况不派车。

2. 派车程序。公司员工申请用车必须填写《车辆使用申请单》，交派车审批人（用车部门负责人和行政部负责人）审批，并将申请单报车班备案。如遇紧急突发事件确实无法事先填写申请单的，用车申请人应向派车审批人做口头申请，驾驶员在得到派车审批人同意后，方可出车。用车人须于派车结束后一个工作日内补办派车手续。派车审批记录不全的，驾驶员可拒绝出车。驾驶员须在每次出车时记录行车时间、地点、里程、油耗等相关数据。

3. 派车注意事项。

（1）车辆出行前须做好例行检查，确保车辆的水、电、油及其他性能正常后方可出车。车辆外观如有损伤应立即报告车班主管，由车班主管联系停车场管理方，在对方到达现场明确责任前不能随意移动车辆（因我方人员造成损伤情况除外）。如未做检查开走车辆，赔偿责任由当事驾驶员承担。

（2）严禁公车私用。用车人和驾驶员完成工作后，不得借故在外逗留，驾驶员须将车辆停放在公司指定停车场。

4. 违反规定的处理办法。

对违反上述规定者，基层员工每次处以其工资总额5%的罚款，中层员工每次处以其工资总额10%的罚款，高层员工每次处以其工资总额15%的罚款。

……

> **Tips** 由于内容较多，书中只列出了本管理制度的前部分内容，该管理制度的详细内容将在模板中提供，读者可下载完整的车辆管理制度进行参考、使用，下载方法见前言说明。

2. 车辆管理流程

车辆管理的流程是管理的重中之重。表12-1所示的是某公司车辆管理流程。

表12-1 车辆管理流程表

流程名称	车辆管理流程		主管部门	行政部
流程编号			更新日期	
	员工	行政部	司机	车班
派车	申请用车 → 部门审核 → 审批 ← 车辆管理 ；乘车外出办事 ← 按派车单出车 ← 备案 → 派车；办毕确认行车 → 存档备查 ← 填写行车记录 ← 备案 → 整理行车记录并提交；结束			
	总裁	行政部	司机	车班
车辆维修保养	审批（1000元以上） ← 审核/批 ← 提出维修保养申请 → 备案、审核；到指定厂家维修保养；维修保养登记表 → 存档备案			

续表

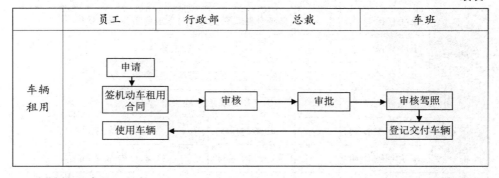

3．车辆管理表格

车辆管理的很多内容需要以表格的形式记录，以下是某公司的车辆管理表格，仅供参考。

（1）车辆档案登记表。

车辆作为企业的固定资产，备案登记是非常重要的。表12-2所示的是某公司车辆档案登记表。

表 12-2　车辆档案登记表

车辆基本信息	管理序号		车牌号		车辆识别代码	
	车辆注册日期		行驶证有效期		车辆使用性质	
	品牌、型号		档案编号		核定载客人数	
	车辆总质量		外廓尺寸		车体颜色	
	卖车单位		购车价格		发动机号	
	排气量		车架号		车主姓名	
	理论油耗		油箱容积		购车时间	
车辆保养情况	保养里程数		保养服务单位			
	附本年保养明细表					
车辆目前基本使用状况	使用人		使用部门		运营形式	
	年初里程表		年终里程表		本年累计行驶	
	已使用年数		本年事故次数		维修次数	
	维修费在1000元以上次数				本年维修总费用	

续表

车辆保险情况	上年保险日期		保险种类及额度、每项保险费用、合计费用	
	上年保险单号		上年保险服务单位	
	本年保险日期		保险种类及额度、每项保险费用、合计费用	
	本年保险单号		本年保险服务单位	
车辆年检情况	上次年检日期		检车时限		上次检车费用	
	下次年检日期		是否按时年检		本次检车费用	
车船使用税缴纳情况	缴纳时间		车船税金额		本年缴纳情况	
备注				

（2）车辆本年保养明细表。

车辆在行使一定的时间和里程后需要定期进行保养。表 12-3 所示的是某公司车辆本年保养明细表。

表 12-3　车辆本年保养明细表

保养次数	保养时间	保养时里程表数	保养项目	保养服务单位	保养费用
第 1 次					
第 2 次					
第 3 次					
第 4 次					
第 5 次					
第 6 次					
合计					
备注					

（3）车辆本年维修明细表。

车辆在使用过程中，难免会遇到维修状况，为了加强管理，需要对维修进行详细记录。表 12-4 所示的是某公司车辆本年维修明细表。

表 12-4　车辆本年维修明细表

维修次数	维修时间	维修原因	维修项目	维修服务单位	维修费用
第 1 次					
第 2 次					
第 3 次					
第 4 次					
第 5 次					
合计					
备注					

（4）出车记录表。

出车管理是对油耗进行有效监督的办法之一。表 12-5 所示的是某公司出车记录表。

表 12-5　出车记录表

日期	用车部门	公里起数	公里止数	用车事由、地点	过路费	停车费	确认人
							用车人

（5）车辆油耗统计表。

车辆油耗管理非常重要，它直接关系到费用支出。表 12-6 所示的是某公司车辆油耗统计表。

表 12-6　车辆油耗统计表

月份	车牌号	车型	每一百公里油耗（L）	月平均耗油量（L）	驾驶员	部门负责人	备注

（6）车辆外借交接单。

车辆外借的情况有时发生，需要进行严格管理。表 12-7 所示的是某公司车辆外借交接单。

表 12-7　车辆外借交接单

借车单位				所借车型	
借出日期			预计归还日期	实际归还日期	
借出时车辆状况	项目	状况		异常状况描述	
	车身状况	刮伤：□有 □无			
	轮胎状况	□良好 □异常			
	胎压	□正常 □不正常			
	随车工具	备胎、千斤顶：□有 □无			
	引擎运行	□正常 □不正常			
	机油	□适量 □不足			
	制动油	□适量 □不足			
	冷却液	□适量 □不足			
	灯光信号	□正常 □不正常			
	前后风挡及车窗	□完好 □有破损			
借出时里程表读数（km）				借车人签字确认	
借出方经办人				分管领导审批	

续表

	项目	状况	异常状况描述
归还时车辆状况	车身状况	刮伤：□有 □无	
	轮胎状况	□良好 □异常	
	胎压	□正常 □不正常	
	随车工具	备胎、千斤顶：□有 □无	
	引擎运行	□正常 □不正常	
	机油	□适量 □不足	
	制动油	□适量 □不足	
	冷却液	□适量 □不足	
	灯光信号	□正常 □不正常	
	前后风挡及车窗	□完好 □有破损	
归还时里程表读数（km）			收车经办人

（7）车辆移交单。

车辆的驾驶员更替时，需要做相关交接工作。表12-8所示的是某公司车辆移交单。

表12-8 车辆移交单

公司名称					
移交人员		接收人员		监交人	
车辆型号		车牌号		移交日期	
编号	检查项目分类	具体内容		类型	数量
1	车辆手续检查	检查购置税手续			
		车辆保险资料、车辆行驶证			
		车辆年审资料			
2	外观检查	车身有无刮痕			
		门窗开关是否灵活有效			
		刮水器、后视镜、天线是否齐全			

续表

编号	检查项目分类	具体内容	类型	数量
3	发动机检查	气缸盖有无漏油现象		
		皮带是否松动老化		
		电瓶电压是否充足		
		排气管是否正常		
		机油、刹车油、助力油是否充足，有无渗漏		
4	轮胎检查	轮胎气压是否正常		
		轮胎螺母是否紧固		
		轮胎有无磨损		
5	启动后检查	灯光是否正常		
		转向、油门踏板是否正常		
		制动器是否有效		
6	其他	维修工具是否齐全		
		备胎是否齐全		
		安全标识牌是否齐全		
异常情况描述				

> **Tips** 车辆管理是行政管理工作的重点之一，做得好可以为企业在用油、保养、维修等方面节省一笔非常可观的资金。

12.3 司机管理

司机管理是对人的管理，过严会使驾驶员出现抵触情绪，过松会使企业遭受不同程度的损失，所以在对司机进行管理时，首先要明确管理的目的，再具体实施。

12.3.1 司机管理的要点

司机管理的要点有以下几个方面。

（1）驾驶员必须携带驾驶执照和行车证。

（2）不得将公司车辆转借他人或交给没有驾照的人驾驶。

（3）不准驾驶与驾照不相符的车辆。

（4）酒后或疲劳坚决不允许驾驶车辆。

（5）驾车一定要遵守交通规则，文明开车，不准危险驾车（包括高速、爬坡、紧跟、争道、赛车等）。

（6）司机应爱惜公司车辆，平时要注意车辆的保养，经常检查车辆的主要机件，若发现所驾车辆有故障时要立即检修。

（7）对于工作勤奋、遵守制度、表现突出的，可视具体情况给予嘉奖、记功、晋级等奖励；对工作怠慢、违反制度、发生事故者，视具体情节给予警告、记过、降级直至除名处理。

（8）对管理人员的工作安排，应无条件服从，不准借故拖延或拒不出车；应准时出车，不得误点。

（9）规范司机接待的礼仪和日常着装，加强安全教育和心态培训。

12.3.2 范本：司机管理相关制度/流程/表格

在对司机进行管理的过程中，人性化的同时还需要制度化、规范化，以下是某公司司机管理的制度、流程、表格，仅供参考。

1．司机管理制度

司机管理的重点主要是在行为规范上。下面是某公司司机管理制度，供读者参考。

公司司机管理制度

一、目的

本制度旨在加强对公司司机的管理，本制度未涉及事项按照其他有关规定管理。

二、适用范围

本制度适用于公司司机及管理人员。

三、司机行为规范

1. 所有司机必须遵守《中华人民共和国道路交通安全法实施条例》及有关交通安全管理的规章规则，安全驾车。

2. 敬业、驾驶作风端正，遵循职业道德，所有司机必须遵守本公司制订的相关规章制度。

3. 严格遵守公司用车规定，拒绝乘车员工公干期间办私事的要求。

4. 上班时间不出车时，司机必须在司机班等候工作，若临时有事离开须向车班主管说明去向和时间。

5. 司机请假，必须经车班主管批准，专车司机须经领导同意后，方可请假。

6. 所有司机应严格执行考勤制度，无故缺勤者一律按旷工处理，司机不听从安排，耽误公事，严重者给予开除处理。

7. 晚间司机要注意休息，不准疲劳开车，不准酒后驾车。

8. 任何时间、任何地点，司机均不得将自己保管的车随便交给他人驾驶，严禁将车辆交由无证人员驾驶。

9. 司机驾车一定要遵守交通规则，文明开车，不准危险驾车（包括超速、紧跟、争道、赛车等）。

10. 司机应经常检查所开车辆各种证件的有效性，出车时保证证件齐全。

11. 禁止所有人在车内吸烟。

12. 严禁在车内赌博或从事其他违法活动，一经发现，第一次给予严重警告，第二次报治安管理部门查处。

13. 司机下班后，车辆需回库。第一次违者，批评教育并罚款，第二次起，每次加倍处罚，车辆附件一切损失由司机负责，如车辆失窃，司机须负一定的赔偿责任。

14. 离开车辆时，司机应注意以下两项。

①离开车辆时，必须关好车窗，锁好车门。

②车内放有物品文件，司机必须离开时，应放置在安全区域内。

15. 出发前，司机应做好出车准备，收车后做好相关的工作。

①出发前，应确定路线和目的地，选择最佳行车路线。

②到目的地后，应填写《行车记录表》，写明里程记录等，并需要用车人签字确认。

③收车后，应将车辆停放在规定位置，关好车窗，锁好车门，将车钥匙交给车班负责人。

④随车运送物品时，收车后需与相关管理人员报告。

16. 所开车辆经行政部负责人批准后，才能进行车辆大修，修理完毕后，应做好确认工作。

17. 出现事故时，司机应能做出应急处理，并向车班主管报告。

四、司机礼仪规范

1. 司机应注意保持良好的个人形象。

①保持服装的整洁卫生。

②注意头发、手部的清洁。
③个人言行得体大方。
④在驾驶过程中，努力保持端正的姿势。

2. 司机对乘车人员要热情、礼貌、说话文明。
①司机应热情接待，小心驾驶，遵守交通规则，确保交通安全。
②司机应在乘车人（特别是公司客人和领导）上下车时，主动打招呼并亲自为乘车人开关车门。
③当乘车人上车后，司机应向其确认目的地。
④乘车人下车办事，司机等候时不得有任何不耐烦的表示，应选择好停车位将车停好等候，等候时不要远离车辆，不得在车上睡觉，不得翻看乘车人放在车上的物品，更不得按喇叭催人。
⑤乘车人带大件物品上车时，应予以帮助。

3. 载客时，车内客人谈话时，不准随便插话，客人问话，应礼貌回答。

4. 司机必须注意保密，不得传播乘车人讲话的内容，违者予以批评教育，严重者严肃处理。

5. 司机不得在车内脱鞋。

6. 接送公司客人时，应主动打招呼并自我介绍，然后打开车门将客人让进车内，关车门时注意客人的身体和衣物，防止客人被车门挤压。

7. 行车过程中应及时使用冷热风，听收音机或者音乐应征得乘车人的同意，声音不要太大，以免影响乘车人的思考和休息。

8. 在接送贵宾中，司机对待宾客要彬彬有礼、不卑不亢，态度自然大方，如对方打招呼，可按一般礼貌同其握手、交谈。

9. 司机不得向公司客人索要礼品，或者示意索要礼品，对不宜拒绝的礼品可以接受，回公司后应上交至行政部统一登记、处理。

10. 公司专车司机须保证车内随时有饮用热水供公司客人和领导饮用。
……

> **Tips** 由于内容较多，书中只列出了本管理制度的前部分内容，该管理制度的详细内容将在模板中提供，读者可下载完整的公司司机管理制度进行参考、使用，下载方法见前言说明。

2．司机管理流程

司机管理，因为是对人的具体管理，更离不开流程审批的手续。表12-9所示是某公司司机管理流程。

表 12-9　司机管理流程表

流程名称	司机管理流程	主管部门	行政部
流程编号		更新日期	
员工	行政部	司机	车班

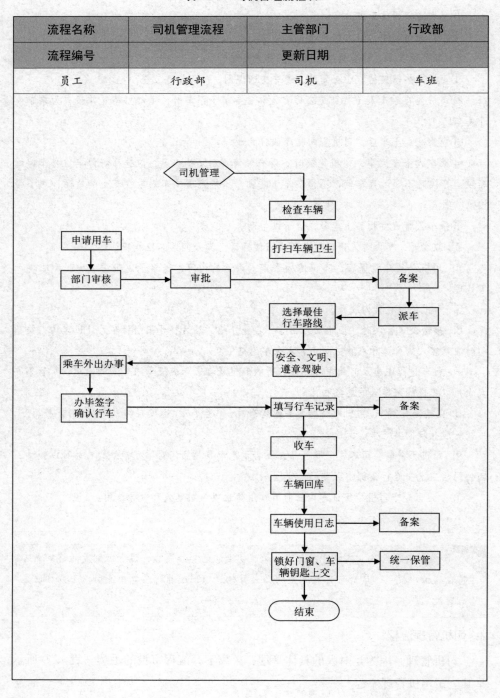

3．司机管理表格

司机管理过程中，会涉及很多与车辆相关的表格，以下是某公司的司机管理表格，仅供参考。

（1）车辆出车检查表。

为了保证行车安全，车辆在出车前进行常规的车辆检查是非常有必要的。表12-10所示的是某公司车辆出车检查表。

表12-10　车辆出车检查表

日期	驾驶证	行驶证	转向器	制动	喇叭、灯光电路	胎压	机油、燃油、水	随车工具	车辆卫生
		人证是否相符	完好与否						

（2）车辆每日检查表。

车辆每日检查已经是司机的常规工作。表12-11所示的是某公司车辆每日检查表。

表12-11　车辆每日检查表

序号	检查项目	检查内容	检查结果	处理建议	备注
01	方向盘	不能太松，松紧适度	适度		
02	刹车	刹车踏板高度要适宜			
03	轮胎	气压要适度			
04	底盘	有没有破损			
05	水箱	水箱的水温是否适当	不适当	需要加水等	
06	火花塞	有没有不良的作用			
07	喇叭	有没有不良作用			
08	方向灯	功能是否正常			

续表

序号	检查项目	检查内容	检查结果	处理建议	备注
09	刮雨器	是否能正常使用			
10	照后镜	是否完好			
11	发动机	性能是否良好			
12	仪表	是不是灵敏，功能是否正常			
13	车牌	有没有破损			

> Tips 司机管理过程中，要加强与司机的沟通交流和人文关怀，使他们有归属感，把企业当成家，这样管理起来更轻松。

专家支招

1. 如何管理和控制公司车辆油耗

车辆管理在企业管理中是一个非常重要的环节，而车辆油耗管理则是车辆管理的关键之一，特别是对于物流公司来说，车辆油耗这项成本是非常高的，所以，企业要想降低成本，持续稳定发展，必须严格对车辆油耗成本进行控制和管理。管理公司车辆油耗归纳起来有以下几个方面。

（1）提高驾驶技能。

提高驾驶技能是节约车辆油耗的基础，企业应定期组织驾驶员进行理论和操作技能学习，努力提高驾驶员的驾驶技能，同时，还需要让驾驶员熟悉车辆的操纵机构，充分发挥车辆的效能，减少机件磨损，延长车辆的使用寿命，降低车辆使用油耗。

（2）健全管理体制。

建立和完善车辆管理制度是节约油耗的关键。建立发票层层审核制度，驾驶员在行车途中用油，报销时必须首先有用车人签字，有行驶里程登记，然后交车辆主管、行政主管审核登记，最后再按票据报销的有关规定进行报销。

（3）强化过程监督。过程监督是有效控制油耗的保障。根据车型和油耗按公里对车辆油耗进行核定，并且定期测算油耗，加强过程监督管理，发现问题时及时提醒、纠正，保障车辆的正常运行及驾驶员和乘车人的人身安全。

（4）建立激励机制。

激励机制是车辆油耗管理的一种重要手段，可以定期公布驾驶员的行车公里和耗油量，及时进行考核评比，可树立标兵、鞭策后进、鼓励先进，调动驾驶员降低车辆耗油的积极性，只有这样，才能保证将降低油耗成本落实到实处。

2．行政人员如何管理好司机

驾驶员对于某些小型企业来说是可有可无的，但对于运输企业来说，驾驶员的作用非常重要，直接影响企业的发展和效益。作为公司驾驶员管理人员，要想达到管理的目的,需要做到以下几点,才能做好驾驶员的管理工作,实现企业的良好运作。

（1）以德服众。

管理人员要不断提高自身品德修养，严格要求自己，做事要讲原则，公平公正地处理各种事情，这样在与司机日常接触的过程中，就能做到以德服众，使司机服从你的管理，愿意与你沟通交流。

（2）用制度管理司机，工作上不可施以小惠。

作为管理人员，一定要对各种制度熟记于心，在工作上要严格执行公司的各项制度。只有这样，才能尽可能地做到公平。如果在工作中为了自己操作方便或者方便别人，而忽视制度，那么在以后的工作中，所管理的司机也会为了某种借口而忽略你的安排，最终形成恶性循环，造成局面混乱。

（3）建立与工资挂钩的绩效考核机制。

驾驶员考核机制的建立，可以促使驾驶员工作的积极性，督促驾驶员认真负责地工作。绩效考核的指标可以包括与驾驶员相关的各项工作指标，尤其可以设置服务态度指标，由乘车员工进行综合评分，这样驾驶员的服务水平和员工素质都会有所提高。

（4）树立"以人为本，安全第一"的思想。

这是建立安全长效机制的前提和基础，也是对驾驶员生存权、安全权的最起码的尊重。管理人员要杜绝违章指挥和发令，要把保证驾驶员的安全放在第一位，具体表现为关心驾驶员的身体状况，不在司机生病或疲劳时派任务。另外，要为司机创造安全的工作环境,督促驾驶员做好对车辆的检查监控和保养维修。

(5)关心驾驶员,多沟通。

作为管理人员,要主动关心驾驶员的工作条件和身体状况。工作中遇到问题,要及时沟通,善于沟通,勇于承认自己的错误,并尽可能在生活中给予驾驶员帮助和照顾。

高效工作之道

1. 使用互联网平台快速查处违章信息

随着社会的发展,私家车数目也在不断增多,查询和处理车辆违规情况变得比较烦琐,对于企业来说,特别对于车辆使用较多的运输企业来说,查询和处理起来更加耗时耗力。但随着互联网的发展,以网络为基础的违规车辆查询平台建立起来,通过互联网就可以随时随地轻松、快速地查询车辆的违法、记分、报废等情况,非常方便。

通过互联网平台查询车辆违法、记分等情况时,可以通过两种方法实现,一种是通过交通安全综合服务管理平台网(http://www.122.gov.cn/m/map/select)查询,如图12-1所示。

图 12-1　交通安全综合服务管理平台网

另一种是通过移动互联网平台交管 12123 APP 来查询，群众实名注册开通账号后，可享受互联网交通安全综合服务管理平台提供的与驾考、车检预约、办牌办证、违法处理和罚款缴纳、出行信息、信息查询、告知提示、信息公开、重点对象管理、交通安全宣传、业务咨询等业务相关的 130 余项服务，相比通过网站查询来说，更加简单和方便。图 12-2 所示为交管 12123 APP 首页界面；如图 12-3 所示为查看驾驶证的相关信息。

图 12-2　首页界面

图 12-3　查看驾驶证相关信息

2．使用 Excel 制作车辆档案卡

企业为了方便对车辆进行管理，每辆车都会建立档案卡，其中包括车辆的基本信息、车辆的保险情况以及车辆的年检情况等，通过车辆档案卡就能清楚地知道车辆的大致信息。使用 Excel 制作车辆档案卡的具体操作步骤如下。

步骤① 在 Excel 中新建【车辆档案卡】工作簿，在工作表中输入需要的内容，对标题的字体格式进行设置，选择 A1:G1 单元格区域，单击【对齐方式】组中的【合并后居中】按钮，如图 12-4 所示。

步骤② 让标题居中对齐，对表格中需要合并的单元格进行合并操作，选择 A 列中需要自动换行的多个单元格，单击【对齐方式】组中的【自动换行】按钮，如图 12-5 所示。

图 12-4 合并单元格

图 12-5 自动换行

步骤 3 继续设置其他单元格的自动换行，根据实际需要调整单元格的行高和列宽，选择 A3:G18 单元格区域，打开【设置单元格格式】对话框，选择【边框】选项卡，先保持默认样式不变，单击【内部】按钮，再在【样式】框中选择粗线样式，单击【外边框】按钮，为外边框和内边框添加不一样的边框，单击【确定】按钮，如图 12-6 所示。

步骤 4 选择 A3:G5 单元格区域，在【边框】下拉列表中选择【粗下框线】选项，如图 12-7 所示。

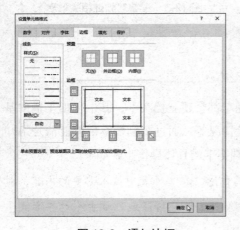
图 12-6 添加边框

图 12-7 添加下框线

步骤 5 使用相同的方法为其他单元格区域添加下框线，完成车辆档案卡的制作，最终效果如图 12-8 所示。

车辆档案卡

2018年

车辆基本信息	车牌号码		购车时间		车牌号	
	车辆注册日期		行驶证有效期		车辆使用性质	
	车架号		发动机号		车体颜色	
车辆保养情况	保养里程数		保养服务单位			
	附本年保养明细表					
车辆目前基本使用情况	使用人		使用部门			
	年初里程表数		年终里程表数		本年累计行驶里程数	
	已使用年数		本年事故次数		维修次数（附维修明细）	
	维修费在1000元以上次数		本年维修总费用		本年车况	
车辆保险情况	上半年保险日期		保险种类及额度、每项保险费用、合计费用		上次检车费用	
	上年保险单号		上年交强险保单号		本次检车费用	
	本年保险日期		保险种类及额度、每项保险费用、合计费用			
	本年保险单号		本年交强险保单号			
车辆年检情况	上次年检日期		检车时限			
	下次年检日期		是否按时年检			
备注						

图 12-8 最终效果

3. 利用手机进行导航

对于企业来说，司机的主要目的是接送人或接送货物，但并不是所有的地方，司机都知道应该怎么走，当司机要去一个陌生的地方时，就需要通过导航来快速、准确地找到目的地。现在，网上提供有很多手机导航 APP，如百度地图、高德地图和腾讯地图等，通过这些手机 APP，不管是自己驾车，还是步行、坐公交车、骑行等，都能按着导航所给的路线快速到达目的地。

以百度地图为例，讲解使用手机进行导航的方法，具体操作步骤如下。

步骤① 在手机中安装百度地图 APP，打开 APP，如图 12-9 所示。

步骤② 在上方的【搜地点、查公交、找路线】文本框中输入目的地，单击【到这去】图标，如图 12-10 所示。

步骤③ 即可规划好出行路线，默认显示的是驾车路线，单击【路线偏好】右侧的三角形按钮，如图 12-11 所示。

图 12-9　百度地图首页界面　　图 12-10　输入目的地　　图 12-11　查看推荐路线

> **Tips**　使用导航都需要开启手机的 GPS 定位功能，而"我的位置"一般都是通过 GPS 自动定位的，如果出发地不是当前 GPS 所定位的位置，那么可在"我的位置"文本框中手动输入出发地。

步骤④ 在打开的面板中可设置出行的路线偏好，一般默认为【智能推荐】，如图 12-12 所示。

步骤⑤ 如果要选择【高速优先】，则可直接选择【高速优先】选项，在打开的界面中显示该路线需要花费的时间和具体线路，点击【开始导航】按钮，如图 12-13 所示。

步骤⑥ 即可按照设定的路线进行导航，如图 12-14 所示。

图 12-12 选择路线

图 12-13 开始导航

图 12-14 查看导航路线

第 13 章

后勤管理

后勤作为职能性的服务保障部门,其实质就是为其他工作的开展提供"弹药"的后方战线,如果没有后勤适时的物资保障和适宜的服务保证,各部门工作和活动就会失去基础和动力,一切都将无从谈起。本章将从后勤管理的内容开始,逐一向大家介绍员工宿舍、食堂、医务室、茶水间和环卫绿化管理等知识。

13.1 认识后勤管理

后勤管理是比较繁杂的工作。在管理上既要有一定的人性化,又要有一定的严肃性,从大局上为公司着想,从细节上为企业员工着想,只有这样才能让企业领导和单位员工都满意。本节主要了解一下后勤管理的内容、角色定位及工作细节。

13.1.1 后勤管理的内容

企业后勤管理工作的内容比较繁杂,但归结起来,它的主要内容包括以下几点。

(1)员工宿舍管理:包括宿舍房间、床位管理,宿舍设施维修维护管理,宿舍物品、租借合同管理,宿舍水电表记录及水电费的计算和收缴等。

(2)食堂管理:包括食品及原料采购进出库管理、生熟食品的存放和加工管理、饭菜卫生和质量的管理、食堂设施设备维修维护管理、食堂员工持证上岗管理、食堂采购人员账目监督管理、员工就餐管理、食堂环境和秩序维护管理等。

(3)医务室管理:包括医务室设施设备维修维护管理、诊疗环境管理、从业人员资质审核管理、收费标准审核管理、药品进出监督管理等。

(4)茶水间管理:包括饮水设备和器具维修维护管理、茶叶饮料的采购管理、采购物品的存取管理、环境和秩序维护管理等。

(5)环卫绿化管理:包括办公室卫生管理、公共区域清洁管理、卫生间清洁管理、日常环卫清洁管理、草坪保养管理、室内外盆景状况的检查监督等。

13.1.2 后勤管理的角色定位

后勤服务是一项比较辛苦的工作,但又是非常重要的工作,基本上负责该岗位工作的人员,都有着忠厚、踏实、吃苦耐劳的标签。后勤服务工作是企业长远发展过程中必不可少的一环。做好服务保障工作是后勤工作者的天职。从职能分工看,后勤工作其实就是行政工作的一部分,它服务于全公司各项工作,以大局为先,以服务为重。为此,要做好后勤服务保障工作,后勤人员需认清自身的角色定位。

(1)公司的管家。"管家"即事无巨细地负责企业的后勤保障工作,包括人、财、物等基本的管理,协调并解决企业内部实际发生的保障性工作,如负责员工的日常住宿、饮食等,为企业的正常运转提供后勤保障。

(2)公司的服务者和监督者。后勤管理部门不但要为公司的发展服务,还要为员工的生活提供服务,切实为员工解决行政后勤的实际困难和问题;同时,作为一个职能部门,后勤管理部门还要对后勤各部门工作进行定期或不定期的检查,并对违反者进行相应的处罚。

(3)自律者和示范者。该部门和人员作为管理制度的制订者和执行者,首先要做好的就是严于律己,有句话说得好:打铁还要自身硬。如果自己都不能够严格要求自己,那又如何有资格去严格要求别人呢?

13.1.3 后勤管理的要点

后勤管理虽然不是企业的中心工作,但却时刻影响着企业的核心运转,是企业发展的基础和保障。随着企业经营和生产规模的不断扩大,后勤工作对企业发展的服务保障作用更加凸显,重要性不言而喻。大多数管理者都已认识到,只有后勤管理做好了,才能解决企业和员工的后顾之忧,充分调动员工的积极性,保证内部的团结协作,保障企业的正常运作,同时,也间接影响着企业的盈利与创收。所以,企业在开展后勤管理工作时,一定要明确工作要点。

(1)成本控制的管理。

成本控制管理关系着企业的可持续发展,由于后勤部门的开支占企业总成本的比例较大,因此其成本控制就显得尤为重要。后勤人员要想做好成本控制,一是一定要制订出一套切实可行的成本控制奖励机制,对成本控制做得好的部门或个人，给予适当的精神或物质奖励，这样才能充分调动工作人员的积极性；二是要加大对设备设施维修资金的投入管理，因为这些固定资产是需要长期维护的，如果平时维护做得好，其寿命就可能延长，这可以为企业节省很大一笔设备设施的购置成本；三是建立成本控制的规范评估体系，企业可以结合自身的实际情况，制订涵盖日常的工作制度、流程、规范、奖惩标准、员工守则和相关表格，并根据企业的发展适时地调整和完善，形成一套完善的控制评估体系。

（2）细化工作，责任落实到人到岗，保证工作可行性与合理性。

工作中，要重视部门与部门之间的协调及人员的配置，对实际操作人员实行责任到人、责任到岗，避免责任分散和推诿现象的发生。因为后勤管理部门只有清楚地知道自己的职能与权责，才能很好地开展工作。

（3）促进职能管理的转变。

后勤工作应根据企业和部门的实际情况，加强工作的时效性和科学性。一是改变单纯消耗及被动服务等不良工作模式，将消耗模式转变为循环利用模式，以减少企业的支出与消耗；二是精兵简政，降低内耗，提高整体工作效率，最终实现节省企业的资源与人力成本。

（4）营造良好的工作氛围，调动和激发员工的工作热情。

有效地调动和激发员工的工作热情，可以达到事半功倍的效果。怎样才能营造良好的工作氛围呢？一是管理者要提高自身的综合素养，走近后勤员工，以便了解实际状况，做出"接地气"的决定，令后勤员工感受到领导处事的公平公正；二是提供员工培训，让后勤员工感受到企业对后勤员工的关爱，让后勤员工知道企业会帮助员工进步；三是鼓励部门间的良性竞争，在成本控制、工作效率、固定资产维护等方面规范考评，适度奖惩。

13.2 员工宿舍管理

一般大中型企业、需要上晚班的企业，或者是地处郊区比较偏远的企业都会拥有自己的员工宿舍，并配有专职的宿舍管理人员。一般来说，能够给员工提供宿舍的企业都是管理相对人性化、以人为本、重视人才的企业。可以说企业的这项福利成本是巨大的，宿舍管理得好，会给企业带来良好的口碑；管理得不好，将会给企业带来负面的影响。所以，做好员工宿舍管理工作，也是非常重要的。

13.2.1 员工宿舍管理的要点

员工宿舍管理应从以下几个方面加以重视。

1．安全方面

（1）提高安全防范意识，严防火灾、盗窃等事故的发生。

（2）严禁接待和留宿外人。

（3）严禁私自搭接电线。

（4）严禁将易燃、易爆等危险物品带进宿舍。

（5）对宿舍门窗及安全通道进行巡查，保证其功能性。

（6）建立宿舍管理应急预案，并进行日常应急演练或安全培训。

（7）经常检查宿舍，发现危险房舍，应立即采取必要的措施，每逢雨季和汛期，必须安排人员值班，随时观察险情，做好撤离疏散准备。

2．成本方面

（1）严格控制水电气的成本，规定电量和水量、气量的使用标准，超出部分自行承担。

（2）及时对宿舍设备设施进行维修和养护，降低不必要的开支。

（3）如果宿舍是公司承租的，应多加对比，选择性价比高的房子签约。

3．事务方面

（1）相关宿舍管理制度要上墙，保证员工都已知晓，并签字确认。

（2）床位和家具在分配给员工之前必须统一编号。

（3）按照制度办事，根据员工的级别和报到的先后顺序及领导的签批时间等，依次安排，做到公平公正。

（4）员工离职时，在3日内办理好宿舍相关交接手续，必须确保其迁离宿舍。

（5）公共设施如人为破坏的，应照价赔偿。

（6）保证员工宿舍用品领用及时，做好库存盘点和设置分发库存临界点以提示采购，保证需求供应的及时性。

（7）设专门机构或人员负责宿舍管理，并对每个宿舍管理岗位都设置相应的责任人，明确职责。

13.2.2 范本：员工宿舍管理制度/流程/表格

要想做好员工宿舍管理工作，使企业的福利待遇在员工心中起到正面、积极的作用，就需要管理者把工作做细，以下是某公司员工宿舍管理制度、流程、表格，仅供参考。

1. 员工宿舍管理制度

员工宿舍管理因为涉及的内容较多，所以需要制订相关的制度来加以管理。下面是某公司员工宿舍管理制度，供读者参考。

员工宿舍管理制度

一、目的

为了加强员工宿舍安全管理，给员工创造一个安静、整洁、卫生、舒适、安全、有序的生活环境，特制订本制度。

二、适用范围

1. 公司为员工提供宿舍，员工本人有选择是否住宿舍的权利，由后勤主管统一管理宿舍。

2. 每个宿舍设立宿舍管理员一名，宿舍成员选举本宿舍的宿舍管理员，报后勤主管处备案；如推选未果，则每月轮值。

3. 凡是宿舍的员工，必须遵守本制度，若有违反者，后勤主管视情况给予处罚或取消其住宿的资格。

三、职责划分

（一）宿舍管理员职责

1. 宿舍管理员有权对违反本制度的宿舍成员视情况处以10～50元的罚款。

2. 宿舍管理员全面负责本宿舍的消防安全、清洁卫生、财产安全等方面的工作，管理一切内务，包括分配清扫、维持秩序、管理水电、煤气、防火、防盗等。

3. 负责制订每月《宿舍卫生值班表》，督促并检查值班人员清洁卫生执行情况。

4. 负责维护宿舍的就寝纪律，对违反宿舍纪律的行为要及时制止，确保他人有良好的休息环境。负责每日宿舍的消防安全、清洁卫生、财产安全等检查，并做好记录。

5. 负责宿舍的财产管理，对宿舍财产进行登记，每季度末对宿舍的公共财产进行一次盘点（包括墙、地板、家具、家电、灯具、门窗、门锁、玻璃、床铺、洗漱池装置），检查数量是否属实、设施设备运行是否正常，如有损坏要查明责任人并做好记录，并将《财产统计表》于每季度末前提交至后勤主管处备案。

6. 宿舍管理员有权对宿舍人员违规情况提出处罚意见，有义务向后勤主管及时汇报宿舍内发生的异常情况。

7. 负责对宿舍设施设备申购、损坏保修或更换进行上报。凡需新增物品，填报《物品申购单》交后勤主管签字报行政部经理审批同意后，再交后勤主管统一采购；如果宿舍设备设施损坏，需填报《维修申请单》交后勤主管，由后勤主管派相关人员维修。

8. 员工搬离宿舍时，负责督促将宿舍房门钥匙回收，上交后勤主管处。

9. 负责安排、调度员工床位。对公共财产进行维护与保管。

10. 宿舍管理员每月月底前向后勤主管上报当月《宿舍人员登记表》，对本月在住、新入住及减少人员登记上报。

11. 有下列情况之一者，应通知后勤主管。

（1）违反宿舍管理规则，情节严重者。

（2）留宿外来人员和亲友者。

（3）宿舍内有不法行为或外来灾害时。

（4）员工身体不适，病情严重者应通知其亲友及后勤主管并送医院。

（二）员工

1. 员工有选择是否住宿的权利。

2. 严格遵守宿舍管理制度，违反者接受本制度规定的处罚。

四、宿舍入住程序

1. 凡需入住宿舍的员工，必须填写《入住宿舍申请表》，经后勤主管审核，行政部经理批准，并通知宿舍管理员后方可安排入住；否则，宿舍管理员有权拒绝人员入住。宿舍管理员需统一安排床位，不得在客厅、过道等公共区域安排床位或安排人员就寝。

2. 入住员工需在宿舍管理员处签订《入住员工宿舍承诺书》，并签字确认保证遵守宿舍管理有关规定，一式两联，一联交后勤主管处保管，另一联由宿舍管理员负责保管备查。

3. 凡入住员工必须服从宿舍管理员日常管理，遵守宿舍管理制度，凡违反制度的员工，由宿舍管理员上报后勤主管，视情况给予当事人警告、罚款等处分，若屡次违反宿舍管理条例且无整改表现者，宿舍管理员有权上报后勤主管取消其住宿资格。

……

> **Tips** 由于内容较多，书中只列出了本管理制度的前部分内容，该管理制度的详细内容将在模板中提供，读者可下载完整的员工宿舍管理制度进行参考、使用，下载方法见前言说明。

2. 员工宿舍管理流程

员工宿舍人员的进出需要经过严格的审批手续，才能保证企业和员工的利益不受损害。表13-1所示的是某公司员工宿舍管理流程。

表 13-1 员工宿舍管理流程表

流程名称	员工宿舍管理流程	主管部门	行政部
流程编号		更新日期	
	员工	后勤主管	行政经理
入住申请	开始 → 填写入住申请表	审核	审批
入住管理	签订入住承诺书 → 入住自治	日常安全、卫生检查	
退出管理	违反退出条款 → 退出宿舍 ← 员工离职等正常退出	交接审批	

3. 员工宿舍管理表格

员工入住或搬出宿舍都要履行相关的手续，填写相关表格，以下是某公司员工宿舍管理表格，仅供参考。

（1）员工宿舍入住申请表。

员工要想入住公司宿舍，必须要填写入住申请，经批准后，方可入住。表 13-2 所示的是某公司员工宿舍入住申请表。

表 13-2　员工宿舍入住申请表

申请人		所在部门/职位	
申请入住日期		安排入住日期	
入住原因			
申请人签字		部门负责人意见	
后勤主管意见		行政经理意见	

（2）宿舍人员登记表。

作为宿舍的管理者，一定要对入住及退房人员进行登记备案。表 13-3 所示的是某公司宿舍人员登记表。

表 13-3　宿舍人员登记表

姓名	性别	部门	职务	入住房号	入住时间	退房时间	调换房号	备注

（3）宿舍卫生值班表。

宿舍卫生是宿舍管理的重点工作，没有一个好的住宿环境，员工如何有好的心情工作？所以，在宿舍卫生管理方面，要制订相应的管理表格。表 13-4 所示的是某公司的宿舍卫生值班表。

表 13-4　宿舍卫生值班表

宿舍房号：　　　　　　　　　　　　　　　　　　时间：　　年　月

日期	卫生值班人员	卫生检查情况	备注

（4）员工宿舍日常安全卫生检查签到表。

宿舍日常安全卫生是宿舍管理工作中的重中之重。表 13-5 所示的是某公司员工宿舍日常安全卫生检查签到表。

表 13-5　员工宿舍日常安全卫生检查签到表

序号	日期及时间	部门	检查人员	备注

（5）员工宿舍检查表。

对员工宿舍的检查工作，不仅要加强，还要做好检查记录。表 13-6 所示的是某公司员工宿舍检查表。

表 13-6　员工宿舍检查表

检查日期	房号	卫生状况	电器安全	物品摆放	整体整洁	检查结果	备注

（6）员工宿舍财产统计表。

员工宿舍财产属于企业资产的一部分，所以一定要做好统计。表 13-7 所示的是某公司员工宿舍财产统计表。

表 13-7　员工宿舍财产统计表

统计人员：　　　　　　　　　　　　　　　　　　统计日期：

房号	家具	家电	灯具	门窗	门锁	床铺	洗浴	网络	备注

（7）员工宿舍物品申购表。

员工宿舍物品存在更换或增添的情况，因为涉及费用支出，所以需要填写相应的申购单请相关领导审批。表 13-8 所示的是某公司员工宿舍物品申购表。

表13-8 员工宿舍物品申购表

申请人			申请日期			
序号	物品名称及规格	单价	数量	合计	采购日期	备注
申请原因（用途）：						
后勤主管审核：						
行政经理审批：						

（8）员工宿舍物品维修申请表。

员工宿舍物品需要维修时，也需要做相关备案。表13-9所示的是某公司员工宿舍物品维修申请表。

表13-9 员工宿舍物品维修申请表

申请人		申请日期		审核		审批	
维修设备（附件）							
故障描述							
维修/经手人		维修日期		维修结果		确认人	

> **Tips** 员工宿舍管理工作中，入住和退房及设备设施、防火防盗、环境卫生是管理的几个关键点。

13.3 员工食堂管理

员工食堂是企业提供给员工的福利之一，一个好的就餐环境和科学合理的膳食计划，将会增强员工对企业的归属感，提高员工的工作积极性和工作业绩。由此可见，员工食堂管理，对于行政管理来说，也是一项非常重要的工作。

13.3.1 员工食堂管理的范围

员工食堂管理涉及的方面有食品安全管理、食堂财务预算管理、食堂物品管理、食堂进货管理、食堂炊事器具管理、食堂工作人员配置和安全操作管理、员工就餐管理、食堂垃圾处理管理等。

13.3.2 员工食堂管理的要点

员工食堂管理应从以下几个方面加以重视。

1. 食品安全方面

（1）严格把控食品采购渠道关，建议实行定点采购方式。

（2）建立食品采购和食品保管存放、加工制作等制度，做好食品存放监督管理工作，严防食物霉变或污染，确保食物质量。

（3）留取当餐供应所有菜肴的样品，每份留样不低于100克，保存48小时。

（4）加强对库房、操作间的管理，严防不法分子投毒破坏，预防食物中毒事故。

（5）必须加强对炊事人员的教育和管理，定期组织体检，严把工作人员持证上岗关。

2. 食堂安全方面

（1）严格把控液化气和各种电动设备的安装、使用管理。

（2）严格把控易燃易爆等危险物品的存放和使用管理。

（3）对食堂门窗及各种开关进行不定时巡查。

（4）建立食堂管理应急预案，并进行日常应急演练或安全培训。

（5）提高安全防范意识，加强防火、防盗等工作。

3．成本方面

（1）严格控制水电气的成本，每日进行抄表读数登记，并进行每日对比分析，对异常数据进行调查，确保成本支出的合理性、科学性。

（2）及时对食堂设备设施进行维修和养护，降低不必要的大修或更换的开支。

（3）加强食堂采购的监管工作，例如，可采用投招标的方式，选择性价比高的供应商食材采购配送合作协议。

（4）加强食品浪费的管理，保证员工吃多少打多少，严格控制奢侈浪费。

4．事务方面

（1）相关食堂管理制度要上墙，保证员工都已知晓，并签字确认。

（2）维护食堂秩序，人多的时段可采取分流的方式错高峰用餐，如中午12点下班，可让部分部门或岗位的员工提前10分钟或15分钟就餐，以缓解下班时段的人流压力。

（3）公共设施如人为破坏的，应照价赔偿。

（4）保证员工用餐需求，做好食材库存盘点和设置库存临界点以提示采购，保证需求供应的及时性。

（5）对每个岗位都设置相应的责任人，明确职责。

（6）食堂应有健全的安全规章制度和必要的安全防范设施。

13.3.3　范本：员工食堂管理制度/流程/表格

食堂管理的好坏将直接关系到员工的饮食安全，容不得半点马虎，必须通过一些制度、流程和表格等来规范管理，严格把控。以下是某公司的员工食堂管理制度、流程、表格，仅供参考。

1．员工食堂管理制度

员工食堂管理需要有标准化的制度去规范才行。下面是某公司员工食堂管理制度，供读者参考。

员工食堂管理制度

一、目的

为加强公司食堂的统筹管理,做好后勤服务工作,保证员工就餐质量,特制订本管理制度。

二、适用范围

本制度适用于公司职工食堂及全体员工。

三、食堂财务预算及物品管理

1. 后勤专员须在每月28日前根据本月实际发生情况做出下月费用预算,一式两份,经后勤主管审核,报行政部审批递交一份到财务部备案。

2. 后勤专员对食堂应严格按预算支出,认真执行公司财务制度,超预算支出应事先草拟支出计划,报批后实施。

3. 坚持实物验收,搞好成本核算,做到日清月结,账物相符,每隔5天结算一次餐费,每月初核算上月餐费,每月末全面盘点食堂物品一次。

4. 食堂的一切设备、设施、餐具、厨具均要建立物品台账,要专物专用,不得擅自挪作他用,不得擅自向外出售食堂物品。

5. 食堂财务、采购、物品管理要由食堂管理人员指定专人负责,划定范围、包干管理。

6. 对故意损坏各类设备、设施、餐具、厨具的要照价赔偿,并视情节由食堂管理人员提出处罚建议。

四、食堂进货管理

1. 食堂采购人员要严把质量关,不准采购变质食品,不准采购超过保质期的食品。

2. 采购货物应努力做到价格低、质量好、足斤足两。

3. 采购货物应有公司认可的票据。

4. 购进货物必须逐项上账,包括品种、数量、价格、日期。

5. 食堂需要大量进货时,事先必须经行政部批准。

6. 食堂货物入库必须按品种、生熟分类放置,不得随意摆放,确保物品在保质期内加工。

7. 食堂管理员负责全面指导、监督和安排食堂员工的日常工作,每月不定期到市场了解物品价格或参与采购活动,控制采购成本;前台负责核实每日采购物品的数量、质量,统计差异并知会食堂管理员,由食堂管理员报告行政部或酌情处理。

五、食堂炊事器具安全操作管理

1. 炊事员必须了解各种炊事器具和设备、设施的性能和使用方法，否则不得使用。
2. 所有电源开关不准用湿手开启，以防触电事故发生。
3. 电动炊事器具、设备要经常检查，在通风、干燥处放置。
4. 食堂操作间严禁闲人进入，以确保安全。
5. 每日下班时必须保证人走火灭，以防火灾发生。
6. 每日下班时必须检查食堂所有门窗，所有电源是否关闭，以确保公司财物安全。
7. 冰柜使用与维护。

①操作间的冰柜只许保存与公司伙食有关的食品，不得私用。
②启动冰柜前须保证插头、插座连接完好，再通电源。
③冰柜启动后须检查冰柜有无异常声音，是否正常运转。
④严格按照冰柜容积及承重规定储存食品，以防冰柜不制冷或停机。
⑤经常检查冰柜内结霜厚度。不定期进行除霜工作，同时做好冰柜内清洁、灭菌工作，确保冰柜正常工作，降低电耗。
⑥冰柜的维护工作要经常进行，防尘罩要经常清理，冰柜的温度要根据实际情况及所冻食品数量进行调整。
⑦发现问题应及时断电，迅速向行政人事部报修，并协助维修。

8. 消毒柜使用与维护。

①使用消毒柜前首先保证插头、插座连接完好，再通电源。
②使用消毒柜必须先放入餐具再启动。
③使用消毒柜前须保证餐具干燥，以保证消毒柜的安全。
④消毒过程完成、温度下降后方可开启柜门，以确保消毒质量，并防止事故发生。
⑤消毒柜仅用于餐具消毒之用，禁止他用。
⑥发现问题应及时断电，迅速向行政人事部报修，并协助维修。机器绝不能带"病"使用。

……

> **Tips** 由于内容较多，书中只列出了本管理制度的前部分内容，该管理制度的详细内容将在模板中提供，读者可下载完整的员工食堂管理制度进行参考、使用，下载方法见前言说明。

2. 员工食堂管理流程

员工食堂管理涉及费用支出和进出货等，所以履行相关管理流程很重要。表13-10所示的是某公司员工食堂管理流程表。

表 13-10　员工食堂管理流程表

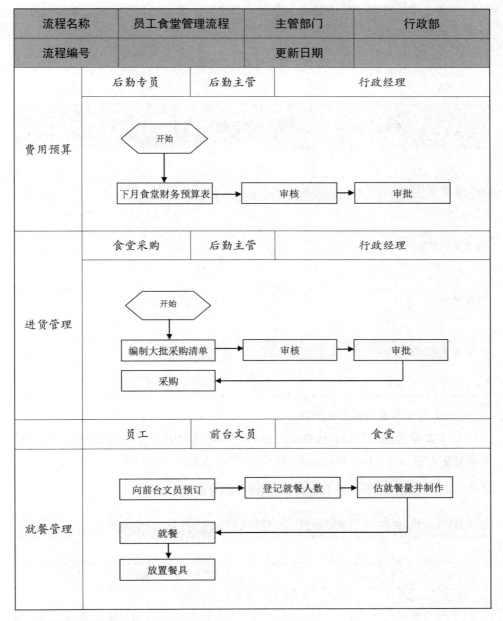

3. 员工食堂管理表格

员工食堂管理要制订相关的表格来配合流程。以下是某公司的员工食堂管理表格，仅供参考。

（1）员工食堂月度费用预算表。

在员工食堂管理过程中是离不开费用预算的。表13-11所示的是某公司员工食堂月度费用预算表。

表13-11 员工食堂月度费用预算表

制表人员： 制表日期：

××月预计就餐人数	水电费	米	蔬菜	食用油	调味品	人工费用	其他费用	费用合计
后勤主管审核：								
行政经理审批：								
财务审批：								
食堂负责人确认：								

（2）员工食堂物品登记台账。

员工食堂的物品都是有价物品，所以在管理过程中一丝一毫都不能松懈，必须都登记在册。表13-12所示的是某公司员工食堂物品登记台账表。

表13-12 员工食堂物品登记台账表

序号	物品名称	数量	单价	购入日期	摆放位置	备注

（3）员工食堂进货台账。

员工食堂进货如果不做详细登记，就无法对货品进行有效监管。表 13-13 所示的是某公司员工食堂进货台账表。

表 13-13　员工食堂进货台账表

日期	品名	单位	数量	单价	合计	入库时间	供货单位名称

采购员：　　　　　　　　食堂库房管理员：　　　　　　　后勤主管：

（4）员工就餐登记表。

员工就餐登记可以让食堂有计划地按量做工作餐，不至于浪费食材。表 13-14 所示的是某公司员工就餐登记表。

表 13-14　员工就餐登记表

日期	姓名	午餐	晚餐	备注

（5）员工就餐人数登记台账。

员工就餐登记台账便于财务核算和监管。表 13-15 所示的是某公司员工就餐人数登记表。

表 13-15　员工就餐人数登记表

日期	午餐人数	晚餐人数	就餐人数合计	备注

> **Tips**　员工食堂管理得好，可以降低企业的支出成本，增加员工工作幸福指数。所以，一定要在采购、出入库上下功夫，尽可能花最少的钱采购最好的食材，并做好监管，杜绝浪费。

13.4　员工医务室管理

大型的企业，特别是把处偏远的处生产型企业，通常都会建立自己的医务室，方便员工就近就诊。

13.4.1　员工医务室管理的要点

员工医务室管理应从以下几个方面加以重视。

（1）医务室一定要做好员工的就诊服务定位，对员工的小病小痛应做到及时治疗，对员工的大病重病应做到及时转诊。

（2）定期对医务人员进行培训，增强医疗技术。

（3）严把医护人员持证上岗关。

（4）定期对医务室的药品及器械消毒等进行抽查管理，确保员工就医安全。

（5）严格把控药品采购渠道关，建议实行定点采购方式。

（6）建立突发公共卫生事件应急处理和卫生保健工作预案，并进行日常应急演练或安全培训。

（7）相关医务室管理制度要上墙，并保证相关人员遵守。

13.4.2　范本：员工医务室管理制度 / 流程 / 表格

员工医务室主要针对员工常见病预防及员工劳累保健恢复，所以在制订管理制度、流程和表格时，一定要与医院的管理体系进行区别。以下是某公司员工医务室管理制度、流程及常用表格，仅供参考。

1. 员工医务室管理制度

为了维护员工的就医安全，企业应本着对员工认真负责的态度去制订相应的医务室管理制度，下面是某公司员工医务室管理制度，供读者参考。

员工医务室管理制度

一、目的

为做好对员工工伤、常见病、多发病、传染病的预防、治疗和管理工作，维护员工的医疗安全，特制订本制度。

二、适用范围

本制度适用于公司所有人员及外协单位员工。

三、职责

（一）行政部

负责对医务室所有活动进行日常管理。

（二）财务部

负责对医务室药品费用的复核、预支和报销。

（三）医务室医务人员

1. 认真贯彻落实有关医疗卫生的方针、政策和规定，坚持预防为主，努力做好防病治病工作。

2. 严格遵守各项医疗卫生管理规定和本医务室的业务管理规定及办事程序。

3. 通过各种形式向公司员工宣传防病治病常识及心理健康知识。

四、公司用药及收费标准

1. 凡在公司医务室看病的员工均采取自愿自费的原则。

2. 工伤免费。

3. 外协单位员工及非工伤药物需按价现金付费。

4. 严格按治疗原则使用药品，并在使用药品时，严格按照药物的药理作用、适应证、用法和剂量等使用，并注意药物的副作用。

5. 公司福利药品由行政部统计、发放并将药品清单及所产生费用与财务对接。

6. 医务室保存就诊和治疗的医疗档案，以备查询。

7. 每月25日上报药品使用清单及收取的相关费用，交予财务部对接。

五、药品管理规定

1. 购进药品以质量为前提，到具有合法证照的供货单位进货。

2. 购进药品要有合法票据，并依据原始票据建立购进记录，包括进货单位、购货数量、购货日期、生产企业及药物通用名称。

3. 购进药品后必须认真查对验收，经采购人员及药品验收人员校对后，双方签字才能入库。

4. 根据药品性能及要求，分别存放于常温、阴凉的地方。

5. 药品与非药品分开，处方药与非处方药分开。

6. 坚持合理用药的原则，防止药品浪费。

六、医务室环境卫生规定

1. 医务室应保持清洁整齐，医务人员应穿戴工作衣帽，加强候诊教育，宣传卫生防疫知识。

2. 非医务工作人员，未经同意，不得进入医务室。经过允许进入医务室的人员，要听从安排，保持医务室卫生与安静，未经允许不得翻阅有关资料和动用医疗器械与药品。

3. 药品入库严格执行验收制度，每月清理库存药品，严禁使用过期、失效、霉变和质量问题的药品。

4. 医疗废弃物应及时分类清理并妥善处置。

5. 严格执行消毒隔离制度，防止交叉感染。每周进行一次地面及空气消毒。

6. 做好咨询、保健和流行病的防治工作；遇有特殊的病症应请示领导。

七、医务室安全管理规定

1. 进行各项治疗操作时必须思想集中，严肃认真。

2. 凡使用可能发生过敏反应的药物必须准备急救药品。

3. 非本医务室医生处方不可发药。

4. 购入的药材必须办理入库手续，保证质量合格，数量相符，发出时认真点交，所有单据必须妥善保管。

八、附件

1. 本制度自发布之日起在全体员工范围公示，公示期为 15 个日历天。公示期内，员工有任何异议可向行政部书面提出；如无异议，自公示结束之日起执行。由行政部负责解释和修订。

2. 本管理制度接受本公司章程的约束，本管理制度如与经合法程序修改后的公司章程相抵触时，按公司章程的规定执行，并立即修订。此前公司的相关管理规定，凡与本管理制度有抵触的，均依照本管理制度执行。

2．员工医务室管理流程

员工医务室管理还是需要有一定的规范化流程，特别是药品的管理。表 13-16 所示的是某公司员工医务室管理流程。

表 13-16　员工医务室管理流程表

流程名称	员工医务室管理流程		主管部门	行政部
流程编号			更新日期	
	员工/外协单位	医务室		行政部
药品采购		开始 → 编制采购清单 → 审批 采购 入库 → 备案		

续表

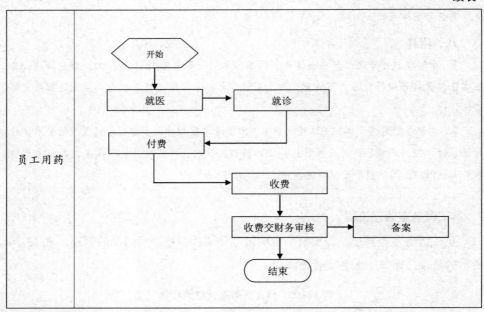

3. 员工医务室管理表格

员工医务室管理是离不开相关表格记录的。以下是某公司的员工医务室管理表格，仅供参考。

（1）药品采购记录表。

药品管理是比较严肃的一项工作，所以做相关的记录是非常必要的。表13-17所示的是某公司药品采购记录表。

表13-17 药品采购记录表

日期	品名	单位	数量	单价	合计	生产企业	保质期

（2）药品使用记录表。

药品使用一定要有记录，便于掌握药品的去向，以确保药品的安全。表13-18所示的是某公司药品使用记录表。

表13-18　药品使用记录表

日期	品名	单位	数量	价格	部门	签字	备注

（3）就诊医疗档案登记表。

就诊医疗档案详细地记录了员工的健康状况等，为医生了解患者、诊断病情提供了可靠的依据。表13-19所示的是某公司就诊医疗档案登记表。

表13-19　就诊医疗档案登记表

序号	日期	姓名	性别	病症	就诊方式	医生	备注

（4）医务室费用收支表。

但凡对外经营的部门，都会有收支，如何做好管理，非常关键。表 13-20 所示的是某公司医务室费用收支表。

表 13-20 医务室费用收支表

日期	患者	就诊方式	收费				医生
			药品费	手术费	诊疗费	合计	

> **Tips** 医疗质量、诊疗环境、收费标准是员工比较关注的点。企业一定要本着尽最大努力让员工满意的态度去开展工作，才能让员工真正认可。

13.5 员工茶水间管理

给员工建立茶水间，是企业人性化的体现之一，它既可以给员工提供一个休息的"加油站"，还可以给员工提供一个交流的场所，促进员工间的团结，深化企业文化。日常管理和维护是员工茶水间管理的关键。

13.5.1 员工茶水间管理的要点

员工茶水间管理应从以下几个方面给予重视。

1. 成本管理方面

（1）对饮用水、饮品采购及领用的出入库登记管理。

（2）对茶具、设施设备进行日常维护和保养管理，可以延长使用寿命。

2. 环境卫生管理方面

（1）茶水间的卫生是非常重要的，保持干净整洁才能让员工感到舒适，才能真正发挥其作用。

（2）加强茶水间的物品摆放、清洗及消毒等监管工作。

13.5.2 范本：员工茶水间管理制度/流程/表格

员工茶水间主要是为员工提供一个休息交流的场所。为了维护员工茶水间内的公共秩序、环境卫生，就要通过一些制度和管理表格进行约束。以下是某公司员工茶水间管理制度、流程、表格，仅供参考。

1. 员工茶水间管理制度

员工茶水间是员工小憩的地方，如果小憩的环境长期无人管理，很容易变得脏乱差，给人不好的感觉，所以必须要有专人管理，并制订相关制度，便于大家遵照执行。下面是某公司员工茶水间管理制度，供读者参考。

员工茶水间管理制度

一、目的

为改善员工的饮水质量，给员工提供一个工作之余的"加油站"，保持茶水间环境卫生，特制订本制度。

二、适用范围

本制度适用于公司所有员工。

三、职责

（一）行政部

1. 负责制订并适时修改本制度。
2. 负责茶水间所需设施设备、茶叶饮料的采购保管。
3. 负责茶水间的具体管理工作。

（二）员工

公司所有员工必须严格按照本制度的规定执行，违反规定者公司将视其情节轻重给予相应处分。

四、茶水间物品的采购

1. 后勤主管根据上月的使用情况，于每月25日前提出下月茶叶、饮料的采购计划，报行政经理审批后交采购人员。

2. 采购人员按采购计划表，货比三家，保质保量地采购茶水间物品，采购完毕办理入库手续，将采购物品交茶水间管理人员签字确认。

3. 茶水间管理人员保管物品入库。

五、茶水间的使用

1. 茶水间开放时间与公司上下班时间保持一致，茶水间管理人员做好开门与关门、设施设备、物品的收放工作。

2. 茶水间下午关闭后，由茶水间管理员负责将水箱剩余的水排放干净，以杜绝"千滚水"的产生，并及时关闭电源，以免发生火灾。

3. 员工应自觉适量取用公司提供的茶叶、饮料，杜绝浪费。

4. 公司行政部前台负责茶水间内客户所用饮品及茶具的添置及管理，整齐摆放橱柜、冰箱内物品，杂物及过期物品应及时处理。

5. 后勤主管应定期检查茶水间内全自动电热开水器及纯净水装置，并安排物业部或厂家做好设备保养工作，对过滤耗材应定期更换。

6. 茶水间各项设施应保持干净，及时清洁；纸屑、茶叶等垃圾倒入垃圾桶，废水倒入水池，保持地面的干爽、洁净。

7. 茶水间内严禁吸烟。

六、安全管理规定

1. 茶水间管理人员巡视时应注意检查室内基本设施与物品的损坏；随时检查门、桌椅、风扇、灯光的开关情况，确保安全，属责任事故应追究当事人责任。

2. 进入茶水间的人员必须自觉服从管理人员的管理。茶水间内不准大声喧哗、不准赌博；不准在座椅上躺、卧；严禁随地吐痰、乱扔垃圾或在墙壁上乱写乱画等不文明行为。

3. 进入茶水间的人员要自觉爱护公物，室内所有设施、物品不得随意挪动，乱摆乱放。

4. 行政部承担监督和检查责任，不定期检查清洁工、员工是否按照茶水间管理规范要求使用茶水间。

5. 如有违反上述（安全管理）的任一规定，按照奖惩条例对其进行20～100元的经济处罚，对设备造成损坏者按原价赔偿。

七、附件

1. 本制度自发布之日起在全体员工范围公示，公示期为 7 天。公示期内，员工有任何异议可向行政部书面提出；如无异议，自公示结束之日起执行，由行政部负责解释和修订。

2. 本管理制度接受本公司章程的约束，本管理制度如与经合法程序修改后的公司章程相抵触时，按公司章程的规定执行，并立即修订。此前公司的相关管理规定，凡与本管理制度有抵触的，均依照本管理制度执行。

2．员工茶水间管理流程

员工茶水间管理也需要制订相应的管理流程，以便于管理。表 13-21 所示的是某公司员工茶水间管理流程。

表 13-21　员工茶水间管理流程表

流程名称	员工茶水间管理流程	主管部门	行政部
流程编号		更新日期	
员工		茶水间管理人员	

```
品饮休息 ← 开始 ← 采购、收入茶叶等
           ↓
       管理、清洁、开关门
```

3．员工茶水间管理表格

员工茶水间管理也涉及预算、采购等事宜，均需做好相关登记信息。以下是某公司的员工茶水间管理相关表格，仅供参考。

（1）员工茶水间月度费用预算表。

员工茶水间需要准备的茶点、饮品所需费用都是需要提前做相关预算的。表 13-22 所示的是某公司员工茶水间月度费用预算表。

表 13-22 员工茶水间月度费用预算表

制表人员：　　　　　　　　　　　　　　　　制表日期：

月份	茶具	红茶	花茶	绿茶	咖啡	糕点	纯净水	费用合计

后勤主管审核：

行政经理审批：

财务部审批：

茶水间管理人员确认：

（2）茶水间物品采购计划表。

茶水间因为需要采购的物品较多，所以需要提前做好详细的采购计划。表 13-23 所示的是某公司的茶水间物品采购计划表。

表 13-23 茶水间物品采购计划表

制表人员：　　　　　　　　　　　　　　　　制表日期：

项目＼品名	茶具	红茶	花茶	绿茶	咖啡	糕点	纯净水
单价							
数量							
合计							
总计							

后勤主管审核：

续表

行政部审批：
财务部审批：
茶水间管理人员确认：

（3）茶水间物品使用登记表。

茶水间的物品都是小物件，容易丢失，要做好相关登记手续，以便管理。表13-24所示的是某公司茶水间物品使用登记表。

表13-24　茶水间物品使用登记表

日期＼数量	茶具	红茶	花茶	绿茶	咖啡	糕点	纯净水

13.6 环卫绿化管理

企业环卫绿化搞得好，不但有助于企业树立外部形象，同时也是为员工提供了一个良好、舒适的办公环境。

13.6.1 环卫绿化管理的要点

环卫绿化管理应从以下几个方面加以重视。

（1）对绿化养护及环境卫生保洁工作要不定期进行检查、监督和指导。

（2）如果是承包给外面的公司打理，应对其资质进行审核。

（3）对各项工作都要指定专门的责任人，制订相应的工作标准。

13.6.2 环卫绿化管理的内容

环卫绿化管理的内容主要包括以下两方面。

（1）公共场所、区域环境卫生管理：生产区域、车间管辖、车辆停放区域、下水道、公共卫生间、公司内办公垃圾处理、公司内施工垃圾处理、工业垃圾处理、公司内生活垃圾处理。

（2）办公区、生产区环境绿化管理：草坪树木的种植和养护、绿化带浇水、松土、施肥、植物修剪、预防病虫害、绿化环境维护。

13.6.3 范本：环卫绿化管理制度/流程/表格

要想给员工创造一个整洁、干净、优美的工作和生活环境，公司的环卫绿化管理必不可少。以下是某公司的环卫绿化管理制度、流程和表格，仅供参考。

1．环卫绿化管理制度

环卫绿化所涉及的范围很广，需要在相关制度中进行说明。下面是某公司环境卫生及绿化管理制度，供读者参考。

公司环境卫生及绿化管理制度

一、目的

为了加强公司环境卫生、绿化管理，创建文明、整洁、优美的工作和生活环境，促进公司环境卫生、绿化建设和精神文明建设，特制订本制度。

二、适用范围

本制度适用于公司后勤处保洁绿化工作。

三、室内公共部位清洁

（一）楼道保洁工作流程

1. 准备扫把、垃圾铲、胶袋、胶桶、拖把各一只，从顶层至底层，自上而下，清扫楼道梯级；将果皮、烟头、纸屑收集于胶袋中然后倒入垃圾袋；用胶桶装清水，洗净拖把，拧干拖把上的水，用拖把从顶层往下逐级拖抹梯级，拖抹时清洗拖把数次。

2. 准备抹布一块，胶桶（装水），自上而下擦抹楼梯扶手及栏杆，擦抹时清洗抹布数次。

3. 清洁室内消火栓：准备胶桶（装水）、抹布（干、湿各一块），用湿抹布擦抹消火栓及玻璃，然后用干抹布擦抹玻璃一次，注意不要移动箱内设备。

4. 清洁墙面、宣传板、开关：准备干净的长柄胶扫把、胶桶（装水）、抹布和刮刀；先用扫把打扫墙上的蜘蛛网，再撕下墙上贴的广告纸；如有残纸时应用湿抹布抹湿残纸，慢慢用刮刀刮去；撕下宣传板上过期的资料和通知，用湿抹布擦抹干净；将抹布清洗干净，拧干水分，擦抹各楼道灯开关板。

5. 清洁电子门、信报箱：准备梯子、胶桶（装水）和抹布；先用润湿抹布从上往下擦抹单元电子门和信报箱一遍；然后，用干抹布抹信报箱及单元电子门上的号牌和按钮；擦抹时清洗抹布数次。

6. 用干抹布擦抹配电箱、电表箱表面上的灰尘和污迹。

（二）办公楼层的清洁

1. 用扫把彻底清扫楼层各通道地面，清倒清洗不锈钢垃圾筒。
2. 用干净毛巾浸水后拧干擦抹墙面、防火门、消火栓、楼梯扶手、铁栏杆和窗台。
3. 清洁电梯厅不锈钢门、不锈钢制品。
4. 先用尘推拖净通道和电梯轿厢地面，再将湿拖把拧干后拖净地面污迹。
5. 拖净楼梯后用拧干的湿润毛巾抹净墙根部分踢脚线。

（三）办公室清洁

1. 先打开窗户透气，然后将各办公室内垃圾、杂物集中收放于垃圾袋中。
2. 整理各办公桌文件及办公用品。
3. 用干净湿毛巾用力拧干后，擦抹台面、座椅、文件柜、门窗、花盆、空调等。

4. 大班台、大班椅要用干毛巾和护理剂进行清洁保养。

5. 用尘推为地面除尘。

6. 每周用吸尘器对办公室地毯吸尘一次。

（四）卫生间的清洁

1. 每天分两次重点清理公用卫生间。

2. 打开门窗通风，用水冲洗大、小便器，用夹子夹出小便器内的烟头等杂物。

3. 清扫地面垃圾，清倒垃圾桶，换新垃圾袋后放回原位。

4. 将洁厕剂倒入器皿内，用厕所刷沾洁厕剂刷洗大、小便器，然后用清水冲净。

5. 用湿毛巾和洗洁精擦洗面盆、大理石台面、墙面、门窗标牌。

6. 将湿毛巾拧干擦镜面、窗户玻璃，然后再用干毛巾擦净。

7. 用湿拖把拖干净地面，然后用干拖把拖干。

8. 喷适量空气清新剂，小便池内香精球每半月更换一次。

9. 检查卫生间纸盒、洗手液，半小时保洁一次，清理地面垃圾、积水等。

……

> **Tips** 由于内容较多，书中只列出了本管理制度的前部分内容，该管理制度的详细内容将在模板中提供，读者可下载完整的公司环境卫生及绿化管理制度进行参考、使用，下载方法见前言说明。

2．环卫绿化管理流程

环卫绿化管理需要依托相应的流程进行管理。表 13-25 所示的是某公司的环卫绿化管理流程。

表 13-25　环卫绿化管理流程表

流程名称	环卫绿化管理流程		主管部门	行政部
流程编号			更新日期	
	环卫绿化员工	后勤主管	员工	
室外	开始 → 环卫、绿化	→ 检查	→ 维护	

续表

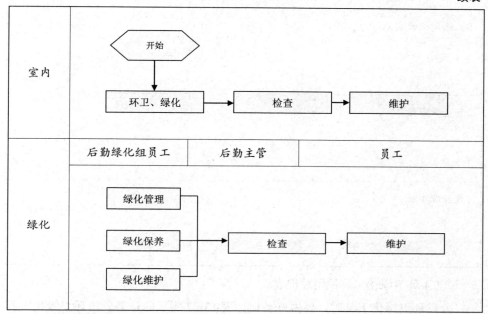

3. 环卫绿化管理表格

环卫绿化过程中会涉及相关工具的采购、工具的领用、检查等表格。以下是某公司环卫绿化管理表格，仅供参考。

（1）环卫绿化工具采购申请表。

环卫绿化过程中需要用很多操作工具，这就要求后勤部门及时采购。表13-26所示的是某公司环卫绿化工具采购申请表。

表13-26 环卫绿化工具采购申请表

序号	品名	数量	单价	合计	库存量	采购原因

续表

环卫绿化组长意见：
后勤主管审核：
行政经理审批：

（2）环卫绿化工具领用登记表。

分发环卫绿化工具时，要做好登记。表13-27所示的是某公司环卫绿化工具领用登记表。

表13-27 环卫绿化工具领用登记表

序号	品名	数量	领用人签字	日期	领用原因

（3）环卫绿化检查表。

后勤部门须定期对环卫绿化工作进行相应的检查。表13-28所示的是某公司环卫绿化检查表。

表 13-28　环卫绿化检查表

检查日期	地面	护栏	墙面	门窗	室内	责任人	检查结果

 专家支招

1. 如何科学地预测食堂的用餐人数

公司食堂就餐员工每天因各种原因人数不固定，食堂供应饭菜有时过多，造成浪费，有时供应量又不足，导致员工怨声载道，行政部应如何科学地制订用餐计划，相对精确用餐人数，以杜绝浪费？可以从以下方面着手解决这个问题。

（1）建立一个假设框架。

①每日食物消耗＝就餐人数 × 平均每人数的消耗量。

②将就餐分解为 4 个步骤，准备就餐→选择餐厅→选择菜品→选择数量。

（2）根据上述框架进行初步推导分析。

①准备就餐。

员工食堂在准备菜品数量时，一定要考虑当天的人员流动，如出差人数、休假人数、公司集体活动及聚餐等，这些都将影响就餐人数，如果食堂管理人员不能进行估算，那么可从行政部获取出差、休假等人数，这样就能大体上预测出当天就餐的人数。

②考虑选择餐厅的因素。行政部和食堂还要密切关注周围的餐厅，估算需要外出就餐的员工人数，另外，还要考虑天气，如下雨或太热，员工一般都会选择食堂就餐，这样就餐人数就会增加。

③选择菜品。食堂在准备菜品时一定要注意合理分配，如果某些菜或小吃比较好吃，那么可多准备，那相对地需要减少其他菜品数量或菜品分量，减少浪费。

④数量。食堂应考虑到一些特殊日期就餐人数的增减。如过节回来上班，员工吃饭可能会偏少、清淡一些等。

（3）制作一份关于员工就餐的表格，统计出某时期内员工就餐人数，要将一些自变量因素（天气、日期、菜品等）考虑进去，根据记录的数据做一些相关分析和回归分析，最后就可以预测到每天菜品、天气等变化对就餐的人数有多少影响，结合行政部统计的就餐人数，就会大体上预测每天的就餐人数了。

2. 员工食堂满意度调查表应从哪些方面进行设计

为了完善公司食堂管理、持续提高食堂服务质量，让员工更加精神饱满地做好工作，行政部应每月或每季度进行一次食堂满意度调查，了解员工对食堂的意见和建议，从而提升员工满意度。在设计食堂满意度调查表的时候，应包括以下内容。

（1）菜品性价比。

主要调查员工对菜品口味、价格、菜品量、菜品种类等的满意度。

（2）就餐环境。

主要调查员工对就餐人数、清洁条件、装修条件等的满意度。

（3）就餐时间。

主要调查员工对就餐排队时间、到达食堂时间的满意度。

（4）食堂硬件设施。

主要调查员工对桌椅数量、碗筷质量、微波炉、电视机等的满意度。

（5）服务质量。

主要调查员工对盛饭人员服务态度、清洁人员服务态度的满意度。

3. 办公室绿化植物是租赁还是自己养

大多数公司都会为了美化办公室而养些绿色植物。那么办公室绿色植物是租赁还是采买自己养呢？如果需要的比较多，而且是不易养的植物，那么建议还是采用租赁的形式，原因如下。

（1）自购绿色植物成本高。

若员工或公司安排的人自行养护，如果不懂养护知识，那么采买的绿色植物很快就会死掉，这样既耗费财力又耗费精力。

（2）养护麻烦。

不懂养护知识的人对植物了解不足，根本不知道植物是喜阴还是喜阳、什么时候浇水、浇多少水、施多少肥等，基本上都是按照自己的喜好来养护，这样植物很容易死掉。

综上所述，行政部在规划办公室绿色植物时，可把这些工作交给专业的植物租赁公司来做，既节约成本，又节约养护时间。

4. 办公室茶水间布置技巧

办公室的茶水间是员工下午茶的必去场所，员工可以在茶水间放松心情，还可以在茶水间互相交流，增强员工之间的凝聚力，促进企业人力资源的有效利用，激发员工的创新灵感。

公司通过茶水间，为员工提供一些后勤服务，可以体现公司对员工的关怀，缓解员工的工作压力。另外，公司还可以将近期的资讯和通告张贴在茶水间里的"公司资讯板"上，让茶水间成为公司的一面文化墙，成为公司宣传的阵地。

为了达到上述效果，办公室茶水间的布置就显得尤为重要，可以从以下两个方面着重考虑。

（1）设计。

因为茶水间在企业的作用日益显现，因此，在办公室装修中，设计茶水间时应充分考虑色调（如以红色为主色调，形成一个热情的基调）、绿色植物（能起到放松心情的效果）、空间（需空间感很强，让人放松）、资讯板等。

（2）硬件配置。

茶水间基本配置包括冰箱（保存食物，包括员工自带饭菜等）、咖啡机、饮水机、微波炉、茶水桌椅、吧台、吧椅、橱柜（用来放置特定的食物，如咖啡、白糖、茶包、器皿等）。

总之，在茶水间管理过程中加入更多的后勤服务元素，可以为员工构造和谐的办公环境、轻松的交流氛围，使公司员工身心愉快，工作效率倍增。

高效工作之道

1. 利用微信精准统计员工就餐人数

很多企业为了方便员工，提高员工的凝聚力，都提供食堂，随着智能手机和微信的发展，很多企业为了减少食堂浪费，节约成本，会借助食堂就餐小程序、APP 等，利用微信建立食堂订餐用餐系统，员工可提前订餐，这样食堂就能精准地统计就餐人数，精准计算出所需食材，并为食材的采购提供重要的依据，进一步提升食堂管理的工作效率。

很多手机微信订餐系统不仅能统计订餐人数，还可发布每日菜谱、菜品评价、菜品统计、准确扣费及一键生成各类统计报表等功能，让企业食堂管理更省心、省事。需要注意的是，建立手机微信订餐系统时，不同的手机对硬件设备和搭建方法有不同的要求，此问题在企业购买相关软件或程序时，软件方会进行说明。图 13-1 和图 13-2 所示的是嘻唰唰移动智能科技有限公司的手机微信订餐系统的界面。

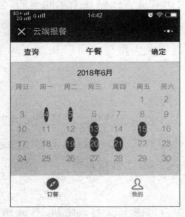

图 13-1　订餐

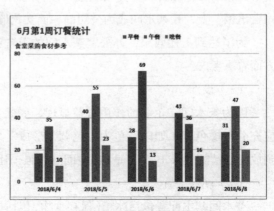

图 13-2　统计就餐人数

2. 用 Excel 建立宿舍住宿动态表

宿舍住宿动态表是借助图表对宿舍的住宿情况进行统计和分析，方便对员工宿舍中的人员进行管理。使用 Excel 建立宿舍住宿动态表的具体操作步骤如下。

步骤 1 新建一个【宿舍住宿动态表】工作簿，在工作表中输入需要的数据，并对格式进行设置，使用公式计算 E2:E6 单元格区域，选择 A1:A7 单元格区域和 C1:C7 单元格区域，按【Ctrl+C】组合键进行复制，选择 A9 单元格，在【粘贴】下拉列表中选择【转置】选项，转换行列进行粘贴，如图 13-3 所示。

步骤 2 删除 A9 单元格中的数据，保持单元格的选择状态，单击【数据】选项卡【排序和筛选】组中的【筛选】按钮，如图 13-4 所示。

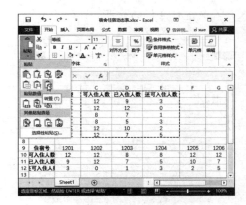

图 13-3 转换行列

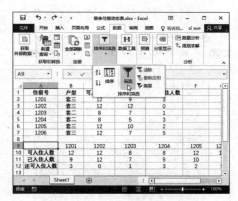

图 13-4 执行筛选操作

步骤 3 为单元格所在的行添加筛选按钮，选择 A10:G12 单元格区域，在【插入】选项卡【图表】组中单击【插入折线图或面积图】按钮，在弹出的下拉列表中选择【带数据标记的折线图】选项，如图 13-5 所示。

步骤 4 将图表移动到合适的位置，为图表应用样式 2 图表样式，删除图表中的图例，单击 A9 单元格中的筛选按钮，在弹出的下拉列表中取消选中【可入住人数】和【已入住人数】复选框，单击【确定】按钮，如图 13-6 所示。

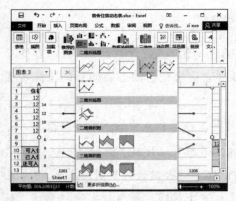

图 13-5　选择图表

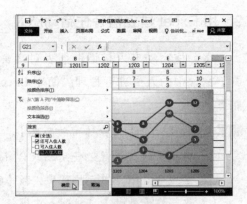

图 13-6　筛选数据

步骤 5　数据区域和图表将只对还可入住的人数进行分析，如图 13-7 所示。

步骤 6　通过这种分析方法，自由分析某项或多项数据，完成宿舍住宿动态表。图 13-8 所示的是对可入住人数和已入住人数进行分析的效果。

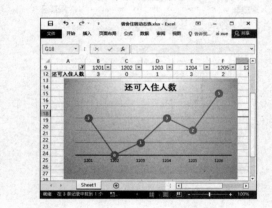

图 13-7　分析某项数据

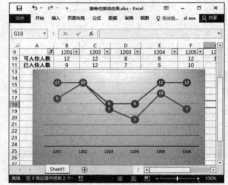

图 13-8　分析多项数据

3. 用 Word 制作图文并茂的菜单

菜单是指一份带价目表的菜肴清单，其目的是方便食客点餐，而现有的菜单各式各样，有纸质的，也有皮质的，还有更具个性的竹子菜单、电子菜单等。使用 Word 制作需要打印出来的纸质菜单，具体操作步骤如下。

步骤 1　新建一个【食堂菜单】Word 文档，将纸张方向设置为【横向】，将页面颜色自定义为茶色（RGB:215、189、152），如图 13-9 所示。

步骤 2 单击【插入】选项卡中的【图片】按钮，打开【插入图片】对话框，选择【油焖大虾】图片文件，单击【插入】按钮，如图 13-10 所示。

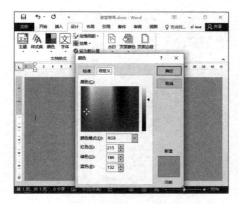 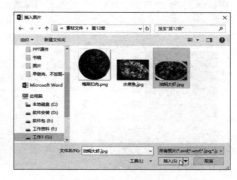

图 13-9　自定义页面颜色　　　　　　图 13-10　插入图片

步骤 3 将图片的环绕方式设置为【浮于文字上方】，选择图片，在【裁剪】下拉列表中选择【裁剪为形状】选项，在其扩展列表中选择【椭圆】选项，如图 13-11 所示。

步骤 4 将椭圆调整到合适的大小，再次单击【裁剪】按钮，对图片的大小及显示区域进行调整，如图 13-12 所示。

 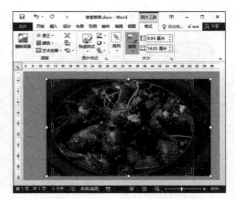

图 13-11　裁剪为形状　　　　　　图 13-12　裁剪图片

步骤 5 将图片调整到合适的位置，在【形状效果】下拉列表中选择【阴影】选项，在扩展列表中选择【居中偏移】选项，如图 13-13 所示。

步骤 6 在图片下方绘制一个圆角矩形，取消形状轮廓，将其填充为褐色（RGB:91、55、21），在圆角矩形上绘制一个横排文本框，在文本框中输入需要的文字内容，并对文本的格式进行设置，如图 13-14 所示。

图 13-13 添加阴影效果

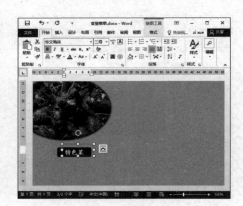

图 13-14 添加形状和文本

步骤 7 复制文本框，对文本框中的文本内容进行修改，并对字体格式进行修改，使用相同的方法制作各种菜品的价目表和食堂宣传语，在文档左下角添加水煮鱼图片，并将图片的【柔化边缘】设置为【2.5】，如图 13-15 所示。

步骤 8 单击【设计】选项卡中的【水印】按钮，在弹出的下拉列表中选择【自定义水印】选项，如图 13-16 所示。

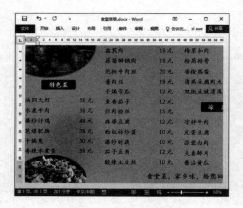

图 13-15 添加菜品价目

图 13-16 选择水印选项

步骤 9 打开【水印】对话框，选中【图片水印】单选按钮，单击【选择图片】按钮，在打开的对话框中单击【浏览】按钮，再在打开的对话框中选择【梅菜扣肉】图片文件并插入，返回【水印】对话框，取消选中【冲蚀】复选框，单击【确定】按钮，如图13-17所示。

步骤⑩ 进入页眉页脚编辑状态，将水印图片调整到合适的位置，将光标定位到页眉中，单击【字体】组中的【清除所有格式】按钮，如图13-18所示。

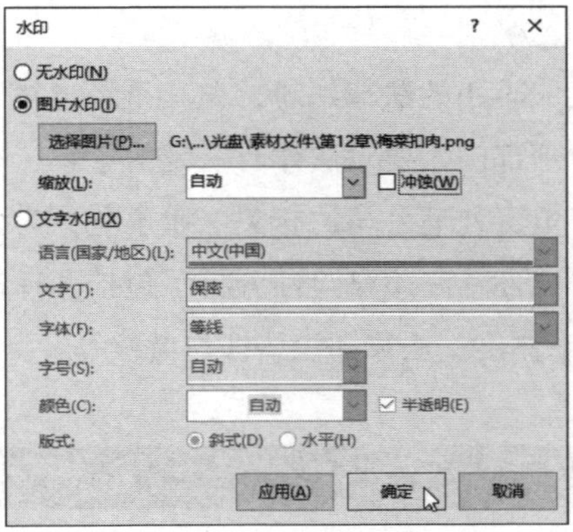

图 13-17　添加图片水印 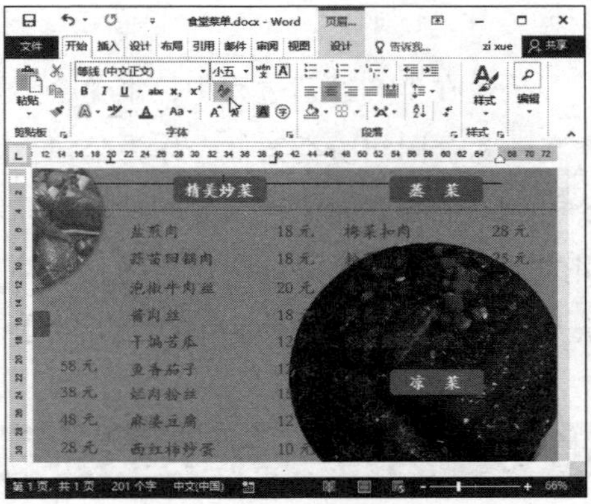　　　　图 13-18　清除所有格式

步骤⑪ 清除页眉中的横线，将水印图片调整到合适的大小，退出页眉页脚编辑状态，完成食堂菜单的制作，最终效果如图13-19所示。

图 13-19　最终效果

第 14 章
法律事务管理

企业在生产经营过程中，难免会涉及大大小小的法律纠纷，尤其是经济纠纷类案件和合同纠纷类案件。作为公司行政管理部门，要对法律有一定的了解，在公司法律事务方面担当领导的参谋和助手，负责处理公司的相关法律事务，为公司的经营管理行为提供法律上的可行性、合法性、法律风险性分析，包括办理诉讼及非诉讼案件，协助起草和审查合同、规章制度、法律知识培训与考核等。

14.1 法律事务管理的范畴

企业法律事务的管理大体包括企业合同管理、规章制度管理、企业经济纠纷处理、企业知识产权管理、员工违纪行为的处理、企业重大权益事项论证六大方面。

14.1.1 企业合同管理

企业在经营过程中，会签订各种各样的合同，大到中外合资合作合同、投融资合同，收购并购合同、联营合同、框架合作合同、独家代理协议、重大技术改进或技术引进合同、开发合同，小到日常业务合同、使用权转移合同、劳动合同、租赁合同、租房合同、设备用品采购合同等。

企业合同管理主要涉及合同的依法订立、履行、变更、解除、转让、终止、纠纷解决、审查、监督、控制等范畴；企业合同管理既包括管理的内容，又包括管理的手段。

企业合同管理的目的就是依法维护企业自身合法权益，它的管理质量直接影响到企业经济目标是否最终达成。所以，作为企业来讲，既要重视签订前（资信调查、洽谈、草拟、修改）的管理，又要重视签订后（履行、变更、解除、转让、终止）的管理。在企业合同管理中，常见的问题有合同主体失当、文字表述不严谨、合同条款不完整、只有从合同没有主合同、合同变更不及时、履约书函不重视、忽视控诉讼时效、合法权利不行使、不聘请法律顾问等。所以要注意以下几方面。

（1）在合同签订前应对合同另一方的主体资格和资信进行审查。

①主体资格审验。

当主体是法人时，需提供经年检加盖工商行政管理局专用章的公司法人营业执照或营业执照的副本复印件，且核实其内容与实际相符。

当主体是非法人组织时，应当审查其是否按照法律规定登记并领取营业执照，如有则需提供相应证照；对分支机构或事业单位和社会团体设立的经营单位，除审查其经营范围外，还应同时审查其所从属的法人主体资格。

当主体是外方当事人时，资格审查应调查清楚其性质、地位、公司或组织是否合法存在、法定名称、地址、公司或组织注册地及法定代表人姓名、国籍，并提供相应的证明材料。

②所签合同标的应符合当事人经营范围，涉及专营许可证或资质的，应具备相应的许可、等级、资质证书。

③代签合同的，应出具真实、有效的法定代表人（负责人）身份证明书、被代理人签发的授权委托书（包括代理人的代理资格、代理权限和代理期限等）、代理人职务资格证明及个人身份证明。

④是否具有相应的履约能力，如支付能力、生产能力、运输能力等，必要时应要求其出具企业资产负债表、开户银行或会计（审计）师事务所出具的资信证明、验资报告等相关文件；合同对方当事人履约能力或资信状况如有瑕疵又必须签订合同时，应要求其提供合法、真实、有效的担保，其担保人必须具备担保能力和担保资格。

⑤对于重大合同，还须了解和审查合同另一方当事人的履约信用，如之前无违约事实，现时未涉及重大经济纠纷或重大经济犯罪案件。

（2）合同签署时应对如下几个方面进行审查。

①审查双方主体信息，即通常合同首部应列明签署合同主体的准确名称、地址、负责人等。

②审查合同签署的背景及目的是否描述清楚、明确，以便于在以后双方发生纠纷时可以用来明确是否违背了合同的根本目的，或用来主张对方不具有鉴于部分描述的相关能力等。

③审查合同双方的权利和义务。合同中的权利和义务条款是合同的核心条款，因此，权利和义务条款的描述必须详细、准确，要体现出合同谈判的结果，而且要具有可执行性。一般来说，正规合同中的权利和义务基本是对等或大致对等的，不能倾向于自己一方，因为这样会让对方感觉不到诚意，进而影响合同的签订。

④审查合同通知条款。在现实工作中，经常会遇到因被通知方以没有收到通知为理由不认可通知内容的事件，为了避免此类事件再次发生，在合同中应进行多种通知方式的约定，以防万一。并且还应约定双方需保证通知渠道畅通，如其中一方单方变更收取通知地址，则需自行承担未收取通知的责任。虽然当下已经是移动互联网时代了，联络已经更加先进和发达了，更多的人已经开始习惯用各种互联网形式进行工作联系，但是仍需做好通知方式约定，同时除了保持传统的邮寄通知、邮件通知等方式外，还可增加电子邮件、微信、QQ等指定账号的通知方式。同时，在面对一些重要的通知时，还需要做特殊约定，如解约通知必须书面送达、变更发货时间必须邮件通知、即时消息仅可作日常联络等，以避免因为通知渠道增多造成合同变更形式不正式而产生的纠纷。

⑤审查违约条款。违约条款必须具有可执行性，违约责任应与合同的权利和义务条款相对应，因为高度概括性的违约责任条款在实践中很难实际操作。

⑥审查法律适用及管辖条款。在谈判地位允许的前提下，应尽量争取有利于自己的法律适用及管辖地点，如不能如愿，可协商约定为"被告所在地"或"原告所在地"这样的方式。另外，如想约定仲裁，则切记保证仲裁条款有效，不可出现"仲裁或诉讼"或对仲裁机构约定不明的情况。

⑦审查签署与生效条款。必须明确生效条件，如加盖公章、法定代表人签字等。

⑧审查合同签署的形式。双方均需要签署，骑缝签署；当自然人为主体时，请加印指纹，并将自然人身份证件复印件留作合同附件。

企业合同管理还应实行会签、审核责任制、安全和效益原则。财务部门、审计部门、行政部根据其职责权限对合同签订程序、履行情况及履行结果进行监督，监督内容包括本项合同的必要性和可行性（包括经济利益、技术条件与安全保障）、对我方利益的综合影响、合同缔约方资信和履约能力、合同缔约方主体和企业资质的时效与合法性、资金和资产的用途及使用方法的合理性、合同条款的合法性和完整性及存在的法律漏洞、其他相关法律问题等方面。

14.1.2 规章制度管理

企业为了能够依法治企,推动法制化管理,就要建立和完善企业的规章制度体系。那么企业在制订、修改、废止规章制度时,一定要注意遵循科学、合情合理合法、利于实施的原则。

规章制度管理应就规章制度内容和程序是否合法、合规、符合国家政策;新的制度草案是否与现行制度协调、修订是否有理有据;草案体例结构、草案条款、草案文字编辑等是否符合规章制度的要求;同时,规章制度在起草过程中,要广泛听取员工代表的意见,应组织公司有关部门就制度内容进行论证和征求可行性意见等四大方向进行审查。

企业的规章制度应在报请公司总经理审议批准后实施,或者由公司总经理组织召开办公会议审议批准后实施,或者由公司总经理委托的分管副总经理审议批准后实施。

14.1.3 企业经济纠纷处理

随着企业的不断发展,经济往来日益增多,面对经营环境和市场环境的日渐复杂多变,产生纠纷在所难免,其中常见的纠纷有贸易纠纷、投资纠纷、技术转让纠纷、劳务合作纠纷。按照惯例,当企业发生经济纠纷时,解决争议的方式主要有以下几种途径。

(1)协商:这种方式可以为企业节省时间和精力。

(2)调解:当双方无法协调解决时,可以找第三方来调解。

(3)仲裁:这种方式有较大的灵活性,如当事人一方可以选择仲裁地、仲裁机构、仲裁员等。

(4)诉讼:这种方式持续时间过长、拖沓、程序烦琐。

以上4种解决争议的方式中,选择仲裁作为争议解决方式的占80%以上,其余的纠纷主要还是选择诉讼,真正靠协商、调解解决的少之又少。

14.1.4 企业知识产权管理

近几年来,企业对知识产权的认知程度有很大的提高,主要涵盖了商标、专利(新物质、新产品、新技术、新工艺、新设计等)、版权(工程设计、产品设计图纸、摄影、录音、录像等）、发明、著作、企业商号、各种服务标记、技术秘密、商业秘密、域名、网络地址专用权等。知识产权管理的主要内容包括以下几个方面。

（1）专利权的管理：包括专利申请、专利检索、制度保护、专人管理等。

（2）商标权的管理：包括商标设计、市场定位、竞争策略、宣传策略、商标防御等。

（3）著作权的管理：包括科学技术论文、工程设计及产品设计图纸及其说明和计算机软件等作品的管理。

（4）其他管理：包括知识产权的开发管理、知识产权的经营使用管理、知识产权的收益管理、知识产权的处分管理等。

鉴于保护知识产权的重要性，越来越多的企业开始制订知识产权战略，设专项资金，由专人负责知识产权战略，以达到提升企业竞争力，建立市场壁垒，形成垄断的目的。

14.1.5　员工违纪行为的处理

在实际工作中，会经常涉及员工违纪行为的处理。处理得当，皆大欢喜；处理不当，就会产生一系列问题，激化企业与员工之间的矛盾，甚至走向劳动仲裁或诉讼的极端。那么，怎样处理才合适、恰当，又不失公平呢？

首先，要本着公正、公平、教育与惩处相结合的原则，结合公司制度，根据其违纪行为的性质、情节、给公司带来的危害程度来视情节轻重给予相应处罚。前提是事实清楚，证据确凿，定性准确。

其次，如果是初犯，既没有造成特别严重的负面影响，又没有给企业造成重大的经济损失的违纪行为，建议从人性化的角度出发，先予以警告，因为企业建立规章制度的目的不是处分员工，而是让员工知道什么是可以做的，什么是不可以做的。

再次，如果是有过前科的违纪员工，建议按照企业规章制度，给予合理、合法、合规的处理，可根据情节给予行政处分、除名、违纪辞退、违纪解除劳动合同、经济处罚等。

无论什么样的处理结果，前提是一定要做到充分掌握事实证据、员工承认事实、并有经员工签字认可的违纪书面表述材料，才可以进行处理。

14.1.6 企业重大权益事项论证

在企业经营过程中,经常会出现企业分立、企业合并、企业解散、企业投融资、企业担保、企业产权转让、企业招投标及改制、企业重组、企业上市等重大权益事项的变更。那么,这就需要企业通过法律的视角进行全面严谨的分析论证,并且提出法律方面的可行性意见和建议,以科学地处理企业相关的法律事务。

 各种文件为合同不可或缺的组成部分,其文件为复印件时,提交方须加盖单位公章,并须加注"与原件核对无误"的字样,并由经办人签字确认。

14.2 企业的法律风险防范

企业法律风险防范对于企业来说非常重要,无论在企业设立之初,还是企业在经营中的税收、合同的签订、并购、人力资源管理、知识产权等方面,都存在着极大的法律风险。

14.2.1 认识企业法律风险点

在法律实施过程中,由行为人做出的具体法律行为不规范而导致的,与企业所期望达到的目标相违背的法律不利后果发生的可能性即为法律风险。它的表现形式主要可以分为以下几种。

1. 企业设立中的法律风险

判断企业发起人拟设立的企业是不是在符合法律规定的前提下操作的,可以关注以下几个法律关键风险点。

(1)是否完全履行设立企业的责任与义务。

(2)发起人是否具有相应的法律资格。

(3)公司的股权结构是否合规。

(4)公司章程是否合法。

(5)股东出资是否属实。

(6)企业验资是否真实合法。

2. 企业税收法律风险

企业税收法律风险是指企业的涉税行为因未能正确有效遵守税收法规而导致企业未来利益的可能遭受损失的法律后果。具体表现为企业涉税行为影响纳税准确性的不确定因素，结果企业多缴了税或少缴了税，或者因为涉税行为而承担了相应的法律责任。总之，企业应对自己的涉税行为承担相应的法律责任。多缴税或少缴税都会影响纳税的准确性，造成一定的法律风险。

判断企业税收是否存在法律风险，可以重点关注以下方面。

（1）经营资质管理是否存在违规风险。

（2）财务信息披露是否存在违规风险。

（3）财务统计资料报送是否存在违规风险。

（4）财务档案管理是否存在违规风险。

（5）财务管理是否存在违规风险。

（6）税务管理是否存在违规风险。

（7）资金管理是否存在违规风险。

（8）会计核算是否存在违规风险。

（9）固定资产财务管理是否存在违规风险。

（10）固定资产实物管理是否存在违规风险。

（11）关联交易是否存在违规风险。

（12）在国家经济审计中是否存在违规风险。

（13）财务管理是否存在不当风险。

（14）资金管理是否存在不当风险。

（15）发票管理是否存在不当风险。

3. 合同法律风险

合同法律风险是指合同在订立、生效、履行、变更、解除、转让、终止及违约责任的确定过程中，合同当事人一方或合同双方就利益受损所承担的法律责任。合同作为约束双方当事人的一种手段或工具，具有一定的法律效力，双方当事人需要通过合同确定双方的权利、义务。如果任何一方的利益受到损害，都可以拿起法律武器，维护自己的权益；同理，任何一方违约，都应承担相应的法律风险。

判断企业合同是否存在法律风险，可以关注以下几个方面。

（1）合同签订是否存在法律风险。

（2）合同履行是否存在法律风险。

（3）合同管理是否存在不当法律风险。

4．企业并购法律风险

　　随着企业的不断发展壮大，收购或兼并其他企业是大企业常用的扩充自己的方式，但从法律风险的角度看，兼并或并购都存在较大的法律风险，且社会影响较大。

　　判断企业并购是否存在法律风险，可以关注以下几个方面。

（1）人员。

（2）竞争。

（3）税收。

（4）知识产权。

5．人力资源管理法律风险

　　人力资源管理的法律风险存在于人力资源管理的各个环节，从招聘信息的发布到录用、试用、签订劳动合同、劳动报酬纠纷等，如果操作不当，都会带来潜在的法律风险。同时一旦发生法律纠纷，给企业造成的损失不是拿金钱可以衡量的，其负面的影响及辐射面是难以估量的。

　　判断企业人力资源管理是否存在法律风险，可以关注以下几个方面。

（1）计划生育管理是否存在违规风险。

（2）合同制用工是否存在违规风险。

（3）劳务派遣用工管理是否存在违规风险。

（4）培训合同是否存在不当风险。

（5）合同制用工管理是否存在不当风险。

（6）合同制用工合同文本是否存在不当风险。

（7）劳务派遣用工管理是否存在不当风险。

（8）劳务派遣用工合同文本是否存在不当风险。

（9）员工信息保管是否存在不当风险。

6．知识产权法律风险

　　知识产权的法律风险是很难把控的，因为很多企业没有意识到或没有关注知识产权的问题，一旦企业存在知识产权侵权行为，那么要承担的法律风险是不言而喻的，同样如果自己企业的产品被他人侵权，一样可以寻求法律保护。所以，在企业经营过程中，企业法人和行政人员要加强对知识产权的认知和知识产权的保护意识，为企业的生产经营保驾护航。

判断企业知识产权是否存在法律风险，可以关注以下几个方面。

（1）商标权申报是否存在风险。

（2）商标管理是否存在不当风险。

（3）商标权转让是否存在风险。

（4）商标权许可使用是否存在不当风险。

（5）专利申报是否存在风险。

（6）专利管理是否存在不当风险。

（7）专利转让是否存在风险。

（8）专利许可使用是否存在不当风险。

（9）专有技术和商业秘密是否存在流失的风险。

14.2.2 企业法律风险防范的理念

企业要想树立科学的法律风险防范意识，可以遵照事前防范和过程控制为主、事后救济为辅的法律风险防范理念。

（1）事前防范：很多企业开始采取事前防范，虽然投入的成本大，但能把控法律风险，保障公司正常、持续、健康地运转。

（2）过程控制：贯穿并渗透于公司运作的每个过程，关系到公司每个部门，甚至每个岗位。可以说，它是企业法律风险防范的关键点。如果过程控制做好了，公司法律风险就相应地得到了一定的有效控制。

（3）事后救济：相比事前防范投入的成本要高，而且结果往往不理想。

14.2.3 建立企业法律风险防范体系

企业法律风险防范体系是基于防范法律风险的经营管理系统，既是跨学科的理论研究成果，又是实践经验的科学总结，具有较强的专业性和复合性，单单拥有管理学或法学一个学科的理论与实践是不够的，必须将二者有机地结合起来。

（1）专家指导，企业自行建立和运行。

（2）专家建立，指导企业运行。

总之，建立企业法律风险防范体系，离不开专家的作用，而专家既要精通法律，又要精通企业管理。这样的专家，只能到律师中去寻找，因为只有以企业为主要服务对象的律师才更专业，更能满足企业的要求。

> **Tips** 法律风险防范是任何企业都需要具备的意识和理念，因为只有这样，企业才能避免触犯法律，并且企业自身的权益才能更好地受到法律的保护。

14.3 法律文书的书写技巧

法律文书的书写具有一定的规范和要求，同时在书写过程中，要有一定的技巧性。本节就针对法律文书的书写技巧进行阐述。

1．明确写作目的

在撰写法律文书时，首先不要急着下笔，应该静下心来思考写作目的。具体来说，要明确自己是为什么人写，也就是当事人是谁，当事人有哪些诉求，当事人希望最终获得怎样的结果。总之，只有明确了写作的目的，才可能撰写法律文书。所以，如果你是没有经验的撰稿人，请思考以上几个问题后，再动笔。

2．挑选范本或模板

通常一个对自己要求比较高的行政人员，在撰写法律文书时，都会在确定了写作目的后，去选择好的范本或模板来参考、借鉴，这样做的好处是既高效又便捷，还能准确把握方向。

3．审查基础文件

基础文件的审查是比较重要的环节，因为文书撰写的依据和来源就是这些基础性文件，基础文件由涉及的主体（当事人）、客体（标的物）、内容（各方的权利和义务）三部分组成。

4．复核

与当事人再次确认前三步，以确保完全明了当事人的目的、自己撰写的任务、完成期限等。

14.4 法律纠纷办理

企业在收到有关法律文书或接到公司各单位报送的法律纠纷报告（口头或书面）后，应遵照一定的程序进行办理，并准备好需要的各种材料。

14.4.1 法律纠纷的办理程序

通常法律纠纷的办理程序有如下几个步骤。

（1）当收到有关法律纠纷文书、材料，应通知有关单位。有关单位应及时向其主管领导汇报，在接到通知2日内以书面形式向公司说明案件的相关情况，并到公司法务处办理法律纠纷登记手续。

（2）收到有关部门提交的相关案件情况说明材料后，及时向公司法定代表人或分管副总经理汇报法律纠纷情况，并向前述公司领导提出法律纠纷案件处理方案和建议。

（3）根据有关单位案件汇报情况，提出证据清单，有关单位在收到证据清单5日内向公司法务提交有关证据材料，向公司法务移交的证据材料不完整、不充分的，公司法务可要求其限定的期限内补充完整。

（4）根据案件情况提出委托公司法律事务人员、外聘律师或其他人员参加仲裁、诉讼活动的建议，由公司法定代表人决定委托代理人参加仲裁、诉讼等相关活动。

（5）根据法定代表人的委托办理有关授权委托手续。

（6）将法律纠纷处理结果报告公司法定代表人、总经理。

（7）整理法律纠纷材料并归档。

14.4.2 相关证据材料

双方移交的证据材料的完整性、准确性、真实性非常重要。它主要包括以下几个方面。

（1）合同及附件、补充协议、当事人签字、盖章的会议纪要、对合同的变更记录、双方签订的协议、同案件相关的有关函件及传真。

（2）履行合同、协议的各种交付凭证，如各种与合同相关的票据、单证及支付存根等证据材料。

（3）履行合同、协议中当事人的签字凭证，如对账单等。

（4）有关第三方的能证明客观事实的文书或单据。

（5）与合同有关的鉴定结论、检验报告、勘验笔录、照片、视听资料等。

14.4.3　范本：企业相关法律文书

企业在经营过程中，会涉及很多关于法律方面的文书材料，以下是企业常用的几类文书形式，仅供参考。

1. 仲裁答辩书

企业在发生法律纠纷时，可能会涉及填写相关仲裁文书。以下是某公司的仲裁答辩书，仅供参考。

仲裁答辩书

答辩人：（答辩人的基本情况与联系方式）

关于答辩人和申诉人之间于2018年9月18日签订的合同争议，答辩人现就申诉人的仲裁申请答辩如下：

1. 对申诉人申诉的某些事实的澄清；

2. 申诉人申诉的理由不能成立的理由；

3. 答辩人的要求。

①驳回申诉人的各项×××要求。

②申诉人应补偿答辩人因办理本案而支出的律师费用和其他费用。

③仲裁费用由申诉人承担。

　　　　此致

　　　　　　　×××仲裁委员会

附：1. 证据：

　　2. 本答辩书副本　　　份

　　　　　　　　　　　　　　　　答辩人：
　　　　　　　　　　　　　　　　年　月　日

2. 仲裁反诉书

在法律纠纷中，企业也可能会存在仲裁反诉的时候，以下是仲裁反诉文书，仅供参考。

仲裁反诉书

反诉人：（本诉反诉人）基本情况

被反诉人：（本诉申诉人）基本情况

案由：

反诉请求：

（写明反诉的具体主张和要求）

事实与理由：

（应写明与本诉同一的和相关联的事实，写明事实经过和原因，并根据有关法律条文、合同规定和国际惯例分析论证，阐明本案的性质、被反诉人的责任及如何解决纠纷的意见。写明能够支持反诉请求的证据的名称、份数和来源）

此致

×××仲裁委员会

附：1. 证据：
    2. 本反诉书　　份

反诉人：
年　月　日

3. 仲裁协议书

企业须在一次性终局裁决上签订仲裁协议，以下是某公司的仲裁协议书，仅供参考。

仲裁协议书

甲方：×××（姓名或名称、住址）

乙方：×××（姓名或名称、住址）

甲乙双方就×××（写明仲裁的事由）达成仲裁协议如下：

如果双方在履行×××合同过程中发生纠纷，双方自愿将此纠纷提交×××仲裁委员会仲裁，其仲裁裁决对双方有约束力。

本协议一式三份，甲乙双方各执一份，×××仲裁委员会一份。

本协议自双方签字之日起生效。

甲方：×××（签字、盖章）

乙方：×××（签字、盖章）

年　月　日

专家支招

1. 法律文书完稿后的注意事项

法律文书完稿后，仍然需要在以下几个方面加以注意。

（1）完稿后还应再回头查看，与当事人再次确认稿件，以查找是否还有漏洞和不足。

（2）根据文书的生效要件做相应的材料准备，以确保准备充分。

（3）审查法律文书的打印、装订及签署、收发等工作是否到位。

（4）提交的材料如果涉及合同等，还需要加盖公章方能生效。

2. 起诉状的格式和写法

通常，各类起诉状的格式和写法基本上都是相同的，但因提起诉讼的主体不同，所以公诉的起诉书和自诉的刑事起诉状、民事起诉状、行政起诉状略有差异。以下是起诉状的格式和写法，仅供参考。

（1）起诉状的格式由首部、正文、结尾三部分组成。首先应有标题、当事人基本情况；正文应写明诉讼请求、事实和理由、证据和证据来源、证人姓名、住址；结尾应写受文机关。

（2）起诉状的写作要求：首先，请求事项一定要明确具体，合理可行；其次，陈述事实要客观真实，突出重点；最后，理由阐述要中肯，援引法律要准确。

3. 企业经济合同的一般格式

合同也称为"契约",是当事人为确立双方的权利与义务而达成的共同遵守的协议。经济合同是双方为实现一定的经济目的,明确相互权利与义务关系的协议。同时,只有合法的经济合同才有法律效力。以下是经济合同的一般格式。

(1)标题:表明合同的性质(如购销合同、施工合同、承包合同等)。

(2)当事人:甲、乙双方的法定代表人(或委托人)。

(3)正文:主要条款包括标的(双方的权利和义务)、数量和质量、价款和酬金、付款方式、时间、履行的期限、地点和方式、违约责任等。

(4)落款:双方代表签字(加盖公章);双方开户银行、账号、地址、电话、签订日期;鉴证部门的意见、印章。

高效工作之道

1. 用 Word 制作劳动合同

劳动合同是行政管理中最常见的文档之一,它主要是通过 Word 完成制作,如果不想制作的劳动合同被其他人看到,可以设置密码进行保护,只有输入正确的密码才能打开,具体操作步骤如下。

步骤 1 在 Word 中新建一个名为【劳动合同】的空白文档,在光标处输入【劳动合同】文本,按【Enter】键进行换行,即将光标插入点定位在第二行行首,继续输入劳动合同封面的其他内容,如图 14-1 所示。

步骤 2 对【劳动合同】文本的字号和对齐方式进行设置,在【段落】对话框中将段后间距设置为【3】,然后选择【编号:】文本,设置其字体和字号,将光标定位至冒号后,单击【下划线】按钮 u,在文本后输入空格,增加下划线的长度,如图 14-2 所示。

图 14-1 输入劳动合同封面内容

图 14-2 添加下划线

步骤 3 使用相同的方法继续设置其他文本的格式，然后选择除【劳动合同】外的所有文本，单击【段落】组中的【行和段落间距】按钮，在弹出的下拉列表中选择【2.5】选项，如图 14-3 所示。

步骤 4 将光标定位到首页的末尾处，单击【下划线】按钮取消下划线，再单击【插入】选项卡【页面】组中的【分页】按钮进行分页，并将光标定位到下一页，打开素材文件\第 9 章\劳动合同.txt 文件，按【Ctrl+A】组合键选择所有文本，单击【编辑】菜单项，在弹出的下拉菜单中选择【复制】命令，如图 14-4 所示。

图 14-3 设置行间距

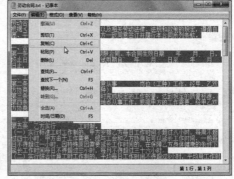

图 14-4 复制劳动合同内容

步骤 5 切换到【劳动合同】Word 窗口，单击【清除所有格式】按钮清除文本格式，再单击【剪贴板】组中的【粘贴】按钮，将复制的文本粘贴到 Word 文档中，单击【开始】选项卡【编辑】组中的【替换】按钮，如图 14-5 所示。

步骤6 打开【查找和替换】对话框，默认选择【替换】选项卡，将光标定位到【查找内容】下拉列表框中，输入【^p^p】，在【替换为】下拉列表框中输入【^p】，单击【查找下一处】按钮，如图14-6所示。

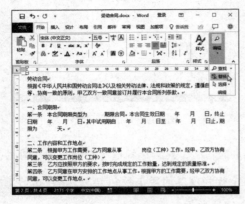

图14-5 执行替换操作　　　　图14-6 设置查找和替换内容

步骤7 开始在文档中查找连续两个的段落标记，如果确定要替换查找到的段落标记，那么可单击【替换】按钮，如图14-7所示。

步骤8 即可对当前查找到的段落标记进行替换，替换后继续查找出下一处连续两个的段落标记，使用前面的方法继续进行替换，当查找到文档最后时，会打开提示对话框，提示已到文档末尾，单击【确定】按钮，如图14-8所示。

图14-7 查找内容　　　　图14-8 完成替换

步骤9 关闭对话框，设置【劳动合同】文本的格式，为需要添加下划线的空格添加下划线，然后选择除【劳动合同】文本外的所有文本，在【段落】对话框中设置首行缩进两个字符,行距为 1.5 倍行距,加粗显示【一、合同期限】文本,再选择该文本,双击【开始】选项卡【剪贴板】组中的【格式刷】按钮,如图 14-9 所示。

步骤⑩ 此时鼠标指针变成形状,拖动鼠标选择需要应用复制格式的文本【二、工作内容和工作地点】,继续为其他部分段落应用复制的格式,然后选择【第十七条】下的 3 段文本,单击【项目符号】下拉按钮,在弹出的下拉列表中选择带钩的项目符号,如图 14-10 所示。

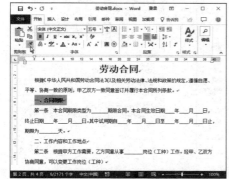

图 14-9　设置文本格式　　　　图 14-10　添加项目符号

步骤⑪ 完成劳动合同的制作,效果如图 14-11 所示。

图 14-11　最终效果

步骤⑫ 打开【信息】界面,单击【保护文档】按钮,在弹出的下拉列表中选择【用密码进行加密】选项，如图 14-12 所示。

步骤13 打开【加密文档】对话框，输入密码【123】，单击【确定】按钮，再在打开的【确认密码】对话框中输入前面设置的密码，单击【确定】按钮即可，如图 14-13 所示。

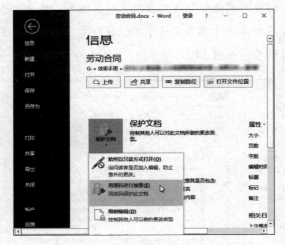 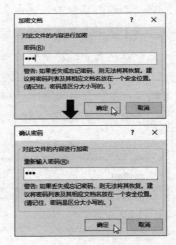

图 14-12　选择密码保护　　　　　　　图 14-13　设置保护密码

2. 用 Word 制作起诉状

起诉状是指公民或法人的合法权益遭受到侵害，而向人民法院提起诉讼请求的文书。对于企业来说，起诉状主要是一些经济纠纷和民事纠纷。使用 Word 制作起诉状的具体操作步骤如下。

步骤1 在 Word 中新建一个名为【起诉状】的空白文档，在文档中输入起诉状内容，选择【经济纠纷起诉状】，设置字体、字号并居中对齐，单击【编辑】组中的【替换】按钮，如图 14-14 所示。

步骤2 打开【查找和替换】对话框，在【查找内容】下拉列表框中输入与文档中相同的空格个数【6】，将光标定位到【替换为】下拉列表框中，按住【Shift+-】组合键，输入长画线【_____】，单击【全部替换】按钮，对文档中查找到的空格进行替换，并在打开的提示对话框中显示替换的处数，单击【确定】按钮，如图 14-15 所示。

图 14-14　设置字体格式

图 14-15　查找和替换设置

步骤 3　返回【查找和替换】对话框，单击【关闭】按钮关闭对话框，将光标定位到【原告和被告】文本前面，将鼠标指针移动到标尺上的【首行缩进】滑块 ▽ 上，按住鼠标左键不放向右拖动到标尺的刻度【2】上，表示首行缩进两个字符，如图 14-16 所示。

步骤 4　选择诉讼事实和理由下面的 3 段文本，单击【编号】下拉按钮 ▼，在弹出的下拉列表中选择需要的编号样式，为段落添加编号，如图 14-17 所示。

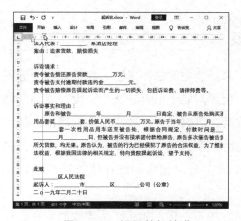

图 14-16　设置首行缩进

图 14-17　添加编号

步骤 5　完成起诉状的制作，效果如图 14-18 所示。

```
                    经济纠纷起诉状

原告人：_____市_____区_____公司
公司地址：_____市_____区_____路_____号
法人代表：_____，系公司经理

被告人：_____市_____区_____酒店
地址：_____市_____区_____大街_____号
法人代表：_____，系酒店经理
案由：追索货款，赔偿损失

诉讼请求：
1.  责令被告偿还原告货款_____万元。
2.  责令被告支付逾期付款违约金_____元。
3.  责令被告赔偿原告提起诉讼而产生的一切损失，包括诉讼费、请律师费等。

诉讼事实和理由：
    原告和被告_____年_____月_____日商定，被告从原告处购买酒店一次性
用品套装_____套，价值人民币_____万元。原告于当年_____月_____日将
_____套一次性用品用车送至被告处，根据合同规定，付款时间是_____年
_____月_____日，但被告并没有按承诺付款给原告，原告多次催告被告负责人偿还
所欠货款，均无果。原告认为，被告的行为已经侵犯了原告的合法权益，为了维护原告的合
法权益，根据我国法律的相关规定，特向贵院提起诉讼，望予支持。

此致
_____区人民法院
起诉人：_____市_____区_____公司（公章）
二〇一九年二月二十日
附：
起诉状副本_____份
证据材料副本_____份
```

图 14-18　最终效果

3. 通过法律检索网站查找法律法规

企业所涉及的法律法规非常多，为了降低企业的法律风险，相关人员一定要随时关注相关的法律法规，并进行解读。但面对成千上万条法律法规，全部记住也是不可能的。当需要查看某条法律法规时，可以通过一些法律检索网站，如北大法宝网（http://www.pkulaw.cn/）、法律之星（http://law1.law-star.com/）、法律法规数据库（http://search.chinalaw.gov.cn/）等对相应的法律法规进行查找和解读。

不同的法律法规检索网站，其查找的方法不一样，如法律法规数据库和法律之星，就需要通过输入要查找的法律法规的关键字部分内容，才能查找出来，如图 14-19 所示。

（a） （b）

图 14-19 通过关键字搜索

部分法律检索网站，如北大法宝网，除了可通过关键字进行检索外，还可通过类别进行检索，该网站中将所有的法律法规按照所属的类别进行了详细分类，即可在所属的类别中查找相应的法律法规，对于不知道输入什么关键字进行查找时，使用该方法非常方便。例如，要查找一些关于行业规定的法律法规，那么可在首页左侧【效力级别】分类中单击【行业规定】分类，在右侧将显示检索到的所有相关法律法规，如图 14-20 所示。

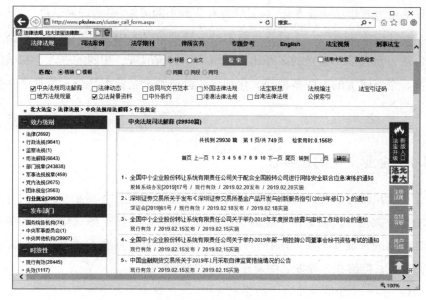

图 14-20 按类别查找

第 15 章
企业文化管理

近年来，企业文化一直是管理学领域研究的热点。在企业中，人们几乎无时无刻不在与企业文化打交道。工作中，员工的语言、行为、工作作风等都能展现企业文化。可以说，企业文化是现代企业在经营过程中出现频率最高的词汇。同时，还可以把企业文化简单地理解为企业做事的一种固有的习惯或行为方式。本章将从企业文化的概述、企业文化的类型、企业文化的载体与形式、企业文化建设方面来向大家介绍企业文化管理。

15.1 认识企业文化

企业文化是企业在长期的生存和发展中所形成的、为绝大多数成员所共同遵循的，并用来教育新成员的一套价值体系，以及在价值观统率下形成的行为规范、制度规定及物质表现特征。

作为管理哲学的企业文化，它是管理在实践中的成果，是管理科学进步的体现，其根本是"以人为本"。它所重点强调的是管理应以人为中心，充分尊重员工个人的价值，重视员工需求的多样化，运用共同的价值观、相同的理念、和谐的人文环境、奋发向上的企业精神等文化观念，营造整个企业大环境，使管理从技术上升为艺术。

15.1.1 企业文化的重要性

企业文化就好像现代企业的血液，它已经是企业经营中不可缺少的组成部分，优秀的企业文化可以创造出良好的企业环境；能够提升员工的文化素养和道德水准；能够对内形成凝聚力、向心力和约束力，形成企业发展不可或缺的精神食粮和道德规范；能够在企业发展中发挥积极的推动作用。

所以，当一个企业有了自己的企业文化，那么这个企业才算真正有了"灵魂"，才可能团结一切可以团结的力量，不断发展和壮大。企业文化才是真正推动企业发展生生不息的原动力，更是现代企业发展的核心竞争力。

15.1.2 企业文化的作用

企业文化是紧紧围绕"人"展开的，它更多的是强调要"以人为本"。在精神上，企业文化具有激励作用；在行为上，企业文化又被赋予了约束作用；在观念上，企业文化有导向作用；在心理上，企业文化有凝聚作用；在关系上，企业文化有协调作用；在生存与发展上，企业文化有竞争力作用；在社会与市场上，企业文化有辐射作用；在对内对外关系中，企业文化有吸引力作用。

1．激励作用

企业文化可将员工的积极性、主动性和创造性充分调动和激发出来，可以挖掘员工的潜力，并能通过工作来展现。例如，当自我价值这种精神需求得以满足时，将形成强大的激励作用。同时当身处受"重视"、被"尊敬"的企业中，员工就会感到无比荣耀，自然而然就会朝更高的台阶迈进。另外，企业精神和企业对外形象对企业员工的鼓舞和激励作用也是不容小觑的，特别是企业文化建设取得成功时，员工会因为企业产生强烈的荣誉感和自豪感，他们会用自己的实际行动去捍卫企业的荣誉和形象。

2．约束作用

企业文化虽然是一种无形的文化，但是它的约束作用却是其他管理活动望尘莫及的。大多数情况下，在企业文化的影响和作用下，员工能够积极、主动地接受约束，依照企业价值观的指导进行自我对照和管理，并实施控制。约束作用能够提高员工的责任感和使命感，使员工明确工作意义。

3．导向作用

企业文化反映了企业与员工的价值观、追求、目标的趋同。企业文化运用得好，可以使员工潜移默化地接受企业的价值观，可以使员工的思想、观念和行动与企业方向、目标、意志趋同。

4．凝聚作用

当企业文化得到员工的认同后，就会形成一股强大的团结的力量，员工通过自己的切身感受，产生对工作的自豪感、使命感和责任感，届时，利益、价值观、目标和理想都趋向一致，员工与企业形成了同呼吸、共命运的生命联合体。

5. 协调作用

企业各部门之间、员工之间，由于接触难免会产生矛盾；企业与顾客、与其他企业之间也可能会存在不协调之处，这也需要企业文化中的企业哲学和企业道德规范使经营者和普通员工能科学地处理这些矛盾，自觉地约束自己。

6. 竞争力作用

优秀的企业文化，可以带动企业健康发展，调动员工的积极性，使员工工作有热情、效率高，还有利于促进技术创新，形成一种不易被其他企业复制和超越的核心竞争力。

7. 辐射作用

企业文化向社会反映企业的管理风格、经营状态、精神风貌、服务态度、产品竞争能力等信息，反过来又对社会产生影响，这就是其辐射的作用。优秀的企业文化向社会大众展示着企业成功的管理风格、良好的经营状况和高尚的精神风貌，从而为企业塑造良好的整体形象，树立信誉，扩大影响，是企业巨大的无形资产。

8. 引力作用

优秀的企业文化，不仅对员工有着强大吸引力，对于合作伙伴如客户、供应商、消费者及社会大众都有很大的吸引力，同时优秀的企业文化在稳定人才和吸引人才方面起着很大的作用。

15.1.3 企业文化的类型

尽管企业文化在定义和范围上存在着很大的分歧，也没有哪两个企业的文化是完全相同的。但是，英国当代知名的管理大师查尔斯·汉迪在1976年提出的关于企业文化的分类至今仍具有相当重要的参考价值。他将文化类型从理论上分为四类，即权力（Power）导向型、角色（Role）导向型、任务（Task）导向型和人员（People）导向型。

1. 权力导向型

在家族式企业和初创企业，经常会遇到"一言堂"的老板，这属于绝对的铁腕型家长文化，即权力导向型文化，也称作集权式文化，权力中心只有一个，那就是最高长官,他通常是一位具有领袖魅力的创始人或是其继任者,以一种相当权威化的运作方式去经营企业。它的典型特点就是领导方式很强势,有决断力,反应速度很快,但对于中层管理来说,可采取主动的空间不大。这种企业文化,在决策正确的情况下,非常有助于公司快速成长,但是,如果决策失误,那么将会给公司带来巨大的灾难。可以说,这种文化在企业运行中明显忽视了人的价值和一般福利。因此,它可能因中层人员的低士气和高流失率而蒙受损失。

2．角色导向型

角色导向型文化对每个人的角色、工作程序和权利界定非常清楚,既定的工作说明与工作程序比个人特质重要,组织相对稳定且有规律,但缺乏弹性、步调略迟缓,通常也被称作官僚企业,权力在上层,企业通常采用的组织结构是职能制,常见于一些历史悠久的银行业与保险业及大型的集团公司、国有企业等。角色导向型文化虽然具有稳定性、持续性的优点,企业的变革是循序渐进高效率的,但是这类企业经受不了动荡。

3．任务导向型

任务导向型文化是以目标为导向的文化,企业管理者关心的是高效地解决问题,对业绩的评估完全取决于其对企业目标做出的贡献。这类企业采用的组织结构往往是矩阵式的,为了解决某一特定问题,从其他部门暂时抽调人力和其他资源,一旦问题解决,人员将转向其他任务,无连续性,强调的是速度和灵活性,常见于新兴产业中的企业(特别是一些高科技企业)、公关公司、房地产经纪公司及销售公司等。

4．人员导向型

人员导向型文化属于利他导向型文化,企业重视个人的文化,主要由个人主导工作,强调个人价值与专业,但员工对企业的忠诚度较低。员工通过示范和助人精神来互相影响,而不是采用正式的职权,人员不易管理,常见于俱乐部、协会、专业团体和小型咨询公司,在企业中应用较少。

虽然查尔斯·汉迪对企业文化的分类不能囊括所有的文化类型,并且一个企业内部可能还存在着不同的亚文化群,但是权力导向型、角色导向型、任务导向型和人员导向型这四种分类较好地总结了大多数企业的文化状况,可以作为研究企业文化与战略关系重要的分析基础。

> **Tips** 企业文化在很大程度上其实就是其创始人或企业最高领袖的一种精神和理念，最终潜移默化地逐渐在企业中形成的一种具有独特风格的行为方式。

15.2 企业文化建设的载体

企业文化建设是以各种物化、精神、行为、观念等载体与形式进行具体表现的，常见的企业文化建设载体与形式有很多种，以下是几个比较有代表性的载体与形式，仅供大家参考。

15.2.1 企业 LOGO

随着企业竞争的日益激烈，标志作为企业品牌战略的最主要部分，在企业形象传递过程中，是应用最广泛、出现频率最高，同时也是最关键的元素。

1. LOGO 的形式

LOGO 主要可以分为三种形式。

（1）字体 LOGO。基于文字的 LOGO 非常普遍，通常是在某种现有字体上进行扭曲与变化。字体 LOGO 尤其适用于那些投入不止一个行业的多元化企业，如 IBM 或 PHILIPS、SIEMENS 等。

（2）具象 LOGO。使用直接与公司类型相关的图形，也非常普遍，能够直接提供公司名称的含义，容易辨认，留给大家很少的开放性理解空间。例如，鞋店使用鞋子作为 LOGO、酒厂使用酒瓶作为 LOGO 等。

（3）抽象 LOGO。抽象 LOGO 适用于多元化企业，传达出的是情绪和基调，而非具体的公司类型；图形与公司类型并无明显联系，而更多的是基于一种感觉或情绪，不需要直接反映出公司是做什么的，例如，Apple 手机使用苹果作为 LOGO、奥迪汽车使用四个圆环作为 LOGO、劳力士手表使用王冠作为 LOGO 等。

2. LOGO 的设计理念

在设计 LOGO 时，要思考以下几点。

（1）LOGO 的本质在于它的实用性和不可替代的独特功能。具有法律效力的标志尤其兼有维护权益的特殊使命。

（2）设计 LOGO 要突出它的易于识别的特点，显示事物自身的特征，标示事物间不同的意义、区别与归属是标志的主要功能。

（3）应结合企业的需求，绝大多数 LOGO 的设置是希望引起人们的注意，因此更多的是要在色彩和图形上做文章，色彩尽可能强烈醒目、图形尽可能简练清晰。

（4）LOGO 的种类繁多，用途也较为广泛，无论是从 LOGO 的应用形式，还是表现手法上来看，LOGO 都有着非常丰富的多样性。常见的 LOGO 的应用形式有平面的、立体的，有具象的、抽象的，还有色彩构成的等。在大多数知名企业标志中，不难发现，**企业 LOGO 多是由几种基本形式组合构成的**。所以，在设计时，还是要结合企业的实际去考虑设计方案。

（5）经过设计的标志都应具有某种程度的艺术性。既符合实用要求，又符合美学原则。一般来说，艺术性强的标志更能吸引和感染人，给人以深刻的印象。

（6）无论 LOGO 要说明什么、指示什么，无论是寓意还是象征，其含义必须准确、易懂，符合人们的认知心理和认识能力，可以让大多数人在极短时间内一目了然、准确领会，这正是标志优于语言、快于语言的长处。

（7）LOGO 与广告或其他宣传品不同，一般都具有长期使用价值，不轻易改动，所以它的深远性也是设计者需要考虑的问题。

15.2.2　企业网站

随着企业网站的宣传推广效果作用日益明显，越来越多的企业开始选择建设企业网站对外宣传自己。在当今的互联网时代，网站建设几乎是每个企业的"标准配置"，那么在网站筹备建设的过程中，主要考虑的事项有哪些呢？

1．网站的内容

网站的内容大体可以分为以下几个方面。

（1）企业信息：包括企业简介、组织架构、法人简介、联系人、对外联系电话、企业电子邮箱、企业 QQ、微信公众号、企业地址、企业邮编等。

（2）产品信息：主要介绍企业所有产品的信息，包括图片资料、视频文件、产品认证、相关知识等。

（3）服务信息：包括在线客服、客服热线、产品说明、产品选购常识等。

（4）销售信息：主要列明线上订购的方式、送货信息、售后服务等事项。

（5）公众信息：主要包括企业股权结构、企业文化、媒体报道、公关活动、投融资信息等。

（6）其他信息：结合企业的需要而发布的信息，如招商信息、招聘信息等。

2. 网站的日常维护与管理

（1）网站的信息发布要有规律地进行更新，并且要具有吸引力，要原创与伪原创相结合，不能一味地只是伪原创作品，尤其在内容更新方面，要多听取各方面的意见和建议，要多采集各相关部门的资料做参考。

（2）网站要设专人负责，如代码维护、用户账号管理、权限管理、信息备份等。

15.2.3 企业内刊

企业内刊是企业文化承载的载体，是企业文化的外化表现形式，也是企业信息上通下达的沟通渠道和舆论宣传阵地。企业内刊是不具有正式刊号的内部交流刊物，形式可以为报纸、杂志周报、月刊等。有的企业内刊重于对外宣传，有的则重于对内教化，但其目的都是为企业文化服务。在创办企业内刊时，需要关注哪些细节呢？

1. 企业内刊的作用

因为企业内刊的服务对象是企业，所以，企业内刊主要在一个企业的内部起作用。它的主要作用体现在以下几个方面。

（1）引领企业方向，实现企业文化的塑造和传播。

（2）促进企业员工之间、部门之间、集团下属公司之间及员工与领导之间或企业与消费者、企业与股东、企业与社会各界公众沟通与交流。

（3）增强企业凝聚力和向心力。

（4）树立良好企业形象，提升企业品位和品牌。

（5）满足企业自身文化需求。

2. 企业内刊的重要版块

企业内刊的版块是丰富多彩的，下面仅提供几个比较重要的版块，供大家借鉴。

（1）记录企业成长版块。企业的创业史、发展史本身就是企业的无形资产，是企业奋进、崛起、战胜困难的生动见证，也是企业精神代代相传，并不断沉淀的缩影，这一版块给予员工的是希望，它可以激励员工不断前行。

（2）弘扬模范人物版块。任何企业在任何时期，都有先进典型、模范人物，他们是思想水平较高、业务技能突出、爱岗敬业的优秀工作者，是企业标杆旗帜。

企业内刊通过对先进人物的宣传，可以教育、引导、鼓舞更多的员工向他们学习，树立起工作中学习的榜样。

（3）公司要闻版块。主要是将公司内部事务如公司最新动态、管理层的最新信息、公司活动信息等进行及时的对外公布报道，让员工对公司近况有所了解，让员工有更多的融入感。

（4）团队风采版块。以图片展示为主、辅以简单的文字说明，展示团队的风采，让员工的自豪感油然而生。

（5）心得体会版块。主要是让员工提供稿件，将在公司工作、学习和培训的一些心得和体会总结分享给团队的成员，促进大家共同进步。

15.2.4 企业活动

企业活动是以企业为主体，由企业组织策划、员工参与的团队活动，它的形式多种多样，下面分享几种常见的企业活动形式，供大家参考。

（1）企业运动会：是建设企业文化最有效的途径之一，适用于大中小型企业。它既可以活跃员工的业余文化生活，有效地增强公司团队的凝聚力和团结力；又可以检验员工的身体素质，展现员工的精神风貌。同时，企业运动会还对增强员工体魄、培养员工的顽强意志、团队意识及合作精神都具有重要意义。

（2）主题年会：是大多数企业在年终必开的，它的主题也是多种多样的。在常规的领导发表感言、表彰优秀员工、抽奖、年会游戏、部门节目的基础上，还可以做一些小的 DV，摄制一些领导和员工工作和生活的视频，让大家共同回首一路走来的困难与欢乐，使大家记忆深刻，留个美好的回忆。

（3）拓展培训：指通过某种形式达到团队培训的结果。近年来被众多企业所应用，拓展培训不仅可以使个人在技能和心理上得到锻炼，而且可以使参与者深刻体会到团队配合的重要性。

（4）员工生日会：拉近企业领导与员工、员工与员工之间距离的很好的一项活动，它可以使员工有一种归属感、一种家人般的亲切感。

（5）公司周年庆典：其规模与气氛代表了一个企业的风范与实力。从客观上来看，就是这个企业经济实力与社会地位的充分展示。这看似简单的程序化庆典活动，却是企业团体已经步上正轨、茁壮成长的表现，向社会各界人士昭示着它已经在经济角逐的路上加速前进。

（6）团队旅游：紧张的工作之余，让员工可以放松的一项活动，它既可以放松员工身心，又能增进公司凝聚力，是一种非常受员工欢迎的组织活动之一。公司旅游可以是定期的，也可以是不定期的，可以是经常性的，也可以是年度性的，可以是针对特定人群（如年度优秀员工），也可以是全体参加的形式。

15.2.5　企业员工手册

初到一家公司，员工都希望尽快了解公司的大致情况，搞清"我应当遵守哪些规章制度""公司能为我提供怎样的工作环境""企业的薪酬福利待遇""公司可以给我提供怎样的发展和晋升平台"等问题，而员工手册就是一个很好的宣传形式。

1. 员工手册包含的内容

员工手册应当包含的内容并无明确规定，编排也无固定模式。但一般可由以下几个部分组成。

（1）公司概况。使新员工大体了解公司性质、经营范畴、主导产品（含劳务、服务）、市场分布、注册资本、现有资本及实现利税等基本情况，以对公司实力和竞争能力充满信心。

（2）组织结构。让员工不仅一目了然地知道公司包括哪些部门，且对公司的产权构成、组织管理模式及各个系统（办公系统、生产系统、营销系统、财务系统等）形成印象。

（3）公司文化。介绍企业经营理念，即始终遵循的价值观念，以统一员工思想，为企业整体目标共同奋斗。

（4）部门职责。通过阅读各部门工作职责，员工自会明白某个部门负责何种事务，协同哪些部门，参与哪些工作。

（5）政策规定。这部分内容较多，且涉及员工切身利益，可谓手册的"重头戏"；人事政策、劳动纪律、其他各项制度等，均应列入此部分，以体现公司的关怀，展示公司为员工创造的良好工作、生活条件及必要的保障。

（6）行为规范。一个现代化企业的精神风貌很大程度上取决于员工的仪容仪表（如着装、发型、化妆等）。在企业中，员工的一言一行、一举一动，都代表着企业的外在形象。公司将员工的行为规范写入员工手册，供员工参照，不断地督促员工提高自身道德修养和综合素质。

（7）其他。近几年来，越来越多的企业领导开始重视人才，所以在拟定员工手册时，很多企业的董事长或总经理都会加上自己对员工的寄语或致辞，代表公司对新员工表示诚挚的欢迎。同时，员工手册还可以增设附录，内容包括厂标、厂徽、厂歌、驻外机构名称、地点、负责人、邮编、电话、传真及网址等。另外，还可以为员工手册设计一个有寓意或适合企业的漂亮封面。

2．编印员工手册的注意事项

员工手册是新员工踏入企业最先了解企业的一个窗口，它有着特定的导向性作用，所以企业一定要认真编写和印刷。在编印过程中，应当尽力避免出现下述问题。

（1）贪多求全，求量不求质。员工手册不是"企业大全"，不可能面面俱到，应将最能突出企业、最能展现企业的内容列入员工手册内。

（2）陈旧过时，没能展示企业现实状况。员工手册编写的依据是公司现有状况，一旦信息过时，就要及时更新。

（3）段句冗长，不易理解和阅读。员工手册应尽量做到简洁流畅，易懂易记，以增强员工手册的实效性。

（4）称谓混乱，易让人产生歧义。很多企业在编写员工手册时没有注意到这一点，一会用"公司"，一会用"我们"，造成员工手册称谓不统一，让人产生误解，所以，最好统一称谓。

（5）口气生硬，语言冰冷。这是很多企业"官方文件"的通病，建议最好少用"不准""严禁""绝对不许"等字样，更慎用"过时不候""后果自负"之类的相对比较强硬的表述。

（6）语法有误。员工手册从框架到段落，由语句至标点，都要反复琢磨，不仅要简洁通顺，还要力求用词优美。

（7）印刷粗糙。员工手册是新员工来公司后拿到的第一份书面资料，代表着公司的形象，所以为了给员工留下一个好印象，装帧要精美。

给员工以美好的体验，让员工在手册的引导下满怀信心地迈入公司，是现代公司编印员工手册的初衷。

> **Tips** 企业文化的其他载体还包括企业口号、企业标语、厂容、厂貌、厂服、厂旗、厂花、厂歌、企业造型、企业纪念性建筑、企业的纪念品、企业节日礼品、企业晨会、企业夕会、企业总结会、企业文化例会、企业周例会等。企业文化的载体与形式是多种多样的，只要企业找到适合自己的就是最好的。

15.3 企业文化的建设

企业文化建设是企业文化相关理念的形成、塑造、传播等的过程，重点突出"建设"。它是一项系统工程，是现代企业发展必不可少的竞争法宝之一。一个没有企业文化的企业是没有灵魂的，一个没有信念的企业是没有希望的。企业文化建设既是企业在市场经济条件下生存发展的内在需要，又是实现现代化管理的重要手段。

15.3.1 企业文化建设的关键点

企业文化建设有以下几个关键点。

1．领导层思想统一

企业文化的形成主要来源于企业的创始人及他带领的团队的思想，所以领导层首先要对实现企业目标有统一的认识，并在经营决策中能坚定地表现出来；以企业的价值理念为导向，统一行为准则，并保证领导层言行一致；积极支持和鼓励跟随企业一同发展前行的伙伴；自觉接受员工的监督和约束。

2．企业文化理念的渗透

企业要把企业文化的理念潜移默化地渗透给每位员工，并将此贯穿于企业文化建设工作的全过程中；抓住一切可以渗透企业文化氛围的机会，如在新员工招聘、挑选、培训中贯彻企业文化这一理念，或通过会议、培训、交谈等方式达到统一企业文化理念的目的。

3．畅通的沟通渠道

在企业中，可以通过设立某种越级沟通的方式，使一般员工与高层或同一层级相同或不同专业之间的价值理念得到统一；大家通过良好的沟通，探讨、理解企业的价值理念。

4．持续的推动力

任何事物的形成都需要持续不断地倡导、推动，使之长期延续下去，企业的文化也是如此。要在企业制度、组织架构和行为规范的推进中慢慢地让员工感受到企业文化，将企业文化慢慢地渗透每个细节。

5．严明的奖惩

严明的奖惩措施可以表明公司实施价值理念的态度，可以让员工感受到建设企业文化的坚定决心。

15.3.2 企业文化建设的思路

企业在发展过程中，会逐渐形成自身的企业文化，但其在形成过程中是有一定的方向指引的。以下是几点企业文化建设的思路，仅供参考。

1．企业文化理念层设计

企业文化理念层是企业文化的核心与主体，设计包括企业战略口号、企业愿景、企业使命、企业寄语、企业核心价值观、企业哲学、经营管理理念、经营管理核心、企业核心管理思想等。

2．企业文化制度层及行为规范设计

（1）企业制度完善。

①人力资源管理制度的系统化。企业的各项制度都是企业文化的外在表现，必须与企业文化相一致，绝对不能有所冲突。目前很多企业都在进一步完善人力资源规划、招聘、培训、绩效、薪酬、员工关系等方面的制度。

②《中华人民共和国个人独资企业法》《中华人民共和国合伙企业法》《中华人民共和国公司法》等法律的制订为企业的各项管理、经营行为提供了可靠的依据。

（2）员工行为规范设计。

在企业运营过程中，企业家的行为、企业员工的行为须有一定的准绳。

（3）企业特殊制度、风俗设计。

①对内：教育培训、仪礼、服饰、体态语言等。

②对外：营销观念、服务、公共关系、公益活动等。

3．企业文化器物层设计

（1）基本要素。

企业视觉形象识别的基本要素包括企业名称（全称、简称）、企业标志、品牌标志、企业标志标准字体、企业标准色、标志亮度使用规范、标志色彩使用规范、标志方格图、标准字体方格制作图、象征图案、宣传标语、吉祥物、辅助图形组合范例、企业指定印刷字体、企业标志和英文组合规范等。

（2）关系应用。

①办公用品、事务用品类：包括公司简介、办公用纸、专用便笺、办公用笔、文件夹、卷宗袋、聘用证书、名片、名片簿、名片盒、公司专用笔记本、公司专用请柬、新年卡等。

②企业证照、文件类：包括工作牌、企业奖状、企业文件、企业档案袋、企业介绍信、各类规章文件、各类工作表格、单据、对外表单、文本、合约书。

③交通运输工具类：包括各类货运车辆、大中小型客车、接送班车、小轿车、专用宣传广告车。

④指示、标识类：包括公司招牌、旗帜、各部门/科室门牌、楼层指示牌、大门、办公玻璃门、企业形象墙、各种入口指示、路牌、禁令标志、建筑物外观、室外照明灯。

⑤广告展示陈列类：包括公司简报、办公室/营业场所/车间内部装潢、商品目录、产品样本、广告礼品、公司产品展示室风格/陈列、公司荣誉室风格/陈列、公司模型室风格/陈列、广告橱窗设计/陈列、专卖柜、货柜风格/陈列、展览会展位设计/陈列、业务洽谈室风格/陈列、报纸、杂志、电视等传媒广告编排及广告片头片尾设计、图案、DM 单、广告海报、广告手提袋、广告横幅、遮阳篷。

⑥商品及包装类：包括商品造型、商品色彩、商品功能及人性设计、内外包装设计及包装物、各种包装纸、包装袋。

⑦服饰类：包括现场工作服、办公工作服、特殊工种专用服、工作鞋/帽、餐巾纸、桌布。

⑧其他：包括 CIS 手册、公司出版物、接待客户用家具/桌椅、一次性水杯、餐具、贺卡。

（3）其他感觉系统：包括网站设计、气味、香型、音乐等。

（4）企业司旗及公司之歌的设计及应用。

（5）企业环境与企业容貌设计与美化。

15.3.3　企业文化的建设方向

企业文化建设大致可以从以下几个方面着手。

（1）战略文化：即品牌文化、管理文化等对企业产生深远影响的深层次文化。

（2）经营管理文化：有集权型、分散型、混合型等表现形式。

（3）营销文化：即营销理念，它贯穿于企业经营活动和企业家经营思想中。

（4）市场文化：有竞争激烈型、垄断型、单一型、多样型等表现形式。

（5）生产文化：有发展性、多样性、进化性、高科技性等表现形式。

（6）领导文化：有民主化、分权化、专业化、军事化、官僚化、集权化、理性化等表现形式。

15.3.4　企业文化建设的实施原则

企业文化建设的实施可以参照以下原则去执行。

（1）全员参与原则，即全面发动企业员工参与企业文化的讨论及总体实施工作。

（2）领导身体力行的原则，即充分发挥企业领导在企业文化当中起到的推动作用。

（3）多样化、系统化的原则，即采用多种方式来输出企业文化，为广大员工营造一个良好的接受氛围。

（4）战略化原则，即全面审视和完善企业战略、各项制度和企业组织结构。

15.3.5　企业文化建设的实施方法

1．对内部员工宣传教育的主要方式

（1）完善员工手册。

（2）对员工进行系统性的培训。

（3）举办企业文化讨论论坛及研讨会，对公司的企业文化现状进行剖析，并对企业文化内容、实施感想及相关建议进行研讨。

（4）利用企业内部刊物进行宣传和企业文化专题报告，构建多种沟通渠道，加强各级员工之间的沟通，鼓励员工提出合理的建议。

（5）开展知识竞赛、辩论等形式的活动，营造外在氛围。

（6）创造多种企业风俗及活动，从根本上使企业文化深入人心。

2．对企业外部进行宣传的主要方式及手段

（1）把握好企业对外活动的指导方针及原则。

（2）企业重大活动要制订宣传方案，做好活动策划。

（3）重视企业公关，树立企业形象，公关重点如相关行业主管部门、行政部门、重要客户、新闻单位。

（4）召开新闻发布会、参加电视台及报纸专题访谈节目、支持赞助公益事业等。

15.3.6 企业文化建设实施范本

企业文化建设在企业发展中发挥着非常重要的作用。下面是某公司企业文化建设实施方案，供读者参考。

2019年××公司文化建设实施方案

2019年是公司创新发展最为关键的一年。为加强公司企业文化建设，提高公司的创新力、凝聚力和竞争力，实现公司跨越式发展目标，根据公司党政工作安排，结合公司新形势、新任务发展实际，现制订公司2019年企业文化建设实施安排。

（一）任务目的

主要任务是制订企业文化建设实施方案，做好企业文化建塑方案的目标分解，建立企业文化建设理论宣传骨干队伍，逐步开展企业文化建设，初步形成公司企业文化建设管理规模体系。

（二）具体要求

1. 以人为本，全员参与。坚持以人为本，尊重、理解、关爱员工，充分发挥全体员工的积极性和创造性，通过"十项文化"的具体分工，各单位、科室积极发动员工投身企业文化建设，做到每个环节都有员工参与，每项成果都得到广大员工的认可，形成全员参与、积极互动的建设局面。

2. 围绕中心，务实创新。企业文化建设必须与公司中心发展、与生产运营管理、思想政治教育、精神文明建设相结合。紧紧围绕实际工作推进企业文化建设，借助各种载体，逐步建立完善企业文化管理体系和激励约束机制。

3. 齐抓共管，协调推进。企业文化建设是一个长期培育的渐进过程，需要群策群力，共同落实。各单位、科室要恪守本职，坚持与日常管理相结合，把精神、制度、行为、物质文化建设有机结合，相互支撑，相互渗透，优势互补，形成合力。

4. 彰显共性，体现特色。遵循公司核心理念的前提下，在企业精神、理念内涵上反映公司行业特点。内部管理上要深入推行精细管理，有利于企业文化在工作各个环节"落地生根"，形成具有自身特色的运营之道。

……

> **Tips** 由于内容较多，书中只列出了本文化建设实施方案的前部分内容，该文化建设实施方案的详细内容将在模板中提供，读者可下载完整的公司文化建设实施方案进行参考、使用，下载方法见前言说明。

专家支招

1. 如何塑造符合企业自身发展的企业文化

企业文化的塑造不是一次性完成的，它会随着企业的发展和变化而做出及时的调整和改变，才能对企业的长期发展产生深远的影响。企业文化是通过塑造企业行为、观念、习惯、规范、氛围等打造出来的。那么，企业应该如何塑造符合企业自身发展的企业文化呢？

首先，应明确企业目标。

其次，从正面影响员工。

最后，营造企业文化氛围。企业文化的氛围营造可以从以下几个方面着手。

（1）从招聘开始：相对于有一定经验的求职者，刚毕业的学生更容易建立全新的企业文化和道德标准。

（2）培训教育：在员工培训中，可以让员工重复学习企业的价值取向、行为标准和道德标准。

（3）象征性活动：专为鼓励某种行为或业绩而创建，如表彰、嘉奖、宣传与企业价值观相一致的各种行为、个人和团体等。

（4）文化传播：通过大众传播、人际传播、传媒媒介等进行有效传播。

2. 如何让企业文化落地

企业文化落地的关键是有制度和规则。通过制度和规则正向引导和反向约束员工的行为，使员工认同企业文化，不断与公司的企业文化趋同。否则，企业文化将永远是虚无缥缈的状态，无法落地。

首先，企业的规划应与员工的目标和职业发展趋同，这样才能最大限度地调动员工的积极性，让员工更多地参与到企业经营，达成思想和行动上的共识，使员工真正地接纳、认可企业。

其次，找对认同企业的人，这一点尤为重要，要从招聘面试环节开始把控，甄选出有事业心的员工而非求安逸的员工，同时在这样的过程中，还要加大筛选力度，不断筛除不对的人，留住对的人。

再次，企业可以采取股权期权激励的方式在物质上把员工与企业联系在一起，使员工能够很快融入企业，并自觉地认同企业的文化和价值观。

最后，管理者要以身作则，以实际行动传递正能量和自身的创业奋斗经验，使员工能够受到鼓舞和激励。

高效工作之道

1. 用 Word 制作企业文化宣传海报

企业文化宣传海报主要是对外进行宣传，所以，海报的内容并不多，可以是对企业的所有文化进行宣传，也可以是只对企业的某项核心文化进行宣传。使用 Word 制作企业文化宣传海报的具体操作步骤如下。

步骤 1 在 Word 中新建一个【企业文化宣传海报】空白文档，将纸张大小设置为宽 26 厘米，高 16 厘米，插入图片【攀岩.png】，将图片环绕方式设置为【衬于文字下方】，并将图片调整到合适的大小和位置，如图 15-1 所示。

步骤 2 在图片上方绘制一个铺满整个页面的矩形，选择矩形，单击【形状样式】组中的【形状填充】下拉按钮，在弹出的下拉列表中先设置形状填充颜色，再选择【渐变】选项，在弹出的扩展列表中选择需要的渐变效果，如图 15-2 所示。

图 15-1　调整图片

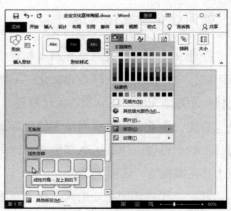

图 15-2　选择渐变效果

步骤 ③ 单击【形状样式】组中的对话框启动按钮，打开【设置形状格式】任务窗格，在【填充】选项卡下的【渐变光圈】中选择第 1 个光圈，对渐变角度、颜色、亮度等进行设置，如图 15-3 所示。

步骤 ④ 选择第 2 个渐变光圈，对渐变角度、亮度、透明度等进行相应的设置，如图 15-4 所示。

步骤 ⑤ 选择第 3 个渐变光圈，对渐变角度、位置、透明度等进行相应的设置，如图 15-5 所示。

图 15-3　设置第 1 个渐变光圈　　图 15-4　设置第 2 个渐变光圈　　图 15-5　设置第 3 个渐变光圈

步骤 ⑥ 在页面中插入【企业】艺术字，在【字体】组中对艺术字效果进行设置，完成后在【形状】下拉列表中选择需要绘制的形状样式，如图 15-6 所示。

步骤 ⑦ 按住【Shift】键，拖动鼠标在艺术字后面绘制一条直线，将直线轮廓颜色设置为【白色,背景 1,深色 35%】，如图 15-7 所示。

 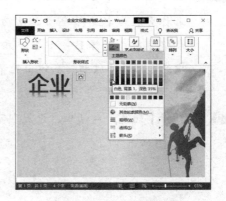

图 15-6　选择绘制的形状　　　　　图 15-7　设置形状轮廓

步骤⑧ 复制【企业】艺术字，对其进行修改和编辑，制作企业文化宣传海报中的其他文本，完成海报的制作，最终效果如图15-8所示。

图15-8 最终效果

2. 用Excel制作员工文化活动安排表

员工文化活动是企业文化体系的一部分，很多企业为了宣传企业文化，会安排一些文化活动，以增强员工的凝聚力和归属感，而员工文化活动安排表就是对活动安排详细的记录。使用Excel制作员工文化活动安排表的具体操作步骤如下。

步骤① 在Excel中新建一个工作簿，保存为【员工文化活动安排表】，工作表名称更改为【2019年员工活动安排表】，在A1:F1单元格区域中输入表格字段，选择B～F列单元格，单击【开始】选项卡【单元格】组中的【格式】按钮，在弹出的下拉列表中选择【列宽】选项，如图15-9所示。

步骤② 打开【列宽】对话框，设置列宽值为【22】，单击【确定】按钮，如图15-10所示。

图 15-9 选择"列宽"选项　　　图 15-10 设置列宽

步骤 3 选择表字段单元格,设置文本加粗和居中对齐,选择 B 列和 C 列,单击【对齐方式】组中的【自动换行】按钮,使单元格中输入的文本随着列宽自动换行,如图 15-11 所示。

步骤 4 在单元格中输入表格内容,选择 A 列、D 列、E 列和 F 列,将对齐方式设置为居中对齐,选择 A1:F12 单元格区域,单击【字体】组中的【边框】下拉按钮▼,在弹出的下拉列表中选择【所有框线】选项,如图 15-12 所示。

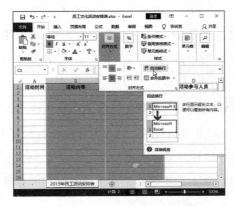

图 15-11 设置自动换行　　　图 15-12 添加表格边框

步骤 5 根据单元格中的内容,对表格的行高进行设置,完成表格的制作,效果如图 15-13 所示。

	A	B	C	D	E	F
1	活动时间	活动内容	活动目的	活动参与人员	活动地点	活动经费预算
2	每月	员工生日会	体现对员工的人性化关怀，增强员工的认同感	当月生日员工及其他员工	公司内部	300元/人
3	1月	年终总结会、抽奖	增加员工对公司的认同感，激励员工努力工作	全体员工	酒店	30000元（所有费用）
4	3月	庆三八节，送女生一份礼物	关爱女员工，增加员工对公司的认同感	全体女员工	公司内部	100元/人
5	4月	爬山、郊游、烧烤聚餐等户外活动	增强员工团队意识，工作凝聚力和向心力	全体员工	郊区或农家乐	100元/人
6	5月	卡拉OK大赛	丰富文化生活，展现员工精神风貌	全体员工	欢乐KTV	50元/人
7	6月	端午聚会，发放端午礼品	增加节日气氛，增加员工的归属感	全体员工	餐馆	100元/人
8	7月	"安全月"活动	开展一系列安全教育、消防演习等活动，从根本上提升安全意识	全体员工	公司内部	
9	8月	"我心中的企业"征文比赛	进一步引导广大员工积极参与公司企业文化建设	全体员工	公司内部	
10	9月	庆中秋，发放月饼	让员工体会到如家的归属感和温馨感	全体员工	公司内部	100元/人
11	10月	拔河、球类等体育运动形式的比赛	强身健体，增强团队凝聚力，以展现公司员工合作和坚韧不拔的精神	全体员工	租场地	50元/人
12	11月	户外拓展训练	增强职工团队意识，工作凝聚力和向心力	全体员工	训练场地	150元/人

图 15-13　最终效果

3. 用 PowerPoint 制作公司年会 PPT

每到年终时，企业都会举办年会，在年会上常常会进行一年工作的回顾，并展望下一年的工作开展。年会的举办，通常会成立一个专门的临时策划小组负责。准备举办年会时，其中一项工作就是制作年会 PPT。PPT 中需要记录本年度公司的大事记、优秀员工、存在的问题、未来发展等内容。在制作年会 PPT 时，如果时间仓促，可以下载模板，通过修改模板的方式完成 PPT 制作。这里通过对 PPT 模板的修改制作公司年会 PPT，具体操作步骤如下。

步骤1 打开"公司年会 PPT.pptx"素材文件，单击【视图】选项卡【母版视图】组中的【幻灯片母版】按钮，进入幻灯片母版视图，选择【标题和内容页】版式，选择【壹】文本，在【字体】组设置字号为【88】，单击【加粗】按钮 B 和【文字阴影】按钮 S，然后单击【字体颜色】下拉按钮 ▼，在弹出的下拉列表中选择需要的字体颜色，如图 15-14 所示。

步骤2 选择"回顾2018"文本，设置字号为【60】，单击【加粗】按钮 B 和【文字阴影】按钮 S，并设置文字颜色和"壹"字相同，如图 15-15 所示。

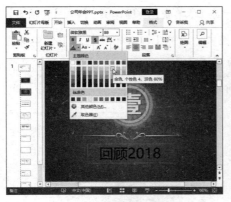
图 15-14 设置字体格式 1

图 15-15 设置字体格式 2

步骤③ 单击【幻灯片母版】选项卡【关闭】组中的【关闭母版视图】按钮,返回普通视图,选择第 3 张幻灯片,按【Delete】键删除右侧多余的文本框,在剩下的文本框中输入需要的文字,并对字体格式进行设置,然后单击【段落】组中的对话框启动器按钮,如图 15-16 所示。

步骤④ 打开【段落】对话框,在【特殊】下拉列表中选择【首行】选项,在【行距】下拉列表中选择【固定值】选项,在其后的微调框中输入【40 磅】,单击【确定】按钮,如图 15-17 所示。

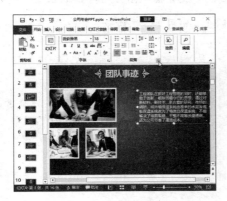
图 15-16 设置字体格式

图 15-17 设定行距

步骤⑤ 选择第 4 页幻灯片中的四个文本框,按住【Shift】键,拖动鼠标,水平移动文本框位置,单击【插入】选项卡【插图】组中的【形状】按钮,在弹出的下拉列表中选择【六边形】选项,如图 15-18 所示。

步骤 6 拖动鼠标,在幻灯片中绘制一个六边形,单击【绘图工具/格式】选项卡【形状样式】组中的对话框启动器按钮,打开【设置形状格式】任务窗格,展开【线条】选项,将颜色设置为【金色,个性色4,淡色80%】,将宽度设置为【9磅】,如图15-19所示。

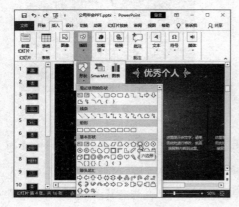

图 15-18　选择绘制的形状　　　　　图 15-19　设置形状轮廓

步骤 7 保持形状的选择状态,展开【填充】选项,选中【图片或纹理填充】单选按钮,单击【文件】按钮,如图15-20所示。

步骤 8 打开【插入图片】对话框,在地址栏中设置插入图片所保存的位置,选择需要插入的图片,单击【插入】按钮,如图15-21所示。

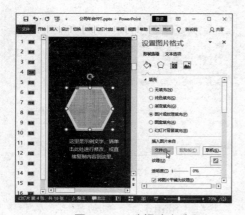 

图 15-20　选择填充选项　　　　　　图 15-21　插入图片

步骤 9 单击【图片工具/格式】选项卡【大小】组中的【裁剪】按钮,进入裁剪状态,对图片的位置和大小进行调整，让图片填充更恰当，如图 15-22 所示。

步骤⑩ 再次单击【裁剪】按钮，退出裁剪状态，按照同样的方法，复制六边形后设置图片填充，然后再替换文本框中的文字，并对文本的格式进行设置，完成这页幻灯片制作，如图 15-23 所示。

图 15-22　裁剪图片　　　　　　　图 15-23　幻灯片效果

步骤⑪ 按照前面制作幻灯片的方法，可以完成除第 9 张幻灯片外的其他幻灯片的制作，选择第 9 张幻灯片，将饼图移到幻灯片右侧，单击【插入】选项卡【插图】组中的【图表】按钮，如图 15-24 所示。

步骤⑫ 打开【插入图表】对话框，选择【三维簇状柱形图】图表，单击【确定】按钮，如图 15-25 所示。

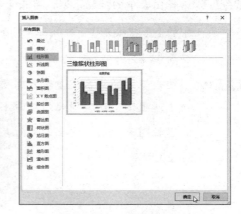

图 15-24　移动图表　　　　　　　图 15-25　插入图表

步骤13 在幻灯片中插入图表,并同时打开【Microsoft PowerPoint 中的图表】对话框,在其中输入图表中需要展现的数据,完成后单击【关闭】按钮×,如图 15-26 所示。

步骤14 将图表调整到合适的大小,选择图表,在【字体】组中对图表的字体格式进行设置,选择图表中的图例和纵坐标轴,按【Delete】键删除,选择图表,单击图表右侧出现的按钮,在弹出的菜单中选中【数据标签】复选框,即添加数据标签,取消选中【网格线】复选框,即取消图表的网格线,如图 15-27 所示。

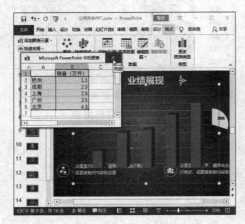 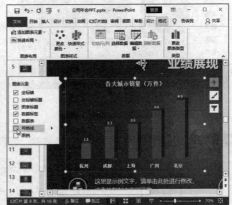

图 15-26　输入图表数据　　　　　图 15-27　添加/删除图表元素

步骤15 选择图表中的数据系列,单击【图表工具/格式】选项卡【形状样式】组中的【形状填充】下拉按钮▼,在弹出的下拉列表中选择需要的颜色即可,如图 15-28 所示。

步骤16 在图表下方的文本框中输入需要的文本,选择第 1 张幻灯片,单击【切换】选项卡【切换到此幻灯片】组中的【切换效果】下拉按钮,在弹出的下拉列表中选择需要的幻灯片切换效果,如选择【擦除】选项,如图 15-29 所示。

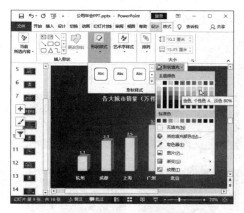

图 15-28　设置数据系列颜色

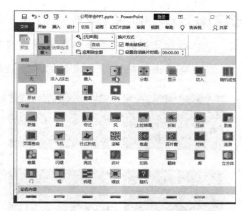

图 15-29　设置切换效果

步骤 17　幻灯片将自动播放应用的切换效果，单击【效果选项】按钮，在弹出的下拉列表中选择需要的切换效果选项，如选择【自左侧】选项，单击【应用到全部】按钮，即可将第 1 张幻灯片的切换效果应用到演示文稿中的所有幻灯片中，如图 15-30 所示。

步骤 18　单击【幻灯片放映】选项卡【开始放映幻灯片】组中的【从当前幻灯片开始】按钮，如图 15-31 所示。

图 15-30　设置其他幻灯片的切换效果

图 15-31　选择放映选项

可以在【效果选项】下拉列表中根据需要选择不同的切换效果选项。

步骤⑲ 进入幻灯片放映状态。从第1张幻灯片开始放映，在放映过程中，第1张幻灯片放映完成后单击才能切换到下一张幻灯片，放映完成后，按【Esc】键退出放映，演示文稿的最终效果如图15-32所示。

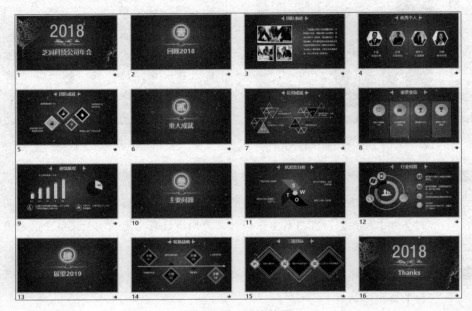

图 15-32　最终效果